新版
世界各国史
2

朝鮮史

武田幸男 編

山川出版社

古朝鮮の王都平壌市街北部　平壌は古朝鮮が滅ぼされたのち楽浪郡治となり、その後高句麗後期の王都として古くから栄えてきた。大同江の東岸に立つ主体思想塔から北を望む。橋の向う側は牡丹峰。

済州島、高山里《こうざんり》遺跡一帯　現在、朝鮮最古の土器とみられるものが出土し、注目を集めている。山の手前の農地からは小型有舌尖頭器も多量に出土した。

雁鴨池《がんおうち》と臨海殿　新羅の王宮(月城)の東北に隣接して造営された宮苑池。のちに東宮が創設され(679年)、壮麗な宮殿が営まれた。雁鴨池は後世の名称で、もとは月池と呼ばれた。発掘調査により往事の繁栄を偲ばせる遺物が大量に出土した。

扶餘《ふよ》(泗沘《しひ》城)　百済最後の王都となった泗沘城の現在のたたずまい。武王が634年に造営したという宮南池(写真手前)から北に向かって大路が王都を貫き、そのなかほどに定林寺址がある。さらに扶蘇山(写真中央の丘陵)の麓にいたれば、そこは推定王宮址である。

青磁堆花《たいか》蓮唐草《れんからくさ》文注子　11～12世紀の制作になる高麗青磁。蓋は2段の蓮弁上に水鳥をのせ、細い頸部をしっかり胴体に受け止めて、注口と把手は竹枝を模す。全面に施した蓮唐草模様は白黒の粘土をかぶせる堆花技法で描き、光沢のある淡緑色で焼成した。高さ32.7cm。

「酒肆《しゅし》挙盃《きょはい》」　朝鮮王朝後期の市井の日常生活を生き生きと描いた申潤福の風俗画。酒幕(旅籠も兼ねた居酒屋)に立ちよった旅人主従に、杓子で酒湯を掬ってすすめる女性の姿が印象的。

海印寺「高麗大蔵経」　伝説豊かな伽倻《かや》山海印寺は、崔《さい》氏政権の瑀・竩父子がモンゴル折伏を祈願して、再雕した「高麗大蔵経」板木を現蔵する。板木は8万1000余枚を数えるので、俗に「八万大蔵経」と称される。写真は蔵経閣第2棟の内部。

独立門　独立協会の募金活動によって建てられ、1897年11月に竣工。ソウル特別市西大門区にある。

2000年6月にはじめて開催された南北首脳会談　金大中大統領(左)が平壌を訪問し、金正日国防委員長(右)と会談して南北交流の活性化などをうたった南北共同宣言が発表された。

まえがき

朝鮮と日本は地理的に隣接し、歴史的にみても古くから密接な関係にあり、いわば運命的な隣人同士である。短期的にいえばさまざまな問題をかかえることもあろうが、長期的な視野からみればともに理解し助け合い、ともに未来を拓《ひら》く良きパートナーであり続けたい。一九八五年刊行の旧版『朝鮮史』(世界各国史17)は、大方このような気持ちで執筆されたが、同じような動機で手にされ、読まれた方々も多かったのではなかろうか。

それから今日まで、早くも一五年の歳月が流れさった。この間、一九八八年に開催されたソウル・オリンピックは、東京オリンピックが日本社会に与えた影響と同様に、その前後の韓国社会を区画する転機になったと評された。世界情勢も大きく、激しく転換した。八九年にベルリンの壁が壊滅し、その波動は地球を駆けめぐって、戦後世界を規定してきた米・ソの冷戦構造がゆらぎだし、ついに東西対立の戦略的構図が崩壊した。それが朝鮮に与えた影響は少なくない。翌九〇年には韓国とソ連が国交を樹立し、北朝鮮と日本の国交交渉が始まった。また九二年には韓国と中国とが国交を樹立した。いずれも、それ以前には考えられなかった変化である。

今ここに刊行する『朝鮮史』(新版世界各国史2)は、新しい情勢の変化に対応し、あるいは研究の成果を反映して、あらたな執筆陣によって作成されたものである。ただし、確かな史実に基づいて、着実冷静に叙述するという基本方針に変わりはない。各執筆者の個性をいかした歴史叙述も魅力はあるが、あまりに多様かつ対照的な歴史叙述に恵まれすぎる日本の現状にかんがみて、むしろ史実を優先し、あえて教科書風の叙述を試みた。本書の手ごろな体裁とあいまって、読者諸賢の支持がえられれば幸いであるが、編者の意図が適切であったかどうかの判断は、賢明な読者に委ねるほかはない。

ところで本書のいう「朝鮮」は、従来日本で通用してきた地理的概念としての表現である。したがってとくにことわらないかぎり、大韓民国と朝鮮民主主義人民共和国を含んだ総称として用いており、現に政治的支配を行使している特定の国家や政治主体をさすものではない。南部の大韓民国は韓国、南韓、南半部などとも表記され、朝鮮民主主義人民共和国は朝鮮、北韓、北半部とも表現されるが、本書では必要に応じて大韓民国は「韓国」、朝鮮民主主義人民共和国は「北朝鮮」と略称した。

したがって、本書の「朝鮮史」の枠組みはいわゆる国民国家の立場に立って、韓国と北朝鮮がたどってきた歴史的展開の総体を基本的な対象とする。しかし、この国民国家に基づく「朝鮮史」の概念もまた近代に成立し、現代に通用するものであって、これが逆に、歴史的な総過程を規定するものではない。すなわち、たとえば、歴史上の「高句麗」は現代の「朝鮮史」に不可欠の歴史的要素であるが、「高句麗」はあくまで歴史的に固有な「高句麗」それ自体にほかならない。この意味で、国民国家それ自体もまた歴史的産物であることを銘記しておきたい。

振返ってみると、旧版『朝鮮史』が刊行された一九八五年当時、韓国の全斗煥大統領と北朝鮮の金日成国家主席が国交をめざして動き出すと伝えられた。今回、新版『朝鮮史』が刊行される二〇〇〇年、奇しくも金大中大統領と金正日国防委員長の両国首脳会談が実現した。解放後はじめての南・北両首領による会談であり、南北統一の歴史的な展望が大きく開けてきた。二十一世紀をひかえて、「朝鮮史」のあらたな飛躍の実現を祈念してやまない。

二〇〇〇年六月

武田幸男

目次

朝鮮史

序章　隣国・朝鮮とその歴史的潮流

日本と朝鮮の相互理解

日本に一番近い外国は朝鮮半島の「朝鮮」、つまり大韓民国と朝鮮民主主義人民共和国である。中国・ロシアもまた日本とは隣国同士であり、とくに中国との深い関係はいまさらふれるまでもない。しかし日本と朝鮮は、文字どおり「一衣帯水《いちいたいすい》」の位置にある隣国であり、これを歴史的に通観してみれば、長期にわたった交流関係の親密さや、深刻さではほかに比肩するものがない。現在約七〇万人に達する日本在住人口の割合は、ほかの外国人の遠くおよばないところである。

ところが近来、日本にとっての朝鮮は、「近くて、遠い」国だといわれることも少なくない。もっとも近い存在の朝鮮であるが、虚心に自問してみると、たしかにその実像はつかみがたいものがあるが、またある種の接近のしにくさや、さらには関心の欠落もあるように感じられないではない。その背景には、日本が国民国家形成のために選択した近代西洋化路線を基本として、アジアに進出していった歴史的経過があったかと思われる。

欧米重視を裏返したアジア軽視の風潮のうえに、とくに朝鮮にかんしていえば、一九一〇年の日本による「併合」の不幸な現実が重なった。一九四五年の朝鮮「解放」以後においても、敗戦日本の廃墟からの再生・復興の過程や、解放朝鮮の南北分断の複雑な経過など、東西冷戦の国際的な対立構造やそれぞれの政局状況も絡み合って、これまでの相互理解は一般的なレヴェルにおいて必ずしも十分であったとはいえなかった。

しかし、二十一世紀を目前にした現在、「統一」問題を現実的課題とするにいたった「分断」朝鮮が、これから将来、急速にその国際的な存在感を増大させていくことは必定である。日本があらたな相互理解とグッド・パートナーシップを模索するとき、朝鮮とその歴史的展開が改めて注目される。そして、日本と朝鮮の相互理解とグッド・パートナーシップは相互の発展に必須であり、またそれは東アジア地域の平和的安定の基本的な前提である。

朝鮮の自然環境

さて、朝鮮史の主要な舞台となった朝鮮半島はユーラシア大陸の東端に位置し、中国の東北地方から東南方へ、日本列島に突き出るように張り出している。半島は南北に長く、約一〇〇〇キロにおよび、古くは「三千里」と数えられ、それが国土の愛称にもなった。

朝鮮半島はその北部でアジア大陸と接壌《せつじょう》するが、ほかの東・西・南三面は海で囲まれ、西・南海岸を中心にして三四〇〇余の島嶼《とうしょ》が散在する。その国土の総面積は二二万平方キロ余りであり、これは日本の六〇%弱、中国の二・三%に相当する。人口は七〇〇〇万人前後にのぼり、およそ日本の六〇%弱、中国の五・七％程度にあたり、人口密度の高さは世界有数であって、日本とほぼ同じである。

大陸部から朝鮮半島を画するのは鴨緑《アムノク》、豆満《トゥマン》の二大河川である。半島最長の鴨緑江《アムノッカン》《おうりょくこう》（七九〇キロ）は西南に流れて西海《ソヘ》（黄海）に達し、豆満江は東北にくだって東海《トンヘ》（日本海）にはいるが、両江ともに半島最高の白《ペク》頭山《トゥサン》（二七四四メートル）を分水嶺とし、その水源は山頂にたたえるカルデラ湖の天池に発している。白頭山は半島を貫く脊梁《せきりょう》山脈の起点であって、古くより周辺民族の建国神話の舞台となり、神秘的な霊峰と

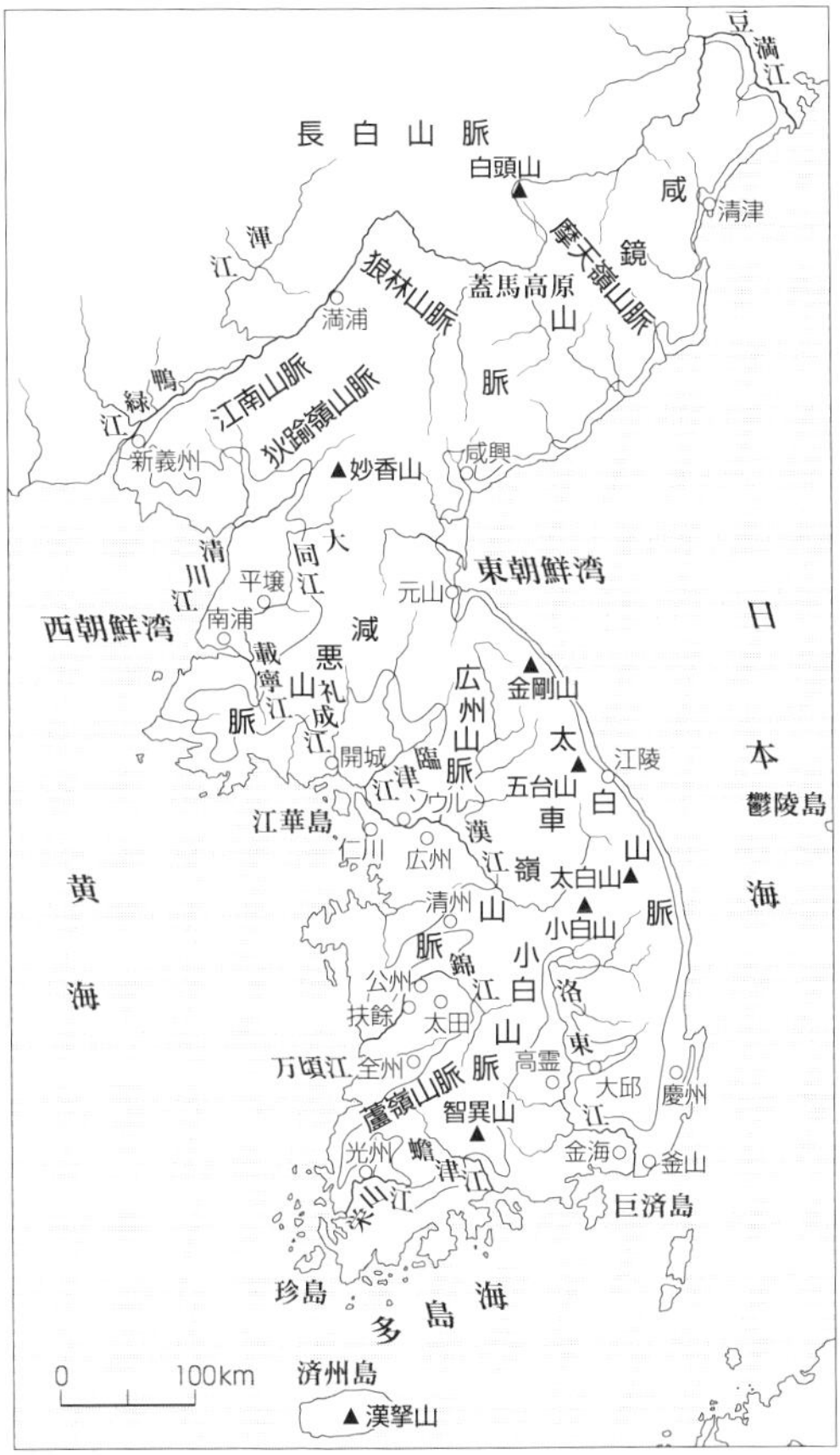

朝鮮半島の地勢図

して崇拝されてきた。

白頭山から分出した摩天嶺《マチョリョン》山脈、蓋馬《ケマ》《がいば》高原、狼林《ナンニム》《ろうりん》山脈は二〇〇〇メートルをこす山々を屹立《きつりつ》させながら、半島東北部は朝鮮の屋根を形成する。屋根を受けて半島の東側より、東海沿岸にそって太白《テベク》山脈が南下し、なかには金剛山《クムガンサン》、五台山《オデサン》、雪嶽山《ソラクサン》、太白山など多くの名山をかかえるが、二〇〇〇メートルにとどくものはない。脊梁山脈がはしる半島東部は大きな河川や広い平地に乏しく、わずかに拓いた咸興《ハムン》平野が目につく程度である。

これにたいして、半島西部は山脈や河川にめぐまれていて、脊梁山脈から西海に向かって、比較的穏やかな山脈と幾筋かの河川が並走する。北から順になぞってみると、鴨緑江の南は狄踰嶺《チョグュリョン》《てきゆれい》山脈、その南は妙香山《ミョヒャンサン》に発した清川江《チョンチョンガン》・大同江《テドンガン》、つぎは滅悪《ミョラク》山脈、以下は礼成江《イェソンガン》・漢江《ハンガン》、車嶺《チャリョン》山脈、錦江《クムガン》・萬頃江《マンギョンガン》《ばんけいこう》、蘆嶺《ノリョン》《ろれい》山脈、栄山江《ヨンサンガン》にいたる。各河川の流域は大小の平野・平地を造成しているが、大同江の中流域には朝鮮民主主義人民共和国の首都ピョンヤン(平壌)があり、漢江の下流域には大韓民国の首都ソウルが位置している。

また半島の南部方面は、太白山脈から分れ出た小白《ソベク》山脈によって東・西に二分される。その西部では蟾津江《ソムジンガン》《せんしんこう》が智異山《チリサン》の南麓をめぐって南海《ナメ》にはいり、東部では洛東江《ナットンガン》が周囲にめぐらした支流を集め、ゆるやかに流れて低平地を潤している。

半島西・南の沿岸部はいわゆるリアス式海岸であり、多くの島嶼をかかえた遠浅《とうあさ》の海岸が入り組んで、典型的な多島海の景観をつくりだす。干満の差も激しく、最大は京畿《キョンギ》湾一帯で八メートルに達する。西海・南海にそそぐ河川の流域には政治・経済の拠点都市が点在し、漢江以南の平野部は古来重要な穀倉地帯となってきた(後掲の「下三道《ハサンド》《かさんどう》」)。西南の海中には、独特の風習を伝える朝鮮最大の済州島《チェジュド》(一八四〇平方キロ、約五〇万人)が浮かび、半島の東南隅から南下すれば、大韓《テハン》海峡(対馬海峡)の遥か彼方に日本の対馬が見える。半島南端を望む対馬の地は、古来、日本が朝鮮半島やアジア大陸に通じる主要な出入口となってきた。

朝鮮半島は大陸に接壌し、三寒四温の大陸性気候に影響されやすい。乾期と雨期とが比較的はっきりし、冬期の寒風は身を刺すように吹きすさび、近来はややわらいできたというものの、ソウルも零下一〇度をしばしば下回り、漢江の凍った情景も珍しくない。南北に延びた条件のもとでは地域的特色も少なくないが、モンスーン地帯に属して稲作・農耕が盛んであり、春夏秋冬が四季折々の風物詩を物語って、日本の気候風土とほとんど変わりがない。

朝鮮の行政区画

朝鮮解放後の一九四八年、南部に「大韓民国」、北部に「朝鮮民主主義人民共和国」があいつぎ成立したが、やがて同族あい争う朝鮮戦争が勃発し、五三年に休戦協定が締結されて、朝鮮半島は北緯三八度線を目安に軍事休戦ラインが設定された。これによって、東西対立の米ソ世界戦略のもとで南北の対立構造が固定化され、その基本的構造の枠組みを引き継ぐかたちで現在にいたっている。

大韓民国(韓国)は一〇〇〇万人をこすソウルを首都とし、九万九〇〇〇平方キロを支配下におき、人口は約四五〇〇万人に達する。朝鮮民主主義人民共和国(北朝鮮)は、ピョンヤン(平壌)に首都をおき、一二万一〇〇〇平方キロの国土、二三〇〇万人に実効支配をおよぼしている。両国は一九九一年、時を同じくして国際連合に加盟した。

韓国と北朝鮮はそれぞれ首都のソウル、ピョンヤンを「特別市」とし、そのほかの大都市については、韓国は「広域市」(釜山《プサン》、大邱《テグ》、仁川《インチョン》、大田《テジョン》、光州《クアンジュ》)、北朝鮮は「直轄市」(南浦《ナムポ》、開城《ケソン》)と命名する。これ以外の地域は伝統的な「道」制によって区画される。韓国では京畿道、忠清南《チュンチョンナム》・北《プク》道、慶尚南《キョンサンナム》・北《プク》道、全羅南《チョルラナム》・北《プク》道、江原《カンウォン》道と済州道の九道、北朝鮮では黄海南《ファンヘナム》・北《プク》道、江原道、咸鏡南《ハムギョンナム》《かんきょう》・北《プク》道、平安南《ピョンアンナム》・北《プク》道、慈江《チャガン》道と両江《リャンガン》道の九道からなっているが、休戦ラインにかかった江原道はその名を双方にとどめている。

ソウル市街　古くは百済の発祥地である大韓民国の首都ソウル。朝鮮王朝の首都となってから600年余り，現在は人口1000万人をこえる世界的都市に成長した。

「道」制の起源は古くにさかのぼるが、およその基本は高麗《コリョ》後期の十四世紀までにはできあがり、国土がほとんど半島北端に達した十五世紀初頭、朝鮮王朝の成立にいたって完成した。当時は王都(漢城《ハンソン》・ソウル)を擁する京畿をはじめ、忠清道(湖西《ホソ》)、慶尚道(嶺南《ヨンナム》)、全羅道(湖南《ホナム》)、黄海

ピョンヤン市街　朝鮮民主主義人民共和国の首都ピョンヤン。古くは古朝鮮や楽浪郡の中心地で，高句麗第三の首都，高麗の西京として栄えた歴史的都市である。

道(海西《ヘソ》)、江原道(関東《クァンドン》)、咸鏡道(関北《クァンブク》)、平安道(関西《クァンソ》)の八道であった。「八道《パルド》」は国土朝鮮を意味する愛称となり、カッコ内の呼称は各道の雅号《がごう》として愛用された。とくに忠清道、慶尚道、全羅道は「下三道」といわれ、歴代国家の政治的役割を推進し、経済的基盤を担って重視された。

八道は十九世紀末期に多くが南・北に分割され、解放後には行政の便宜に従って手直しされ、現行の一七「道」制にいたっている。各「道」はいくつかの「郡」から構成されている。これを日本の「県」と対比するに、規模においては「道」に近いが、行政感覚からすれば「郡」にあたるかと思われる。各「郡」はいくつかの「邑《ゆう》」や「面」からなり、邑・面の下に多くの「里」や「洞」があって、里・洞はいくつかの村落(マウル)を含むのが普通である。

朝鮮史上の流れ

朝鮮史の主要な舞台が、これまで述べた朝鮮半島であったことはいうまでもない。この舞台を構成した要素はじつに多様であり、ここに登場するキャラクターも変化・発展に富むものであった。これを大観すれば、さしあたって朝鮮史上に三つの流れが認められ、三つの系列に整理できるかと思われる。

　ひとつめの流れは、濊《イエ》《わい》、貊《パク》《はく》、沃沮《オクチョ》《よくそ》や高句麗《コグリョ》、渤海《パレ》《ぼっかい》の北方系列である。これに夫餘《プヨ》を加える見方も有力であり、これは北東アジアの狩猟・遊牧文化に連なっていた。高句麗は紀元前後から勃興し、中国の東北地方から朝鮮半島の北部にわたって活躍した。初めは中国遼寧《りょうねい》省の桓仁《かんじん》付近（渾江《こんこう》流域）に興り、第二の首都は吉林省の集安（鴨緑江流域）へ、最後は鴨緑江を渡って平壌へと南遷し、その領域の南端は京畿道・黄海道・江原道あたりまで到達した。

　渤海は高句麗のあとを受けて立国し、五京を設置して国家体制を整備した。その首都は中国の黒龍江省東京城《とうけいじょう》の上京龍泉府（牡丹《ぼたん》江流域）とし、朝鮮半島にも南京南海府（咸興か？）をおき、咸鏡道方面を支配した。また半島の東北沿岸部、咸鏡道・江原道方面に居住した濊や沃沮は、独自の国家を形成するまでにいたらなかったが、彼らも高句麗、渤海、新羅《シルラ》の諸般の動向にかかわって無視できない。しかし、北方系列の動向は渤海に集約され、渤海に象徴された。

　二つめの流れは、三韓《サマン》や百済《ペクチェ》、新羅の南方系列であり、これは南海方面に連なって農耕・漁労文化を育んだ。まず馬韓《マハン》、辰韓《チナン》、弁韓《ピョナン》の三韓は南方系列の基層種族であり、半島南部に群立した七十余国からなる小国集団として登場した。やがて馬韓の伯済国《ペクチェ》に発した百済は、最初の首都をソウルに定め、しだいに京畿道、忠清道、全羅道方面に展開し、高句麗の南進に対抗して第二、第三の首都を公州《コンジュ》、扶餘《プヨ》（いずれも錦江流域）へと南遷した。

　また新羅は辰韓の斯盧国《サロ》から出発し、慶州《キョンジュ》に終始不動の首都をおき、慶尚北道を中心に国家形成の基礎を固め、やがて弁韓系統の任那《イムナ》、加耶《カヤ》の小国集団(慶尚南道)を併合して、慶尚道全域(洛東江流域)を支配した。そのあと新羅は三国の統一に成功し、高句麗国土の南辺を吸収したが、その大部分は渤海の支配下におさまった。ここにおいて南方系列の動向は、渤海に対抗する新羅に集約され、新羅に象徴された。

そこで注目されるのが、高麗・朝鮮二王朝の史的位置である。高麗は高句麗の継承を重視したり、一部の亡命渤海人を受け入れたりはしたものの、結局、その領土・人民の統合まではいたらなかった。また朝鮮王朝においても、鴨緑・豆満両江より以南の開拓にとどまった。換言すれば、北方系列の第一義的な意義が低下・解消し、南方系列を中心とする基層社会の統合・融合が中心課題に転換した。

さて、三つめの流れは、中国文明を象徴とする高度に開明化された文化体系であり、ここではこれを西方系列と命名しておこう。西方系列の影響は制度、社会、思想をはじめ、あらゆる分野において相当古く

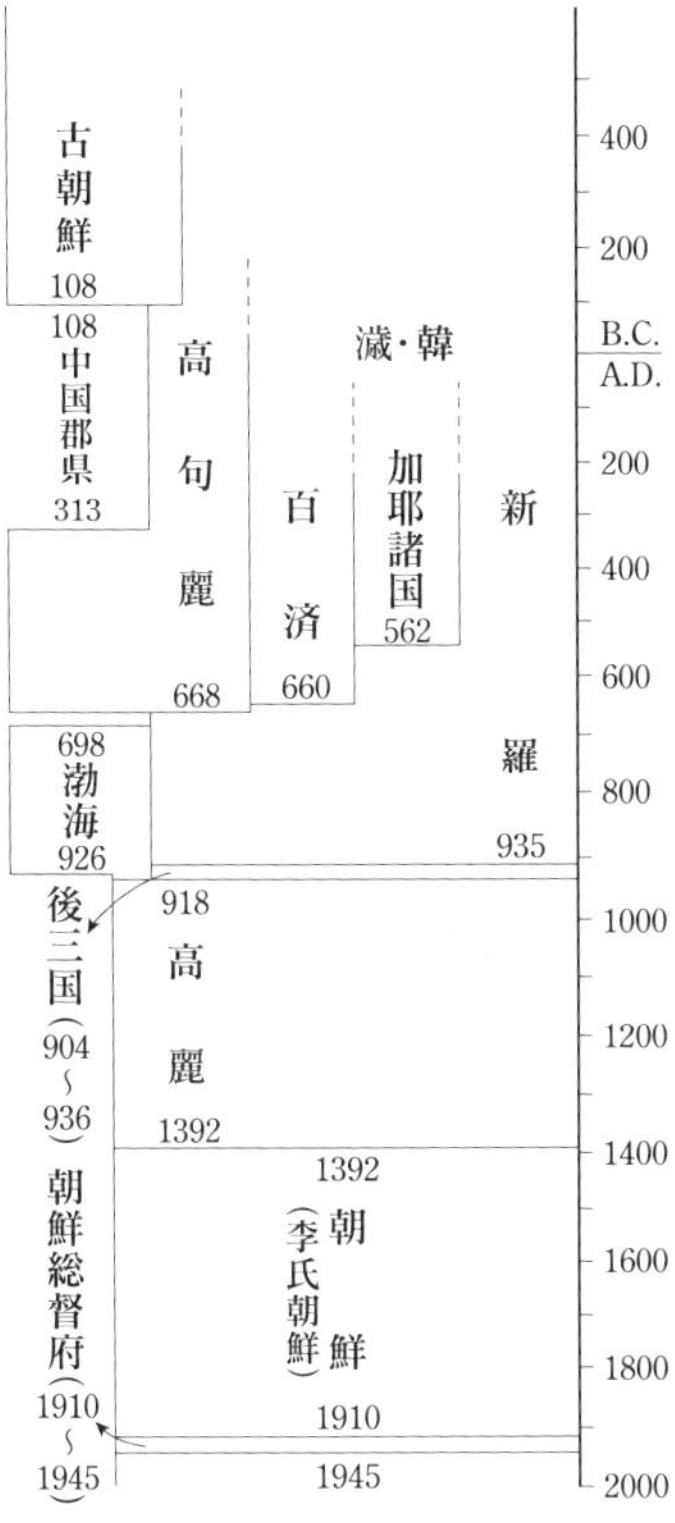

朝鮮歴史略年表

から認められ、その後もしだいに広く厚く蓄積されてきた。漢字、漢文、漢文学から社会組織、政治制度、冊封《さくほう》外交、さらに仏教・儒教から科学技術にいたるまで枚挙するに暇《いとま》がない。今後の幅広い検証を要するが、あえて私見をいうならば、西方系列がもつ意義の画期的な高まりは、「科挙」「両班《ヤンバン》」「官僚制」「朱子学」をキーワードとして、高麗時代に認められるのではなかろうか。

その後の流れ、今後の問題としては、これからの主体的選択や歴史的行動に直接かかわって、近代的価値観に基づいたグローバルな規模での現代的課題がある。二十一世紀に向かう現在、普遍的な「自由」「平和」「民主主義」などの価値観にどのように向き合っていくか、それはひとり朝鮮の問題ではなくて、平凡で日常的な、しかし緊要で決定的な課題であり、世界史的な課題にも通じるであろう。

第一章　古朝鮮から三韓へ

1　古朝鮮《コチョソン》以前の朝鮮半島

ヒトの移住

朝鮮半島における人類の歩みは、旧石器時代から始まった。旧石器時代の存在は、早く一九三〇年代に、咸鏡北道《ハムギョンブクト》《かんきょうほくどう》の潼関鎮《トングァンジン》《どうかんちん》で皮剥用の黒曜石片とマンモスなど絶滅種動物の化石が発見されて以来、主張されていたが、広く認められなかった。本格的な調査・研究が始まるのは六〇年代以後である。六三年に、若いアメリカ人学者が発見した石壮里《ソクチャンニ》遺跡（忠清南道《チュンチョンナムド》公州《コンジュ》）で調査が始まり、同じころ屈浦里《クルポリ》（咸鏡北道先鋒《ソンボン》）やコムンモル洞窟（平壌《ピョンヤン》市祥原《サンウォン》《しょうげん》）でも発見・調査が進められた。その後、全土的に多くの遺跡が確認されるようになり、旧石器時代の存在はもはや疑いない段階になっている。

旧石器時代はおよそ前期・中期・後期に分けることができ、前期は一〇万年前より以前、中期はそれから三万五〇〇〇年前まで、後期はそれ以後一万年前までとされる。ただし各遺跡の実年代については、更新世など第四紀にたいする地質学研究の遅れや石器製作技法に基づく年代決定に限界があって、共通した見解にはなっていないものが多い。

前期とされる主要な遺跡は、コムンモル洞窟と全谷里《チョンゴンニ》遺跡（京畿道《キョンギド》漣川《ヨンチョン》《れんせん》）である。コムンモル洞窟は、五層からなる堆積層の下から第四層で、握り斧形石器や尖頭器・剝片石器などの石器と、動物化石が出土した。発掘者は、その動物層が北京原人で知られる周口店《しゅうこうてん》と似ていることなどから、五〇〜四〇万年前とするが、正確な年代把握はむずかしい。全谷里は、臨津江《イムジンガン》とその支流の漢灘江《ハンタンガン》《かんたんこう》にそった溶岩台地上にあり、一帯に旧石器遺跡が広がる。一九七八年に発見され、七九年以来、断続的に現在まで発掘が続いている。ハンドアックス（石槌）、クリーヴァー、チョッパーなど両面加工石器が大量に出土しているのが特徴である。とくにハンドアックスは、ヨーロッパの前期旧石器のアッシュリアン時代に特徴的なものと似ているところから、前期旧石器時代までさかのぼるのではないかとされ、実年代としては二〇万年前くらいが妥当ではないかとみられている。ただし、四万五〇〇〇年前までしかさかのぼらないとする異論もあり、確実ではない。

旧石器時代の遺跡は、このように洞窟か台地が主であり、長期的に雨などを避ける場合には洞窟が便利で、短期的には台地上にキャンプした。いずれも河や海に近い水辺が選ばれている。狩猟生活が主で、獲得したとみられる動物の骨も同時に出土することが多い。

これら旧石器をつくり、狩猟生活を送った人々が当然いたはずであるが、前期に該当する、一〇万年以上さかのぼる原人段階の化石骨はまだ発見されていない。勝利山《スンニサン》洞窟（平安南道《ピョンアンナムド》徳川《トクチョン》）の下層からは、大臼歯二点のみであるが、絶滅種の洞窟ハイエナやホラアナグマとともに出土し、今から一〇万年前の旧人段階と考えられ、徳川人と呼ばれる。大峴洞《テヒョンドン》《だいけんどう》洞窟(平壌市力浦《ヨクポ》区域)からは、少女の頭蓋骨が発見され力浦人と呼ばれているが、やはり旧人段階とみられる。龍谷《ヨンゴク》洞窟(平壌市祥原)からは、壮年男子多数の人骨が出土して重要性も高いが、七〜四万年前ころとみられる。トゥル峰《ボン》洞窟(忠清北道清原《チュンチョンブクトチョンウォン》)の興洙《フンス》窟では、約四万年前とみられる二個体分の完全な人骨がみつかったが、五歳程度の子どもである。人類はアフリカで発生したとされているが、長い時間をかけて中国大陸をへて、朝鮮半島まで達したのである。

中期・後期にわたる代表的な遺跡はスヤンゲ遺跡(忠清北道丹陽《タニャン》)で、石器の多様さが注目される。楔形石核・小型剥片石器や、近くでは産しない黒曜石の石器もある。その多様さから、系統の異なる旧石器人が、つぎつぎとおとずれて短期間逗留したのではないか、とみる意見もある。石壮里は、時期について意見が分れるが、最近では後期、およそ三〜二万年前とみる意見が有力であり、住居址も確認されている。ここでも黒曜石が採集され、ほかに晩達里《マンダルリ》(平壌市勝湖《スンホ》区域)・上舞龍里《サンムヨンニ》遺跡(江原道楊口《カンウォンドヤング》)などでもみられる。それらは白頭山《ペクトゥサン》など、かなりの距離を運んできたものとみられ、旧石器人の活発な移動がうかがわれる。

土器の出現

およそ一万年前、更新世から完新世に移行し、地球が温暖化して氷河期が終わると、海水面が上昇して、植生が変わり、あらたな動物が繁殖するようになる。人々もこのようなあらたな環境に適応して、定着生活を始めるようになった。こうした人々が、新石器時代を担ったのである。更新世中に陸橋化と海峡化が繰り返された朝鮮海峡も、完全に海となって、朝鮮半島と日本列島は現在のように分れ、それぞれ独自の道を歩むようになった。

新石器時代は、打製の石器も用いながら、あらたに磨製の石器をつくり、また土器を用いる時代であるが、朝鮮半島でもっとも古い土器は、今のところ鰲山里《オサルリ》遺跡（江原道襄陽《ヤンヤン》）出土の土器で、紀元前六〇〇〇年ころとされている。それらは口縁部に細い突帯を貼り付けたり、指でつまみあげて装飾しており、隆起文土器、押捺文土器と呼ばれる。ほかに紀元前五〇〇〇年以前にさかのぼるものとして知られるのは、西《ソ》浦項《ポハン》貝塚（咸鏡北道先鋒）や東三洞《トンサムドン》貝塚（釜山《プサン》）出土のもので、古い段階の土器は東海岸に面した地域に限られている。ただし済州島《チェジュド》西端の高山里《コサルリ》遺跡（北済州）では、隆起文土器などのほかに、より原初的な無文の、植物質を含んだ土器が発見されている。六三〇〇年前に九州の鬼界カルデラから噴出した、いわゆるアカホヤ火山灰層が検出され、土器はそれよりもかなり下層から発見された。そのため、紀元前八〇〇〇年ころまでさかのぼらせる見方もある。小型有舌尖頭器も出土しており、旧石器から新石器への移行時期の文化を示すものとしても注目されている。しかし朝鮮半島全体としては、新石器時代の初期について、まだよくわからない状態である。

新石器時代の典型的な土器は、古くから知られた、櫛目文《くしめもん》（櫛文）土器と呼ばれるもので、先のとがった底をもつ深鉢に、櫛の歯でなぞったような魚骨文が描かれたものが基本である。

これまで知られた遺跡は、島嶼を含む海岸地域か、河川の河口地域がほとんどである。最近は、河川の上流・中流や内陸部でも発見・調査されてきているが、現在のところ、その河川の河口地域の土器様相と似ており、同じ文化圏に属するものととらえることができる。全体はつぎの五つの地域に大きく区分できる。(1)洛東江《ナットンガン》流域を含む南海岸地方(全羅道《チョルラド》・慶尚道《キョンサンド》)で、東三洞貝塚、水佳里《スガリ》貝塚(慶尚南道金海《キョンサンナムドキメ》)が重要である。(2)大同江《テドンガン》・漢江《ハンガン》流域を含む西海岸地方で、弓山里《クンサルリ》(平安南道温泉《ピョンアンナムドオンチョン》)、智塔里《チタムニ》(黄海北道鳳山《ファンヘプクトボンサン》)、岩寺《アムサ》洞《ドン》(ソウル)、渼沙里《ミサリ》《びさり》(京畿道河南《ハナム》)諸遺跡などが知られる。(3)西北地方(鴨緑江《アムノッカン》《おうりょくこう》流域)で美松里《ミソンニ》遺跡(平安北道《ピョンアンプクト》義州《ウィジュ》)が有名である。(4)鰲山里遺跡をはじめとする東海岸中部地方(江原道)、そして(5)西浦項貝塚などの東北地方(豆満江《トゥマンガン》流域)である。

南海岸・西海岸地方は尖底、西北地方および東海岸・東北地方は平底であることが特徴である。地域ごとに変遷を追うことができ、たとえば西海岸地方では、層序関係が明らかな漢江流域の渼沙里の例で、施文の範囲が、全体からしだいに口縁部と腹部のみ、さらに口縁部のみ、というように小さくなる方向で変遷していることが確認されている。南海岸の東三洞では、原始無文土器・隆起文土器から、指頭文土器・押引文土器・太線魚骨文土器、そして二重口縁土器というように、時期ごとに盛行する土器の種類を異にしている。

全体としては、三期ないし四期に時期区分してとらえられている。三期区分に従えば、紀元前六〇〇〇年から五〇〇〇年までを前期前葉、前三五〇〇年までを前期後葉、前二〇〇〇年までを中期、前一〇〇〇年までを後期とする。

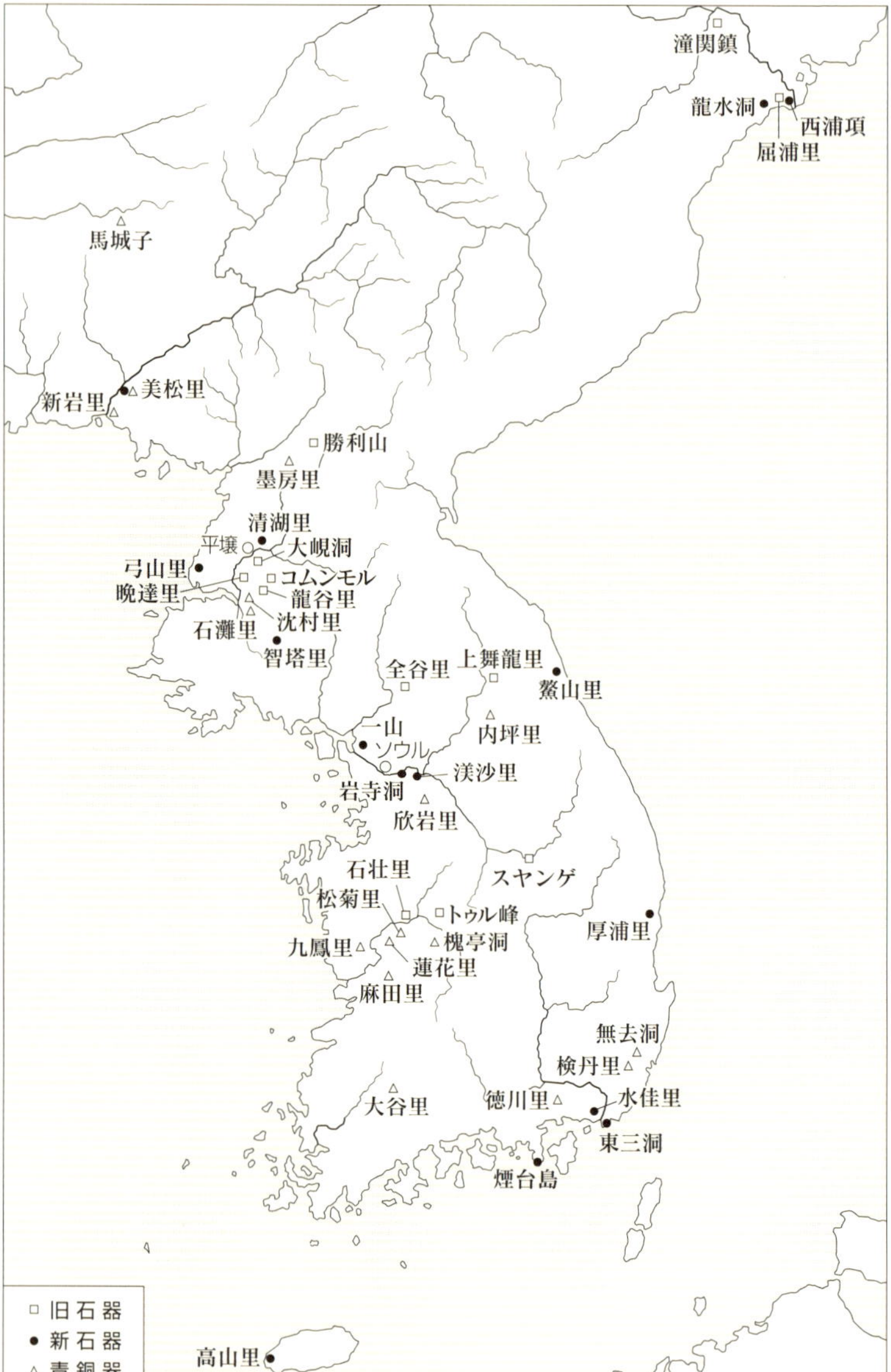

朝鮮半島の先史遺跡分布図

農耕の始まり

新石器時代人の人骨は、龍水洞《ヨンスドン》貝塚(咸鏡北道雄基《ウンギ》)で伸展仰臥葬された一四体が発掘され、石鏃《せきぞく》などが副葬されていた。厚浦里《フポリ》遺跡(慶尚北道蔚珍《ウルチン》)では東西四・五メートル、南北三・五メートルの自然土壙《どこう》を利用して、洗骨した人骨をつぎつぎと埋めており、四〇体以上はあるとみられる。煙台島《ヨンデド》貝塚(慶尚南道南海《ナメ》)では集団土葬墓で数体分が確認されているが、外耳道骨腫がみられ、もぐり漁法で貝類をとっていたものと考えられる。旧石器人骨と比較すると、大きさやかたちが異なるが、それは自然環境の変化というよりは、あらたな遺伝子の流入による可能性が高いようである。中国の山東地方の新石器文化を担った人々と非常に近く、その関係がうかがわれる。現代人とは大差なく、この新石器人が現代人の祖ということになろう。

住居は、ひきつづき洞窟や岩陰を利用することもあるが、竪穴住居をつくるようになり、敷石をするものもみられる。つまり、住居は永久的なもので、安定した生活を送るようになった状況をうかがうことができる。前期の例としては、西浦項遺跡で一二棟確認されているが、円形・方形さまざまで、面積も八～三七平方メートルと大小あり、深さは二五～一五〇センチで、すべてほぼ中央に円形の炉址がある。敷石住居址は、内坪里《ネピョンニ》《ないへいり》(江原道春川《チュンチョン》)や清湖里《チョンホリ》(平壌)などで発見されているが、内坪里の場合、東西一二メートル、南北四メートル程の範囲に石をしいて住居とし、内部に楕円形の炉址があり、外にも八基の炉址があった。

農耕は、新石器時代になってすぐに始まったわけではなく、おもに狩猟・漁撈生活が続いていた。弓矢

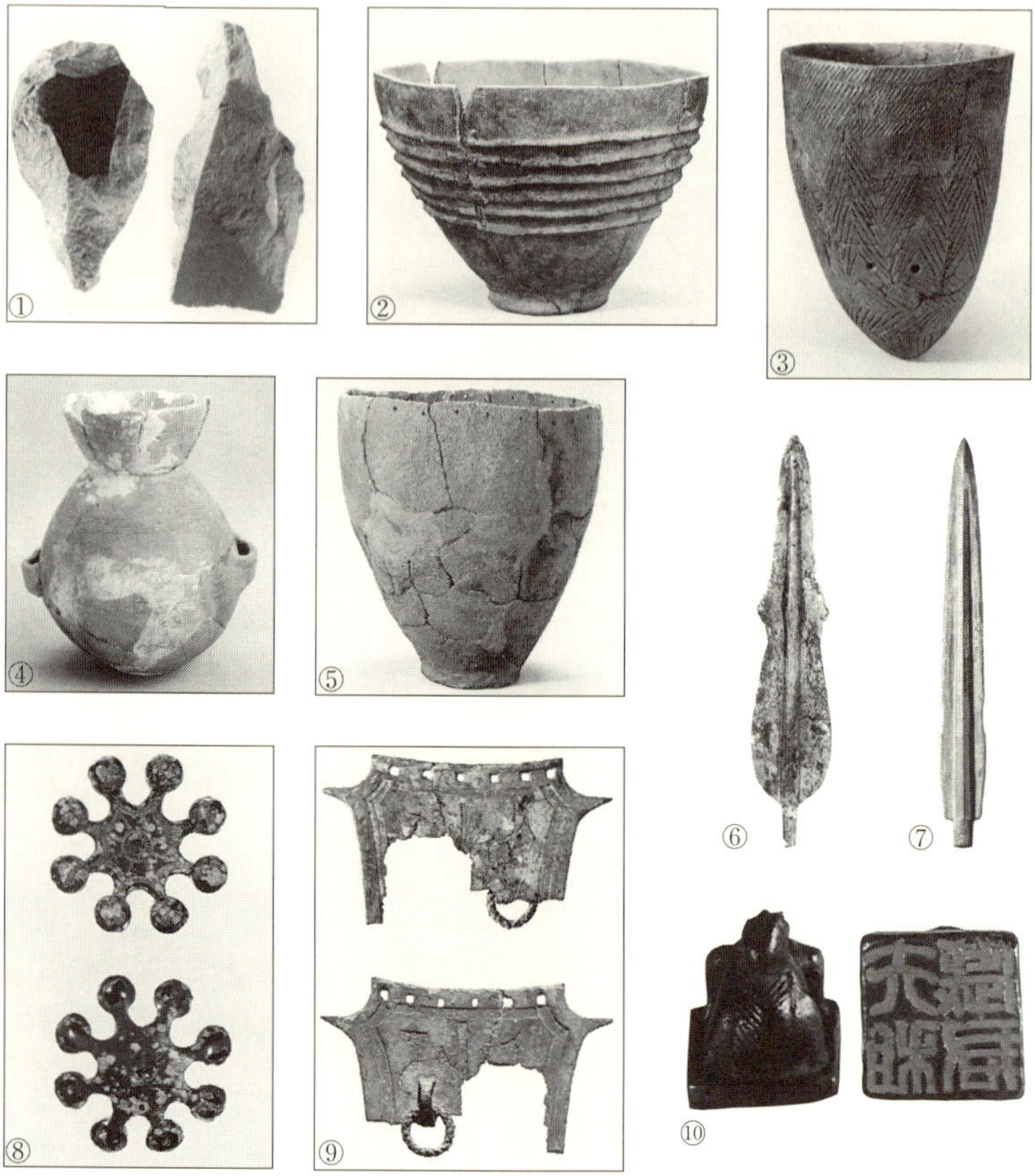

① 旧石器(ハンドアックス〈左〉とクリーヴァー〈右〉) 全谷里遺跡出土・ソウル大学校所蔵
② 隆起文土器 鰲山里遺跡出土・ソウル大学校所蔵
③ 櫛目文土器 岩寺洞遺跡出土・韓国国立中央博物館所蔵
④ 美松里型土器 美松里遺跡出土
⑤ 欣岩里型土器 欣岩里遺跡出土・ソウル大学校所蔵
⑥ 琵琶形銅剣 松菊里遺跡出土・韓国国立中央博物館所蔵
⑦ 細形銅剣 大谷里遺跡出土・韓国国立中央博物館所蔵
⑧ 八頭銅鈴具 大谷里遺跡出土・韓国国立中央博物館所蔵
⑨ 防牌形銅器 槐亭洞遺跡出土・韓国国立中央博物館所蔵
⑩ 「夫租薉君」銀印 夫租薉君墓(貞栢洞1号墳)出土

先史時代の遺物

は旧石器時代末期から使用されてはいたが、新石器時代になると石鏃の形態も典型化し、量も増大した。洞窟や貝塚でみられる動物の骨は二〇種をこえるが、とくにシカ科の動物とイノシシの量が圧倒的に多い。集団で捕獲するようになったものとみられる。鰲山里遺跡や東三洞貝塚などでは、結合釣針が出土しており、比較的大きな魚も対象となっていた。岩寺洞遺跡などでみられる漁網錘は、漁網によって集団的に漁獲していたことをうかがわせる。

智塔里遺跡ではアワかヒエの炭化穀物粒と石犂《すき》、石鎌《かま》が出土している。この遺跡は紀元前四千年紀とみられるため、前期段階からアワ中心の畑作が始まっていたと考えられる。弓山里遺跡でも、石鍬《くわ》、角鍬、猪牙鎌などの農耕具が発見されている。しかし全体としては、農具が占める比重は多くはなく、農耕の萌芽とはいえるが、農耕が食糧生産の基盤であったとは認めがたい。主たる生業はなお狩猟・漁撈であったとみるべきである。

一山《イルサン》遺跡(京畿道高陽《コヤン》)で土炭層から種籾が発見され、紀元前二〇〇〇年前後に、漢江下流において稲作が始まっていたことがわかってきた。五〇〇〇年前よりもさかのぼる可能性も指摘されているが、今後の課題である。ただし水田耕作は青銅器時代まで待たなければならない。

青銅器から鉄器時代へ

紀元前一〇〇〇年ころになると、平底で赤褐色の、文様のない土器が出現する。無文土器と呼ぶ。かつて櫛目文土器と無文土器とは、異なる民族が担った文化であるという考え(民族交替論)が支配的であったが、現在ではそうした考えは否定されている。この時期には青銅器も用いられるようになることが重要であり、青銅器時代とも呼ぶ。ただし、無文土器時代は、紀元前後まで続き、前期・中期・後期と三分され、後期には鉄器が用いられるようになるため初期鉄器時代とも呼ぶ。したがって、無文土器時代の前期・中期が青銅器時代ということになる。青銅器時代とはいっても、青銅器の使用は、ごく一部の階層の人たちに限られ、一般には石斧、石鏃、石包丁《いしぼうちょう》などいぜんとして石器が用いられた。

青銅器のもっとも早い出土例としては新岩里《シナムニ》遺跡(平安北道)第三地点Ⅱ層の青銅刀子、銅釦《どうこう》で、中国の遼東地方の馬城子文化と共通するものである。しかし、典型的な青銅器文化は、琵琶《びわ》形銅剣(遼寧《りょうねい》式銅剣)を中心とするものであり、これも遼東地方と関連があるが、系統は異なる。

鴨緑江下流域を挟んで中国遼寧省から清川江《チョンチョンガン》流域にわたって、瓢箪《ひょうたん》形で底部が小さく、帯状の取っ手がつく美松里型土器が分布する。鴨緑江河口付近の美松里遺跡(平安北道)から出土した土器を指標とするため、その名がある。それは遼東半島の双房《そうぼう》遺跡(新金県)を中心とする双房類型に通じるものである。また清川江よりも南側、漢江流域までには、コマ形土器と呼ばれる特異な土器があらわれる。石灘里《ソクタルリ》(黄海道)や沈村里《シムチョルリ》(黄海北道)などが初期の代表的な遺跡で、支石墓から、磨製石矛、有茎式石鏃、半月形石包丁などとともに出土する。こちらは櫛目文土器から発展した、朝鮮半島独自の土器文化といえるが、そのコマ形土器を中心とする文化が、美松里型土器文化と合流し、琵琶形銅剣などの青銅器文化を導入したと考えられる。墨房里《モクパンニ》遺跡(平安南道价川《ケチョン》《かいせん》)では、多くの支石墓が発掘されたが、両土器がともに出土している。このような琵琶形銅剣の導入は、およそ紀元前八世紀ころから始まり、その後、前四世紀ころまでに、しだいに各地に広がっていった。松菊里《ソングンニ》遺跡(忠清南道扶餘《プヨ》《ふよ》)は、遅れてはいってきた例であり、石棺墓から、磨製石剣、勾玉《まがたま》、管玉《くだたま》、石鏃などとともに出土している。このような琵琶形銅剣などの青銅器の組み合わせには、磨製石剣、石鏃のほか丹塗磨研土器がともなうことも多く、朝鮮半島特有の様相をみせている。

それにたいして、細形銅剣が、銅戈、銅矛や多紐粗文《たちゅうそもん》鏡、および儀礼に使われたとみられる剣把形銅器、防牌形銅器などを含むあらたな青銅器の組み合わせとして、錦江《クムガン》流域から広がっていく。それは琵琶形銅剣とは別のルートで伝来したものと考えられる。蓮花里《ヨンファリ》遺跡(忠清南道扶餘)、槐亭洞《クェジョンドン》遺跡(大田《テジョン》)など、積石石槨墓に、そのような特徴的な青銅器の組み合わせがみられる。石槨墓自体も、支石墓と違った、あらたな墓制とみられ、遼東地方とは別の地域からの影響を考えてみる必要がある。こうしたあらたな組み合わせが導入されるのは、およそ紀元前三世紀のことと考えられるが、それは朝鮮半島に鉄器が導入される時期とも重なっている。琵琶形銅剣を中心とする青銅器を受容する集団と、細形銅剣を中心とする集団は、それぞれ別に存在し、さらに鉄器が受容されたということであり、それらは同時に並行して存在したのである。前二世紀になると、細形銅剣を中心とする系統は朝鮮半島の南部一帯に広がっていく。そして大谷《テゴン》里《ニ》遺跡(全羅南道和順《ファスン》)にみられるように、多紐鏡の文様が細分化し、八頭銅鈴具、双頭銅鈴具などがあらたに出現する。九鳳里《クボンニ》遺跡(忠清南道扶餘)のように、細形銅剣を中心とする系統に属しつつ、丹塗磨研土器系統の土器をだすような例もみられる。

欣岩里《フナムニ》遺跡（京畿道驪州《ヨジュ》《りしゅう》）は、青銅器がみられないが、出土の土器は、コマ形土器の影響をうけて成立したものである。かつては、東北地方の孔列文土器も、影響を与えたとされていたが、年代的にはあわず、別系統と考えられる。そこでは長方形の住居址が一六棟発掘され、炭化米やムギ、アワなどの穀物粒が出土した。松菊里遺跡でも、柱穴をともなわない長方形住居址のほか、円形で中央に二本の柱が立つ特徴的な住居址(松菊里型住居と呼ばれる)が発掘され、三九五グラムの炭化米が出土している。すでに青銅器時代には稲作は広くおこなわれていたものと考えられる。麻田里《マジョルリ》遺跡(忠清南道論山《ノンサン》)や無去洞玉峴《ムゴドンオッキョン》遺跡(蔚《ウル》山《サン》)のように、そのころの水田址も確認されるようになった。無去洞遺跡の場合は、丘陵傾斜面に平面長方形または方形の竪穴式住居址があり、谷部には小区画の水田が、足跡、耕作具痕、株跡などとともに検出されている。また環溝と水路もあり、灌漑システムが整っていたことがうかがえる。年代はおよそ前七～六世紀と考えられ、水田耕作が青銅器前期にまでさかのぼることが明らかになった。半月形石刀、大形蛤刃《はまぐりば》石斧なども出土しており、このような水田耕作技術が、日本へ伝わっていったものと考えられる。

　こうして水田耕作が始まった結果、貯蔵・消費が増大して、貧富の差も生じ、集団をリードする階層も生まれた。また共同による水系の利用が必要となり、集落間でも生産力の差が生じたことから、格差を生み出すことになった。それを統率する首長が生まれる基盤ができていった。また集落間の争いも起こるようになり、集落のまわりに溝をめぐらす環溝集落が成立した。検丹里《コムタルリ》遺跡(蔚山)や松菊里遺跡などがよく知られているが、検丹里では、独立した丘陵の頂上部から斜面にかけて、長径一一九メートル、短径七〇メートルの楕円形状に、幅二メートル程のV字形の環溝がめぐっており、三七棟の竪穴住居が確認されている。松菊里では、木柵の列もあり、内部には高床の建物が密集していたとみられる。

この時期の墓制としては、積石墓、支石墓、石棺墓、石槨墓、甕棺墓などがあるが、とくに支石墓は、巨石を埋葬施設の上にのせており、その造営にはかなりの労働力が必要であったことがうかがえる。階層分化が進み、首長層が登場したことを裏づける。副葬品にも差があらわれるようになった。巨石を支える支石によって、北方式と南方式とに区分されている。北方式は大きな板石を立てて、テーブルのようにしており、地上に棺をおいている。南方式は地下に石槨などの埋葬施設をおき、小さい石で巨石を支えるもので、碁盤式とも呼ばれる。中国の遼東地方には石棺の上に巨石をおく大石蓋墓と呼ぶものが多く、それと南方式はよく似ているが、系統については異なるとされている。徳川里《トクチョルリ》遺跡(慶尚南道昌原《チャンウォン》)では、東西一七・五メートル、南北五六メートルの平面L字形に、石を積み上げた区画をつくって墓域とし、そのなかに大きな支石墓を一基つくっていた。区画の外にも支石墓、石棺墓、土壙墓などがあり、内外の差を明確に示している。

江華島支石墓　北方式の代表的な支石墓で，その南限にあたる。長さ4.5ｍ，幅5.2ｍ，厚さ1.2ｍの巨石が板石の支石に支えられている。近くには別の支石墓もある。

鉄器が使用されるのは、紀元前三世紀ころからで、龍淵《ヨンヨル》里《リ》遺跡(慈江道《チャガンド》)では、矛、斧、鏃、鍬、鋤、半月形包丁、やりがんなど、武器、農具、工具を問わず多様な鉄器が出土している。燕《えん》の明刀銭《めいとうせん》も共伴しており、燕との関係をうかがわせる。前一世紀ころには、鉄器が普及し、青銅器時代は終わりを告げる。

2 古朝鮮《コチョソン》の虚実

檀君《タングン／だんくん》の建国神話

考古学の成果から離れて、朝鮮の歴史をみていく場合、まず最初にとりあげる必要があるのは、古朝鮮である。のちの李《イ》氏の朝鮮王朝と区別して「古」をつけるのであるが、具体的には、檀君朝鮮、箕子《きし》朝鮮、衛氏《えいし》朝鮮に分けることができる。

朝鮮ということばは、紀元前四世紀ころから、中国で用いられたもので、戦国時代の燕の外側にある勢力をさしていた。それを先の三朝鮮にあてはめれば、時代的には箕子朝鮮が該当することになるが、それほど単純ではない。

まず檀君からみていくと、檀君は朝鮮民族の始祖であると信じられている面がある。檀君の名を記す、もっとも古い記録は、一二八〇年代に成立した『三国遺事』である。高僧一然《イリョン》が撰述した『三国遺事』には、由来のよくわからない伝承も数多く取り入れられている。本編冒頭の古朝鮮条に引かれているのが、檀君の神話である。それによれば、中国の伝説上の聖天子堯《ぎょう》の時代に、天帝(帝釈天《たいしゃくてん》)の子桓雄《ファヌン／かんゆう》が地上世界を治めたいと、太伯山《テベクサン》の神檀樹《しんだんじゅ》のもとに降下し、人々を教化した。そのころ人間になりたいという熊と

檀君陵　平壌の東，江東郡にある。以前から知られていた伝檀君陵の近くに，高句麗の将軍塚を模して，巨大なモニュメントが作られた。新たな檀君崇拝が始まっていくことであろう。

虎がいて、桓雄はその願いを聞いて物忌みさせたところ、虎は忌むことができず、熊だけが人間(女)になった。子をほしがったが相手がいなかったので、桓雄が仮に人間の姿になって結婚し、生まれたのが檀君であった。その檀君が平壌を都(王険《ワンゴム》城)として国を開き、朝鮮と称した。その後、都を白岳《ペガク》山《サン》の阿斯達《アサダル》《あしたつ》に移し、一五〇〇年間治めたが、箕子が朝鮮に封建されたので、山神となった、という内容である。

もとは平壌地方に伝わった固有の信仰であろうが、仏教的および道教的要素が含まれ、また熊をトーテムとし、シャーマニズム的な面もうかがえる複合的な神話で、かなり整合的につくりあげられたかたちになっている。その民族性をうかがうには、有効かもしれないが、それをとおして、歴史的事実を追究するのは容易ではない。

この『三国遺事』とほぼ同じころに成立した李承休《イスンヒュ》の『帝《てい》王韻記《おういんき》』にも、同様な内容の神話を記すが、さらに尸羅《シラ》《しら》(新羅《シルラ》《しんら》)、高礼《コリエ》(高句麗《コグリョ》)、南北《ナムブク》沃沮《オクチョ》《よくそ》、東北《トンブク》扶餘《プヨ》《ふよ》、穢《イエ》《わい》、貊《メク》《ばく》を統治した君主であったと伝えている。そのため、檀君は、民族統合のシンボルとして尊崇されるようになった。『三国遺事』と『帝王韻記』のもとになった記録は、十世紀ころに成立したものと考えることができるが、当時は高麗《コリョ》時代であり、民衆は契丹族の侵入に苦しんでいた。檀君は、そうした外敵に対抗していくうえで、強いよりどころになったものとみられる。檀君の開国は、計算上紀元前二三三三年ということになるが、それを檀君紀元(檀紀)として、韓国の成立当初、一九六一年までは公式に用いられていた。今でもこの檀紀を用いるむきがある。

ところで、平壌の東三〇キロ程の江東《カンドン》郡(北朝鮮)には、檀君の陵と称するものがある。李氏朝鮮王朝時代から檀君陵だといわれていたところであるが、一九九三年に発掘され、高句麗的墓制に基づく墓であることがわかり、なかから出土した人骨が、「電子スピン共鳴法」によって測定した結果、五〇一一年±二六七年前のものであるとされた。そのためそれこそ檀君の遺骨で、檀君の実在が確かめられたとし、実際の檀君は檀紀よりもさかのぼる、というような理解がされるようになった。北朝鮮では、一辺五〇メートルの正方形の基壇に、高さ二二メートルまで石を九段積み上げた、高句麗の将軍塚のような檀君陵をあらたにつくり、古朝鮮の始まりもそこまでさかのぼらせて考えるようになった。それとあわせて、古朝鮮にたいする見直しも始まった。これまで北朝鮮の学界では、古朝鮮の中心は遼東地方にあったと考えていたが、平壌こそ檀君の時代から古朝鮮の中心で、朝鮮民族の発祥地である、というように変わり、檀君時代の土城や墓とされるものが平壌付近でつぎつぎと確認されるようになった。

高句麗の墓に葬られたのは、檀君を始祖の父とあおぐ高句麗人たちによって崇拝され、改築されたため、と理解するのである。『三国遺事』などでは、高句麗の始祖朱蒙《チュモン》《しゅもう》が檀君の子であるとしているが、高句麗人が残した記録では、朱蒙は北夫餘で河の神の娘から生まれて南下してきたとは記すが、檀君の名を記すものはない。したがって、高句麗人が檀君を崇拝したこと、まして改葬したなどということは、にわかには信じがたく、高句麗墓に葬られているのは高句麗人とみるのが自然であろう。

箕子東来伝説と朝鮮

一方、箕子はといえば、先の檀君神話にも登場したが、中国の殷王朝の末年、最後の王となった紂《ちゅう》王の親戚であった人物で、殷が滅亡したあと、周に仕えることをいさぎよしとしなかった賢人である。周の武王が教えを乞い、その教えが、『尚書』洪範《こうはん》に載せられている。その箕子が、朝鮮で国を開いたというのであるが、当時の記録にはみられず、漢代になってあらわれる。司馬遷の『史記』には、周の武王が箕子を朝鮮に封建したと記し、班固の『漢書』では、箕子が殷を去って朝鮮にいき、犯禁八条をもって民を教化したことを伝えている。それは、漢代までにそうした伝説がかたちづくられたということである。

北京市順義県や河北省東部および遼西の大凌河《だいりょうが》地方で「㠱」や「㠱侯《きこう》」(箕侯)という銘をもつ青銅器がいくつも出土しており、それを箕子と関係づけてとらえる意見がある。青銅器には西周初というまさに箕子の時代に近いものもあり、たしかに箕子の一族とかかわりがあるとみることも可能であろうが、それが箕子朝鮮の広がりを示すものとみるのは無理であろう。ただ、そうした箕侯の動向が、箕子の東方移動伝説を生み出した背景といえるかもしれない。

紀元前四〜三世紀、北京あたりを中心とする燕国が、遼東方面にまで勢力を伸ばしたが、そのころその東方に朝鮮と呼ぶ勢力があったのは確かである。しかしそれが箕子の末裔《まつえい》であるということは考えがたい。

燕は将軍秦開《しんかい》を派遣して朝鮮の西方を攻撃し、二〇〇〇里にわたる土地を奪い取り、満潘汗《まんはんかん》までを境界にした、という記録がある。それをもとに満潘汗を清川江河口付近にあてる考えがある。鴨緑江の中流からそのあたりまで長城が残っており、現地では高麗時代に築造されたものとみられているが、燕の長城であるという意見もあり、燕の領域が鴨緑江をこえて、清川江までおよんでいたことを示すものとみなされている。燕の明刀銭は、そのさらに外側一帯にも分布しているが、それは燕の交易圏に組み込まれていたことを示すものである。しかし清川江までを領有したとみることにはなお疑問が残る。ただ、燕による圧迫は認められ、それによって朝鮮は弱体化した。

秦が中国を統一すると、始皇帝は蒙恬《もうてん》を遣わし、長城を築かせて、遼東にまでおよんだという。そのころの朝鮮王は否《プ》で、秦を恐れて服属したが、秦の朝廷に出向くことは拒んだ。否を継いだのが子の準《ジュン》で、最後の王となった。秦末に中国が戦乱に陥ると、もとの燕やその西の趙、山東地方の斉といった近い地域から、戦乱を避けて朝鮮に逃げてくる者が多くなった。漢が成立すると、遼東の長城や砦を修築するのみで、鴨緑江を境界とした。

つぎにふれる衛氏朝鮮の成立に関連して、箕子朝鮮を滅ぼしたことを伝える記録がある。それによると、衛氏朝鮮を建国した満《マン》は、朝鮮に亡命して、朝鮮王準に仕えた。準はそれを信任して博士とし、西境方面を守らせた。満は燕・斉地域からの流民を誘って、勢力をたくわえると、準を漢の攻撃から守ると偽ってその都にはいり、準を急襲した。準はおさえる力もなく、海に逃げ出し、韓《ハン》の地にいたって韓王を称するようになった、というのである。これは衛氏朝鮮について、同時代のこととしてあつかう『史記』にはみえず、くだって三世紀の『魏略』にみえる逸話である。上記の、朝鮮王否の存在を伝えるのも、『魏略』のみである。そこでは続けて、朝鮮にとどまった準の一族が、その後「韓」という姓を称するようになったとあるが、のちの楽浪郡の時代に、「韓」氏が活躍することは興味深い。朝鮮王の一族がのちのちまで栄えた、というよりは、現実の「韓」氏が、自分たちの家系をかつての朝鮮王につなごうとしてつくりあげた逸話である可能性を考えたほうがよさそうである。

このように箕子朝鮮は、始まりも終わりも伝説であり、その存在は否定されるが、紀元前四世紀ころから、朝鮮と呼ばれる勢力が東方に存在したことはまちがいない。

ところで、先にみた考古学上の成果をふまえ、この朝鮮と関連がみいだせる点があるかどうかについて考えてみれば、地域的には琵琶形銅剣、美松里型土器、石棺墓、支石墓などの分布圏と重なるといえるが、それを政治勢力の広がりとしてとらえるには、規格性が弱く、また時間的なずれもある。広い文化圏とみるしかない。

衛氏朝鮮の成立

漢は、その広大な領土のうち中央部を郡県として直轄支配すると同時に、その周辺部を皇帝一族や建国の功臣に封国《ほうこく》として与え、その支配を委ねた。功臣の一人盧綰《ろわん》が領有したのが燕であったが、高祖の皇后呂后《りょこう》の時代になると、功臣の王国とりつぶしが始まり、危険を感じた盧綰は匈奴へ亡命した。前一九五年ころのことで、そのとき、燕に仕えていた満という人物が、徒党一〇〇〇人余りを率いて朝鮮へいき、そこに国を開いた。それが衛氏朝鮮の始まりである。『史記』『漢書』には衛という姓はみられないが、後漢代の『潜夫論』からは、衛満として登場する。そのため、満は本来、姓がなかったのではないか、という意見もあり、それはつまり漢人・燕人ではなく朝鮮人で、出身地を離れて燕に仕えていたものが、戻って国を開いた、という意見である。その点は不明であるが、在地勢力と無関係で成り立っていたわけではない。

朝鮮国内には、尼渓《ニケエ》《じけい》や歴谿《ヨクケエ》《れきけい》といった小国が含まれ、小国の相《しょう》・卿《けい》が、国政にも参画していた。おそらく出身の小国の首長層であろう。本来、衛満が率いてきた徒党を中心にしつつ、在地の小国と連合するかたちで、その首長層を取り込んだものとみられる。東の臨屯《イムドウン》《りんとん》国、南の真番《チンバン》《しんばん》国も、服属させていた。

朝鮮国は満の孫、右渠《ウゴ》《ゆうきょ》の時代まで続くが、その右渠のとき、朝鮮相の地位にあった歴谿卿が、右渠を諫《いさ》めていれられず、その民二〇〇〇戸を率いて辰《チン》国に脱出したことがあった。本来の基盤が維持されていたことをうかがわせる。

都を王険城といい、現在の平壌にあたる。領域としては、朝鮮半島西北部を支配したものと考えられるが、それ以上、広く支配をおよぼしたとは考えにくい。

鉄器の導入と、衛氏朝鮮の成立を結びつける見解があるが、鉄器が先行する。鉄製武器をもとに強大な軍事力を想定することも、現実の遺物の貧弱さからすればむずかしいといえよう。現在のところ、衛氏朝鮮の領域的広がりを知ることができるような、特別な遺物などによる文化圏は、指摘できない。

漢帝国との対立

衛満は朝鮮に定着したあと、遼東太守とのあいだで漢の外臣《がいしん》となることを約した。外臣とは、帝国の外において、皇帝の臣下となるもので、漢と諸国とが君臣関係で結ばれることになる。その場合、外臣として守るべきこととして、周囲の諸国をよくおさえて、漢に侵入することがないようにし、また漢に入朝したい者がいれば、それを妨げてはならない、ということがあった。ところが満は、漢からの財物をえると、すぐに周囲の小国に侵攻した。臨屯・真番も、そうした経緯をへて、服属したのである。孫の右渠の時代になると、漢からの亡命者を誘うことが一層多くなり、また真番のとなりにある国が朝貢したいというのを妨げた。皇帝が右渠に入朝をうながしても応じなかった。

前一八〇年に文帝が即位したとき、すでに征討が議論されたことがあった。そのときの理由は、南越《なんえつ》とともに外臣となりながら、兵を擁して逆党となっているというものであったが、文帝が応じなかった。

しかし対外積極策をとる武帝は、先に南越国を滅ぼしており、朝鮮国にたいしても強い姿勢で臨んだ。前一〇九年、武帝はまず使者を派遣し、右渠の違約を責めたが、交渉は失敗し、使者は自分を送ってきた朝鮮の裨王《ひおう》の長を殺して、逃げ戻った。その使者が遼東郡の東部都尉《とい》として近くに赴任すると、右渠は恨んで兵を発し、殺してしまった。そこで武帝は、水陸両軍を発して、都の王険城を攻撃させた。

朝鮮軍の抵抗は強かったが、翌年、最後は内紛などもあって漢に降り、武帝はその故地を中心にして四つの郡を設置した。衛氏の朝鮮国は、三代、およそ八〇年程で滅んだのであった。

3 楽浪郡の設置と在地社会

楽浪四郡の推移

武帝が設置した四つの郡は、衛氏朝鮮国の故地を中心にした楽浪郡、衛氏朝鮮国に服属していた臨屯国・真番国(潘《はん》国)の故地を中心にした臨屯郡・真番郡、それに、これを絶好の機会ととらえて、一年遅れながら、沃沮《オクチョ よくそ》(濊《イエ わい》族の一種)から高句麗にかけての地においた玄菟《げんと》郡である。これらをまとめて楽浪四郡、漢四郡などと呼ぶ。

臨屯郡は、楽浪郡の東、朝鮮半島の東海岸におかれた。真番郡は古くから位置をめぐる論争があったが、漢からは楽浪郡よりも遠方にあることは確かで、楽浪の南か臨屯の南、朝鮮半島の南部のどこか(西海岸説が有力)と考えられる。玄菟郡は、鴨緑江の中流域から、東海岸にまで達するものであった。郡の下には県がおかれ、郡の長官(太守)や県の長官(県令・県長)などは、中央から地方官として派遣された(県令は郡内の他県から任用されることもあったが)。こうして、漢の郡県支配が朝鮮半島にもおよんだということになる。ただしこれらは、それぞれが境を接するかたちで設置されたということではなく、そもそも一円的な支配は不可能であった。主要拠点とそれを結ぶ幹線をおさえるかたちの、点と線による支配であり、朝鮮半島北半の全域が、漢の直轄領となったわけではない。

当初の楽浪郡にいくつの県がおかれたかは不明であるが、臨屯・真番がともに一五県と知られるから、そのくらいはあったのであろう。郡治は朝鮮県で、平壌の南に残るいわゆる楽浪土城が、県城址《けんじょうし》と考えられている。臨屯郡は東暆《とうい》県(現在の江原道江陵《カンヌン》か)に郡治をおき、ほかに不耐《ふたい》、蚕台《さんだい》、華麗《かれい》、邪頭昧《じゃとうまい》、前莫《ぜんばく》などの県があった。これらは領(嶺)東の六県と呼ばれ、朝鮮半島を南北にはしる単単大領《たんたんたいれい》(太白《テベク》山脈)よりも東側にあった。真番郡は郡治がおかれた霅《とう》県の名を知りうるのみである。当初の玄菟郡も、県の数は不明であるが、郡治は沃沮県(夫租《ふそ》県。現在の咸鏡南道咸興《ハムン》か)におかれ、高句麗県も含んでいたことが知られる。

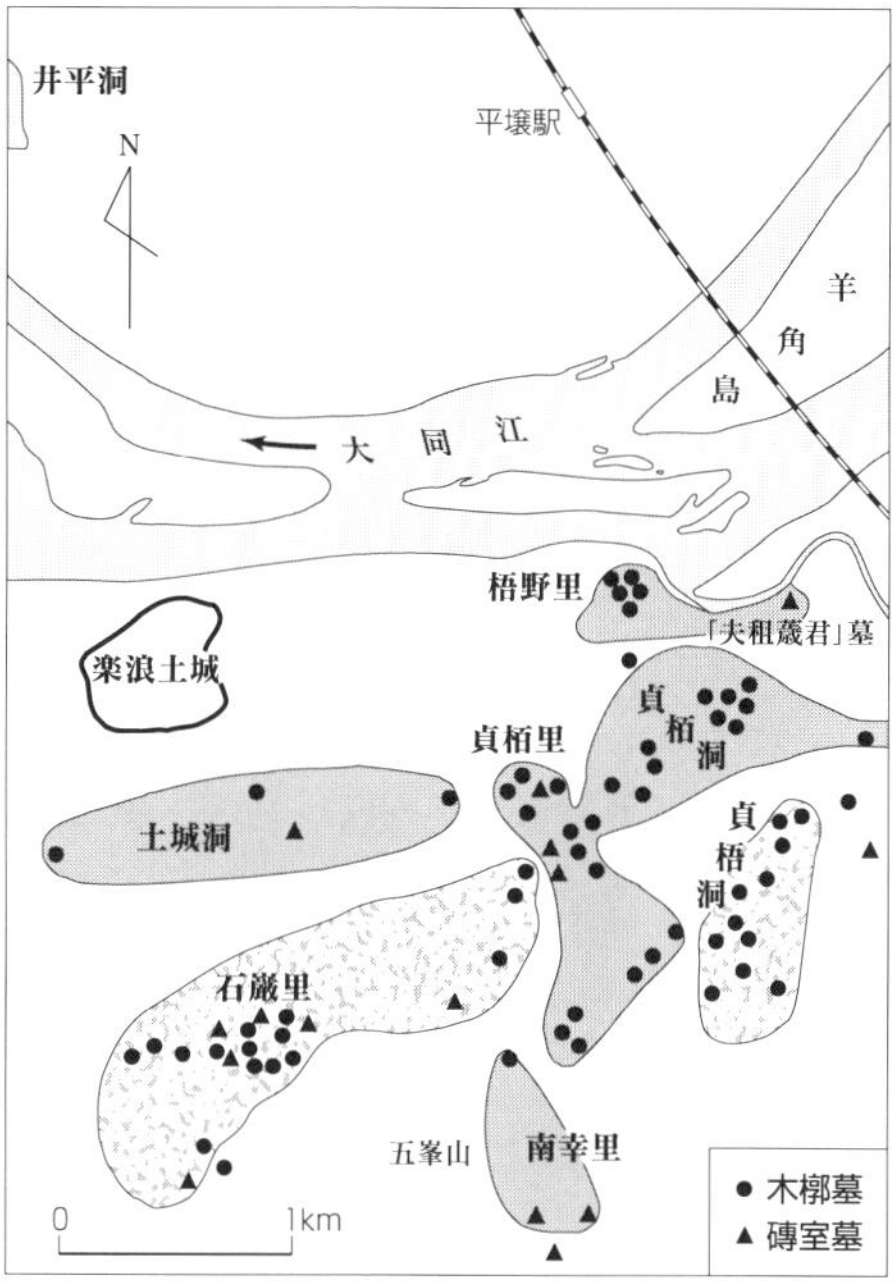

楽浪郡治周辺遺跡図　(高久健二著『楽浪古墳文化研究』をもとに作成)

四郡の改編は、早くに起こった。まず前八二年には、もっとも遠くにおかれた真番・臨屯の二郡が廃止され、それに属していた県のいくつかは楽浪・玄菟に転属された。領東の六県は玄菟に属した。この改編は、遠距離であるために、維持が困難であったことに原因があったものとみられる。

さらに前七五年には、玄菟郡に大きな変動があった。郡治夫租県と、旧臨屯郡に属していた領東の六県(これらをあわせて領東七県と呼ぶ)を切り離して、楽浪郡に転属させ、その中心部分は放棄し、郡治を西北に移動させたのである(現在の遼寧省新賓県永陵)。あらたな郡治には、それまでにもあって放棄した高句麗県の名を横滑りさせた。このたびの改編は、高句麗が、自らの本拠地に設置されていた県城を奪取し、県支配を不可能にしたのが原因である。高句麗は、玄菟郡設置以後、三〇年程で大きく成長したのであった。

この改編によって、楽浪郡は、二五の県を擁する大きな郡となった。それを大楽浪郡と称する。ただし、領東七県は、東部都尉をおいてそれに委ね、また南部都尉もおいて、南方の県をそれに委ねた。

前漢末の統計によれば、戸数が六万二八一二、口数が四万六七四八となっており、漢全体の郡のなかでも有数の規模であった。

楽浪郡は前後四〇〇年余り継続するのであるが、その間の支配には、中国王朝の盛衰もかかわって、強弱があった。王莽時代のあと、土着の王調《ワンジョ》が、太守を殺して、楽浪太守を自称した事件があった。後漢が成立して、光武帝があらたな太守を派遣すると(後三〇年)、郡のなかで名士となっていた王閎《ワングァン/おうこう》らが、それに呼応して、王調を殺し、収束した。この年、東部都尉を廃して領東七県を放棄し、諸県は侯国にして、濊族の首長を侯に任じた。

二世紀の初めには、玄菟郡が高句麗の圧迫を受けて、さらに後退している。郡治は移動したが、名称は今度もそのまま高句麗県を用いた（現在の遼寧省撫順《ぶじゅん》）。玄菟郡はこのようにしばしば移動したが、それは高句麗に圧されてのことであり、高句麗の発展をうかがうことにもなるが、ただ高句麗へ向かう蘇子河《そしが》・渾河《こんが》にそって後退しており、高句麗にたいする統轄の意欲は失っていなかったとみることができる。高句麗は、このあとも、玄菟郡および遼東郡（郡治は遼寧省遼陽）と抗争を続け、しだいに遼河方面に進出していくのである。

帯方郡の設置

後漢末の混乱期には、群雄割拠のなかで、遼東地方に勢力をもった公孫度《こうそんたく》が、遼東・玄菟のほか、楽浪郡をも支配するようになった。朝鮮半島では、韓や濊が強盛となって、郡県民が流出することが多かった。そこで度のあとを継いだ公孫康が、二〇四年ころに、楽浪郡のなかの屯有県よりも南側を分けて、別の郡としたのが帯方郡である。あらたな領土獲得ではなく、楽浪郡の維持が困難になってきた状況のもとで、目配りがきくように二つに分けたということである。あらたな帯方郡が管轄の対象としたのは、韓と倭であった。

帯方郡の位置であるが、かつての大楽浪郡のなかに、帯方県があった。その帯方県について記した記録のなかに（『漢書』地理志分注）、「帯水が西に流れ、帯方にいたって海に入る」とあり、帯方県が、西流する帯水という河川の下流、河口にあることを伝えている。楽浪郡治のある平壌を流れる大同江《テドンガン》よりも南で、西に流れる主要な河川としては臨津江《イムジンガン》や漢江などがあり、帯のような川、という意味ととらえれば、朝鮮半島を帯のように流れる漢江がふさわしい。とすれば、帯方県の位置として漢江下流にあるソウルが有力な候補となる。しかしソウル付近では、漢・魏代の遺物がほとんど知られず、その一方で、やはり平壌よりも南にあたる、黄海道地方で、多くの漢・魏の遺物が出土している。とくに、黄海北道鳳山郡文井面《ムンジョンミョン》で「使君帯方太守張撫夷塼《ちょうぶいせん》」という銘の塼《せん》が用いられた墓(張撫夷墓。撫夷は職名とみられるが、名は不明)が発見され、その近くの智塔里に土城があることによって、そこが帯方郡治であったという見方が有力になっている。ただしこちらでは、西流する大きな河川はなく、またここが河口でもない、という問題点を残す。しかも、張撫夷墓は、塼にみえる干支《かんし》年号「戊辰《ぼしん》」が帯方郡消滅後の三四八年ではないかとされるようになり、帯方太守の号も、現実のものではなく、勝手に称したにすぎない、という意見がだされている。これについて、当初の帯方県は、やはりソウル付近とみるのがよく、しかしそれは四郡改編の時期、たとえば前八二年には放棄され、黄海道地方に移された、とみるのがよいのではなかろうか。当初の帯方県は真番郡の一県であった可能性もあろう。当然、帯方郡の設置時は、移転したのちであり、帯方郡としては、黄海道方面で問題ない。その場合は、帯水の位置とは無関係であり、智塔里土城も十分に郡治の可能性があるといえる。

魏が公孫氏を討滅したとき、海路から直接に楽浪・帯方両郡を確保した。それだけ意欲をみせたということであり、韓・濊も両郡に属するようになった。帯方郡はここで、中国王朝の正式に認知するところとなったのであり、魏の韓や倭にたいする統轄への意欲も明らかである。倭国の女王卑弥呼がすぐに対応して、帯方郡に使者を送ったことはよく知られるとおりである。魏から帝位を簒奪した晋も、それを引き継ぐことになるが、その時点で楽浪郡は六県、三七〇〇戸、帯方郡は七県、四九〇〇戸であった。晋が内乱で衰えると、高句麗や韓の攻撃によって、両郡も衰弱していき、ついに三一三年ころには、朝鮮半島から撤退した。いわゆる楽浪・帯方郡の滅亡であるが、遼西地方において、同名の郡が五世紀をとおして維持されていく。また朝鮮半島の楽浪・帯方郡故地の大半は、高句麗が領有するようになったが、ひきつづきその地にとどまった土着漢人や、中国の混乱を避けてあらたに移住してくる漢人たちが住みつづける、特殊な地域となり、五世紀の初めまでそうした状態が続いた。

この両郡の地域には、衛氏朝鮮国の成立あるいはそれ以前から、漢人が流入していたが、楽浪郡設置後も、流入は続き、土着化していった。そのなかでとくに王氏が著名であるが、文字の記された出土遺物をとおして、韓氏、張氏、呉氏なども知られる。郡県の下級官吏は現地採用で、かつ世襲されるので、いったん移住してきて採用されると、この地にとどまって、代々吏員を続けることになる。彼らは時に土豪化し、在地の社会にたいしても、勢力をもつようになった。王旴《ワンウ》や王光《ワングァン》などは、たくわえた豊かな富を示す、豪華な墓を多く残している。

楽浪郡の位置については、それが当初から朝鮮半島にはなく、遼東・遼西方面にあったという考えがある。とくに北朝鮮の学界では、それが定説である。しかし四世紀以後は別にして、それまでの楽浪郡が、平壌方面にあったことは、漢・魏代の遺物・遺構の存在からも明らかである(北朝鮮では、それの一部は偽造、一部は楽浪郡とは無関係の楽浪国のものである、と主張している)。さらに問題であるのは、楽浪郡の存在を認めないことによって、最終的にそれを駆逐した高句麗や韓族の成長を正当に把握することができなくなることである。楽浪四郡の設置は、朝鮮半島や日本列島における社会の発展、政治的成長を阻害したばかりではなく、逆に促進した面もあったことを評価する必要がある。

高句麗の興起

漢・魏などの中国王朝が、遼東から朝鮮半島にかけての地域に郡県をおいて、そこに住む在地勢力を統属しようとしたのであるが、そうした在地勢力として、夫餘、高句麗、沃沮、濊、韓などが知られている。

夫餘は、その領域が朝鮮半島におよぶことはなかったが、深くかかわっていた。濊族の一種である可能性もあるが、明確ではない。その名は紀元前三世紀から知られ、吉林省吉林市が発祥の地である。そこを中心に広がる西団山《せいだんさん》文化は、前三世紀以前の文化圏を示し、夫餘につながる可能性があるが、濊の居住地である東海岸には分布せず、濊との関係はこれからの課題である。とりあえずは夫餘族とするしかない。夫餘族は、騎馬民族とする意見もあるが、土着し「東夷」の域でもっとも平坦な地で五穀をつくっており、農耕民族とすべきである。老河深《ろうがしん》遺跡(吉林省楡樹《ゆじゅ》)は、夫餘の遺跡であるとの意見が定着してきたが、その遺物相からも農耕民であることがうかがえる。なによりも漢文化に深い影響を受け、王都のおかれた吉林市の帽児山《ぼうじさん》遺跡などでは、漢・魏の遺物が多く出土する。

高句麗は、貊《はく》族である。のちに突厥《とっけつ》が、高句麗を「貊の国」と呼んでいるとおりで、日本でも「狛」を用いた。ただし周代以来みられる蛮貊《ばんぱく》との関係は明確ではない。「東夷」諸国では、夫餘とならんで有力であり、しだいにそれを凌駕《りょうが》する。三世紀には、夫餘で戸数八万、高句麗で三万というが、邪馬台国の七万戸など、倭の諸国と比較すればいかにも少ない。

高句麗族の生業は、農耕主体であり、当初は狩猟もおこなっていた。山谷の間に住み、谷水に頼る地理的条件にあって、農耕のみでは十分でなかった。十月に集まって天を祭った。それを東盟《トンミョン》《とうめい》と呼んだという。農耕民族の秋の収穫祭とみられる。

玄菟郡は、この高句麗を管轄下にいれることも当初の目的で、そのために土築の県城を築いた。高句麗族はこの県城支配に刺激を受け、それにたいする抵抗をとおして勃興《ぼっこう》してきた。紀元前一世紀の初めごろである。

高句麗当初の中心地は、渾江流域の卒本《チョルボン》《そつほん》(遼寧省桓仁《かんじん》)から鴨緑江流域の丸都《ファンド》《がんと》(吉林省集安)にかけての一帯で、高句麗に特徴的な墓制といえる積石塚もそこに集中している。漢から奪い取った県城を利用しつつ、山城を築いており、高句麗の拠点は、平地の居住区(平城《ひらじろ》)と背後の山城とのセットからなる。

高句麗人たちはその地域において、いくつもの某那《な》・某奴《な》と呼ばれる地縁的政治集団を構成していた。那(奴)とは「水辺の土地」「土地」の意で、それらを那集団と呼ぶ。それぞれの那集団は、首長層としての大加・諸加(加は北アジアの首長号カーンと同じ)と、被支配民としての下戸に分れていた。積石塚も紀元前後のころには階層の違いによる築造規模の差があらわれている。こうした那集団は、首長連合を形成していたものとみられる。『魏志』には、桓奴部《クァンノブ》《かんなぶ》、絶奴部《チョルロ》《ぜつな》、消奴部《ソノ》《しょうな》、灌奴部《クワンノ》《かんな》、桂婁部《ケル》《けいろう》の五族(五部)につい

五女山城　高句麗発祥の地，桓仁にある初期の根拠地。西から望む。城壁は反対側の中腹に築かれている。その威圧的な姿は，高句麗人を畏怖させたであろう。

て伝えている。有力な那集団のうち五つをあげたもので、それによれば、当初は消奴部から王（盟主）がでていたが、のちに桂婁部からでるようになった。絶奴部からは王妃をだしたという。

沃沮と濊

朝鮮半島の東側、日本海（東海《トンヘ》《とうかい》）にそった地方は、沃沮《オクチョ》と濊《イエ》の住地であった。沃沮も濊族であり、ともに朝鮮半島の日本海よりに居住していた。沃沮は、現在の咸鏡道方面であり、濊はその南の江原道一帯である。朝鮮古代史を理解するためには、韓族の動向ばかりでなく、この濊族にも目を配る必要がある。

沃沮は、『魏志』東夷伝に「東沃沮」としてあらわれるが、東以外の沃沮が別にあるというわけではなく、東方の民族である沃沮、というほどの意味である。たんに沃沮として問題はない。ただし、南北に中心地があり、南沃沮・北沃沮と分けて呼ばれることはある。北沃沮は吉林省琿春《こんしゅん》あたりと考えられ、南沃沮は咸鏡南道咸興とみられる。

沃沮は本来の表記では夫租であった。漢の武帝が設置した玄菟郡の郡治は、沃沮城におかれた。それが沃沮県であり、のちに楽浪郡に転属されるが、『漢書』地理志には「夫租」と表記している。一九五八年に平壌の楽浪区域で発見された土壙墓から「夫租薉《わい》君」銀印が出土している。一九六一年にも、その近くの木槨墓から「夫租長印」銀印が出土した。楽浪郡治出土の封泥《ふうでい》に「夫租丞印」とあるものがある。沃沮という表記は、『魏志』以来である。いったん記録されたうえで、字面のみで誤っていったのであろう。ここでも便宜的に「沃沮」を用いる。「夫租薉君」銀印は、もともと夫租(沃沮)にいた薉(濊)族の一首長に与えられたものと考えられるが、そのことは沃沮が濊族の地であることを示している。沃沮族とは、沃沮の地に住む濊族をさすのである。なお、「夫租長」「夫租丞」は、夫租県の県長・丞であり、濊族とかかわりがあるわけではない。

3世紀の東北アジア

臨屯郡も、濊族を統轄対象にしていたが、それは直接には衛氏朝鮮国に服属していた臨屯濊をさしている。つまり濊族は、東海岸に広く分布し、地域によって夫租濊とか臨屯濊とか呼ばれたのである。

朝鮮半島東南端に近い慶州《キョンジュ》のすぐ北、迎日郡《ヨンイルグン》《げいじつぐん》で、一九六六年に「晋率善穢伯長《しんのそつぜんわいはくちょう》」銅印が出土しており、濊族の住地がそのあたりまで広がっていたことがわかる。「広開土王《クァンゲトワン》碑」にも、広開土王が百済《ペクチェ》《ひゃくさい》を攻撃して獲得した地として韓・穢が登場している。

その場合、東海岸からやや内陸にはいったところに想定できる。まとまった国を形成していたわけではなく、活動範囲が広範囲におよんだということである。

濊は、上記の印面にもみられるように薉・穢とも表記し、中国でも戦国時代からその海獣や海産物で知られていた。『逸周書《いっしゅうじょ》』王会篇《おうかいへん》には、周の武王に穢人が「前児」を献上した、という伝承を記すが、「前児」はオットセイやラッコにあてられる。後漢代の字書である『説文解字《せつもんかいじ》』には、魚扁のいくつかの文字について、楽浪東暆《とうい》、あるいは薉の邪頭国でとれる魚であることを記している。東暆・邪頭(邪頭昧)は、先にみた領東七県に含まれる県名である。こうした海産物をとるとともに、それを遠く運んで交易しており、そのため中国でも注目されていたのである。

ただし濊族の生業は、こうした漁撈のみではなく、養蚕や農耕をおこなっていたことも知られている。地理的にも、山がちの高句麗とは違い、土地が肥沃で農耕に適していた。

紀元前一二八年に、濊族の一首長とみられる「薉君南閭《ナムヨ》《なんりょ》」が衛氏朝鮮に対抗し、二八万人を率いて漢に降る事件が起こった。漢の武帝は、そこで蒼海《そうかい》郡をおいて、濊の地の一部を支配しようとした。しかし二年程で撤退せざるをえなくなる。途中に根拠地もなく、無謀な建置であった。しかしその後、玄菟郡を設置する契機となった。

玄菟郡・臨屯郡は、沃沮・高句麗・濊を対象にしたものであったが、先にみたように、沃沮・濊の地域すなわち領東七県は、改編をへて、楽浪郡が統轄することになり、東部都尉が設置された。しかし後漢代になると、都尉が廃止され、七県が放棄され、首長たちは県侯《けんこう》とされた。「夫租薉君」は、そうした首長の一人であろう。

高句麗が、狼林《ナンニム》山脈をこえて、東海岸の沃沮・濊を従属させて支配を進めたのは、後二世紀初めのことであった。ただし領土化をめざしたのではなく、在地の有力者を仲介役に取り込み、また支配層を現地に送り込んで税糧の徴収・輸送を負担させたのみである。

魏が公孫氏を滅ぼすと、高句麗とのあいだで抗争が起こった。魏は、玄菟郡を起点にして高句麗王都を攻撃し、陥落させたあと、高句麗に従属していた沃沮・濊をも蹂躙《じゅうりん》した。沃沮・濊は、この結果、高句麗から離れて、魏と通交関係をもつようになる。

三韓《サマン》と辰王《チヌンワン》

韓は、朝鮮半島南半を占めた。馬韓《マハン》・辰韓《チナン》・弁韓《ビョナン》(弁辰《ビョンジン》ともいう)の三韓に分れる、というが、その違いがなにか、よくわからない。辰韓と馬韓はことばが異なり、弁韓と辰韓は衣服・居所が同じで、ことばや習俗がよく似ているという。西側に馬韓があり、三世紀においては、五十余の小国に分れていた。東側に辰韓が、そのあいだの南側に弁韓があり、やはり三世紀にはそれぞれ一二国ずつ、あわせて二四国に分れていた。三韓あわせて八十弱の小国があったことになる。

『魏志』の註に引く『魏略』には、王莽の時代に、辰韓の右渠帥《ゆうきょすい》(大首長)であった廉斯《ヨムサ》国《れんしこく》の首長鑡《チャク》《さく》が楽浪に降ったことを伝える。『後漢書』韓伝には、廉斯人の蘇馬諟《ソマシ》《そまし》が、楽浪に朝貢しており、「漢廉斯邑君」に冊封されている。それが正しければ、韓あるいは辰韓の呼称は、王莽時代にまでさかのぼることになり、また早期的な廉斯国の存在を知ることができる。ただし、『魏志』の辰韓一二国には廉斯国はみえておらず、その後の推移も位置も不明である。

馬韓五十余国では、大国は一万余、小国は数千の家があり、辰韓・弁辰では、大国は四〇〇〇～五〇〇〇、小国は六〇〇～七〇〇戸あったというが、そのとおりであれば、馬韓の大国などは、かなりの戸数であり、広さも相当あったと考えなければならない。三韓のそれぞれの国には、首長がおり、馬韓ではその有力なものを臣智《シンジ》《しんち》、それに続くものを邑借《ウプチャ》《ゆうしゃく》と呼んだ。弁辰ではその間を細分して、険側《コムチュク》《けんそく》、樊濊《ボネ》《はんわい》、殺奚《サルヘ》《さつけい》という称号があったという。こうした首長のほか、各国に一人ずつ天君《チョングン》と呼ばれる司祭者がいて、天神を祭っていた。諸国は、互いに別邑《べつゆう》であるとして、犯罪をおかして逃亡する者も、いったん受け入れれば、それをださなかったという。国の入り口には、蘇塗《そと》と呼ぶ木柱を立てて、その目印にした。

衛氏朝鮮の時代には、その南に辰国があったが、その後消滅していた。その辰国の王の末裔を称する者がいて、三世紀当時の韓諸国は、それを辰王として擁立し、とくに後漢末の群雄割拠の時代に遼東で勢力をもった公孫氏や魏との交渉にあたらせた。辰王は、月支《ウォルチ》《げっし》(目支《モクチ》《もくし》)国に滞在し、外交的役割のみを担った。辰王を絶対的な君主であるかのように理解するのは誤りである。その辰王を共同して擁立した有力国が、馬韓の臣雲新国《シヌンシン》《しんうんしん》・臣濆沽国《シンブンチョム》《しんぶんてん》、弁辰の安邪国《アニャ》《あんや》・拘邪国《クヤ》《こうや》などであった。百済・新羅は、それらの前身伯済国《ペクチェ》《はくさい》・斯盧国《サロ》《しろ》がすでに知られてはいたが、それほど有力な勢力ではなかった。臣雲新国は現在の全羅道方面に、臣濆沽国はソウルの周辺にあった。安邪国は、『日本書紀』や「広開土王碑」にみえる安羅国《アルラ》《あら》の前身であり、慶尚南道咸安《ハマン》《かんあん》にあたる。拘邪国は、倭人伝に狗邪韓国《クヤ》《くや》として登場する韓では東南端の国で、のちには任那国《イムナ》《みまな》・

金官《きんかん》《クムグァン》国と呼ばれる。

魏はその後二四六年、帯方郡が管轄していた韓のうち、辰韓の八国を楽浪郡に転属させようとしたが、通訳の誤解などもあって、大きな反乱となり、韓の数十国が決起するにいたった。魏は帯方太守が戦死するなど痛手をおいつつも鎮圧し、結局予定どおり転属させた。その結果、辰王を仲介役として共立していた韓諸国の連合が解消され、それぞれが個別で帯方郡に属するかたちとなった。

韓では、鉄を産出し、韓・濊・倭は皆それをとった。交易にはみな鉄を用い、楽浪・帯方二郡にも供給した、という。鉄器の素材となり、貨幣のかわりともみられる板状の鉄製品や鉄鋌《てってい》が、辰韓・弁辰の地域から多く出土している。新羅の王都があった慶州では、隍城《こうじょう》《ファンソン》洞の製鉄遺構が調査され、また馬韓の故地とみられる忠清北道鎮川《チンチョン》郡の石帳里《ソクチャンニ》遺跡も、大形の製鉄遺構である。新羅国や金官国などの成長の基盤の重要な部分は、鉄生産であったと考えることができる。

韓の南には、倭人がいた。ただし、朝鮮半島南部にも、倭と呼ばれる地域があったという主張があるが、史料解釈の誤りによるもので、具体的にその地域を明示できない。倭人の活動が、海をこえて朝鮮半島におよんだことはまちがいないが、韓人も同様に日本列島をも活動範囲としていた。

馬韓のなかの伯済国が、その後成長して百済となり、辰韓のなかの斯盧国が新羅となるが、百済や新羅が、馬韓・辰韓をそれぞれ統一したあとの姿、というわけではない。新羅は、最終的には辰韓領域すべてを領有するようになるが、それは六世紀のことである。逆にいえば、五世紀の段階には、百済に包摂されない馬韓の残存勢力があり、新羅に包摂されない辰韓の残存勢力があったのである。と同時に、五世紀までは、安羅国・金官国も、百済・新羅といわば対等な勢力であった。

第二章　三国の成立と新羅・渤海

1　高句麗《コグリョ》の発展

高句麗の始祖伝説

高句麗は、夫餘《ふよ》《プヨ》の南方にある桓仁《かんじん》地方から起こり、紀元前後より中国に対抗する勢力として登場する。やがて王権が伸長すると、いつしか王権の起源と正統性を語る言説が始祖伝説の形式となってまとめられた。その始祖伝説は高句麗滅亡後にも多様な変容をとげることになるが、四二五年に遷都直後の平壌《ピョンヤン》をおとずれた北魏の李敖《りごう》は、始祖伝説をつぎのように伝えている。

始祖・朱蒙《しゅもう》《チュモン》の母は河伯《かはく》の女《むすめ》で、夫餘王によって室中に閉じ込められていると、日の光が射し込んで、これにあたって妊娠し大きな卵を生んだ。王はこれをすてたが犬や豚は食べず、牛馬はこれを避け、鳥は羽でこれを暖めた。そこで夫餘王はこれを割ろうとしたが、はたせず母に返した。やがて殻を破って男の子がでてきて成長すると、よく弓を射ることにちなんで朱蒙と名づけられた。夫餘人は朱蒙を除こうとしたが王は許さず、馬を養育させた。朱蒙は馬の善し悪しを知って駿馬を自分のものとし、狩猟では一矢で多くの収穫をえたため、夫餘人はふたたび朱蒙を殺そうとした。母は密かに遠くに逃れるようにさとすと、朱蒙は二人の従者と東南に逃れたが、途中で大河に行く手を阻まれ夫餘の追手が迫った。朱蒙が川に向かって、『われは日の子、河伯の外孫であるぞ』と告げると、魚鼈《ぎょべつ》が浮かんできて橋をつくり、川を渡ることができた。朱蒙は普述水《ポスルス》《ふじゅつすい》にいたり、そこであった三人を連れて紇升骨城《フルスンゴルソン》《きつしょうこつ》（卒本《チョルポン》《そつほん》）にいたり、そこに高句麗を建国したという（『魏書』高句麗伝）。また、その即位を『三国史記』は紀元前三七年と伝える。

この朱蒙伝説は、夫餘の始祖・東明《トンミョン》伝説に酷似しており、それゆえ、夫餘と高句麗の建国神話は同一であるとみなされたことがあった。また、それを根拠に夫餘と高句麗の民族的な同一性が唱えられてきた。しかも日光に感精して身ごもり始祖が誕生する説話は東北アジアに広く分布するものであって、さらに魚橋の説話は日本にもなじみ深い。このように一見すると、高句麗の始祖説話はその個性を見失ってしまう。

しかし、子細にみれば、始祖の名をはじめ始祖誕生の地や建国の地も異なっており、夫餘と高句麗の始祖伝説は単純に同一とはみなせない。とくに、始祖の卵生型説話は、感精型説話とのあいだに、南北で対照的に分布するといった特徴があって、高句麗の神話は卵生型の北端に位置している。夫餘の建国神話と同様のモチーフをもちながらも、始祖説話のなかに南方的要素がみいだせる点は軽視できない。事実、高句麗は北方で強盛を誇った夫餘との葛藤があり、そのあとに夫餘からの流移民を受け入れているが、本源的に同一の民族であったとする明証はない。むしろ墓制にみられるように両者の差異は歴然としている。

夫餘の始祖・東明伝説は、紀元後一世紀には確認される（『論衡《ろんこう》』吉験篇《きつけんへん》）のにたいして、高句麗はこの東明伝説の構成をもとに、五世紀ころには前掲のような朱蒙伝説を形成させていた。その当時にあっても、朱蒙の父は、日光、日月（「牟頭婁《モドゥル》《ぼうとうろう》墓誌」）、天帝（「広開土王《クァンゲトワン》碑」）というように、媒体によってその表記を異にしてはいるが、天や河（地）を尊ぶ高句麗の固有思想を中核としつつ、中国的な政治思想の形式や表現を利用して、王権の起源と正統性のよりどころを示している。いずれにしても、説話が体系化された当時における高句麗王権の超越性を訴えかける修辞とみなせる。

後代にいたると、いっそう夫餘の東明伝説と結びつき、「始祖は東明聖王であり、諱《いみな》は朱蒙である」（『三国史記』高句麗本紀）とされ、ついには民族統合の象徴としての檀君《タングン》《だんくん》に系譜化され、「東明王である朱蒙は檀君の子である」（『三国遺事』王暦）とさえいわれた。朱蒙伝説は高句麗の始祖伝説にとどまらず、変容を加えながら後代にまで生きつづけた。

広開土王碑　集安の主峰・禹山の麓に立つ。高さ6.4ｍの自然石の四面にわたって1,775文字が記されている。1981年に碑閣がつくられた。

国内城《クンネソン》の試練と栄光

三世紀の初め、高句麗王の伯固《ペッコ》が死去すると、二子のあいだで王位継承問題が起こり、伊夷模《イイモ》《いいぼ》（山上王《サンサン》、在位一九七〜二二七）が兄の抜奇《パルキ》をおさ

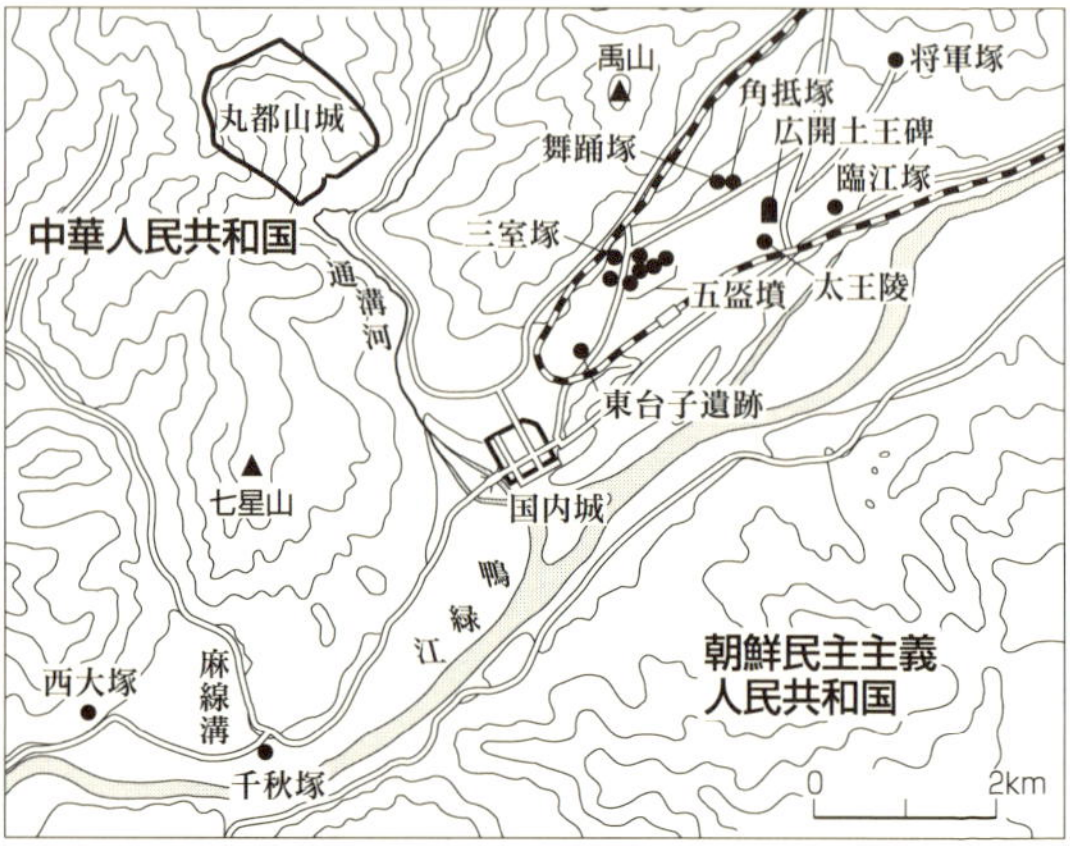

集安市付近の遺跡分布図

えて王に推戴された。遼東地方に独自の勢力を伸張させていた公孫氏の介入もあって高句麗はこのときに分裂し、伊夷模は国内城（集安）に移り、そこに新国を建てた。新都は、鴨緑江《アムノッカン》《おうりょくこう》に臨む約七〇〇メートル四方の漢代の土城を利用して王の居城とし、背後には大規模な山城を築いてここを逃《に》げ城《じろ》とした。平城《ひらじろ》としての国内城と山城としての丸都山城《ファンドサンソン》《がんとさんじょう》が一体となって王都を構成した。高句麗のあらたな歴史は、この国内城と丸都山城から始まった。

後漢が滅んで魏が興ると、やがて魏は遼東の公孫氏を討伐し、楽浪郡《らくろうぐん》や公孫氏が設置した帯方郡《たいほうぐん》を接収した。こうして遼東や北部朝鮮地方に支配力をおよぼした魏と、この地方に侵攻する高句麗とのあいだに緊張が高まり、魏は二四四年から二年にわたって毌丘倹《かんきゅうけん》を派遣して高句麗を攻撃させた。激しい戦闘の末、東川王《トンチョン》（位宮《ウィグン》、在位二二七〜二四八）は蹂躙《じゅうりん》された王都を脱出して沃沮《オクチョ》《よくそ》の地に逃れ、かろうじてその命脈を保った。

このころの高句麗は、消奴部《ソノブ》、絶奴部《チョルロブ》、順奴部《スノブ》、灌奴部《クアンノブ》、桂婁部《ケルブ》と称する五族（五部）が王都に集住し、王者がこれを統帥する部族連合国家を形成していた。王の下には、相加《サンカ》―対盧《テロ》―沛者《ペジャ》《はいしゃ》―古雛加《コチュカ》《こすうか》―主簿《チュブ》―優《ウ》台《デ》―丞《スン》―使者《サジャ》―皁衣《チョウイ》―先人《ソニン》という一〇等官が組織され王権の基盤をなしていたが、これらは一元的に編成された個人的身分制というよりは、族制的な制約を強く保持した多元性と階層性を内包していた。まず上位の相加、対盧、沛者、古雛加は、各部の自立的な有力者(大加)たちが称した官であり、ついで主簿、優台、丞は王の直属官僚であるものの、その下の使者、皁衣、先人は家産的な従人層であって、各部の有力者もまた使者以下の官をおいていた。また、王は桂婁部、妃は絶奴部、かつての王は消奴部からだしたといい、対外戦争で軍事的指導性を発揮したとはいえ、王権は部族的な制約のもとにあった。

魏の攻撃による災禍から立ち直り、三〇〇年に美川王《ミチョンびせん》が即位すると(在位三〇〇～三三一)、高句麗の国家体制に飛躍的な進展と整備がみられた。内政面では、それまでの一〇等官を再編し、一三等からなる官位制が整備された(九五頁参照)。これは支配者集団の組織であった五部体制を前提としつつも、王を頂点とする一元的な身分編成を推し進めたものであった。これによって王権を支える基盤は拡大・強化され、その後の高句麗発展の基礎となった。その一方で対外的には、三一一年に西安平(丹東)を攻撃して半島内の郡県を孤立させ、ついで三一三年に楽浪、さらに帯方の二郡を滅ぼして、半島南部へ進出する足場を固めた。ここに四二〇年におよんだ中国郡県支配を終息させ、残存する漢人たちをも漸次編入することによって半島北部を掌握した。

高句麗の対外発展は順調に進展するかにみえたが、中国における五胡十六国時代の混乱のなかから台頭してきた慕容氏《ぼよう》(前燕)が三一九年に遼東を確保すると、高句麗とのあいだにあらたな緊張が生じ抗争が続いた。それでも高句麗は玄菟郡を駆逐し、移された郡治の近隣に新城(撫順)を築いて西方進出の拠点とした。ところが三四二年には、燕王を称するようになった慕容皝《こう》は五万の軍で丸都を襲って、前王の美川王墓をあばいて屍《し》を奪い、王母・王妃を捕え、宮殿を焼き略奪のかぎりをつくした。ふたたび高句麗は壊滅的な打撃を受けた。深刻な事態に直面した故国原《コクグォン》王（在位三三一～三七一）は、前燕に臣を称して朝貢することによって、この難局を乗りきった。

また美川王代からの南進は、南部から勃興《ぼっこう》してきた百済《ペクチェ》《ひゃくさい》を刺激していた。百済は北進を企て旧帯方の地を奪ったので、故国原《コクグォン》王は三六九年に百済攻撃にでたものの、これに敗れ、さらに三七一年には平壌を襲った百済軍を迎撃した際に流れ矢にあたって戦死した。高句麗は西北と南方との両方から押し寄せる対抗勢力の登場によって試練に立たされた。

父王の戦死のあとに即位した小獣林《ソスリム》王（在位三七一～三八四）と故国壌《コクギャン》王（在位三八四～三九一？）の兄弟の時代は、国制の建て直しを迫られた。こうしたなかで、まず小獣林王代には、中国の前秦から僧・順道《スンド》が仏像・経文を伝え、三七五年には肖門寺《チョムンサ》（省門寺《ソンムンサ》）、伊弗蘭寺《イブルランサ》が建立されるなど、このころに仏教受容がはたされた。また教育機関としての太学《たいがく》が設けられ、具体的な内容は不明ではあるが、律令が制定されたという。さらに故国壌王代には国社・宗廟《そうびょう》を建立し、礼制が整えられた。積極的な政治・文化策を推し進めることで国難の克服をはかった。

試練をくぐりぬけたあと回復が兆すなかで広開土《クァンゲト》王が即位した（在位三九一～四一二）。その名が示すように高句麗の領域は飛躍的に拡大した。また「永楽《ヨンナク》」を年号として使用し、永楽太王とも呼ばれ、武威は四方にとどろいた。王の死後には陵墓のほとりに碑石（広開土王碑）が建立され、そこには創業建国の由来、王一代の武勲、墓守人の罰則と禁令が記された。

その武勲によれば、王は自ら出征を重ね、百済とそれを後援する倭や任那加羅《イムナカラ》《みまなから》、安羅《アルラ》《あら》とも戦い、百済の諸城を奪取したことが特筆されている。とくに三九六年の親征では王都の漢山城《ハンサンソン》を襲い、阿華《アファ》王に忠誠を誓わせ、人質・貢物をとって五八城を奪取するという大戦果をあげた。そのほかにも、北辺の稗麗《はいれい》(契丹の一部族)、粛慎《しゅくしん》、東夫餘《トンプヨ》、さらに南部の新羅《シルラ》《しんら》といった諸族を軍事的に圧倒し、これらを「属民」となし支配力をおよぼした。

また、碑石の武勲には記されていないが、この時代に後燕とも戦闘を重ね、まず前燕に奪取された新城を確保すると、四〇二年に遼東郡を奪取し、これ以後、高句麗は遼河以東を領有することになった。

広開土王が拡大した領域を継承し、高句麗の国力をゆるぎないものにしたのが長寿王《チャンス》であった(在位四一三?~四九一)。その名のとおり、王の治世は七九年間におよび、在位中には「延寿《ヨンス》」の年号が使用された。四二七年、長寿王は南方の拠点でもあった平壌に遷都し、本格的に朝鮮半島南部の経営に乗りだすことになった。

平壌への南遷

遷都直後の王都は現在の平壌市街ではなく、そこから東北に数キロ離れた大城山城《テソンサンソン》を逃げ城とし、その西南麓の土城(清岩里土城《チョンアムニ》)を居城とした。平壌はかつての古朝鮮の王都であり、さらに楽浪郡の治所として古来、要衝の地でありつづけた。高句麗もまた楽浪・帯方二郡を滅ぼしてから一〇〇年以上の長きにわた

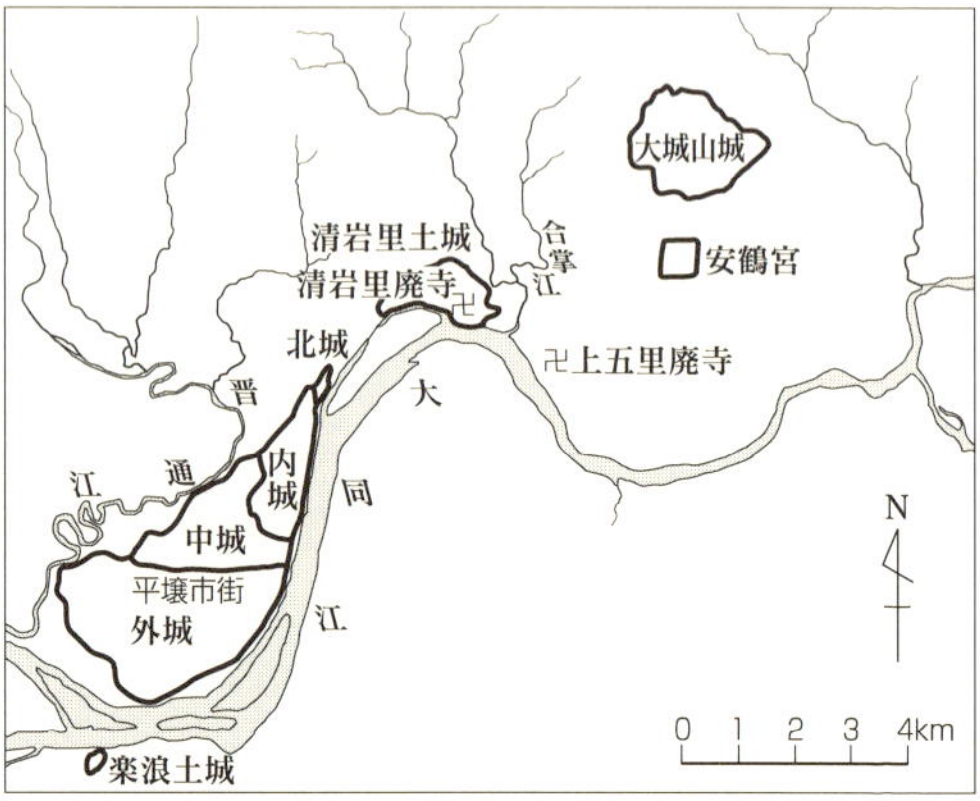

平壌市付近図

ってこの地を治めていた。そのような経緯があって広開土王の朝鮮半島南部への領域拡大が実現したのであり、さらなる南進策の推進には格好の王都であった。高句麗は滅亡にいたるまでの約二五〇年、この平壌で光と影が交錯する歴史を展開した。

高句麗の平壌遷都を前後して、中国では華北の動乱がおさまり、北朝(北魏)と南朝(宋)とが対立するあらたな秩序が形成されていた。長寿王はこの機会をとらえ四二四年に、宋に朝貢し、ついで四三五年に北魏にも朝貢し、それぞれ冊封を受けた。その後も境界を接した北魏には、頻繁に使節を送り安定した関係を築き上げることに成功した。その一方で、宋へも使節を送りつづけたが、宋は北魏への牽制策として高句麗の国際的地位を高く評価し、厚遇した。南北朝の対立を巧みに利用した外交政策は基本的戦略として継承されて、北魏、東魏、北斉、北周と変遷する北朝への遣使が続けられ、また宋、斉、梁、陳の南朝への通交もたえることがなかった。

中国との関係が安定すると、朝鮮半島南部への進出を積極的に展開した。すでに広開土王の時代には小《ソ》白《ベク》山脈をこえて新羅、加耶《カヤ》の地域へ進軍していたが、朝鮮半島中部の中原《チュンウォン》(忠州《チュンジュ》)に軍営をおき、小白山脈の北側から新羅を威圧した。「中原高句麗碑」には、ここに新羅寐錦《メグム》《びきん》(王)を呼びよせて衣服の授与をおこない、新羅領域内から兵を徴発し高句麗軍官のもとに組織していたことがうかがえる。他方、百済にたいしては、四五五年以後も繰り返し侵攻し、ついに四七五年には、三万の兵を率いて親征し、王都の漢山城を陥落させ蓋鹵《ケロ》《がいろ》王を斬首した。また、四九四年には、勿吉《ムルキル》《ぶつきつ》によって追われた夫餘王の来降を受け入れ、これによって北方にも高句麗の威武は増すことになった。

広開土王に始まり、長寿王、文咨明《ムンジャミョン》王(在位四九二〜五一九)にいたる一二〇余年は高句麗の対外的な活動のもっとも盛んな時期であり、その領域は西境は遼河にまでおよび、南境も現在の京畿道《キョンギド》、忠清道《チュンチョンド》、江原道《カンウォンド》へと押し広げられ、このころに最大の領域を誇った。こうして形成された広大な領域は、伸長した王権のもと、地方官が派遣されて統治された。中央からは、領域内の城邑の大小に応じて、軍官的な性格の強い地方官が派遣された。大城には褥薩《ヨクサル》《じょくさつ》(軍主《クンジュ》)―可邏達《カラタル》《からたつ》、諸城に処閭近支《チョリョグンジ》《しょりょきんし》(道使《ドサ》)―可邏達、小城に婁肖《ルチョ》《ろうしょう》が派遣され、ピラミッド型に構成された体系的な統治機構が整えられた。一方、王都には支配集団である五部(内部、東部、西部、南部、北部)が集住したが、遷都を契機にかつての族制的な制約を脱し、王都の行政区分として改変されていた。こうした王都の五部にも地方長官としての褥薩がおかれた。

六世紀にはいると、かつての勢いにかげりがみえてきた。五三一年には安臧《アンジャン》王が殺され、弟の安原《アヌォン》王が即位したが(在位五三一〜五四五)、王の病を契機に二年にわたって王位継承をめぐる外戚間の抗争が起こり王は乱中に死去した。八歳で擁立された陽原《ヤンウォン》王(在位五四五〜五五九)代には丸都城主の朱理《チュリ》が反乱を起こして誅殺《ちゅうさつ》されるなど、支配層は動揺し、王権の弱体化は隠せなくなっていた。

また五世紀後半には、それまで高句麗の南進にたいし、百済と連携して高句麗の圧力をかわしてきた新羅が力をつけ、百済とともに高句麗に対抗する姿勢を明確にした。さらに六世紀にはいると、東海岸から北上する新羅の軍事力は確実に高句麗の勢力を後退させるなど、かつての高句麗の威光もふるわなくなっていた。百済もまた漢山城の陥落後、熊津城《ウンジンソンゆうしん》で国力の回復をはかり、五三八年には積極的に高句麗に対抗する体制を整えるべく泗沘《サビしひ》への遷都を敢行した。五五一年には、高句麗が七十余年にわたって確保してきた漢山城地域は、新羅と百済によって奪取され、さらに翌年には新羅がこの地域を占有した。

いまや百済にかわって新羅が高句麗の前に立ちはだかった。不安定な国内情勢に加え、新羅の攻勢に対応するために、陽原王は、五五二年に、王都を現在の平壌市街に移した。移都のあとに本格的な都城の築造が進められ、五六六年から着手された造営工事は計画から四三年にして完成した。新都には平壌城の名がそのまま残されたが、これを長安城《チャンアンソン》とも称した。

高句麗の文化

高句麗の王都は卒本、国内城、平壌城、長安城と変遷した。初期の王都・卒本の都城のありかたは不明であるが、山城と平城を一体として構成される都城の姿は、国内城と丸都城(山城子山城《サンソンジャサンソン》)や、平壌遷都後の清岩里土城《チョンアムニ》と大城山城《テソン》とに認めることができる。平城の後方にひかえる山城は、いずれも全長七キロの偉容を誇り、こうした都城の基本的な構成は新羅や加耶諸国にも踏襲された。また、六世紀に王都となった長安城は大同江《テドンガン》北岸の丘陵を利用した平山城で、王者の居住地区の内城と、五部人の居住区の外城の結合をはかり、加えて堅固な羅城をめぐらした城塞都市ともいうべき面貌を備えていた。外城には条坊制がしかれ、内城とあわせて羅城がめぐらされているところに中国の都城制の導入が認められる一方、北城に山城の伝統を残しており、両者の要素を折衷した姿がうかがえる。

紀元前より高句麗は、中国の諸王朝および北方諸民族との抗争のなかから台頭したが、その過程で各地に山城を築いて支配の拠点とし、山城を中核とする防御体制をつくりあげた。山城は要害の地を選び、山険を利用して石塁で構築されており、その配置や構造にも特色がある。高句麗で独自に発展した山城は、南部の百済、新羅、加耶、倭にも影響をおよぼした。

高句麗の墳墓は、その外形によって積石塚と石室封土墳《ほうどふん》に分れ、王都のあった鴨緑江中流域と大同江流域に集中して分布している。積石塚のなかには、整形された割石をピラミッド状に積み、護石で支えた截《せっ》頭方錐形《とうほうすいけい》の巨大墳があって、将軍塚、太王陵、千秋塚などがよく知られている。積石塚は平壌遷都のあとに、しだいに衰退していったが、石室封土墳は平壌を中心に造営され、そのなかには墓室内に壁画を描いたものがある。壁画墳は、現在まで集安地方に約二〇基、平壌・安岳《アナク》地域に約六〇基が確認されており、それらの壁画の内容は、おおよそ日常の生活風俗、装飾文様、四神(玄武、青龍、朱雀、白虎)などに分れる。壮麗優美な筆致で描かれた壁画には、同時代の中国の影響を受けながらも独自な発展をとげた高句麗文化の芸術的な境地がみいだせる。

四世紀後半に朝鮮半島ではもっとも早く高句麗に仏教が伝えられた。一般には小獣林王五年(三七五)における伊弗蘭寺と肖門寺《チョムンサ》の建立と、それぞれの寺に阿道《アド》と順道を安置したことをもって高句麗における仏法の始まりとされるが、東晋の僧・支遁《しとん》(三一六六年没)が高句麗僧に書を送っていることをみると、高句麗の仏教受容はそれ以前にさかのぼりうる。小獣林王代に国家的な受容がはたされたのであろう。つぎの故国壌王は仏法を厚く信じ福を求めさせたといい、その子の広開土王は、平壌に九つの寺院を建てた。現在まで平壌付近の数カ所から寺院址が確認されているが、四九八年建立の金剛寺《クムガンサ》に比定される清岩里廃寺(平壌《ピョンヤン》大城区域)の伽藍《がらん》は、中央の八角基壇の塔を中心に三金堂が建てられており、一塔三金堂式であったことが判明している。上五里《サンオリ》廃寺(同上)や定陵寺《チョンヌンサ》址(力浦《ヨクポ》区域)からも同一の伽藍配置が確認され、高句麗の定型的な伽藍配置であったことがわかる。

受容当初の仏教は、たぶんに老荘思想を媒介にしていたとみられ、神仙思想とともに信仰された。その後、文咨明王代には教学も盛んとなり、僧・朗《ナン》は梁に渡って三論の成立に先駆的な役割をはたし、栄留王《ヨンニュ》代に慧灌《ヘグァン》《えかん》は倭国に三論を伝えた。また陳に渡って天台を修めた波若《パヤク》《はにゃ》や、北斉で地論教学を学んだ義淵《ウィヨン》などが有名であり、慧慈《ヘジャ》《えじ》、雲聰《ウンチョン》、曇徴《タムジン》《どんちょう》らが倭に派遣されるなど、高句麗の仏教は国際的な広がりのなかで展開した。

儒教もまた早くから受容され、三七二年には太学を建て貴人の子弟を教育した。太学はそれ以後も存続し、のちには国子博士、大学士などの官がおかれた。また扃堂《けいどう》と呼ばれる大屋が広く建てられ青年の教育にあたった。五経《ごけい》などの儒教の古典や『史記』『漢書』『後漢書』『三国志』などの史書のほかにも『文選《もんぜん》』のような文学作品を愛読したという。高句麗自らの歴史は、かなり早期に『留記《りゅうき》』一〇〇巻が書かれたが、六〇〇年に李文真《イムンジン》に命じて『新集』五巻に改編させた。

道教は不老長寿の神仙思想が民間信仰とも習合し六世紀以降、支配層のあいだに広まり、壁画にも仙人、天女などが描かれている。唐の高祖は、高句麗人が五斗米道《ごとべいどう》を信奉していることを伝え聞き、六二四年に道士を遣わして天尊像と道法を伝え、老子の道を講義させた。さらに宝臧《ポジャン》王の求めにより、唐の太宗は六四三年に、叔達《しゅくたつ》らの道士を遣わし、『道徳経』をもたらしたという。

2　百済《ペクチェ》の興起

始祖説話にみる百済の建国

百済は現在のソウル地方より興り、四世紀中ごろに高句麗の圧力に抗しながら台頭する。興味深いことに、百済の始祖・温祚《オンジョ》《おんそ》の開国伝説は、その敵対していた高句麗の始祖伝説を前提にして構成されている。『三国史記』は、おおよそつぎのように伝える。

温祚の父は朱蒙《チュモン》で、北扶餘《プクプヨ》から卒本扶餘(桓仁《かんじん》)にいたり、その王女と結婚し(高句麗)王となって、やがて沸流《プルリュ》《ふつりゅう》と温祚の二児をもうけた。ところが、朱蒙が北扶餘の地に残してきた子がやってきて太子になってしまったので、沸流と温祚の兄弟は臣下・百姓たちと南下して漢山《ハンサン》(ソウル)に着くと、兄の沸流は弥鄒忽《ミチュホル》《びすうこつ》(仁川《インチョン》)に住み、弟の温祚は河南の慰礼《ウィレ》城に都を定めて国号を十済《シプチェ》とした。紀元前一八年のことであった。やがて沸流の臣民たちも慰礼城に収めると国号を百済と改め、高句麗と同じく扶餘を出自とするので扶餘を姓とした、という。

これによれば、百済の始祖・温祚は、高句麗の始祖・朱蒙の子として出生し、のちに百済を建国したことになる。正統的な位置を占めるこの伝説のほかにも、朱蒙を沸流・温祚の実父でなく義父とし、兄の沸流を百済の始祖とする、もうひとつの説を『三国史記』は伝える。また、日本に渡来した百済系の人々のあいだでは始祖を都慕王《トモ》(朱蒙)としていたことが伝わっている。さらに、中国側に伝えられた百済の始祖は、夫餘の始祖・東明《トンミョン》の後裔である仇台《クデ》としており、これは『三国史記』の一説に登場する沸流の実父(北扶餘王の庶孫)優台《ウデ》に相当すると考えられている。

みられるように百済の始祖としては、温祚、沸流、都慕(朱蒙)、仇台(優台)などの名が伝わっているが、これらは始祖が異なるとしても、始祖の出自が夫餘に求められている点では一致し、そのように始祖の出生の由来を記すことで高句麗との密接な関係を強調する構成となっている。

従来、伝説に示された始祖の系譜意識を重視し、百済の建国の主体勢力が夫餘の系譜を引く高句麗からの流移民とみなす見解が有力視されてきた。実際に百済は四世紀中ごろより中国王朝にたいし、一貫して国姓を「餘」と称しつづけ、夫餘の後裔であることを自認していた。また、四七二年に北魏に朝貢した際に、百済もまた高句麗と同じく夫餘族の出自であると主張したり、五三八年の泗沘《サビ》《しひ》遷都において国号を南扶餘と称するなど、百済が始祖説話にみられる系譜観を対外的に主張しつづけたことがわかる。

さらに四・五世紀における百済の王陵群とみられる石村《ソクチョン》古墳群には、多くの基壇式の積石塚が残存し、これは明らかに高句麗の影響のもとに造営されており、それゆえ説話の民族的系譜観を裏づけるものとして重視されてきた。しかしながら、百済土器の形成過程からみると、当時の百済土器には高句麗との関係を示す要素は現在までみいだすことができない。また百済王家の墓制はその後も中国墓制の影響を受けて大きく変化させており、必ずしも墓制の類似は民族的・文化的系譜の指標とはなりえない。

漢山城時代の百済で基壇式積石塚が造られたのは、高句麗と激しく抗争を繰り返した時代に、高句麗を意識しながら、高句麗を凌駕《りょうが》する力量を誇示するためであったとの解釈も提示されている。また、百済が国際舞台において、あえて夫餘の出自を主張するのも、あくまで高句麗との抗争を有利に導こうとするために、自己の正統性を対外的に訴える手段であった可能性がある。

百済の始祖説話は、始祖を異にする説話が並立しているものの、いずれにしろ高句麗とともに夫餘に起源するとの民族的な系譜を強調している点で共通しており、大きな特徴をなしている。高句麗との激しい抗争のなかから歴史の舞台に登場してきた百済の複雑な建国事情を反映しているのであろう。

漢山時代の栄光と挫折

百済はもともと馬韓《マハン》諸国のなかの伯済《ベクチェ はくさい》国から発展したとみられ、三一三年の楽浪郡滅亡を大きな画期として周辺の諸勢力を結集し、四世紀中ごろまでには国家の基礎を固めて漢山に王都をおいていた。当時の百済は帯方郡の故地にとどまった人々や、北部中国の混乱を避けて流入してきた漢人たちをも包摂したが、彼らは百済の勃興に寄与したとみられる。

漢山時代の王城は、伝説以来の慰礼城と漢山（漢城《ハンソン》）とが伝わり、三七一年に移都したというが、そうした事実やそれらが現在のどこに比定されるかは定かでない。王の居所として中心的な位置を占めた慰礼城の候補地には、夢村《モンチョン》土城や風納洞《プンナプトン》土城などがあげられており、なかでも漢江《ハンガン》南岸にそって周囲三・五キロほどの長方形をした風納洞土城はもっとも有力視されている。近年の調査によれば、版築《はんちく》で突き固められた土城の基底部は幅四〇メートルにおよび、紀元前一～後二世紀にさかのぼって築造された事実が確認された。この土城からはかつて晋の青銅鐎斗《しょうと》が出土し、城内からは近年、祭祀遺跡がみつかり「大夫」銘の百済土器も出土した。

百済の興起は、四世紀の中ごろの近肖古《クンチョゴ》王(在位三四六～三七五)と近仇首《クングス》王(在位三七五～三八四)の時代を大きな画期とする。まず近肖古王代には、高句麗とのあいだに緊張が続いたが、百済は高句麗に対抗していくために、連携する勢力を南に求めて加耶《カヤ》地域に進出し、東南沿岸部の安羅《アルラ》、卓淳《タクスン》(昌原)、金官《クムグァン》などの諸国と結んで、これらの諸国を媒介に倭にも接近していった。

三七一年には近肖古王と太子の近仇首は、南進してくる高句麗軍を平壌《ピョンヤン》城に攻めて、故国原《コクグォン》王を戦死させた。翌年、近肖古王は、「餘句《ヨク》」と名乗って東晋に使者を遣わし、「鎮東将軍領楽浪太守」の号を受けた。また、このころ、倭国にたいしても「七支刀《しちしとう》」(作製は三六九年)を贈り、倭国との連携を深めることにつとめた。こうして百済は、東晋、倭と結ぶことによって、高句麗に対抗する外交戦略を選び取ったが、これはその後も百済の基本的な国際戦略となった。

軍事・外交における成功とともに近肖古王代には国家的な記録が作成されるようになり、枕流《チムニュ》王(在位三八四～三八五)代には仏教が伝えられるなど、このころに文運は高まった。この当時の国家組織は不明であるが、軍事をも主導する王を頂点に、のちに確立される佐平《チァピョン》制の祖型が形成され、王族を中心とする有力な支配層を組織化したものとみられ、支配層の有力な族団には、王族の解《ヘ》氏、王妃族の真《チン》氏らが伝わる。

その後も高句麗の南進は続き、三九二年に王都の北辺を奪取され、三九六年には広開土王が率いる高句麗軍が漢山城を襲った。阿華《アファ》王(在位三九二～四〇五)は大敗して高句麗への服属を誓い、王弟・大臣らが連行された。しかし百済はすぐに倭と結び反旗をひるがえし、倭のもとに太子の腆支《チョンジ/てんし》を送り連携を強化した。阿華王の死後、王族の内乱が起こったが、四〇五年に倭の軍事力を背景に、反対勢力をおさえて腆支王が即位した(在位四〇五～四二〇)。

四二七年に高句麗が平壌に遷都すると、これに危機感をもった百済は、四三三年に新羅《シルラ》に和をこい、新羅もこれに応えて交聘《こうへい》した。ひきつづき倭との連携を保ちながら、その一方で中国の宋にも頻《しき》りに使節を送り、高句麗に対抗した。その後も百済は南朝のみに使節を送り、宋、斉、梁の各南朝は、北朝との対抗上、百済を厚遇した。こうした百済の対中国外交の伝統にあって、ただ一度の北朝への外交が試みられた。蓋鹵《ケル/がいろ》王は高句麗の侵攻の前に、四七二年北魏に使者を遣わして高句麗の無道ぶりを非難し、その征討を訴えたものの実らなかった。はたして三年後の四七五年には、高句麗・長寿《チャンス》王の攻撃を受けて、王都漢山城が陥落し、蓋鹵王は殺され、百済は一時滅亡した。

熊津城《ウンジンソン/ゆうしん》から泗沘城へ

蓋鹵王の子の文周《ムンジュ》(在位四七五～四七七?)は南遷して錦江《クムガン》上流の熊津を王都とし、ここで即位して百済の再興をはかった。熊津時代の始まりである。それまでの基盤を失った流移の政権であり、当初は王権も安定せず、支配勢力に変動が生じた。

新都での復興まもない四七八年に、実力者の解仇《ヘグ》らは文周王を暗殺し、十三歳の三斤《サムクン》王(在位四七七～四七九)を擁立して国政を掌握するや、大豆城《テドウソン》(温陽《オニャン》)によって反乱を起こした。乱はようやくにして鎮圧されたが、王族と深く結びついていた解氏はこの後に権勢を失うことになった。また東城《トンソン》王(牟大《モデ》、在位四七九～五〇一)が即位すると、南遷の混乱から立ち直り、王権の伸長をめざしたが、五〇一年に苩加《ペクカ》《はくか》らの反発を招いて王は暗殺され、苩加は泗沘付近の加林城《カリムソン》で反乱を起こした。ようやくにして武寧《ムリョン》王(在位五〇一～五二三)が即位後に反乱を鎮圧してことなきをえた。こうして百済は遷都後の政治不安を克服し、六世紀の武寧王、聖《ソン》王代には国力を回復した。

新都での国内基盤の安定化につとめる一方で、東城王は、積極的な外交政策を推進した。まず南斉に朝貢して王や配下の臣僚たちにも官爵をこい、外交を媒介に王権の強化につとめた。また四九三年に新羅と婚姻同盟を結び、新羅とともに南侵する高句麗と戦った。

百済が南方境域へ本格的に進出するのはこのころであった。四九〇年と四九五年には、南斉にたいして、百済の地名をおびた「王・侯」号を臣僚に与えるよう要求したが、これは全羅道地域の領有権を主張したものであった。そうした動きにともなって済州島《チェジュド》の耽羅《タムナ》《たんら》国も百済に使者を送るようになった。続く武寧王代には、その積極的な外交方針のもと、南部への進出は加速された。五一二年からは、加耶地域にたいして侵攻を進め、南原から蟾津江《ソムジンガン》《せんじんこう》をこえて下流域の河東《ハドン》方面までおよんだ。このころの百済領内には、檐魯《タムノ》《たんろ》と称する二二の拠点をおき、中央から王族の子弟が派遣されるという統治体制がとられた。

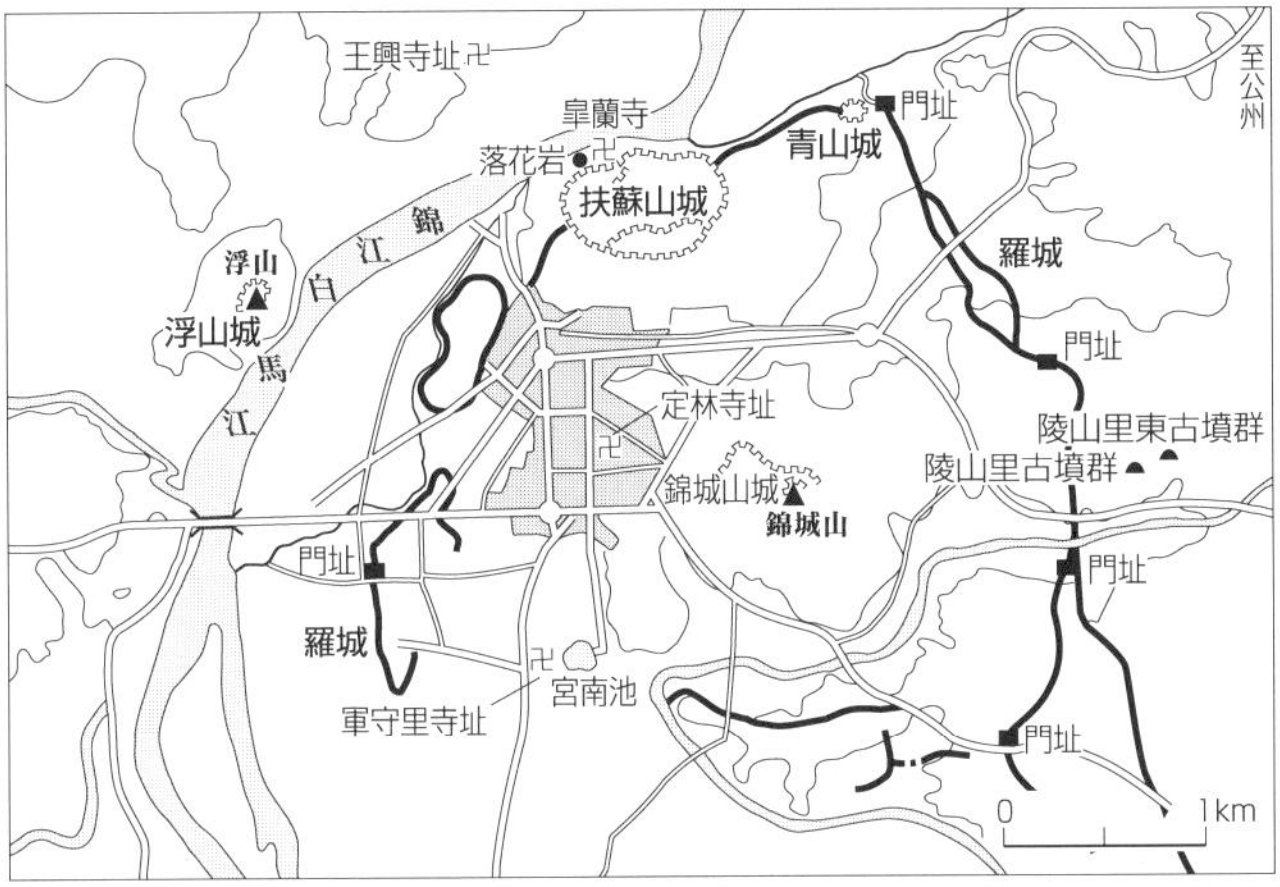

扶餘の遺跡分布図

かねてより高句麗に対抗するために連携を求めていた新羅とは、婚姻同盟を結んでいたが、五二一年には梁へ使臣を派遣する際に、武寧王は新羅の使臣をともなわせた。このとき、百済の使臣は、新羅をはじめ叛波《パンパ》(大加耶《テカヤ》)、多羅《タラ》(陜川《ハプチョン》《きょうせん》)、己汶《キムン》《こぶん》(南原《ナムォン》)などの加耶諸国を附庸《ふよう》国と伝え、大国ぶりを誇示した。

武寧王を継いだ聖王(在位五二三〜五五四)は、五三八年に泗沘に遷都し、南扶餘を国号とした。伸張してきた新羅や執拗に南進の姿勢をみせる高句麗を強く意識し、それらに対抗するための計画的な遷都であった。王宮の背後には山城(扶《プ》蘇《ソ》山城)を築き、周囲に大きく羅城をめぐらして、そのなかの王都内には地域区分として上・下・中・前・後の五部があり、さらに各部は五巷《こう》に分れていた。地方もまた五方といわれる五区分制が確立しており、広域的な五大行政区画には拠点となる方城があって、北方の熊津城、中方の古沙城《コサソン》、(古阜《コブ》《こふ》)、東方の得安城《トゥガンソン》(恩津《ウンジン》)、西方の刀先城《トソンソン》(不詳)、南方の久知下城《クジハソン》(不詳)には、方領・方佐が派遣された。方城にはおよそ一〇郡が属し、郡には郡将(郡令)が、その下に属する城には城主(道使)が派遣された。こうして熊津時代の二二檐魯制にかえて、軍事色の強い統治体制が新都で整えられた。また百済は加耶諸国に進出すると、郡令・城主を派遣して領有化を進めた。

熊津城から泗沘城へかけての時期に国家組織も飛躍的に整備された。最高の統治組織としては複数で構成された佐平集団があり、それらは職掌によって内臣、内頭、内法の佐平(内官系佐平)や衛仕、朝廷、兵官の佐平(外官系佐平)に分れ、それらの佐平は、それぞれ前内部、穀部、肉部、内椋《ないりょう》部、外椋部、馬部、刀部、功徳部、薬部、木部、法部、後宮部の内官一二部と、司軍部、司徒部、司空部、司寇部、点口部、客部、外舎部、綢《ちゅう》部、日官部、都市部の外官一〇部のあわせて二二部司を統括した。

また佐平を頂点として一六等からなる官位制が整備された(九五頁参照)。官位にはおのおの帯色と冠色が定められており、可視的な身分標識として機能した。王の下に組織された一元的な身分制としての官位制は、官僚制の基盤となり百済王権を支えた。これらは熊津時代には形成されていたものとみられる。

百済の国制の中心を担ったのは王都五部の支配集団であったが、王族、王妃族である解氏、真(姐弥《チャミ》《そび》)氏のほかに、燕《ヨン》(燕比《チェビ》)・沙《サ》(砂宅《サテク》)・苩・木(木劦《モンニ》《ぼくり》)・国氏などが有力氏族として知られている。このほかにも中国系や日本系の氏族の実在が確認され、こうした百済支配層の複雑な社会基盤は、同時代の中国に聞こえていた。

泗沘に遷都し国力を充実させた聖王は、加耶地域への進出に強い意欲をもっていた。五四一年に新羅と和睦を結んでおき、その一方で同年および五四四年に、主要な加耶諸国の首長や、倭が安羅に派遣していた吉備臣《きびのおみ》らを招集して会議を主宰し、反新羅を訴えたが、有効な策は打ち出せず、加耶地域での劣勢は隠せなくなっていた。

聖王は、一転して五五一年には、新羅と連合して高句麗を攻撃し、漢山城の故地を回復した。しかしその翌年には新羅によってその地は奪取され、新羅討伐に出陣した聖王は、五五四年、管山城《クアンサン》(沃川《オクチョン》)の戦いで新羅の迎撃にあい敗死した。高句麗の南進を新羅との連携によってしのぎ、加耶地域への進出をはかった聖王の戦略は失敗に帰した。加耶諸国は結局、五六二年に新羅によって完全に滅ぼされ吸収されることになった。

強大国の高句麗と新興国の新羅のはざまで、百済のあらたな方策が模索された。武王《ム》が六〇〇年に即位すると(在位六〇〇～六四一)、王権の立て直しをはかり、復興の気運が起こった。王都には宮南に壮大な苑地を造営し、父の法王《ポブアン》が扶蘇山の対岸に創した王興寺《ワンフンサ》を三五年の歳月をかけて完成させた。また、益山《イクサン》に巨刹《きょさつ》・弥勒寺《ミルクサ》を創建して国力を誇示した。

百済の文化

百済の王都は漢山、熊津、泗沘と移ったが、漢山時代の王都は漢江の南岸に位置した風納洞土城にあったと推定される。南遷後の熊津城と泗沘城もまた同様の立地にあり、いずれも錦江を臨む丘陵に城壁をめぐらして王の居所とした。熊津城は、錦江上流南岸の公山《コンサン》に全長二・五キロほどの土城がめぐらされており、近年、城内の発掘が進み、いくつかの建物址や貯蔵穴が検出された。公山城の周辺には二〇前後の山城が確認されており、王都の防御にあたっていたとみられる。泗沘城は扶蘇山の北端を錦江に接して山城が築かれ、その南麓に王宮が所在した。西方に錦江が流れ、羅城がめぐらされた周囲一二キロ程の地が王都であり、五部人の居住地でもあった。周辺には山城が築かれ王都の防御拠点の役割をはたした。

漢山時代の墳墓の様式は、土壙墓《どこうぼ》や石槨墳《せきかくふん》のような土着の墓制に、積石塚が支配層の墳墓としてつくられ、のちには横穴式石室墳がとりいれられた。熊津時代になると積石塚にかわって、羨道《せんどう》を設けた石室墳が支配層に受容され、南朝の影響のもとに塼築墳もつくられた。宋山里《ソンサルリ》古墳群から発見された武寧王陵はその典型で、アーチ状の天井をもつ横穴式単室墓の玄室は、南北四・二、東西二・七、高さ二・九メートルの規模をもつ。一九七一年に未盗掘のまま発見され、王と王妃の木棺、冠飾をはじめ華麗な装身具、武器などの遺物は約三〇〇〇点に達した。伴出した墓誌には「寧東大将軍の百済斯麻《サマ》《しま》王が年六十二歳で癸卯《きぼう》年五月丙戌朔《へいじゅつさく》の七日壬申《じんしん》に崩じた」ことを記している。泗沘時代には、長方形の石室墳が広く築造され、墳墓の立地は山の中腹に移された。また仏教の定着とともに火葬墓が流行し、四神を描いた壁画古墳もあらわれた。

王都から遠く隔たった全羅南道の栄山江《ヨンサンガン》流域には、甕棺《かめかん》墓を墓制とする独特な文化圏が広がっていた。馬韓の残存勢力と推定され、とくに羅州《ナジュ》の潘南《パンナム》《はんなん》面一帯には有力な首長が存在し、副葬品には優れた独特の装飾品がみられる。また前方後円墳型の封土墳《ほうどふん》も多く、倭との関係も推定される。百済がこの地域へ本格的に進出したのは、五世紀末から六世紀初のことであり、その後は墓制も百済的な横穴式石室が主流となった。

百済の仏教伝来については、枕流王代の三八四年に東晋から胡僧・摩羅難陀《マラナンタ》《まらなんだ》がおとずれ、翌年には漢山に仏寺を創《はじ》め僧一〇名を度《ど》したと伝わるが、この時代の仏教遺跡は現在のところ確認されていない。文献に伝わる最初の寺院は、熊津時代になってからで、聖王のときに大通寺《テトンサ》が建立されたという。公州付近には水源寺《スウォンサ》址や山腹の洞穴を利用した西穴寺《ソヒョルサ》址、南穴寺《ナムヒョルサ》址などがある。またこのころ、謙益《キョミク》がインドからもち帰った『五分律』を翻訳し百済の律宗が始まった。聖王は泗沘への遷都直後には梁に『涅槃経《ねはんぎょう》』などの経典や工匠・画師をこい、新都での寺院造営に意欲を示した。百済の仏教建築はその後、工人の派遣などを通じて新羅や倭国にたいして多大な影響をおよぼした。泗沘時代の仏教の盛んな様子は、「僧尼・寺塔甚《はなは》だ多し」と中国に伝わり、王興寺、定林寺《チョンニムサ》、軍守里《クンスリ》廃寺をはじめ現在まで二十余の寺址が扶餘地域で確認されている。

近年、王陵と推定される陵山里《ヌンサルリ》古墳群の一角から寺址が発見され、「百済昌王」銘のある石造舎利龕《がん》や金銅大香炉などが出土し、一塔一金堂様式の伽藍をもつ王室関係寺院であることが確認された。教理の面でも涅槃、三論、成実《じょうじつ》などが学ばれ、三論は慧聰《ヘチョク》《えそう》や観勒《クァルルク》《かんろく》がこれを倭に伝え、慧顕《ヘヒョン》《えけん》の名は隋にまで聞こえていた。成実を修めた道臧《トジアン》《どうぞう》は倭に渡り『成実論疏《ろんしょ》』を著わした。百済仏教もまた個人の求福や護国の現世利益的な色彩の強いものであったが、仏教の隆盛は多方面にわたって百済文化を特徴づけるものとなった。

ほかの学芸においても、四世紀後半の近肖古王代に高興《コフン》が国家の史書『書記』をつくり、その後、王仁《ワンイン》は『論語』『千字文』を倭に伝えたといわれ、百済が早期に漢文や古典に習熟していたことがうかがえる。また熊津時代には五経博士を倭に送り、聖王のときには梁に毛詩(詩経)博士を求めるなど、一貫して儒教の古典に通じ、これを深く学んだ。さらに陰陽五行、暦学、天文地理、医薬、占卜《せんぼく》などをよく解し、それらは倭にも伝えられた。

百済は高句麗を強く意識しながら、楽浪・帯方以来の漢人文化を受けとめつつ、南朝の文化を旺盛に受容して繊細・優美な独自の百済文化を形成した。その文化は、後進の新羅や倭にも多大な影響をおよぼした。

3 新羅《シルラ》の台頭と加耶諸国

斯盧国から新羅へ

新羅建国の由来は、始祖説話の多重性にみられるように、その実相は模糊としている。新羅始祖の説話は、ひとつの王系の由来を説くのでなく、建国初期に三姓(朴《パク》、昔《ソク》、金《キム》)のあいだで王位が順次交替しながらたがいに相継されたと『三国史記』は伝えている。

まず新羅初代の王とされる朴氏王統の始祖・赫居世《ヒョッコセ》《かくきょせい》は、紀元前五七年に即位し、居世干《コセカン》と号したという。その出生譚はつぎのようなものである。慶州《キョンジュ》盆地には閼川《あっせん》楊山《アルチョンヤンサン》、突山高墟《トルサンコホ》、觜山《しさん》珍支《チュイサンチンジ》、茂山大樹《ムサンテス》、金山《クムサン》加利《カリ》、明活山高耶《ミョンファルサンコヤ》という六つの村があり、そこには古朝鮮《コチョソン》の遺民が居していた。あるとき蘿井《ナジョン》《らせい》のかたわらで馬がいないているので高墟村の村長がいってみると、大卵だけがあった。それを割いたところ、なかから嬰児《えいじ》がでてきたのでつれて帰り養うことにした。十三歳になると、六村の人々はその出生が神異であるとしてこれを推戴して君主とし、瓠《ひさご》(パク)のような大卵から生まれたので朴を姓とした、という。

　この朴氏・赫居世の王統を引き継ぎ第四代の王となった脱解《タレ》王は、初め外国で卵から生まれ、箱のなかに入れられて海上を漂流し、辰韓《チナン》の阿珍浦《アチンポ》で童子として発見された。漂っているときに、鵲《かささぎ》が付き添っていたので鵲の字の片方をとって昔を姓とし、箱を解いてでてきたので脱解と名づけられ、成長すると第二代の南解《ナメ》王の娘婿となって、のちに即位したという。

　ついで金姓ではじめて王位に就いた第十三代・味鄒《ミチュ》《みすう》王の七代祖・閼智《アルチ》《あっち》は、紫雲とともに天から鶏林《ケェリム》《けいりん》に降った金の箱のなかから童子として発見された。成長すると聡明で知略に優れているので閼智(知恵者の意)と名づけられ、姓は金の箱からあらわれたので金としたという。

　これらの説話にみられる三姓の始祖たちは、赫居世と閼智が天界から降臨するのにたいして、脱解は舟で漂着するといった点で異なっている。しかし赫居世と脱解は、ともに卵生という点では共通している。いずれにしろ、三姓の始祖たちは、天界ないし外界からやってきて六村の人々がこれをむかえるかたちをとっている。その六村は後代の六部の前身とみなされており、そうであれば、六部と三王統とは直接には結びつかないことになる。

　三姓の始祖たちは、誕生の類型が異なるだけでなく、おのおの姓の由来を語っており、ここには中国の易姓革命的な発想とは異質な王統観が認められる。また、始祖たちの生誕は、紀元前五七年から後六五年までの各条に伝わるが、新羅で実際に姓が用いられるのは六世紀になってからであった。それゆえ三姓のあいだで王位が順次交替しながら相承された経緯は史実とは直接には結びつかない。ただし、のちに称姓できるような三つの集団があって、王を交立し、そのような集団がおのおの、始祖説話を後世に定式化したという可能性は否定できない。後世にまで伝承された三姓交替の王統は、新羅における国家形成と王権の複雑な様相を映し出しているのであろう。

始祖説話から目を転じると、四世紀のなかばをすぎるころ、かつての辰韓の一小国、斯盧《サロ》《しろ》国を基盤に、頭角をあらわし始めた新羅が確認できる。三七七年には、中国の前秦に新羅の使者がおとずれており、はじめて国際的な舞台に登場する。高句麗にともなわれて実現したとみられるこのときの朝貢に続いて、三八二年には、新羅王楼寒《ヌハン》《ろうかん》が朝貢し、この間の変革と名号の改変を伝えた。楼寒とは、当時の新羅の王号である麻立干《マリッカン》《まりつかん》であり、その君主は奈勿《ナムル》《なぶつ》王に比定される。

こうして国際的な舞台に登場した新羅のその後の道のりは、平坦ではなかった。北方の高句麗や海を隔てた倭の勢力とに苦しみながら、高句麗との従属的な関係を取り結ぶことによって、しだいに国家の成長をとげていった。

そのような新羅の姿を「広開土王碑」は、高句麗に属民として従属しながら、百済に同調する安羅・任《イム》那《ナ》加羅(金官)やそれを軍事支援する倭と厳しく対立し、ときに倭人の攻撃にさらされていたと伝える。一方、『三国遺事』と『三国史記』は、この当時、新羅の王子・美海《ミヘ》(未斯欣《ミサフン》《びしきん》)と宝海《ポヘ》(卜好《ポクホ》)の兄弟が、倭と高句麗に、それぞれ質にとられたことを伝える。

また五世紀前半の「中原《チュンウォン》高句麗碑」によれば、高句麗王と新羅寐錦《メグム》《びきん》(王)とは、兄と弟との関係にあって、寐錦以下の高官は高句麗の衣服を授与され、新羅領域内から徴発された三〇〇人は高句麗軍官のもとに組織されていた。立碑されている地点は、国原《クグォン》(忠州《チュンジュ》)の地であり、高句麗は百済と軍事的に対抗し、新羅を威圧するためにこの地に軍営を築いていた。ここに寐錦自身を出向かせるなど、この地から新羅を威嚇《いかく》していた。百済と新羅の連携を阻む狙いがあったのであろう。

長く高句麗に従属していた新羅が、高句麗への抵抗と反抗に転じるのは五世紀の中ごろからであった。四五〇年には、高句麗と接する東海岸北辺で高句麗将を殺害したり、その後、四五四年には、高句麗の侵入に抵抗し、翌年に高句麗が百済に侵入した際には、百済へ救援軍を派遣するなど、高句麗への対抗姿勢を明確にした。

五世紀の後半にはいると、東海岸の悉直《シルチク》《しっちょく》(三陟《サムチョク》《さんちょく》)、何瑟羅《ハスルラ》《かしつら》(江陵《カンヌン》)方面で高句麗と争った。もともとこの地は穢族《イエ》《わい》の居住地であり、高句麗が統制下においていた。双方の争奪が繰り返されたが、この地を新羅が確保するのは六世紀初頭の智証王代になってからであった。

この当時、かつての辰韓諸国にたいする新羅の支配は強固なものでなく、慶州盆地周辺以外の多くの小国は、新羅に従属的姿勢を示しながらも自立的な面をもっていた。しかし、新羅も四七〇年には西北方に進出して三年山城《サムレョンサンソン》(報恩《ポウン》)を築くなど、しだいにこの方面に拠点を確保していった。

五世紀末ごろ、新羅は、慶州盆地にある独立丘陵に月城《ウォルソン》(王城)を築き、ここを君主の居所とした。慶州盆地には、喙部《フェ》《かい》、沙喙部《サフェ》《さかい》、牟梁部《モリャン》《ぼうりょう》、本彼部《ボンピ》、習比部《スッピ》、漢岐部《ハンギ》《かんき》と称する六つの地域(六部)が所在し、そこに居住する者たちはおのおのが政治的集団として自立的な性格をもちながらも、外部にたいしては王京人として結束していた。

台頭への道のり

五〇〇年に即位した智証《チジョン》麻立干(在位五〇〇～五一四)は、それまで定まらなかった国号や王号を、正式に新羅と定め、麻立干から国王に変えたと伝わる。斯盧、斯羅《サラ》《しら》とも記された国号は新羅に、居西干、次次《チャチャ》雄《ウン》、尼師今《ニサグン》《じしきん》、麻立干、寐錦などと称されてきた君主号は、ここにいたって王を称するようになったという。

このころに王権の強化がはかられたようだが、一九八九年に発見された「迎日冷水碑《ヨンイルネンス》」によると、五〇三年九月の時点で智証王は、葛文王《カルムン》を称していた。また、一九八八年に発見された「蔚珍鳳坪碑《ウルチンボンピョン》《うっちんほうへい》」(五二四年立碑)によれば、五一四年に即位した法興《ポップン》王は、寐錦王として登場する。新羅では六世紀にはいり、たしかに君主が王を称するようになったが、そこには寐錦王と葛文王という二人の王が併存していた。寐錦王は喙部が輩出し、葛文王は沙喙部からだして寐錦王を補佐した。喙部、沙喙部は二重王権体制の基盤となり、六部のなかでも卓越していた。

法興王(在位五一四～五四〇)は即位すると、前代に強化された王権の基盤をよりどころに国制の整備につとめた。とりわけ重要なのは、六部人を対象に一七等からなる官位制(京位)を設け、王権のもとに支配者層の結集をはかったことである。また同時に、六部人以外の地方人(服属民)にたいしては、一一等の外位を創り、新羅の身分制に再編することがめざされた(九五頁参照)。五二〇年に頒布した「律令」とは、こうした官位制の整備とそれにともなう衣冠制の制定を中心に、固有法の整備と改編などを骨格とする内容であった。新羅の領域拡大は、身分制の再編と、法の整備を要請することになった。

こうして内政の基礎を整えると、その翌年には百済に導かれて中国南朝の梁への通交をはたした。じつに一四〇年ぶりの中国通交であった。百済は、高句麗に対抗していく同盟として新羅の実力を認め、国際舞台に誘ったのである。新羅もまた百済との関係を保持しつつ、加耶地方の進出を企てた。五二二年に大加耶と婚姻同盟を結ぶと本格的な加耶侵攻にでて、五三二年には金官国を滅ぼし、王一族を新羅の王京(沙喙部)に安置した。

法興王の国制整備のなかでも軽視できないのは、軍事を司る兵部《ピョンブ》を設置し、六部と新羅領域内の五二箇所にきめこまかく法幢《ポプタン》《ほうとう》軍団を配備したことである。ここに新羅軍制の基礎が確立した。ついで最高官の上《サン》大等《デドゥン》の制度を定めたが、これは一王代に有力者(大等)層のなかから信望ある実力者一人を選び、国事を摠《そう》管《かん》させる職で、王のまわりに権力を集中し、王を補佐するものであった。さらに五二七年には、側近・異《イ》次頓《チャドン》の殉死という犠牲をはらいながらも守旧派の反対をおさえて仏教の公認を断行した。王は五三四年に興輪寺《フンニュンサ》の建立を命じ一一年を費やして寺は完成した。仏法はやがて王室を中心に厚い信仰を集め、新羅貴人たちの精神的支柱となった。

五三六年には、独自の年号「建元《コンウォン》」が創始され、国家自立の機運はおおいに高まった。こうした法興王の政治は、新羅の飛躍をもたらす画期的なものであったが、法興王即位後の一五〇年間を『三国遺事』は「中古」と呼び、前代の「上古」と一線を画している。新羅台頭の基礎は法興王代に固まった。

五四〇年に即位した真興《チヌン》王(在位五四〇〜五七六)の対外的な躍進はめざましく、この時代に未曾有の領域拡大がはかられた。まず、五五一年には、小白《ソベク》山脈の竹嶺《チュンニョン》をこえて高句麗の一〇郡をとり、翌年には百済が新羅の助力をえて七〇年ぶりに高句麗から奪回したばかりの漢江下流域一帯をも奪取し、五五三年ここに新州をおいた。これによって百済関係は悪化したが、新羅はその翌年に聖王が率いる百済軍を管山城で迎撃して破り王を戦死させた。五六二年には大加耶を滅ぼし、洛東江《ナットンガン》下流域の加耶諸国を掌中にした。

こうした真興王の飛躍的な領域拡大は、これまで発見されている真興王碑によって跡づけることができる。「丹陽赤城碑《タニャンチョクソン》」(五四五年＋α)は、高句麗領侵攻の突破口となった要衝、赤城地方の民を掌握し、その安撫策を記して立碑した。また「昌寧碑《チャンニョン》」は、五六一年に加耶諸国にとどめをさすべく比子伐《ピジャボル》に結集した高官・軍官の歴名を記した加耶経略の記念碑である。そして五六八年の「磨雲嶺碑《マウルリョン》」「黄草嶺碑《ファンチョリョン》」は、王自ら臣下をともなって高句麗領域の奥深くはいり、この地の穢族を慰撫し、高句麗を背後から脅《おびや》かす要衝に立碑された。ここは新羅の北方進出の最前線でもあった。さらにほぼ同時期の「北漢山碑《プッカンサン》」は、五五三年に高句麗・百済のあいだに割ってはいり占拠したこの地に巡幸し、その折に北漢山に立って睥睨《へいげい》した地に立碑された。

新羅は拡大した領域に、上州、下州、新州を設置し、州治には軍主《クンジュ》を、城・村には道使《ドサ》を派遣し、在地の首長を村主《チョンジュ》に任命して地方民の掌握をはかった。こうした地方統治を基盤に軍団の停(六停《ユッチョン》の前身)が組織され、民政と軍政とが一体となった統治体制が整えられた。

華々しい戦果と領域拡大の一方で、王京では、寺院の建立が盛んとなり、百座《ひゃくざ》講会《こうえ》や八関会《はっかんえ》といった仏教儀礼の開催が始まった。また、花郎《ファラン》と称する貴人の子弟をリーダーに青年集団を組織する固有の習俗が制度化されるなど、新羅独自の精神的風土がこの時代に培われ、それは後代にまで引き継がれた。

五七九年に真平王《チンピョン》(在位五七九〜六三二)が即位すると、対外的な発展にみあった中央官制の整備が急がれた。位和府《ウィファブ》、調府《チョブ》、礼部《イェブ》、領客典《ヨンゲクチョン》といった主要な官府がたてつづけに設置され、さらに三宮《サムグン》(内省《ネソン》の前身)、侍衛府《シウィブ》といった内廷関係の官府も整えられた。のちの統一期に整備される主要な国事執行機関は、この時期にその制度の基本がほぼ形成された。

新羅の文化

新羅は国都を慶州盆地におき、遷都することはなかった。その中心は南川《ナムチョン》に臨む独立丘陵に土石で築かれた月城《ウォルソン》(半月城)であって、ここを王宮とし、その北側には官庁が造営された。六四七年に建造された石築の瞻星台《チョムソンデ》《せんせいだい》は現在もそこに佇んでいる。王京の周囲には、明活山城、南山城、西兄《ソヒョン》山城、北兄《プッキョン》山城などを築き、羅城をもたない王京を防御した。

王京にはいたるところに小山のような円墳が群集し、新羅の力と富を誇示しているかのようである。新羅の古墳は、地下や地上に木槨《もっかく》を組み、そのなかに棺と副葬品を納めてその周囲に石を積み上げ、さらに封土を盛った構造になっている。こうした墳墓は積石木槨墳と呼ばれ四世紀から六世紀前半まで造営された。墳墓には、金冠をはじめ華麗で豊かな金銀装飾品、容器類、ガラス製品、馬具、土器などが副葬された。これまで調査された墳墓には、金冠塚、金鈴塚、瑞鳳塚、天馬塚、皇南大塚などがあり、おびただしい数の遺物が発見されている。

新羅の墳墓から出土する金冠は中央と側面に山字形立飾をもち、その表面には勾玉《まがたま》や瓔珞《ようらく》を華麗に飾っている。このような山字形金冠立飾は、シベリアのシャーマンの冠にみられるものであるが、新羅で固有に発達した。金冠については王京以外で出土例はないものの、金銅冠は五世紀後半以降、周辺の各地域に分布しており、ほかの遺物も新羅的色彩が濃厚であることから、新羅との政治関係を示す指標として注目される。

新羅では仏教の公認にいたるまで紆余曲折をへたが、法興王によって興輪寺が創建されると、永興寺《ヨンフンサ》、皇龍寺《ファンヨンサ》、祇園寺《キウォンサ》、実際寺《シルチェサ》、三郎寺《サムナンサ》、霊廟寺《ヨンミョサ》といった寺院がつぎつぎに建立された。古伝によると、初期に建立された寺院の場所は、旧来の巫覡《ふげき》信仰の聖地である林泉の地に重なることから、仏教は巫覡信仰が占めていた基盤を奪いつつ受容されていったとみられる。

これらの寺院のなかでも重要なのは、新羅仏教の中心的位置を占めた皇龍寺が五五三年に着工され、一七年をかけて完成されたことである。その後、丈六の釈迦三尊像を鋳造して金堂に安置し、六四六年には九層木塔が完成した。結構は荘厳をきわめ、寺壁には画家・率居《ソルコ》に老松を描かせたという。丈六と九層木塔は、真平王の玉帯とともに新羅三宝と伝わり、新羅の精神的な主柱となった。

真興王は、出家得度《とくど》を許し、積極的に仏教の受容につとめて、留学求法をも奨励した。覚徳《カクトク》、義信《ウィシン》、明《ミョン》観《グァン》、安弘《アンホン》らは中国やインドから仏舎利、経論などを新羅にもたらした。五五一年には高句麗から慧亮《ヘリャン》《えりょう》をむかえると僧統に任じ、百座講会や八関会が始められた。真興王は巡幸の際には仏僧を随行させるなど、僧侶の登用や統制に留意した。また晩年には剃髪し法雲《ポプン》と号し王妃も王の死後、尼となり自ら創建した永興寺に住した。

この時代を担った新羅僧として注目されるのは、円光《ウォングァン》と慈蔵《チャジャン》である。円光はもともと儒教に深い学識をもって中国南朝の陳にわたったが、成実、涅槃などの仏教を修めて帰国した。新羅の国難にあたり花郎徒には忠・信・孝の徳目や戦陣訓を含む「世俗五戒」を与えたり、隋に高句麗への出兵を要請する乞師表《きっしひょう》をはじめ多くの国書を作したり、治世の策を建議するなど積極的に国政に参画した。

また、若き日に花郎であった慈蔵は、求法僧として唐に渡ったが、祖国の難局に帰国を要請されると、国政に参与し、唐衣冠制の導入、唐年号の使用などの施策を推進し、唐との連携を強めることで新羅の国際的な孤立を救った。その一方で、支配層が二分する対立状況のなかで、皇龍寺に九層木塔の築造を建言し、また通度寺《トンドサ》を創建して戒壇を設けたり、大国統となり僧尼の統制、戒律の整備をはかるなど、仏国土思想によって新羅固有の精神世界を造成することにつとめた。円光、慈蔵の二人の僧は、内憂外患のなかにあって研ぎ澄まされた国際感覚と教養で現実の政治にも貢献した。

加耶《かや》諸国の興亡

朝鮮半島の中南部には、洛東江の流域を中心にして、弁韓《ピョナン》以来の伝統をもつ諸小国が政治的統合をはたすことなく散在していた。これらの小国群を加耶諸国といい、たんに加耶、加羅《カラ》、任那《みまな》と呼ぶこともある。諸国は、いくつかの小国が連盟体を形成して大国に対抗することはあったが、最後までひとつにまとまることはなかった。そのときどきの形勢を反映して「六伽耶」「五伽耶」「浦上八国《ポサン》」「任那十国」などと諸文献は伝える。

加耶諸国は朝鮮半島東南部に位置し、海を挟んで日本列島に近接している。日本列島からみれば、大陸への交通の窓口であり、また東アジアの海上航路においても幹線ネットワークの要衝であった。加耶諸国と倭との交通は楽浪・帯方郡時代以来、緊密に結ばれていた。

加耶諸国のなかで建国伝説を今に伝えるのは、金官(金海《キメ》)と大加耶(高霊《コリョン》)であり、それは両国が加耶諸国において占める位置を暗示する。『駕洛《カラク》国記』によれば、天から六つの卵が降りてきて、そこから生まれた六人の童子のうち最初にあらわれたのが金官の始祖・首露《スロ》王で、残りの五人はそれぞれ五加耶の王となったという。一方、『釈利貞《イジョン》伝』によると、天神と加耶山神(正見母主《チョンギョンムジュ》)から生まれた兄弟が、大加耶と金官の始祖となったという。

金官は古来、日本列島との交通で中心的な役割をはたし、三世紀の狗邪《クヤ》《こうや》国をその前身とする。豊かな鉄と生産技術を背景にして、四世紀には洛東江下流域の地域を中心に、盟主的な地位を築き上げていた。「広開土王碑」によれば、四〇〇年に高句麗が倭人を追撃して「任那加羅」(金官)の従抜城《チョンバルソン》にいたったとある。金官は、百済・倭国に荷担しながら、高句麗とそれに従属する新羅に対抗する勢力として登場した。

五世紀の後半にいたると金官国にかわって大加耶が台頭し、やがて中国に通交するほどの実力をみせる。四七九年には「加羅国王荷知《ハジ》」が中国南朝の斉へ朝貢し「輔国将軍加羅国王」に冊封《さくほう》されている。この加羅国とは、大加耶のことであり、『三国志』は半路《パルロ》とし、『日本書紀』は伴跛《バンパ》《はんは》と記した。大加耶は、このときの朝貢と前後して、己汶《キムン》、多羅、滞沙《チェサ》《たいさ》(河東)などの諸国を包摂する地域圏を形成し盟主的な地位を確かなものにしていた。大加耶と称するようになったゆえんである。

金官や大加耶のように、加耶諸国のなかから有力国が頭角をあらわし、諸国統合への気運は熟したかのようにみえた。しかし、あらたな展開には結びつかないまま六世紀をむかえ、やがて百済と新羅の侵攻を受けることになった。

百済は、四七五年の熊津城への遷都以後、積極的に南東部の加耶地域への進出をはかっていた。六世紀初頭にはまず己汶、滞沙の南方を攻略し、さらに東進して五二〇年ころには小白山脈をこえて伴跛、卓淳《タクスン》、多羅などの諸国にまで進出の動きをみせていた。

こうした百済の動きに対抗するため五二二年に、大加耶王は、新羅に婚姻をもちかけると、新羅は王族の娘を嫁がせ、両者のあいだに同盟関係が成立した。新羅はこれに乗じて、加耶への侵攻を強めた。南部の加耶諸国は危機感をもって倭に救援を求めたが、新羅と通じた筑紫《つくし》の磐井《いわい》がそれをおしとどめた。新羅は、五二九年に金官を攻撃して壊滅的な打撃を与え、五三二年には金官を滅ぼすと、金官国王仇亥《クヘ》《きゅうがい》を王都に迎え入れて王族に編入し、本国を食邑として賜った。新羅に降った金官国王の子孫たちは、その後、三国の抗争において中心的な役割を担った。

咸安・末伊山古墳群　安羅国の王族たちの墳墓群。後方の城山山城は発掘調査によって新羅が6世紀なかばに築造した山城であることが確認された。

新羅の攻勢と金官国の滅亡は、加耶諸国に危機意識をかりたてた。加耶南部の有力国、安羅は百済に救援を求め、これに応じて百済は安羅に駐屯することになった。さらに五四一、五四四年の両年には、百済の聖王(聖明王《ソンミョン》)の主宰で、諸国の王族層と倭が派遣した使臣を加えた復興会議がもたれた。加耶をめぐる新羅とのヘゲモニー闘争を有利に展開しようとした百済は、新羅の危険性を訴えながら、一方で加耶侵攻の手をゆるめなかった。こうした危機的状況のなかで、安羅は古来、通交のあった倭王権に援助を要請し、この地に倭の使臣団が一時的に駐留したことがあった。やがて新羅はこの地を確保し、山城を築いて新羅の橋頭堡とした。

　このような加耶諸国をめぐる百済と新羅との争いは、五五四年における管山城の戦いで新羅が百済に勝利すると、新羅の優勢は動かないものとなり、ついに大加耶の滅亡をもって、五六二年に加耶諸国は新羅の手に帰した。ここにおいて朝鮮半島は文字どおり三国がしのぎを削る時代へと突入した。

　加耶諸国の文化は、古くは新羅文化と共通する一面をもちつつも、洛東江を境にして、しだいに文化的差異を明確にしていった。竪穴式石槨や横穴式石室を主流とする古墳からは、洗練された曲線美をもつ土器や武具、馬具、装身具、鉄器類が出土するが、それらは地域ごとに特色をもっており、加耶諸国が独自の勢力基盤を有していたことがうかがえる。大加耶では独特の形状をもった一二弦の加耶琴《カヤグム》をつくり、于勒《ウルク》《うろく》に命じて諸国の土俗的な歌謡を採集させたという。于勒はその後、新羅に亡命して国原《クグォン》に安置され、加耶琴とその楽曲を新羅に伝えた。

4　新羅の統一と発展

三国の抗争と隋・唐

加耶諸国を掌握した新羅は、五六四年に北斉へ朝貢し、その翌年「使持節東夷校尉楽浪郡公」に冊立さ

三国時代要図

高句麗・新羅・百済使(左より順に)　梁の元帝の手になる『職貢図』(530年頃)に基づいて模写された『唐閻立本王会図』(台湾・故宮博物院蔵)にみえる三国使臣。

れた。はじめて中国王朝から冊封され新羅は、いまや高句麗、百済にならぶ存在として東アジア世界での確かな地歩を築くことになった。ついで五六八年には、南朝・陳への朝貢をはたし、宿願であった独力による中国外交がたて続けに実現された。ながく朝鮮半島の東南部に押しとどめられていた新羅がここにいたり対中国外交でも反転攻勢にでた。

当時、中国大陸では四世紀以来、南北朝の分立状況が継続していたが、両王朝への外交は、それまで東アジア諸国にあっては高句麗だけがよくなしえたものであって、高句麗は、南北両王朝との外交関係を保持しながら、朝鮮半島南部の諸国に圧力を加えていた。ところが六世紀中葉より漢城地方や朝鮮半島東北部で南北に直接対峙《たいじ》する状況にあって、新羅による南北両王朝への外交は、高句麗にはかりしれない衝撃を与えた。高句麗は北周と北斉が分立するという北朝の複雑な動向をにらみながら、さらに南部から押しよせる新羅に警戒しなければならなくなった。こうしたなかで高句麗は、五七〇年にはじめて倭国に使者を派遣し、倭との外交を通じて打開策を模索した。

注意深く北朝の動向を見守っていた高句麗と百済は、隋の文帝が即位すると、五八一年には朝貢し、あいついで隋から冊封を受けた。しかし、その一方で高句麗・百済の両国は南朝の陳にも通交を継続していた。高句麗・百済は細心の注意をはらって南北両朝の動きを探っていたのである。

ついに五八九年に隋が陳を平定して二九〇年ぶりに中国に統一政権が誕生すると、百済は早速、この年に祝賀の使者を遣わし、続いて翌年には高句麗もまた朝貢した。中国情勢にたいする両国の対応はきわめて早かった。一方、五六〇年代にようやく独力による南北両朝への外交をはたしたばかりの新羅は、百済・高句麗についで五九四年に朝貢し隋の冊封を受けた。

ここに隋を中心にして、朝鮮三国を等しく包含する一元的な国際秩序が形成されることになった。このような事態は、これまで中国の南北分極体制を逆手にとって双方に朝貢し、隣接する北朝を牽制してきた高句麗には、存亡にかかわる深刻な事態として受けとめられた。高句麗は隋の侵攻を恐れ、いち早く防備を整えると、隋はこれを責め、五九八年に文帝は、高句麗の領域侵犯を口実に、水陸三〇万の軍をもって高句麗遠征を命じた。東アジアはこれ以後約八〇年間にわたる大動乱期にはいった。

このときは隋軍の体制の不備と高句麗の謝罪でおさまったが、両国の対立は激化の一途をたどった。やがて高句麗の突厥《とっけつ》への働きかけが発覚したり、また百済や新羅の要請もあって、煬帝《ようだい》は六一二年、一〇〇万の軍を高句麗に出動させた。さらに隋は六一三年と翌年にも大軍を送ったが、高句麗は乙支文徳《ウルチムンドク》《いっしぶんとく》らの活躍もあって、この三次におよぶ隋の遠征軍を迎え撃ち、これを退けた。隋は四次の侵攻を企てたものの、遠征による疲弊と国内の反乱のなかで崩壊した。

高句麗は隋との抗争のさなかに、ふたたび倭国にたいして積極的に働きかけ、慧慈《ヘジャ》《えじ》などの人材や文物を送り込み倭王権との連携を強めた。隋が成立してのちの対倭外交は、高句麗のみならず、百済・新羅にとっても重大な関心事となった。中国の南北両極から統一への変化は、三国にとって倭の戦略的位置をこれまで以上に高めたのである。

隋が滅び六一八年に唐が興ると、新羅は六二一年にいち早く唐に赴き、また高句麗・百済も同年に使節を派遣して唐の冊封を受けた。唐は建国当初、周辺諸国にたいして融和策で応じたこともあって、東アジアの国際関係は一時的に安定を取り戻したかのようにみえた。しかし、それも束の間にして三国の抗争は以前にも増して激化していった。

三国の権力集中

唐は、六三〇年に東突厥を服属させると、翌年、高句麗にたいして対隋戦争の戦勝記念塚（京観《けいかん》）の破壊と、そのなかに埋め込まれた遺骨の返還を求めてきた。警戒した高句麗は、この年より、東北は扶餘城（吉林《きつりん》省農安）から東南の渤海湾に達する一〇〇〇余里におよぶ長城の築造に着手し、唐の侵略に備えた。

やがて六三五年に吐谷渾《とよくこん》、六四〇年には高昌国が唐に滅ぼされると、高句麗は危機感をつのらせ、太子を朝貢させた。このとき唐の攻撃的な意図を読みとった大対盧《テデロ》《だいたいろ》の淵《ヨン》《えん》（泉《チョン》）蓋蘇文《ゲソムン》《がいそぶん》（イリ・カスミ）は、六四二年に、唐の侵攻に備えて支配層の族制的諸制度を払拭し、国家体制の再編をもくろんで武力に訴え、クーデタをはかった。栄留《ヨンニュ》王をはじめ百八十余人の臣下を惨殺するという凄惨なものであった。政変後、蓋蘇文は、王弟の子・宝臧《ポジャン》王(在位六四二〜六六八)を王位に就けると、自らは官位第一等の大対盧を退き、第二等の莫離支《マンニジ》《ばくりし》(太大兄)に身をおき実権を掌握して、権力の集中をはかった。

一方、百済では、六四一年に義慈《ウィジャ》王(在位六四一〜六六〇)が即位するや、翌年には、王は自ら兵を率いて新羅西方の大耶《テヤ》城を急襲した。百済はたちまちのうちに四十余城を奪取し、旧加耶諸国領域を占領した。義慈王はこの直後に、王妃恩古《ウンゴ》とともに、支配の中枢にあった臣下たちを国外に追放し、太子を廃するなど強硬な手段を用いて権力の集中をはかった。

窮地に陥った新羅は、百済に対抗し失地の奪還をめざして、王族の金春秋《キムチュンチュ》をあえて仇敵であった高句麗に派遣し、救援を求める策にでた。おりしも高句麗では蓋蘇文がクーデタによって実権を掌握して権力の集中を実現したばかりであった。蓋蘇文は新羅の要請を拒み、逆に百済と結んで新羅に対抗する姿勢を示した。

高句麗と百済の同盟で孤立した新羅は六四三年、唐に使者を派遣し、唐の出兵を要請した。これに応えて唐は高句麗にたいし説得につとめたが、高句麗がこれを拒絶したため、六四五年に太宗は自ら水陸十余万の軍を率いて出征した。さらに唐の高句麗征討軍は、六四七年とその翌年にもだされたが、高句麗は三次にわたる唐の攻撃をよくしのいだ。こうして三国の抗争は、ついに唐の直接の介入を招き、破局に向かって後戻りのできない局面に突き進んでいった。

唐に出兵要請をした新羅では、この間に、唐にたいする外交路線をめぐり、唐依存派と親唐自立派とが国論を二分して対立していた。六四三年に唐の太宗が新羅使節にたいして女王統治を非難し、唐皇帝の一族を王位に就けるよう難問を突きつけたことが契機となっていた。この対立が引き金となり、六四七年に上大等の毗曇《ビダム》が善徳《ソンドク》女王の廃位を主張して反乱を起こした。乱中に善徳女王は死去したが、金春秋と金庾信《キムユシン》《きんゆしん》は反乱《ひたん》を鎮圧すると、あえて真徳《チンドク》女王を擁立し、そのもとで親唐路線を継承しつつも、あくまで自立をめざす新政権を打ち立てた。

この年、金春秋は倭国へいき、倭の動向をみきわめたうえで、翌年、子の文王《ムン》とともに唐に渡り、唐の章服の採用をこい許された。春秋が帰国すると、新羅は六四九年に法興王以来の固有の制度を改め、唐の衣冠制を取り入れた。また翌年には、独自の年号を廃止して唐の年号を採用した。これによって唐との関係をゆるぎないものとし、あわせて大規模な官制改革を断行して権力の集中をなしとげた。

唐の軍事的な圧力が加わるなかで、三国では危機意識と緊張が高潮し、支配層内の闘争が激化した。抗争のなかからヘゲモニーを掌握した者たちが、一層権力を集中し、国内の動員体制を強化していった。その余波は倭国にまでおよび、乙巳《いっし》の乱となってあらわれた。

百済・高句麗の滅亡

六五四年に金春秋(武烈《ムヨル》王、在位六五四～六六一)が即位すると、その翌年、唐との結びつきを強めた新羅にたいし、高句麗・百済は連合して新羅の北境に侵攻し三十余城を奪取した。新羅はすぐさま唐に援軍を求めると、唐の高宗は連年、遼東地方の高句麗領を攻撃させた。その一方で新羅は百済の執拗な攻撃にあったために、今度は唐にたいして百済征討を要請した。唐はこれに応え、六六〇年に蘇定方を大総管とする水陸一〇万の軍を百済に向けて出陣させた。これに呼応して武烈王も金庾信らと五万の軍とともに泗沘城に向かい百済の挟撃をはかった。金庾信の率いる新羅軍は国境の要衝・炭峴《タニョン》《たんけん》をこえ、黄山《ファンサン》の原で百済軍を破り、一方、白江《ペッカン》をさかのぼってきた唐軍はたちまち百済の泗沘城を陥落させた。

唐と新羅の連合軍は直接、王都の泗沘城を攻略し百済に反撃のすきを与えず攻め込み、熊津城に逃れた義慈王と太子・隆《ヨン》たちは捕えられ唐の洛陽に連行された。唐は、旧百済領（五部、三七郡、二〇〇城、七六万戸）に五つの都督府（熊津、馬韓、東明《トンミョン》、金漣《クミョン》、徳安《トガン》）を設けて熊津都督府のもとに七州、五一県をおき、その統治には百済人をもってあたらせる羈縻《きび》支配をしいた。

これにたいして、百済滅亡の直後から各地で復興の動きが起こり、なかでも日本にいた王子の豊璋《プンジァン》《ほうしょう》を擁立した福信《ポクシン》らは、地方勢力を糾合して抗戦し、一時は旧百済領の過半を回復する勢いをみせた。やがて熊津都督府をも包囲するまでにいたりながら、復興軍側の内紛や唐・新羅軍の攻勢に加えて、白江（白村江）での日本水軍の壊滅などにより、六六三年に百済復興のための反撃はついえた。

百済を滅ぼした唐は余勢をかって、六六一年には水陸三五万の軍を平壌に向かわせていた。このとき武烈王の死去によって即位した子の文武王《ムンム》（在位六六一～六八一）は金庾信らに命じて軍糧を補給するなど、全面的に唐軍を支援させた。この攻撃にたいし高句麗は半年にわたって王都を包囲されながらも反撃し、これを退けた。

ところが高句麗の最高実力者・淵蓋蘇文が六六六年に死去すると、その三子のあいだで争いが起こり、長子の男生《ナムセン》が男建《ナムゴン》、男産《ナムサン》の弟たちと対立し、追われて国内城《クンネソン》に立て籠った。蓋蘇文の弟・淵浄土《ヨンジョント》は逃れて新羅に投降した。唐はこの期に乗じ、内附(服属)した男生に先導させて六六七年に遼東方面へ軍を進め、翌年には、新羅軍とともに平壌《ピョンヤン》を攻撃した。

高句麗は一年にわたり抗戦を続けたが、もちこたえられず王都の長安城《チャンアンソン》は陥落し、ここに高句麗は滅亡した。宝臧王以下、高句麗の臣僚たちは降伏し、唐の長安に連行された。唐は平壌に安東都護府をおくと、旧高句麗領(一七六城、六九万七〇〇〇戸)に九都督府、四二州、一〇〇県を設け、高句麗人をもって統治にあたらせ、百済と同じように羈縻支配をおこなった。その後まもなく、鉗牟岑《キョムモジャム》《けんぼうしん》が宝臧王の庶子・安勝《アンスン》を奉じて、高句麗遺民による復興運動があったものの、内部の抗争もあって成功せず、安勝は新羅に亡命した。

新羅は唐と連合して、百済・高句麗をあいついで滅ぼしたが、唐の勢力を朝鮮半島から撤収させるという容易ならざる課題を残していた。唐は百済滅亡後に、王族の扶餘隆《プヨヨン》を熊津都督に任命して、その故地に羈縻支配をおこない、高句麗故地でも平壌に安東都護府をおいて同様の占領地支配をおこなって威圧していた。また唐は高句麗遠征に際して新羅を鶏林大都督府とし、文武王を鶏林大都督とした。これは新羅もまた唐の羈縻州のひとつであることを意味した。唐のこうした半島政策は新羅にとって大きな脅威であり、容認しがたいものであった。

そこで新羅は、安勝が高句麗の残存勢力をともなって逃入してくると、六七〇年に高句麗王に封じて金馬渚《クムマチョ》《きんばしょ》(益山)に安置した。翌年には高句麗の使者を倭国に朝貢させ、これ以後もしばらく新羅の送使が同行し高句麗の使者が倭国に送られた。これは高句麗を保護下においていることを国際的に示威する行動であった。ついで新羅は安勝を報徳《ポドク》王に冊立して、新羅王権の正統性を内外に誇示し、唐の旧高句麗の地におかれた安東都護府に対抗する姿勢を示した。

一方、百済故地では、これより先、唐の高宗が六六四年とその翌年の二度にわたって新羅王と熊津都督・扶餘隆とのあいだで会盟をおこなわせていた。あくまで百済を羈縻州として存続させる方針を顕示した。これにたいして新羅は、同じ唐の羈縻州ならば新羅と百済をわかつべきでないという論理をもちだし、六七〇年ついに軍事的反抗に踏み切り、翌年には旧都・泗沘を占領して所夫里《ソブリ》州をおくなど、百済故地をつぎつぎに奪取していった。

唐は、六七四年に新羅征討軍を送り、文武王の官爵を剝奪するなど威嚇《いかく》を加えて新羅を攻撃したが、新羅は謝罪使を送ってこれをしのぎ、六七六年に白江河口の伎伐浦《キボルポ》《きばつほ》で唐軍を破り、ついに対唐戦争を終息させることに成功した。唐は同年、熊津都督府を遼東地方の建安城に移し、さらに安東都護府もいったん遼東城に移し、ついで翌年には新城へと移した。その後も唐は新羅の百済故地領有を認めず新羅征討の機会をうかがっていたが、西方の吐蕃との戦いに敗れたこともあって、唐は六七八年に新羅の征討を放棄した。

新羅は唐の勢力を朝鮮半島から排除すると、もはや戦略的な意味を失った金馬渚の高句麗国を六八四年に滅ぼした。ここにいたり五六二年以来、一二〇年にわたって繰り広げられた三国の抗争に終止符が打たれた。

こうして新羅は唐の勢力を朝鮮半島から撤退させ、三国の一統をはたしたが、新羅の領有した地域は、朝鮮半島の礼成江《イェソンガン》と永興湾《ヨンフン》を結ぶ以南の地までであり、かつて高句麗が領有していた北部の領域の大半は放棄された。しかし新羅の統一は、諸王権によっておのおのの政治圏に独自に形成されてきた習俗・文化を統合し、その後に形成されたより広い文化的な共通基盤を準備する役割をはたした。

新羅の統一政策

新羅は、百済・高句麗を滅ぼしたあと、朝鮮半島支配をもくろむ唐と戦いつつ、百済・高句麗の土地と人民を統括しなければならなかった。このため、投降してくる百済・高句麗の官人層を積極的に取り込み、新羅の身分制に再編すべくつとめた。

まず六七〇年に新羅は、唐の羈縻支配下にあった旧百済領を攻撃して熊津都督府をあわせ、泗沘城を占領して所夫里州を設置すると、六七三年には、帰属してきた百済人に新羅の官位を授けた。その際に百済第二等の達率《タルソル》は、新羅の京位第一〇等の大奈麻《テナマ》に相当させ、新羅の王京に移住しない者には外位第四等の貴干《クィカン》に相当させた。このようにして新羅はあらたに吸収したかつての百済人を、京・外の二重構造に従って、格差をつけて新羅官位制に編入した。

さらに翌年には、外位を廃止して官位制を京位に一本化した。五二〇年以来、新羅は、王京人と地方人とを峻別し、王都の内と外によって京位・外位に区別して二つの身分体系を保持してきたが、外位の廃棄は、こうした身分秩序の編成原理を変更する根本的な改革であった。その背景には百済故地の人民を味方につけ、百済遺民とともに一体となって唐と戦わなければならなかった切実な戦況があったとみられる。

やがて唐との戦闘を終息させ、六八四年に金馬渚の報徳国を滅ぼすと、その二年後に、今度は、高句麗人にたいして新羅の京位を授けた。このときは高句麗官位第三等の主簿《チュブ》を新羅京位第七等の一吉飡《イルキルチャン》《いっきつさん》に相当させた。百済に比べ相当官位の格差は縮小された。

このようにして新羅は、それぞれ故国の官位に準拠させ従前の身分体系を前提に、新羅の官位を授けることによって、両者の連続性と正統性の継承をはかった。そして、これまでおのおのに独自の政治体制を形成してきた百済、高句麗の人民をひとつの身分体系に再編し、新羅の政治秩序内に組み入れることに成功した。これは統一国家の内実を整えていくうえで画期的なことであった。

いまひとつ三国統一の過程を雄弁に物語るのが高句麗王族安勝の処遇である。新羅は六七〇年に安勝を金馬渚に安置したあと、高句麗王に冊封し、さらに六七四年には、改めて報徳王に冊封した。六八〇年には、安勝に文武王の妹を嫁取《かしゅ》させ、新羅・高句麗王家の結合をはかったうえで、六八三年には、安勝に官位第三等の蘇判《ソパン》を授け、新羅の国姓である金《キム》姓を賜い王京に居住させた。旧高句麗人へ

高句麗	新羅 京位	新羅 外位	百済
	〔太大角干〕		
	〔大角干〕		① 佐平
① 大対盧	① 伊伐飡		② 達率
② 太大兄	② 伊尺飡		③ 恩率
③ 烏拙	③ 迊飡		④ 徳率
④ 太大使者	④ 波珍飡		⑤ 扞率
⑤ 位頭大兄	⑤ 大阿飡		⑥ 奈率
⑥ 大使者	⑥ 阿飡		⑦ 将徳
⑦ 大兄	⑦ 一吉飡	① 嶽干	⑧ 施徳
⑧ 褥奢	⑧ 沙飡	② 述干	⑨ 固徳
⑨ 意俟奢	⑨ 級伐飡	③ 高干	⑩ 季徳
⑩ 小使者	⑩ 大奈麻	④ 貴干	⑪ 対徳
⑪ 小兄	⑪ 奈麻	⑤ 選干	⑫ 文督
⑫ 翳属	⑫ 大舎	⑥ 上干	⑬ 武督
⑬ 仙人	⑬ 舎知	⑦ 下干	⑭ 佐軍
〔⑭ 自位〕	⑭ 吉士	⑧ 一伐	⑮ 振武
	⑮ 大烏	⑨ 一尺	⑯ 克虞
	⑯ 小烏	⑩ 彼日	
	⑰ 造位	⑪ 阿尺	

備考：〔　〕は補足
(武田幸男氏作成)

三国官位制の対照表

の官位の授与は、これらの過程が前提となっていた。形式上にも新羅は高句麗の王統を吸収、統合したのであった。

こうした人的基盤の拡大・再編とともに、官僚制度の整備も統一と前後して一層の充実がはかられた。新羅では六世紀以来、最高職位の上大等のもとに兵部、調府、礼部、領客府などの主要官庁が設けられていったが、唐との結びつきを強めた六五一年に大幅な管制上の改革をおこなっていた。

なかでも重要なのは執事部《チプサブ》の成立であった。執事部は国家の機密を掌握し、官制機構の中枢として、兵部以下の国家支配の実務を担当する諸機関を統轄した。執事部の前身は、租穀を管理した租典《チョジョン》(稟典《プムジョン》)で、元来、王の家政的機関であった。ここから六五一年に執事部が成立し、同時に倉部《チャンブ》(国家財政)を分離・独立させ、その一方で内省《ネソン》(王室の家政機関)の拡充・整備をおこない、王権の基盤を強化した。上大等制はその後も存続したものの、あらたに執事部の長官中侍《チュンシ》が政治機構を支える要となった。これ以後、行政機構の整備は継続され、六八〇年代までには執事部を頂点に、長官職(令)をおく一三の上級官庁と、その下に中級・下級官庁を整然と配した官僚組織がひととおり成立した。

このような官僚組織の成立に対応して六八二年に官吏の養成機関である国学が創立された。また、六八七年には官僚田の支給が開始され、六八九年には禄邑を廃止して租による俸禄に変えた。これによって官僚は国家から土地と俸禄の支給を受けることになり、貴人層の官僚化が推進された。

統一による領域拡大にともなって地方統治体制の整備も進められた。新羅は六世紀以来、一定の領域の拠点に州を設け、その下に郡、村(城)をおいて独自の州郡支配をおこなっていたが、高句麗を滅亡させたころを前後して、村(城)を県に改め、州—郡—県からなる支配があらたに施行された。中央からは都督、郡大守、県令といった外官が派遣されるとともに、州・郡には検察官として外司正《ウェサジョン》が派遣された。ついで六八五年には、西原《ソウォン》、南原に小京が設置され、それ以前に設置された金海、中原、北原《プグォン》とあわせて五小京となり、中央から外官として仕臣《サシン》(仕大等《サデトゥン》)が派遣された。五小京は半島の東南に偏在する王京を、政治・文化の面で補完する役割を担った。

地方統治の諸制度は六八七年の九州をもって完成した。九州には形式的に、新羅、百済、高句麗の三国に三州ずつを均等に配分するかのごとく、新羅故地には、沙伐《サボル》州(尚州《サンジュ》)、歃良《サムニャン》州(梁山《ヤンサン》)、菁州《チョンジュ》(晋州《チンジュ》)が、百済故地には、熊川《ウンチョン》州(公州《コンジュ》)、完山《ウァンサン》州(全州《チョンジュ》)、武珍《ムジン》州(光州《クァンジュ》)が、高句麗故地には、漢山《ハンサン》州(広州《クァンジュ》)、首《ス》若《ヤク》州(春州《チュンジュ》)、河西《ハソ》州(江陵《カンヌン》)がそれぞれ設置された。このように全土を九州とすることで三国の統一を強く印象づけた。州治は副都としての五小京とともに新羅の地方支配の中心となった。州治・小京には条坊をともなった城郭が築かれ、ここに多くの王京人を移住させ、地方統治の徹底と文化の普及につとめた。

軍制も地方制度の改編と並行して整備された。六世紀以来、増設されてきた中核的な軍団である六停のほかに、王都には九誓幢《クソダン》がおかれた。五八三年以来、しだいに整備されたこの軍団は六九三年に完成するが、その構成は、新羅人で組織された三軍団、高句麗遺民の三軍団、百済遺民の二軍団、靺鞨《まっかつ》人の一軍団の九つからなっていた。これは九州制とともに国土の統一を表明するものでもあった。歩騎混成軍であった九誓幢のほかに、地方には、九州の各地(漢山州のみ二箇所)に、騎兵部隊である十停《シプチョン》がおかれた。

5 新羅と渤海

新羅は長い動乱期をへて、朝鮮半島の統一と集権的な支配体制を確立した。この過程で、武烈王が即位(六五四年)し、その後、彼の子孫が七代にわたって王位を継承した約一〇〇年間を、『三国史記』は「中代」と呼ぶ。この時代の新羅は、王権の強化と安定のもとに、内外の諸問題を克服し、その繁栄を謳歌《おうか》した。

新羅中代の繁栄

祖父・武烈王と父・文武王が争乱の時代を勝ち抜いたあと、三国の覇者として統一の基盤をより強固にしたのは、六八一年に即位した神文王《シンムン》(在位六八一〜六九二)であった。王は即位すると、反乱を企てた王妃の父・欽突《フムドル》《きんとつ》をはじめとする真骨《チンゴル》(王族)たちや上大等の軍官らを誅殺《ちゅうさつ》した。その直後には、王宮を警護する侍衛府に将軍をおき身辺の護衛を固めた。岳父や上大等の誅殺は異常事態であり、王族層の粛正によって王権の強化をはかったものとみられる。

六八七年には太祖大王以下、父王にいたる五代の王を神主として祖廟《そびょう》に祀り、新羅に五廟の制が創始されることになった。列祀された諸王たちは直系の尊属であり、王統の正統性が宗廟《そうびょう》制のかたちをとって宣言された。神文王は、王権を掣肘してきた真骨層を排除、抑圧する一方で、儒教的政治理念を掲げて体制を整え、内政を安定させた。

新羅を含め七・八世紀の東アジアの諸国はしばしば律令制国家と呼ばれる。しかしながら、新羅の諸制度は名称やその実体においても唐制にそのまま従うものではなく、新羅固有の官制を継承発展させて、中央集権化がおこなわれた点に特徴がある。また、新羅では体系的な成文法としての律令は編纂されなかったものの、唐の律令を新羅の国情に即して取り入れながら、法文に基づく行政がおこなわれたと推定される。

新羅および渤海要図

統一期の新羅外交は、その前半期には、日本との外交をとりわけ重視した。とくに七世紀後半期の三〇年間に、新羅・日本の双方で三〇回以上におよぶ頻繁な遣使の往来があった。これは新羅にたいする唐の軍事的圧力が継続していた時期に重なり、一方、白村江で唐・新羅軍に敗戦した日本側も積極的に新羅の外交に応じた。やがて七世紀末ごろから唐との関係も急速に改善され、これ以後、唐との親密な関係は基本的に新羅の滅亡まで維持された。

八世紀にはいると新羅の国際関係に大きな変化が起こった。まず日本との関係は、国内政治の充実と安定した対唐関係を形成した新羅にとって、低姿勢で日本外交を継続する意味はしだいに薄れてきた。それゆえ対等の姿勢で臨もうとする新羅と日本とのあいだに、なにかと摩擦が生じた。七二一年には王都の南に関門《クァンムン》城(毛伐郡城《モボルグンソン》)を築き倭の侵入に備えるなど、その後両国の関係は悪化の一途をたどった。八世紀における日本との外交は、新羅側から派遣する使節の人員が大規模化していく一方で、たがいに反目し、緊張が高まっていくところに特徴がある。そのような背景には新羅と国境を接する北方における渤海《バレ》《ぼっかい》の成立と台頭があった。

対唐戦争以後しばらく政治的な空白を生じさせた地域における新勢力・渤海の出現は新羅のあらたな脅威の誕生であり、渤海との関係は新羅の対外関係の主要な課題となった。とくに七三二年の渤海による登州(山東半島)の攻撃に端を発した唐・渤海間の紛争は、唐の要請による新羅の参戦という事態を招いた。それからの新羅と渤海の関係はけっして良好とはいえず、全時代を通じて新羅からわずかに二度の遣使が確認されるにすぎない。唐は渤海との紛争が終結すると、新羅に浿江《ペガン》《はいこう》(大同江《テドンガン》)以南の地の領有を認めたが、その後、新羅はこの地域に進出し、浿江鎮典をおいたり、長城を築いたりして、特殊軍事地帯化を促進し、ここを北方経営の拠点とした。

その過程で八世紀の中ごろには、新羅と渤海とのあいだに緊張が高まると、渤海は日本との関係を緊密にして、新羅に対抗した。こうしたこともあり、新羅と日本との関係は七八〇年をもって公的な外交関係は途絶し、その後は両国の王権とは直接かかわらないあらたな担い手によって、交易を中心とする関係が続くことになった。

八世紀中葉の景徳《キョンドク》王代は、唐との安定した国際関係を背景に国力の充実した時代であった。この時代には全国の地名を唐式に改め、郡県制の再編強化がなされた。中央諸官庁・官名も唐式に改称された。また、こうした支配の強化に加えて、壮大な伽藍を誇る仏国寺《プルグクサ》が造営されるなど最盛期を思わせた。しかし六八九年に廃止された禄邑制が七五八年に復活されたことにみられるように、集権的な官僚制のゆきづまりとその矛盾が顕在化していた

新羅下代の動揺

景徳王の子の恵恭《ヘエゴン》王(在位七六五～七八〇)が立つと、王族内部の確執があらわになり、七八〇年に恵恭王は王妃とともに反乱のなかで殺害された。これによって武烈王系の王統がたえ、あらたな王統に替わることになった。これ以後、王都では反乱が頻発し、王位の簒奪が繰り返された。七八〇年から新羅の滅亡にいたる約一五〇年間に即位した王は二〇にのぼった。この動揺・衰退の時代を『三国史記』は「下代」

と呼んでいる。

政治的な混乱が打ち続くなかでも、王都の人々は爛熟《らんじゅく》した文化にひたり、これをかえりみることはなかった。八三四年には、奢侈《しゃし》を規制する王命がだされ、真骨以下、平人・百姓にいたるまで骨品《コルプム》《こっぴん》制の各階層ごとに衣服、車馬、家屋、調度など、生活全般にわたる厳格な統制が打ち出された。こうした風俗の規制は、秩序の紊乱《びんらん》を抑止し、王権による身分制の再編と強化をめざすものであったが、地方の村主層が規制の対象に加えられるなど社会秩序の変容はもはやおさえきれなくなっていた。

王都における紊乱と王位争奪戦の一方で、地方を舞台とする反乱が動揺に拍車をかけた。王族の一員であった熊川《ウンチョン》州都督の金憲昌《キムホンチャン》は、八二二年に、権力闘争で父が敗れたことを恨み、熊川州で自立して長安《チャンアン》国を建てた。一時は広範な地域がこれに呼応したが、中央軍によって鎮圧された。さらに三年後には憲昌の子の梵文《ボムムン》《はんぶん》がふたたび漢城に都を建てようと企て失敗した。

また、地方人の台頭は中央の政治をも揺さぶり反乱にまでおよんだ。もともと一介の海民であった張保皐《チャンボゴ》《ちょうほこう》(宝高《ポゴ》)は、唐・新羅・日本を結ぶ海上交通によって活発な貿易活動を展開し、八二八年には清海鎮《チョンヘ》(全羅南道莞島《ウァンド》《かんとう》)の大使の地位をえて、ここを拠点に一大勢力を築いていた。やがて張保皐は王位争奪戦に介入し、外戚の地位を求めてかなえられず、八四一年に青海鎮で反旗を掲げたが、刺客の手で殺害された。

金憲昌と張保皐が引き起こした反乱はいずれも失敗に終わったものの、これらは地方に根拠地をおいた大規模な反乱であって、新羅の動揺は地方社会においても顕著になった。こうしたなかで農民反乱が全国で頻発し、八九六年には赤袴賊《チョッコ》《せきこ》と呼ばれる集団による反乱が西南地方で起こった。

十世紀になると、地方豪族たちの反乱があいつぎ、自ら「将軍」「城主」と称して武装した勢力が各地に割拠した。彼らの出自は王都から地方に転出した王京人であったり、地方の村主であったりしたが、混乱のなかで軍事力を背景にして自己の支配権を広げていった。このころ、あらたに禅宗が求法僧たちによって唐からもたらされ、地方豪族を中心に受容された。豪族たちの庇護のもとに、各地に禅宗寺院が数多くつくられ、豪族たちの精神的な後ろ盾となった。政治的にも文化的にも求心力を失った新羅は、急速に地方にたいする統制力を失っていった。

地方の群雄のなかでも、武珍州で自立した甄萱《キョノン》《けんけん》、北原で興起した梁吉《ヤンギル》《りょうきつ》や、その部下であった弓裔《クンイェ》《きゅうえい》がとりわけ有力であった。甄萱はもともと尚州《サンジュ》の農民であったが、西南海の方面で軍功を立てて頭角をあらわし、八九二年に武珍州を占拠して自立し、九〇〇年には完山州を都として後百済《フベクチェ》王と自称した。

一方、弓裔は新羅の王族であったが、梁吉のもとで江原《カンウォン》道、京畿《キョンギ》道、黄海《ファンヘ》道方面での攻略に功をあげ、やがて梁吉を倒して九〇一年に松岳《ソンアク》(開城《ケソン》)で自立し後高句麗《フコグリョ》を建てた。その後、弓裔は国号を摩震《マジン》と改め、鉄円《チョロン》(鉄原《チョロン》)に都を定めると官僚機構の整備につとめた(のちに国号を泰封《テボン》と改める)。こうした弓裔の勢力拡大を支えたのは武将の王建《ワンゴン》であった。王建は開城の豪族であったが、中国との交通によって実力を養い、弓裔のもとで数々の武功を立てた。やがて弓裔の暴虐ぶりにみきりをつけ、九一八年に弓裔を倒して王となり、松岳に都を定めて高麗《コリョ》を建国した。

地方の統制力を失った新羅と、在地の新興勢力を糾合《きゅうごう》して台頭してきた後百済、そして摩震(泰封・高麗)の三国が鼎立したこの時代を後三国時代と呼ぶ。

慶州の遺跡分布図

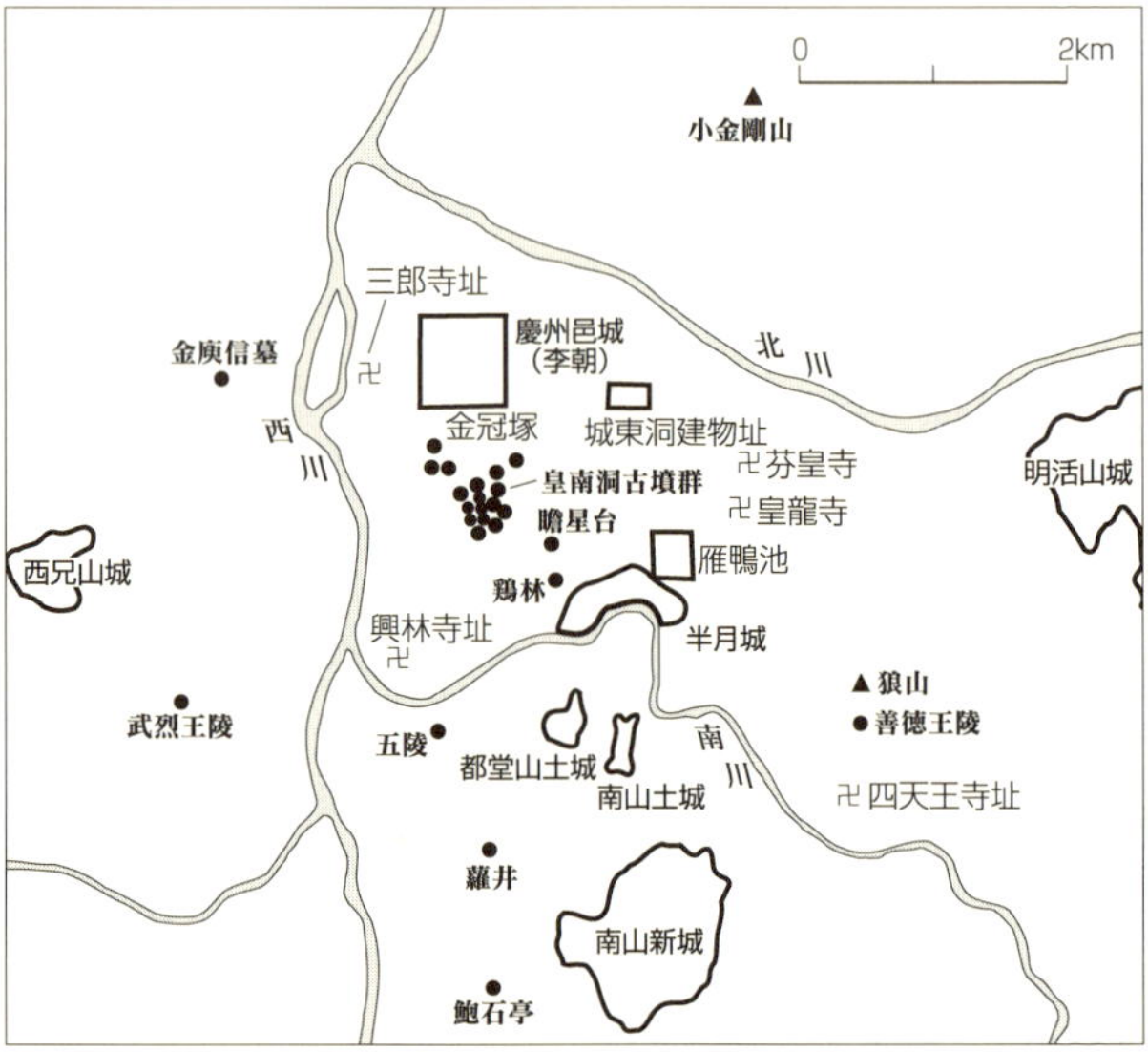

王建は地方の豪族を巧みに取り込み、ほかの勢力を圧倒し、ついに九三五年には新羅を併合すると、翌年には後百済を滅ぼして後三国を統一した。また渤海は、九二六年に契丹の侵入によって滅ぼされたが、高麗は亡命してきた王族や多くの渤海遺民を受け入れた。

統一新羅の社会と文化

新羅の王都は統一期をむかえるとその姿をあらたにした。文武王はまず、六七四年に月城付近に苑地を造営し、六七九年には王宮の修築とともに、以前に起工した苑池に東宮を建造した。この苑池は月池《ウォルチ》（のちの雁鴨池《アナプチ》《がんおうち》）と呼ばれ、そこに営まれた臨海殿《イムヘジョン》の壮麗な姿は、近年の発掘によってよみがえった。ちょうどそのころ、王宮を取り巻く慶州盆地には、山川に阻まれて不定形ではあるが、坊里制がしかれ、方形の地割りにそって貴人・官僚らの邸宅や寺院が建立されるようになった。六九五年には、西市・南市を設置し、それ以前からあった東市を加え、三市がおかれることになった。王都としての景観はこうして整えられていったが、その最盛期には一三六〇坊・五五里にわかたれ、一七万戸からなる人々を擁したと伝わる。

王都に居住した人々には、多階層からなる骨品制と呼ばれる族制的な身分制があった。各階層間には婚姻規制があり、歴然とした上下の身分差別があった。もともと八階層からなっていたとみられるが、全時代にわたって一様であったわけではない。王族である真骨は、個人的な身分制である一七等官位の上位五等や、中央官庁の長官職を独占するなど、それ以下の頭品《トゥプム》身分である六頭品、五頭品、四頭品の上位にあって、さまざまな政治的・社会的な特権を占有した。骨品制は、地方人を排除した六部人に局限される閉鎖的な身分制であることを特徴とするが、これは統一を契機に高句麗・百済からの来投者を受け入れたり、六部人の州治や小京への転出という状況にあって、六部人の優位性を保証する制度でもあった。また骨品制は元来、六部人の身分制でありながらも、多方面にわたって新羅の国家と社会のあり方を規制した。それゆえ新羅は骨品体制社会ということができる。

王都の内外には、四天王寺《サチョンワンサ》、感恩寺《カムンサ》、奉徳寺《ポンドクサ》、奉恩寺《ポンウンサ》などの官寺的性格をもった寺院が建立された。往事の荘厳なたたずまいは仏国寺や石窟庵《ソックラム》、奉徳寺鐘などによって今日もその面影が偲ばれる。三国期には王都中心部の平地に建立された寺院も、統一期には南山や周囲の山間部にも広がっていったが、現在までに二〇〇余りの寺院址が慶州で確認されている。やがて仏寺はさらに遠く地方の深山にも広がり、浮石《プソク》寺《サ》、海印寺《ヘインサ》、梵魚寺《ポモサ》《ぼんぎょじ》、華厳寺《ファオムサ》などの華厳十刹がつくられた。

仏教の普及とともに火葬の風習が広まった。もともと火葬の風習が重んじられたのはインドであり、中国でも僧侶の火葬が盛んとなっていた。文武王は火葬の遺詔をだして東海《トンヘ》の大岩に葬られたこともあって、この時代には骨壺にいれて埋葬する火葬墓が流行した。ひきつづき王や貴人の陵は盛大に営まれたが、その位置は平野部から丘陵地帯に場所を移して築造された。古墳の内部構造も積石木槨から横穴式石室に変わり、また円形墳丘の裾に護石をめぐらすものがふえ、これが発展して十二支像を配する新羅に特有な形態に発展した。

国家の保護のもとで新羅仏教は隆盛を誇り、多くの高僧を輩出した。とりわけ義湘《ウィサン》《ぎそう》と元暁《ウォニョ》《がんぎょう》の二人は唐や日本にもその名が伝わり、円測《ウォンチュク》《えんしき》は若くして唐に渡り玄奘《げんじょう》三蔵のもとで学んで唯識《ゆいしき》学を究めた。また、インド求法《ぐほう》の志は連綿と受け継がれ、慧超《ヘチョ》《えちょう》は巡礼記『往五天竺伝』を著わした。求法僧の旺盛な活動によって中国などから諸宗派の仏教が学びとられたが、新羅でもっとも重んじられたのは、入唐僧の義湘が開祖となった華厳宗で、人々の篤い信仰をえた。元暁は、唐には渡らなかったものの、それまでの教学を大成し華厳の経論をはじめとする膨大な著作を残し、晩年には念仏による衆生の救済を説いて全国をめぐり、浄土信仰を広めた。

国家機構の整備が進展し、唐との関係が緊密になると、儒教的教養が要請された。そうしたなかで儒教経典、歴史書、詩文集などの中国文献の理解が官僚層に広まった。文人としては、新羅独自の漢文解読法を編み出した薛聡《ソルチョン》《せっそう》や、『花郎世紀』『高僧伝』の著作で知られる金大問《キムデムン》、名筆の誉れ高い金生《キムセン》、唐に留学した金雲卿《キムウンギョン》、崔致遠《チェチウォン》らが知られている。また独自の文学作品も生まれ、漢字の音と訓を利用する表記法

(郷札《ヒャンチャル》・吏読《イドゥ》)によってつくられた郷歌は貴人から庶民にまで親しまれた。その歌集『三代目』が九世紀末に編纂されたというが、今日まで伝わるのはわずかに一四首のみである。

はなやかな王都の暮らしと文化を支えたのは地方の村落民であった。新羅の地方行政組織は州・郡・県からなっていたが、それらはおのおのがいくつかの自然村落からなる独自の領域をもち、州・郡・県とは、それらの領域にたいするいわば称号であって、八世紀中ごろの景徳王代には、九州、一一八郡、二九六県を数えた。

正倉院所蔵の経帙《きょうちつ》中から発見された「新羅村落文書」によれば、統一期における西原京(清州《チョンジュ》)付近の村落は、一〇戸・一〇〇人程で構成され、奴婢もわずかながら存在した。村落には農民が耕作する土地のほかに、国家に直属する土地があり、農民にはそれらの耕作のほかに、牛馬の飼育、樹木の栽培、兵役をはじめとした各種の力役《りきえき》が課せられていたことが文書からうかがえる。農民たちの負担のなかで大きな比重を占めていたのはこれらの力役負担であった。国家は、村落内の成人男女の数の多少によって九等級に区分して各村落の戸を把握し、さらにその四等級にあたる「中上」を基準に、各村落の戸数を換算した数値(計烟)を算出して、労働力の余剰を明示し、これを力役徴発のめやすとした。こうした村落民にたいする支配は村主をとおしておこなわれた。県には二～三人の村主が任命され、いくつかの村落にまたがって影響力をもち、村落民はこのような村主を介して村落民の賦役や各種の租税を負担した。

渤海の興起と東アジア

　高句麗の滅亡後、多くの高句麗遺民は唐の営州(遼寧省朝陽)に強制移住させられていた。ここは唐が東方の諸民族を牽制し抑圧する重要な拠点であり、かねてより契丹族も居住していた。六九六年に契丹族の李尽忠が営州によって反乱を起こすと、これに乗じて、高句麗遺民も離反して故国の地に向かった。これを指揮したのは粟末《ぞくまつ》靺鞨部の乞乞仲象《コルコルチュンサン》《きつきつちゅうしょう》と乞四比羽《コルサビウ》《きつしひう》の二人であった。唐は彼らの自立を阻止すべく軍隊を派遣し、これを討伐した。しかし仲象の子の大祚栄《テチョヨン》《だいそえい》のもとに高句麗遺民は結集し、唐の武力による圧迫を排除することに成功した。

　大祚栄は高句麗遺民を率いて、彼らの故地であった東牟山《トンモサン》《とうぼうさん》(吉林《きつりん》省敦化《とんか》)に拠点を構え、六九八年に自立して震《チン》国(振《チン》国)と称した。唐の武力に抗するために、大祚栄は契丹や新羅に使者を派遣して国際的な支援を求めながら、政権の基盤を固めていった。やがて唐は大祚栄による統治を認め、七一三年には大祚栄を冊立《さくりつ》して渤海郡王とした。これより以後、国号を渤海と改め、唐や日本との通交関係が続けられていった。

　七一九年に大祚栄を継いだ大武芸《テムイエ》は積極的に領域の拡大をはかり、この時代に周辺の靺鞨諸部族を編入することにつとめた。もともと渤海の領域には、高句麗族のほかに、拂涅《ふつでつ》、鉄利、越喜、虞婁《ぐろう》、黒水などの靺鞨諸部族が独自の勢力をもって盤踞《ばんきょ》し、諸部族はおのおのが唐との通交をはたしていた。渤海にとって、これらの諸部族をいかに支配し服属させるかが危急の課題であった。

　とくに黒龍江以北に居住していた黒水靺鞨部はもっとも強大であり、その対応は戦略上ゆるがせにできなかった。はたして七三二年、黒水靺鞨は、八〇年ぶりに唐への接近をはかると、唐はこれに応えて、七二五年にこの地に黒水軍をおき、翌年には黒水府をおいて地方官を派遣するなど、羈縻支配に組み入れるという行動にでた。

同じころ、渤海が危機感をつのらせたのは、南に接する新羅との関係であった。渤海の南進にともない七二一年には永興湾付近で緊張が高まり、新羅は北辺に長城を築いて渤海に対抗する姿勢をとった。このように七二〇年代の渤海を取り巻く動向は、東の海浜部を除けば、国土の周辺を唐、黒水靺鞨、新羅に包囲され、脅威にさらされていたことになる。こうした事態を打開するために渤海は対日本外交に活路をみいだし、七二七年以来、積極的に日本外交を推進した。渤海は日本と結び、新羅に対抗する姿勢を明確にしたのであるが、これはその後も渤海の基本的な外交戦略となった。

七二七年以来、渤海の滅亡にいたるまで、渤海から日本への公的な使節の派遣は、三三回におよび、日本からも渤海へ一三回にわたって使節が派遣された。八世紀以降、日本は新羅との対立が避けられなくなり、それにより航路上の問題も生じ唐への遣使が容易でなくなっていたが、渤海は、新羅に替わって最新の文物と多くの情報をもたらす窓口となった。

やがて渤海の外交は、唐からの独立と自立のための戦争をへて、さらに北の黒水靺鞨、南の新羅との緊張を克服しながら、国際的にも安定した地位を築くことに成功した。八世紀中葉以降は、唐との緊密な政治・経済関係を保ち、使節の頻繁な往来だけでなく、科挙(賓貢科《ひんこうか》)に及第する留学生を多く輩出した。このように唐との緊密な関係を結ぶ一方で、日本とも経済交流に重点をおいた友好関係を持続させた。

渤海は、第二代の武王《ム》(大武芸、在位七一九〜七三七)と第三代の文王《ムン》(大欽茂《だいきんも》《テフムム》、在位七三七〜七九三)の父子による七五年の治世のもとで国力を安定させ唐の文物・制度を積極的に取り入れ、支配体制を強固なものにした。武王のときには独自の年号を創始し、文王のときには唐との関係を改善して、従来の渤海郡王から国王へ進号されるなど、東アジア世界に独自の地位を占めるにいたった。ただ文王の死後には、二十数年のあいだに六人の王がめまぐるしく王位に就くなどふるわなかった。

そのようななかで八一九年に第十代の宣王《ソン》(大仁秀《テインス》、在位八一八〜八三〇)が即位し、中興の祖ともいうべき役割をはたした。彼は大祚栄の弟の四世の孫であり、このとき渤海の王統は傍系に移った。あらたな王統のもとで支配の強化がめざされ、地方統治体制や兵制を中心に国制の充実がみられた。北辺の黒水靺鞨をも従え版図はもっとも拡大し、唐をして「海東の盛国」といわしめたのは、まさにこのころであった。

だが、彼の子孫が王位を継いで十世紀にいたると、地方にたいする支配力は弛緩し、靺鞨諸部族は独自の動きをとり始めた。第十五代の大諲譔《だいいんせん》《テインソン》が即位するとまもなく唐が滅び、渤海の支配層の内部で紛争が起こった。折しも契丹の耶律阿保機は、契丹諸部族を統一して遼を建国し、渤海と対立していた。渤海の内紛の様子をうかがっていた耶律阿保機は九二五年に出兵し、ながく渤海の対契丹族の拠点であった扶餘府を攻め落とし、たちまちのうちに上京《じょうけい》龍泉府を陥落させ、大諲譔の投降によって渤海は滅亡した。

渤海の社会と文化

渤海の領域は、最盛期には今日の中国吉林省を中心に、南は朝鮮半島北部、北は中国黒龍江省からロシア沿海州におよぶ版図を有していた。支配層の多くは高句麗族やその文化的影響を強く受けた粟末靺鞨部が占めていたが、渤海の領域内には社会的・文化的基盤を異にする靺鞨諸部族が広範に存在し、高句麗以来の複雑な民族構成をもっていた。

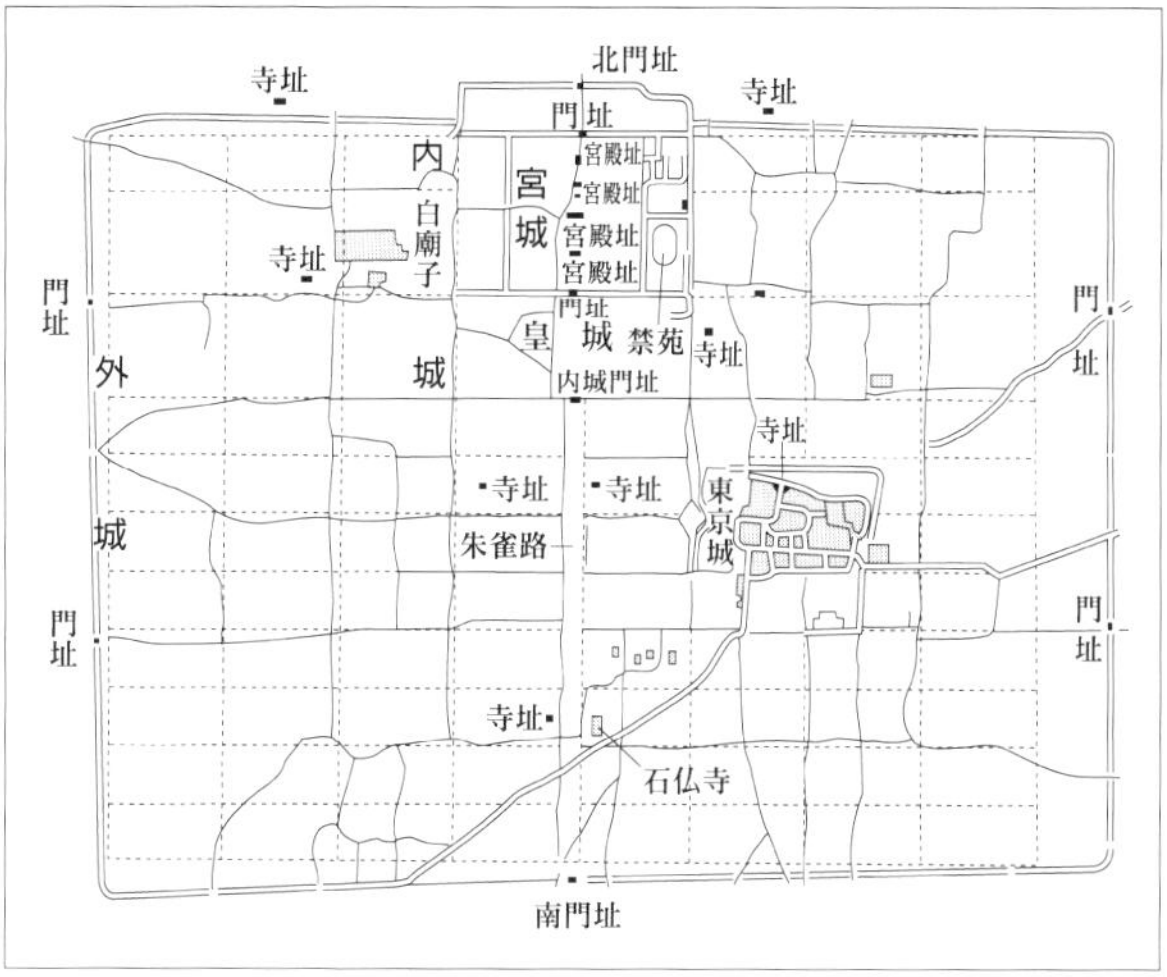

上京龍泉府　南北3.4 km，東西4.9 kmの外城の中央北部に宮城があり，宮城南門をはいると南北に５つの宮殿が配置され規模の壮大さを誇った。

しかし八世紀前半における唐・黒水靺鞨・新羅との対立と緊張の過程で諸部族間の統合が進められ、多様な民族構成を克服して、これらをまとめあげた。この過程で王都を建国の地の東牟山から中京《ちゅうけい》顕徳府へ、さらに北部の上京龍泉府(黒龍江省寧安市東京城鎮)へと移した。もっとも長期間にわたって王都であった上京龍泉府には、唐の長安をモデルにした壮大な都城を造営し、ここを拠点に中央集権的な官僚制度を整備した。

政治機構の中枢には、唐にならって三省(政堂省、中台省、宣詔省)をおき、その下に六部を配した。政治の要となったのは政堂省であって、その下に忠・仁・義・智・礼・信の六部が属して行政上の職務を分掌した。そのほかに監察機構である中正台、宮廷を管轄する殿中寺などが設置された。軍制は、中央に、左右猛賁衛《もうふんえい》、左右羆衛《ひえい》、南北左右衛など一〇の軍団が組織され、地方には折衝府《せっしょうふ》がおかれた。

渤海の地方支配の中心は、要衝の地におかれた五京であり、それは上京龍泉府、中京顕徳府(吉林省和龍市西古城)、東京《とうけい》龍原府(吉林省琿春《こんしゅん》市八連城)、西京《せいけい》鴨淥《おうりょく》府(吉林省臨江市内)、南京《なんけい》南原府(咸鏡南道北《プク》青《チョン》郡青海《チョンヘ》土城《トソン》)からなっていた。王都は一時、中京、東京と移動したが、北部領域の要衝であった上京はもっとも長く王都がおかれた。これら五京は、国内支配の拠点であると同時に、隣接する外国との交通の拠点でもあった。上京から内陸部の中京をへて、鴨緑江ほとりの西京を結ぶルートは、唐との交通のための「朝貢道」であった。また上京から日本海に臨む東京を結ぶルートは、日本との交通のための「日本道」であった。さらに東京から南京へ降るルートは敵対していた新羅との国境にいたる「新羅道」であった。

五京の下には、一五府・六二州がおかれ、県も設置された。建国当初、唐の羈縻州がおかれたこともあって、渤海の地方制度には唐の影響が反映されている。しかし支配の実相は、高句麗以来の方式をほぼそのまま継承するものであった。各地にある靺鞨諸部族の村落構造や、内部の支配構造を変えることなく、在地の首長を取り込み、彼らに首領という職位を授けることによって、それまでの在地支配を温存し、それに依拠しつつ地方を統治した。また渤海王権はこの首領たちを日本への使節団に加え、対外交易に参与させるなど、彼らの懐柔につとめた。

渤海の社会は、広汎な領域に多数の民族集団を擁し、多彩な生業や文化要素を有するところに特色がある。産業は農業のほか、狩猟、牧畜、漁撈を主としていたので、それらの生産物の流通・交易が盛んであった。唐、日本との関係をはじめ、西方諸民族との交流もあり、渤海領域内から流通にかかわったとみられるソグド人の居住地跡も発見されている。

渤海文化は、高句麗をはじめとして靺鞨諸部族の文化的伝統のうえに、唐文化の影響を強く受けつつ、独自の文化をつくりあげた。古来、高句麗は領域内の要衝に山城を築き外敵に備えたが、渤海もまた領域内の各地に山城を築いたり、高句麗以来の山城を利用していた。一方、五京のうち上京、東京、中京は遺跡の発掘調査を通じて、それらに統一的な設計規格が認められ、唐の長安城にならった都城であることが確認ないし推定されている。

墓制でも高句麗的な要素とともに、しだいに唐文化の影響を受けて独自の変容をとげていった。現在まで、壁画が確認されているものに、河南屯墳墓、貞孝公主墓《チョンヒョコンジュ》、三霊二号墳があり、これらにも独自の様式がみてとれる。

また渤海では仏教が信仰の対象として重んじられ、当時の五京や地方の土城、あるいは幹線道路付近からは寺院址が発見されている。寺院址からは、渤海独自の二仏并座像や塑像をはじめ仏教関係の遺物が各地で出土している。これらから渤海が多様な文化をもつ諸部族を統合していくうえで、仏教が大きな役割をはたしていたことがうかがえる。

漢文学、儒教など唐文化の受容も積極的になされた。一九四九年と八〇年に発見された文王の第二女・

貞恵《チョンヘ》公主《コンジュ》墓と第四女・貞孝公主墓の墓誌からは、渤海の漢文学にたいする高度な教養と、儒教的政治思想の深さをかいまみることができる。文学も盛んであり、日本に派遣された渤海の使節たちが残した詩賦が日本の『菅家文集』『文華秀麗集』に伝わるが、なかでも王孝廉《ワンヒョリョム》、裴頲《ペジョン》《はいてい》・裴璆《グ》《きゅう》父子は著名であり、その作品は高く評価されている。

第三章　高麗王朝の興亡と国際情勢

1　高麗《コリョ》の統一と東アジア情勢

後三国と高麗の統一

九世紀の末期ころになると、新羅《シルラ》の威力はめっきり衰え、半島東南部に孤立するだけになった。つぎつぎに草賊《そうぞく》が出没し、反乱が起こるかたわらで、地方各地に豪族があらわれて、それぞれ自立的な政治勢力として活躍し始めた。そのなかから完山《ワンサン》(全州《チョンジュ》)によった甄萱《キョノン》《けんけん》や北原《プグォン》(原州《ウォンジュ》)の梁吉《ヤンギル》《りょうきつ》らが頭角をあらわしてきた。

甄萱は尚州《サンジュ》付近の農民の子であったが、半島西南部の諸勢力を統合し、かつて新羅に倒された百済《ペクチェ》の復興を唱えて、八九二年、武珍州《ムジンジュ》(光州《クァンジュ》)で「後百済《フペクチェ》」を建国した。そのあと完山(全州)に移って後百済「王」と称し、強権をふるった。彼は新羅への対抗意識をあらわにし、しばしば新羅に攻め入って、九二七年には王京(慶州《キョンジュ》)を踏みにじり、国王を殺害して凱旋《がいせん》した。

一方の梁吉は、配下の弓裔《クンイエ》《きゅうえい》に取ってかわられた。弓裔は新羅の王子とふれこみ、弥勒仏《みろくぶつ》と称して人々の関心を集め、また有能な武人として半島中部の諸勢力を配下におさめて、九〇一年に「王」を自称した。九〇四年に国号を「摩震《マジン》」、独自の年号を「武泰」と定め、ほどなく鉄円《チョロン》(鉄原《チョロン》)に遷都して、年号を「聖冊」と変えたあと、九一一年、国号を「泰封《テボン》」、年号を「水徳万歳」と改めた。彼は熱心に政治制度の組織化に取り組んで、独自の国家づくりに成功した。

しかし弓裔は猜疑心《さいぎしん》をおさえきれず、しばしば多数の部下を殺害し、人々の恨みをかってうとまれるようになった。また、高句麗《コグリョ》を滅ぼした新羅を敵視して、必ず新羅を併呑《へいどん》すると広言し、あらたに興った後百済に対抗した。新羅の衰退が進んだこの時期に、ふたたび高句麗と後百済が登場し、あたかも古代の三国がこもごも分立し、激しく攻防する状況が再現された(後三国の時代)。

梁吉に取ってかわった弓裔は、九一八年、今度は配下の王建《ワンゴン》に追い落とされた。王建の一族は代々松嶽《ソンアク》《しょうがく》(開城《ケソン》)の豪族であり、半島の西海岸方面にも睨《にら》みをきかしながら成長した。王建は早くから弓裔に投じ、各処に転戦して功績を立て、配下の信頼を集めていたが、このとき推戴《すいたい》されて「王」となり(太祖《テジョ》)、「高麗」を建国して年号を「天授」とした。翌年、根拠地の松嶽に王京をおき、五部・坊里に区画して開京《ケギョン》《かいきょう》とし、法王寺《ポプアンサ》、王輪寺《ワンニュンサ》など一〇寺院を創立して、仏教へのあつい信仰をあらわした。また弓裔が創設した政治制度を受け継いで、あらたな国家づくりに取り組んだ。

創立当時の高麗は、国家の存亡をかけた大きな課題に直面していた。まず北方の高句麗の故土に向かっては、建国と同年に従弟の王式廉《ワンシンニョム》を平壌《ピョンヤン》に遣わして、ここを北境のおさえとし、北方の一大要衝として重視した(西京《ソギョン》《せいきょう》)。王建もまた自ら巡歴し、南方から人民を移して経営した。また東南方の新羅にたいしては、甄萱や弓裔の場合とは異なって、王建は和平の態度を示して接近し、ついに九三五年、高麗は新羅の降伏を受け入れた。王建は新羅の末王(金傅《キムブ》《きんふ》)を優遇し、新羅王室の娘を妃に受け入れて、その後も新羅人を優遇した。

しかし高麗は、後百済との直接対決を残していた。これまでも高麗は後百済と死闘を繰り返したが、九三六年、たまたま後百済の王族内部が分裂し、甄萱はおのれの子どもに追放されて、やむなく高麗に亡命した。高麗は歩騎八万七〇〇〇余人を結集し、一利川《イルリチョン》(洛東江《ナットンガン》中流域)を挟んで後百済軍と相対し、一気に襲いかかって大勝した。高麗は政治的統一を達成し、ここにおいて後三国の時代は終結した。

おりしも渤海《パレ》《ぼっかい》が契丹《きったん》によって打倒され、渤海の遺民は高麗に向かって大挙《たいきょ》流入していたが、九三四年、世子《せし》の大光顕《テグァンヒョン》《だいこうけん》の一団が亡命してきた。王建は自分の「王」姓を与え、渤海祖先の祭祀を許すなどして王族同様の待遇を与えた。このようにしてみると、わずか三年ばかりのうちに、高麗の王建は抜群の求心力を発揮しながら渤海の主力を吸収し、新羅と後百済を併合して、統一国家の建設に成功したのであった。

王建は後三国時代の豪族のなかから立ち上がり、各地の豪族たちと結びつきながら、豪族勢力を政治的基盤として朝鮮半島に政治的統一を実現した。その過程で王建は、豪族の女子二九人と通婚し、あるいは豪族に弓裔ゆかりの初期官階(大匡《テグァン》《だいきょう》、正匡《チョングァン》《せいきょう》などの一四等)を与え、彼らを独自の高麗的秩序のもとに結集し、新羅の滅亡を受けてふたたび統一国家の樹立に成功した。あらたに形成された高麗国家の官僚層は、すでに骨品《コルプム》《こっぴん》制度の新羅的制約から開放されていて、そこに飛躍的な社会的成長が認められる。

王建は九四〇年に役分田《えきぶんでん》を定め、高麗官僚にたいして各自の功績を基準に田地を分給したが、これが高麗の基本的な土地分給制度、「田柴科《チョンシクァ》《でんさいか》」制度の始まりとなった。また王建の末年ころまでに、高麗の北方領域は西北方面の清川江《チョンチョンガン》まで、東北方面は和州《ファジュ》(永興《ヨンフン》)あたりまで延びていて、それが高麗伝統の北進政策の起点とされた。

高麗初期の東アジア情勢

高麗が姿をあらわした東アジアの十世紀は、国際情勢が大きく変動した時期であった。ひとつは九〇七年、長らく君臨してきた唐帝国が崩壊し、しばらく五代十国の分裂期を経過したあと、九六〇年、ふたたび宋帝国によって統一された。

ちょうどその間、高麗は五代の後梁《こうりょう》に通交していたが、九三三年、はじめて後唐《こうとう》の「冊封《さくほう》」を受けて、独自の年号「天授」を廃止した。新羅が滅亡したあとは、中国との通交関係が断絶していたが、ここにおいて高麗は中国を中心とした「冊封体制」に参入し、国際的な東アジア社会に占める地位が認められることになった。高麗が朝鮮半島を統一したあとも、続いて後晋《こうしん》、後漢《こうかん》、後周《こうしゅう》などの五代諸国の冊封を受け入れた。

そのなかで独特の態度をみせたのが高麗の光宗《クァンジョン》であって、彼は後周の衰えを察知すると、自ら中国なみに「皇帝」と称し、開京を「皇都」と改めて、さらに独自の年号「光徳」「峻豊」を採用し、伝統的な冊封体制からの離脱を試みた。しかし九六三年、光宗は統一帝国宋の冊封を受け入れて、宋の年号を使用した。高麗は宋が再構築した冊封体制のもとにおいて、国際的地位に復帰したかにみえた。

ところがそのころ、遼河《りょうが》上流(シラ・ムレン川)に遊牧する契丹(キタイ、遼)がにわかに興隆し、大きな変動が始まった。契丹の耶律阿保機《やりつあぼき》は九一六年、自ら皇帝と称して中国方面をうかがう一方で、九二二年、早くも建国直後の高麗に通好を要請し、統一が達成されたあとにも繰り返し要求してきたが、高麗はどれにも対応しなかった。かえって高麗は三〇万人を選りすぐり、光軍《こうぐん》を編成して契丹の圧力に対処した。

九二六年、契丹は渤海をうち滅ぼして、遼河流域(遼陽)に丹東国《たんとうこく》をつくらせた。これにたいして、大光顕が率いた一団は鴨緑江《アムノッカン》《おうりょくこう》流域(鴨緑府)に渤海国を再建し、ほかの一部は東京《とうけい》(上京龍泉府)に後渤海国を立てて、渤海の遺民は三分された。まもなく大光顕は高麗に亡命し、やがて各地の渤海勢力も契丹に平定されて吸収された。契丹の脅威はしだいに大きくなっていった。

また、高麗が北進政策を進めるにつれて、渤海の支配下にあった女真《じょしん》人が高麗の行く手にあらわれた。西北方面ではすでに九一八年、建国直後の高麗が清川江以北の西女真に接触していたが、東北方面ではその翌々年、和州を根拠とする東女真と対峙《たいじ》した。東女真は九四八年から以後は、高麗国境に出向いて交易するようになった。

また海の南の日本に向かっては、甄萱が二度ほど使節を遣わした。高麗の太祖(王建)も九三七年、統一ののちに通好を求めてきた。しかし日本の平安貴族はこれに応じることもなく、ついに高麗一代を通じて正式な国交は結ばれなかった。

灌燭寺の石造弥勒仏立像(忠清南道論山郡)
朝鮮仏像で最大の18m余りの高さをもつ。俗に恩津弥勒と呼ばれ，あどけない顔容で親しまれる。光宗代968年の建造。

高麗初期の政治動向

唐から宋への変動期に、契丹が加わった国際環境は、しばらく高麗の脅威にならなかった。高麗は太祖のあとを継いで、その間にいくつかの試練を克服しながら、新しい国家の基礎固めに成功した。その試練の第一は、九四五年に起きた王規《ワンギュ》の乱である。王規は当時有力な権臣であり、外戚(国王の父)の地位をねらううちに、突然、太祖を継いだ恵宗《ヒエジョン》が死亡した。王規の謀殺事件と思われた。とっさに太祖の第二子が対応し、彼は西京から王式廉を呼んで王規一派を打ち倒し、王権の危機を救って即位した(定宗《チョンジョン》、在位九四五〜九四九)。

第二の試練は、その定宗の遷都計画である。まだ国家の基盤が揺れるうち、定宗は風水地理説の信仰に基づいて、西京(平壌)への遷都を企てた。定宗は開京の官僚・豪族の既得権益を取り除き、高句麗ゆかりの西京において、王権の強化伸張をはかろうとしたものと思われる。風水地理説は地力が衰退した旧地をすて、地徳の旺盛な新地に遷都して、国力を蘇生再興させるという思想であり、新羅末の僧の道詵《ドソン》《どうせん》が唱道したものといわれるが、このあとも高麗一代にわたって信仰され、しばしば政治的対立の際に利用された。定宗の計画は高麗最初の遷都運動であったが、開京の反対派によって阻止された。

その試練の第三は、光宗(在位九四九〜九七五)代に表面化した社会不安である。九六〇年より以後、旧来の官僚・豪族の多くが王族を含めて弾圧され、その過程で中傷・誹謗《ひぼう》がとびかって、復讐リンチの風潮でわきたった。光宗は罪悪を消すためさかんに仏会《ぶつえ》を開いたが、不安の余波はおさまらず、つぎに即位した景宗《キョンジョン》(在位九七五〜九八一)も改めて復讐殺人を禁じたという。

このような試練の背後には、官僚・豪族たちの個別分散的な行動と、国家権力の不安定さが認められる。しかしいくどか試練を克服するなかで、高麗国家の政治的基盤が固まってきた。とくに光宗は州県ごとの歳貢《さいこう》を定め、「陳田墾耕」法を公布し、「奴婢按検」法を制定して国家財政の拡充をはかり、あるいは身分制度を点検した。また彼は、自分を中国皇帝になぞらえ、独自年号を用いて注目されたが、もっとも評価されるのは官僚制度の改革である。

制度改革の核心は九五八年、後周からきた雙冀《そうき》に命じて、中国的な「科挙」制度が実施されたことである。科挙試験による官僚登用制度はこれ以前になく、高麗始まって以来の試みであった。また同時に、僧侶の登用試験の「僧科」も開設された。ただし、高麗の科挙制度は文科に限られていて武科を欠き、また高級官僚(五品以上)の子孫にたいして、試験なしの「蔭叙《いんじょ》」制度が用意されていた。それにしても、ここに始まる科挙制度は文武両班《ヤンバン》の社会的な成長・成熟に道を開き、高麗とその後の史的展開のうえで画期的な役割をはたしたものと評価される。

また九五六年を前後して、弓裔に始まった官階体系(初期官階)が各地の有力者に与えられ、やがて中国式の文散階と併称《へいしょう》されるようになった(併称官階)。また九六〇年、「百官公服」が制定された結果、開京官僚の身分秩序が一層明確になり、官僚と地方豪族との分化が進展した。その当時の官僚の性格は、九七六年の景宗「田柴科」に反映されている。田柴科というのは国家が官僚に田地(耕地)と柴地(燃料採取地)を与えた土地分給制度であり、今回の田柴科は七四科におよぶ細分項目によって分給された。その分給の基準は制度的・客観的な「官品」によらず、人格的・個別的な「人品」に従ったという。官僚の性格には人格的・個別的な評価が残されており、まだ制度的・客観的な整備にまでいたらなかったのであるが、しかしそこには「文班」「武班」が登場し、すでに「両班」官僚の原型が確認される。

2 高麗の発展と社会・文化

契丹の高麗侵入と国際情勢

十世紀の後半になると、契丹の脅威の様相がはっきりしてきた。契丹は宋と対抗するため周辺地域の安定を求めて、まず渤海故地に住む女真人の対策に乗り出した。九八三年、契丹の聖宗が定安国《ていあんこく》に親征した。定安国は渤海遺民(女真人)が鴨緑江沿いに立てた小国であり、宋との通好がとがめられたのである。契丹の第一次女真征討であった。

契丹はまた翌々年に征討戦を起こし、その四年後にも侵入して、女真人への征討は三次に達した。その結果、契丹は鴨緑江・渾江《こんこう》の流域を制圧し、その一部は高麗領までおよんだが、このとき高麗も北上して女真人を圧迫し、一時は鴨緑江岸まで到達した。その間に契丹は高麗に和平を通じ、両国関係はそれで落着するかに思われたが、事態はさらに悪化した。

高麗はかねて宋の冊封を受けて、宋帝国中心の「冊封体制」に参入していたが、契丹と宋との対立が激しくなるにつれて、このまま宋側につくのか、あらたに契丹を選ぶのか、いずれは厳しい選択が迫られることになる。契丹反攻の援助を求めた宋にたいしても、あらたに通好してきた契丹にたいしても、しばし高麗は静観し、あいまいな態度をとるだけにとどまった。結局、それが契丹側の口実にされた。

九九三年、契丹は高麗に八〇万の兵を繰り出して侵入してきた。契丹の第一次侵入である。建国後の高麗が、はじめて迎え討つ外敵となった。契丹は清川江以北の地をおさえ、その地(高句麗旧領)の割譲、宋との断交、契丹への朝貢・臣従を要求した。交渉にあたった高麗の徐熙《ソヒ》は、高麗こそ高句麗の伝統を受け継いでおり、朝貢を妨害しているのは女真のほうだと反駁した。高麗はその翌年、宋と断交して契丹に朝貢し、結局ついに九九六年、契丹中心の「冊封体制」に参入した。その結果、高麗は清川江以北、鴨緑江以南の地域を確保して、国初以来の北進政策が一段進展したと評価された。

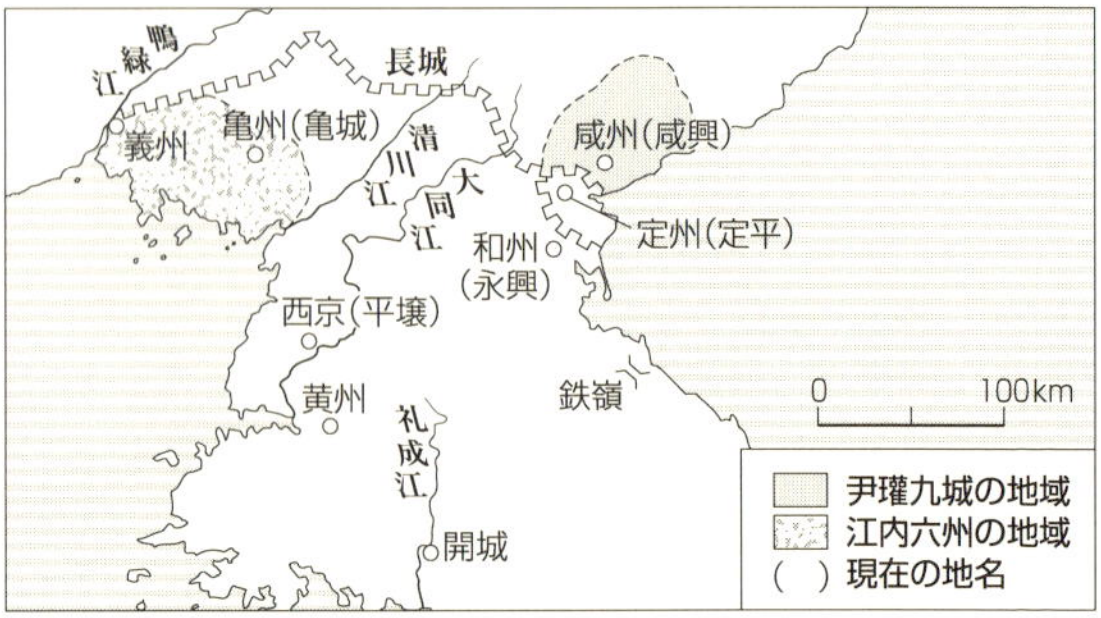

高麗前期の北部要図

ところが一〇一〇年から翌年にかけて、高麗は契丹の第二次侵入をこうむった。契丹の聖宗は「冊封体制」を主宰する立場から、高麗の康兆《カンジョ》が前王(穆宗《モクチョン》《ぼくそう》)らを殺害し、新王(顕宗《ヒョンジョン》)を擁立した事件の罪を問うと主張して、四〇万の征討軍を派遣した。康兆は三〇万の軍兵を率いて迎え討ったが、かえって捕えられて殺された。今度の戦禍は開京を直撃し、そのとき「契丹ノ主〔＝聖宗〕ハ京城《けいじょう》ニ入リ、太廟《たいびょう》・宮闕《きゅうけつ》・民居ミナ尽キタリ」(『高麗史』顕宗世家)という被害をこうむった。開京は廃墟となって、建国以来の文物・記録類まで湮滅《いんめつ》したと伝えられる。ひとまず聖宗は、高麗国王の朝貢を条件として撤兵した。

打撃を受けた高麗はふたたび宋に接近したが、宋は介入する意欲も余力も残していなかった。契丹はいくども小規模侵入を繰り返し、鴨緑江の南北両岸の要地を確保した。これにたいして高麗は、あくまで抗戦する態度を固めたが、はたして契丹は一〇一八年、高麗国王の朝貢と清川江以北の割譲の要求をもちだして、第三次の大規模侵入を実行した。高麗は二〇万の軍兵で迎え討ち、名将姜邯賛《カンカムチャン》《きょうかんさん》は亀州《クジュ》(亀城《クソン》)の戦闘において大勝した。このとき帰還した契丹兵は、襲来した一〇万人のうち数千人にすぎなかったという。

しかし、契丹の軍事的圧迫はとどまらず、ついに高麗は契丹に降伏した。一〇二二年に契丹の冊封を受け、契丹中心の「冊封体制」に復帰した。やがて開京の破壊のあとも修復された。また一〇三三年から一〇年余りを費やして、北方に大規模な「千里の長城」が築かれた。長城の城壁は鴨緑江下流から朝鮮半島を横断し、東海岸の定州《チョンジュ》（定平《チョンピョン》）まで延びていて、契丹と女真人の南進圧力に対抗した。定州以北に住みつく女真人はしきりに東海沿岸を襲ったが、その一部は北九州まで南下した（刀伊《とい》の賊）。

官制の整備と高麗両班制

高麗政治制度の飛躍的な整備・発展は、かえって契丹侵入という国家的な受難期に進められて注目される。そのようなめざましい整備・発展は、およそ十世紀末の成宗《ソンジョン》（在位九八一～九九七）のころに始まった。

成宗の即位にあたって、崔承老《チェスンノ》《さいしょうろう》は当面の政治課題にかんする意見を整理し、建国以来六〇年余の政治情勢をふりかえり、王族、豪族、官僚間の分立傾向を指摘したうえで、集権的な政治体制の整備・発展の重要性を指摘した。これを受けた成宗は、本格的な集権的国家体制の構築にとりかかった。まず即位した九八二年、中央官職の組織や名号を一新した。

翌九八三年、成宗ははじめて祈穀《きこく》・籍田《せきでん》の儀礼をおこない、はじめて中国的な三省・六曹《りくそう》・七寺の中央官制を制定し、はじめて地方に一二牧《ぼく》をおき、各牧ごとに地方官を派遣した。これによって地方の各邑《ゆう》に州・府・郡・県の格づけを与えて掌握し、各邑の郷吏《きょうり》にたいする国家統制を試みた。各邑郷吏の前身は、新羅末に興起した豪族勢力であって、これまで在地指導者として振舞ってきたが、これからのちは地方官の管轄下におかれることになった。こうして京・外の官制はここで面目を一新し、集権化がいちだんと進められた。

そのあと続いて、五廟(祖先五王の廟)・太廟(始祖の廟)が築造され、社稷《しゃしょく》(土地神と穀物神)が祭られて、中国的な国家祭祀の体系が整備された。また、科挙につながる儒学教育の充実が重視されて、開京に国家最高学府の国子監《こくしかん》(のちの成均館《ソンギュングァン》《せいきんかん》)、西京に学校がおかれ、一二牧には経学《けいがく》博士・医学博士が派遣された。やがて十二世紀(仁宗《インジョン》代)になると、これが発展して、京師《けいし》六学(国子学、太学、四門学)の教育体系に整備される。

地方制度の整備も進展した。開京では伝統的な五部・坊里が整えられ、地方各邑の末端では村長・村正が任命された。九九五年には開城府に赤県《せきけん》・畿県《きけん》が所属され、全土が一〇道に分けられたが、高麗後期に「両界・五道」として整備されていった。さらに一〇一八年(顕宗代)、地方郡県制度は画期的な段階をむかえることになった。赤県・畿県が「京畿《キョンギ》」とされた。また、全国から主要な一一六邑が選ばれて、それぞれ四都護、八牧、五六知州・郡事、二八鎮将、二〇県令の地方官が派遣された。また、各邑郷吏の定数・公服・任用法が定められ、郷吏制度の組織化が進められた。ここにおいて地方制度の体系が整備され、高麗の郡県制度が完成した。

さらに中央官制の整備が進展したことはいうまでもない。その過程は「両班」官僚制の成立過程に対応し、その成立過程は「田柴科」の展開過程から確かめられる。まず、国初の「役分田」を受け継いだ第一次・景宗「田柴科」は、人品を基準として田地・柴地が分給され、官品はほとんど無視された。官品を無視することは両班官僚制の未熟さを意味している。ところが、九九八年に改定された第二次・穆宗「田柴

建国期 初期官階 (918～)	光宗代〔事例〕 併称官階 (956？～995)	成宗代 文散階 (995～)	品階
大　匡		開府儀同三司	従1品
正　匡		特　進	正2品
大　丞	太丞・光禄大夫	興禄大夫	従2品
佐　丞		金紫興禄大夫	正3品
大　相		銀青興禄大夫	従3品
元　甫		正議大夫／通議大夫	正4品上／下
正　甫		大中大夫／中大夫	従4品上／下
元　尹		中散大夫／朝議大夫	正5品上／下
佐　尹		朝請大夫／朝散大夫	従5品上／下
正　朝		朝議郎／承議郎	正6品上／下
正　位	正衛・奉議郎	奉議郎	従6品上
	正衛・通直郎	通直郎	従6品下
甫　尹		朝請郎／宣徳郎	正7品上／下
軍　尹		宣議郎／朝散郎	従7品上／下
中　尹		給事郎／徴事郎	正8品上／下
—		承奉郎／承務郎	従8品上／下
—	—・儒林郎	儒林郎／登仕郎	正9品上／下
—	—・文林郎	文林郎／将仕郎	従9品上／下

高麗前期の官階変遷表

文班（東班）
☆都兵馬使（中書門下省と中枢院の最高合議機関）
○中書門下省〔政策の決定・諫言〕
○尚書省　〔政策の実施，六部の管掌〕
吏部〔文官の人事〕　兵部〔武官の人事・儀杖・郵駅〕
戸部〔戸口・貢賦・銭粮〕　刑部〔法律・訴訟〕
礼部〔儀礼・朝会・外交・科挙〕　工部〔土木造営・工匠〕
○三　司　〔出納・会計〕
○中枢院　〔王命の出納・宿営・軍機〕
○御史台　〔言論・監察・糾弾〕
○翰林院　〔詞命の作成〕
○国子監　〔儒学・教育〕
武班（西班）
☆重房（上将軍・大将軍の合議機関）
○二　軍（鷹楊軍・龍虎軍）
○六　衛（42領・42,000人）
左右衛　13領　興威衛　12領　千牛衛　2領
神虎衛　7領　金吾衛　7領　監門衛　1領

高麗の主要官庁組織表（文宗代を中心に）

科」では、はじめて官品・官職だけが分給の基準として認定された。これは画期的な変化であり、この変化は両班官僚制の制度的な成立と対応する。

そこで注目されるのは、九九五年に制定された中国式の高麗「文散階」である。それまでの「初期官階」は官僚と豪族(郷吏)との別を問わずに授与されたが、ここにおいて官階の共用が禁じられた。両班官僚は文散階だけが与えられ、初期官階は地方豪族に限られた。すなわち開京の両班官僚と地方の豪族は分立し、両班官僚の身分は豪族の地位を超越したのである。ここにおいて、高麗両班制は独自の地位を獲得し、両班官僚制が成立したものと考えられる。穆宗「田柴科」は両班官僚制の成立を受け、その三年後に改定されたのであった。その後の高麗田柴科は徳宗《トクチョン》「田柴科」をへて、一〇七六年の第四次・文宗《ムンジョン》「田柴科」において完成した。

高麗前期の政治組織

文宗「田柴科」に関連して一〇七六年、「両班ノ田柴科ヲ更定シ、又タ官制ヲ改メ、百官ノ班次及ビ禄科ヲ改ム」(『高麗史節要』文宗三〇年条)と記録される。田柴科が両班の官品・官職(一～九品)を基準に分給され、同じ基準で禄俸が与えられた。つまりこの年、官制と田柴科・禄俸が一体となって制度化され、両班による政治運営が軌道にのって、高麗の中央集権的な政治組織の確立したことが、象徴的に示されている。

高麗の集権的な政治組織には中国の唐、とくに宋の影響が少なからず認められる。当時の中央官制のなかで、高麗の政治組織の中心は「中書門下省《ちゅうしょもんかしょう》」にあり(宰府)、とくにその中書令《ちゅうしょれい》・侍中《じちゅう》ら(一～二品官、省宰)は国王に諫言《かんげん》し、かつ政策全般の決定権を握って重要視された。また「尚書省《しょうしょしょう》」は政策の実施を担当し、吏部など六部に命じて分担・施行したが、なかでも官僚人事にかかわる吏部と兵部が重んじられた(政曹)。以上の中書門下省と尚書省は、基本的な政治を推進する二大官庁とみなされた(二省)。

また「三司」は財政を司り、「中枢院」は王命の出納など枢要な軍機にふれ、「御史台《ぎょしだい》」は監察・糾弾《きゅうだん》にあたったが、とくに御史台は中書門下省の郎舎《ろうしゃ》(三品以下)とともに、官僚の任免(署経《しょけい》)をチェックして畏敬された(台諫《だいかん》)。そのほか、王命・文詞をつくる「翰林院《かんりんいん》」や、子弟教育に打ち込む「成均館」が尊崇されたが、それは高麗が標榜《ひょうぼう》した徳治主義の政治理念や、文学・儒教を重んじる文化風潮に応じたものであった。

ところで、格別重要な問題が生じたときは、それを契機に合議機関を設けて対処した。契丹の第一次侵入を前にして、高麗ははじめて「兵馬使」をおき、二省の長官が合議して、兵馬使を両界に派遣した。また第三次侵入が迫るころ、はじめて「都兵馬使」をおき、ここで中書門下省と中枢院とが合議した(両府・都堂)が、これが高麗最高の合議機関として機能するようになった。これが高麗後期の「都評議使司」へと発展する。

以上の中央官制では、文班官僚が一～二品の官職を占め、つねに政治動向を主導して、重要な役割をはたしていた。それにたいして、武班官僚で最高位を占めた上将軍・大将軍ですら三品にとどまった。彼らは武官最高の合議機関の、「重房」を組織して連帯し合ったが、同じく両班ではありながら、もともと文班が武班に優越する体制をとってきた。しかしその矛盾はしだいに蓄積され、やがて一気に爆発する(武臣政権)。

上・大将軍をトップとする軍事組織は、中央に「二軍」(親衛隊)・「六衛」(京軍)が組織されていて、六衛は南道において選抜され、四二都府の四万二〇〇〇の軍人から構成されていた。また六衛の京軍も北敵防御のため両界地方に出征することがあったが、両界の州・鎮には在地の州鎮軍が駐屯し、外敵の侵入をにらんで北方防衛にあたっていた。

高麗の地方組織は、開京所在の「京畿」を別格にして、それ以外の地域は北部の「両界」(西界《ソゲェ》=北界《ブクゲェ》、東界《トンゲェ》)と、南部の「南道」とに大別された。このうち南道は新羅の旧領に重複し、そこに存在する各邑は州、府、郡、県などの一般行政単位がおかれていて、主要な郡県には地方官が派遣され、経済・文化の伝統的基盤とされた。高麗後期には、ここに「五道」(西海道《ソヘド》、交州道《キョジュド》、揚広道《ヤングァンド》、全羅道《チョルラド》、慶尚道《キョンサンド》)が成立する。

一方、両界は高句麗・渤海の故地を含み、州・鎮がおかれて州鎮軍が駐屯し、軍事・防備の要衝として重視された。高麗は両界への北進拡大政策を進めるほどに、南部と北部の一体化が意識され、あらたな国家統合の象徴的な課題として模索された。

両班貴族と社会階層

両班は初め地方豪族から出身し、官僚として国家的・経済的かつ社会的な各種の特権を獲得した。まず、「田柴科」によって田地と柴地(燃料採取地)が支給された。たとえば文宗田柴科では、両班最高の中書令、尚書令、門下侍中(二省の長官)にたいして、第一科の田地一〇〇結《キョル》・柴地五〇結(「結」は伝統的な土地単位)が与えられた。田地からの収入は穀物(米、粟、麦など)六〇〇石以上とみこまれる。そのうえ「禄俸」制度によって、穀物四〇〇石が与えられた。最低年収は一〇〇〇石以上と試算される。

加えて五品以上の両班には、「功蔭田柴」法や「蔭叙」制度の優遇策が用意された。彼らに別枠の田

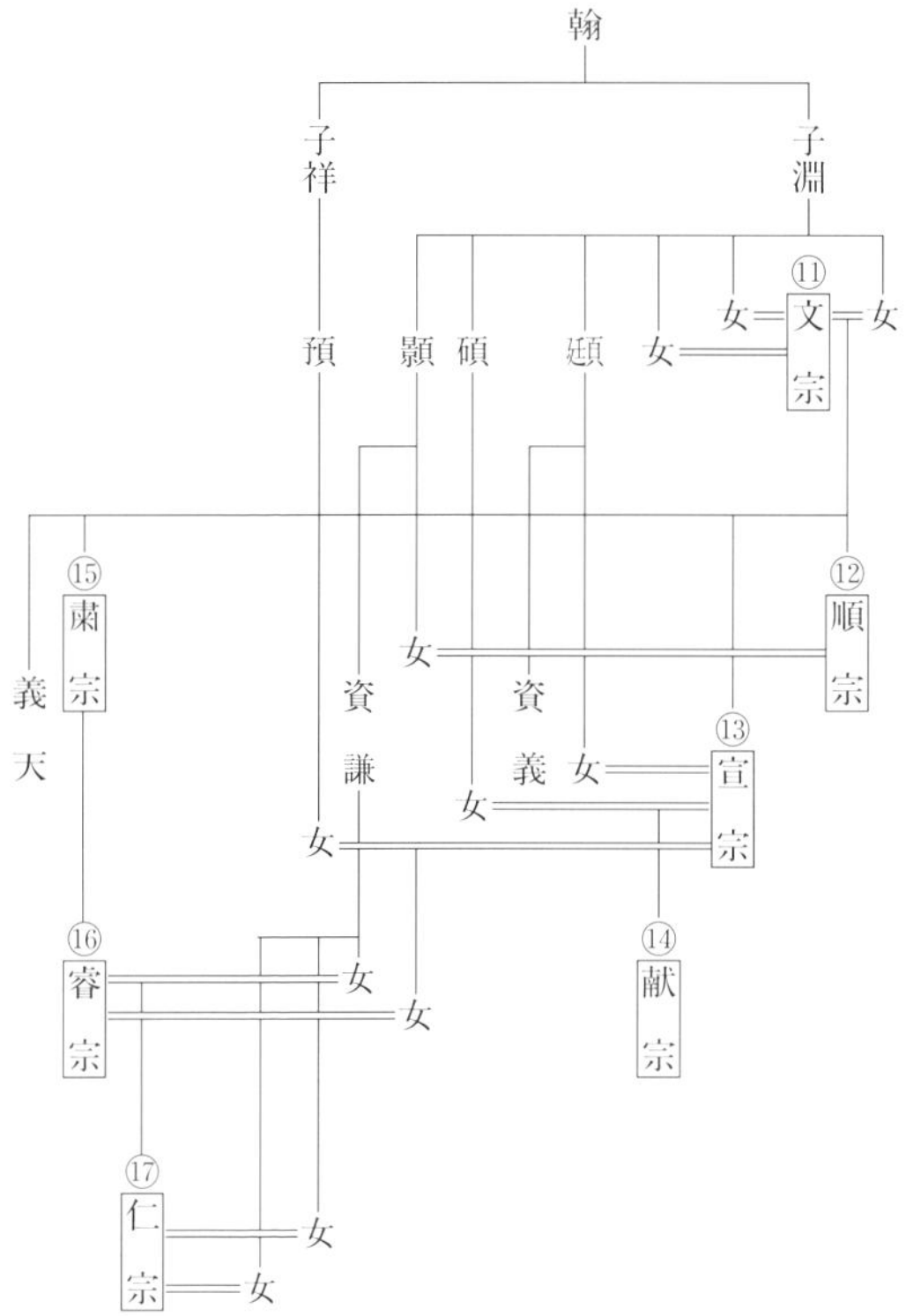

高麗王族と慶源・李氏の婚姻関係図

地・柴地が定められ、彼らの子孫にも伝給された。彼らの子弟一人にかぎり、特別「蔭叙」が授けられ、科挙によらずに登用された、など。両班の地位が身分化され、特権が世襲されるにつれて、貴族的性格をおびながら門閥化した。

門閥化した両班貴族の実態は、王族をめぐる婚姻関係からうかがえる。慶源《キョンウォン》（仁川《インチョン》）・李《イ》氏の場合をみてみると、科挙を首席でとおった李子淵《イジャヨン》は、文班の出世コースをかけあがり、省宰の位をきわめた人物であった。彼は王家に接近し、おのれの娘三人を文宗に嫁がせて王妃とした。あいつぎ即位した順宗《スンジョン》、宣《ソン》宗《ジョン》、粛宗《スクチョン》は彼の外孫であり、しかも孫娘一人が順宗妃、孫娘二人と弟の孫娘一人とが宣宗妃となった。王族と結ぶ複雑な関係は、この後もひきつづいて絡み合う。文宗から仁宗まで七王、およそ八〇年のあいだ、李子淵一族は国王の外戚として栄華をきわめ、朝廷の内外を威圧した。

李子淵一族の場合は典型的であるが、それと結んで多くの門閥貴族が登場し、高麗王京の社会相を多彩にいろどった。先には安山《アンサン》・金《キム》氏の例があり、このあとに坡平《パピョン》《はへい》・尹《ユン》《いん》氏、海州《ヘジュ》・崔《チェ》氏、慶州《キョンジュ》・金氏がよく知られていた。安山・金氏の興隆は、顕宗に娘三人をいれた金殷傅《キムウンプ》《きんいんふ》に始まって、四王のおよそ五〇年のあいだ権勢をふるい、李子淵はこれと結んで登場した。また坡平・尹氏の尹瓘《ユングァン》《いんかん》は外敵女真を討伐し、海州・崔氏の崔冲《チェチュン》《さいちゅう》は私学・私塾を最初に経営し、慶州・金氏の金富軾《キムプシク》《きんふしょく》は西京反乱を平定するなど、門閥貴族の地位をさらに高め、その栄誉をほしいままにした。

高麗の基本的な社会階層からみれば、王京の門閥貴族は一握りの特権階層にすぎず、その下には両班官僚が存在して支配階級を構成した。両班階級を支えたのは多数の民衆であり、民衆のほとんどが農民であって、彼らは郡・県以上の各邑に住み、基本的な社会階層を形成していた(良人《りょうじん》)。良人階層は軍戸・郷吏やその他の一般良民からなり、特定の軍役・郷役(各邑の行政)や各種の力役《りきえき》を担当した。良人身分の者は科挙などを通じて両班に登用されるチャンスがあった。

科挙受験が禁止された階層は、郷・所・部曲の人、楽工《がくこう》・雑類《ざつるい》や賤人であった。「郷・所・部曲」というのは郡・県より以下の特定村落であり、たとえば「所」の人は金、銀、銅、鉄を採掘し、茶、藿《かく》(海藻)や紙、墨、陶器などを栽培・製造して国家や寺院などに貢納した。郷・部曲の実態はよくわからないが、ほかに交通・運搬・貯蔵を担当する駅・津《しん》・江や倉などもあった。彼らは国家的な力役体制に組み込まれ、郡県制度に対応する居住規制をともなって、身分の低さが規定された。

また「賤人」のほとんどは奴婢(男女の奴隷)であり、社会最下の身分階層に属した。各種機関の雑務をこなし(公奴婢)、両班貴族などの私家で下働きをしたりした(私奴婢)。また楊水尺《ようすいしゃく》(禾尺《かしゃく》・才人)が集団的に流れ移り、定住農民とは異なった生活形態をとって賤視された。

高麗盛時の思想と文化

開京は満月台《マンウォルデ》上の宮殿・官庁を中心に、寺院の堂塔や両班貴族の豪邸を織り込んで展開し、十一～十二世紀ころ最盛期をむかえた。高麗は集権国家の建設をめざして儒教思想を尊重し、徳治主義的な政治理念が広まった。しだいに儒臣・儒者があらわれて、きそって一二の私学を開設した(十二徒)。そのうち、崔冲の始めた九斎学堂《きゅうさいがくどう》(崔公徒・文憲公徒)がもっとも有名で、彼は「海東の孔子」と評された。

さかんにおこなわれた国家儀礼を受けて、崔允儀《チェユニ》が『詳定古今礼』を撰定し、高麗礼制を集成した。また、金富軾は歴代最初の正史として『三国史記』を編纂し、はじめて体系的な朝鮮歴史を提示した。

高麗の仏教は盛んな新羅仏教を受け継いで、祈福と国家鎮護を唱道して信仰され、寺院は歴代の国王や両班貴族の庇護《ひご》を受けて一大勢力に成長した。仏教を敬った光宗は、僧侶登用試験の「僧科」を設け、法階を定めて序列化し、法界最高の地位をあらわす国師・王師(二師)制を整えた。

高麗建国の前後のころ、各地の豪族を中心に禅思想が流行した。高麗盛期の十一世紀になると、義天《ウイチョン》(文宗の子、大覚国師《テガク》)が天台宗を開宗し、伝統的な教宗《きょうしゅう》の立場から禅宗との調和を思索した。さらに十三世紀初めには、知訥《チヌル》《ちとつ》(牧牛子《モグウチャ》)があらたに曹渓宗《そうけいしゅう》を開き、禅宗の側から禅・教両宗の調和をめざしたが、その後も心性の陶冶《とうや》を重視して朝鮮仏教の発展に貢献した。

仏教文化で称賛されるのは、仏教文献の収集と刊行である。一〇二〇年前後から、『高麗大蔵経《こうらいだいぞうきょう》』の彫《ちょう》板《はん》が始められた。そのころは契丹の第三次侵入のあと、高麗の降伏直後の多難なときにあたったが、六十余年をかけて文宗代に完成された。そのあと一〇九一年、義天が教蔵都監を設置して、広く契丹、宋や日本から仏教書を探し集め、『続大蔵』にまとめて刊行した。今はいずれも湮滅し、現存しないことが惜しまれる。

高麗では「燃燈会《ねんとうえ》」と「八関会《はっかんえ》」が盛大に開催され、二大国儀と称された。正月十五日の燃燈会は仏のために全国仏寺で燈火を掲げ、歌い舞いながら国家の太平を祈念した。そのほか仏生会《ぶっしょうえ》・仁王会《にんのうえ》や各種の道場が設けられ、飯僧《はんそう》一〇万、あるいは写経・経行などの仏教行事がたえなかった。また八関会は十一月の初め、土俗信仰を取り入れて国王朝賀の儀式をおこなった。それには宋、女真、耽羅《タムナ》《たんら》、日本の商人たちも参加したが、ここには高麗独特の国際意識が反映されている。

政治的な意味で重要なのは、新羅末に道詵が唱えたとされる風水地理説である。仏教の功徳思想に陰陽五行説を結びつけ、山水地勢の盛衰・順逆をみきわめて、吉地(明堂・王都所在地)を選んで福をえるという。これが政治的意図にからめられ、南と北との地域対立があおられて、西京遷都論が政治的に利用された。定宗の西京遷都論がそれであり(挫折)、やがて高麗の政界を二分して、大きく揺さぶることになる(妙清《ミョチョン》の乱)。

青磁香炉　典型的な高麗の形象香炉。簡素な造形のライオンを愛でる両班貴族の姿が想像され，その時代の感性がうかがえる(12世紀作，高さ21.2cm。韓国国立中央博物館蔵)。

美術文化の圧巻は高麗青磁である。高麗青磁の繊細・清楚な気品は愛らしく、宋人《そうひと》もその「制作ハ工巧《たくみ》ニシテ、色澤ハ尤《もっとも》佳《よ》シ」(徐兢『宣和奉使高麗図経』)と絶賛した。

3 内外情勢の変動と武臣政権

女真(金)の動向と二つの内乱

十二世紀の初頭にはいると、北方の主導勢力が遼(契丹)から女真(金)に交替した。そのころ女真は長城(定平)より以北の地を統一し、ここに兵を送って確保した。高麗は長城をこえて介入したが、たちまち二敗して退いた。

この敗戦を重くみた高麗は、騎兵の神騎軍を中心に、歩兵の神歩軍、僧兵の降魔軍の「別武班」を編成し、揺れ動く北方情勢に対処した。準備が整った一一〇七年、尹《ユン》瓘《グァン》《いんかん》が率いる軍隊は長城をこえて進出し、咸興平野の拠点をおさえて九城を築いたが、ふたたび女真の激しい反撃にあって撤退した(尹瓘九城の役)。その後も女真の勢いはとどまらず、一一一五年、女真は金帝国を樹立した。その一〇年後には遼を滅ぼし、その二年後には宋(北宋)の二皇帝を虜掠《りょりゃく》して(靖康《せいこう》の変)、たちまち北東アジアの盟主に成長した。

一方、高麗は宋の文化に憧れて、ひそかに対宋貿易は続けたが、遼・金から受ける圧力は無視できなかった。高麗は遼の崩壊と宋の南遷(南宋)をみきわめて、一一二八年、金の冊封を受けて臣属し、金の「冊封体制」に参入した。高麗は機敏に国際動向に対応し、ひとまず当面の難局を乗りきった。

おりしも遼・金交替に前後して、二つの国内事件が高麗政局を揺さぶった。ひとつめの事件は、一一二六年の李資謙《イジャギョム》の乱であった。李資謙は門閥貴族の慶源・李氏を代表し、高位・高官を歴任して権力をふるい、王室と密接な血縁関係を結んでいた。一人の娘は睿宗《イェジョン》の妃とし、娘二人を仁宗《インジョン》の妃にいれて、国王二代の外戚としてその威勢はならぶ者なく、最後は王位をうかがった。仁宗など国王派の反発に、李資謙派の拓俊京《チョクチュンギョン》《たくしゅんきょう》は王宮を急襲し、国王派を殺害して実権を掌握した。やがて李資謙は拓俊京と衝突し、結局二人は逮捕されて終わったが、栄華をきわめた開京は荒れすさみ、慶源・李氏もこれを契機に没落し

高麗後期の五道・両界要図

た。思わぬ門閥貴族の内乱は、高麗社会に大きな不安を投げかけた。

二つめの事件は、一一三五年の妙清の乱であった。僧侶の妙清は西京(平壌)の出身であり、風水地理説の陰陽秘術を用いて上下各層を魅了した。西京人の白寿翰《ペクスハン》《はくじゅかん》・鄭知常《チョンジサン》らと結託して、王気は開京から西京に遷ったと宣伝し、仁宗に西京への遷都を強く説きすすめた。西京に建立した「大華闕」で政治をとり、高麗の国王号は皇帝に改め(称帝)、独自の年号を建てれば(建元)、高麗は天下を統一し、周辺諸国を臣属させ、金国すら隷属できると主張した。西京遷都派は妙清を盟主として陰陽風水思想を信奉し、国際自立の政治主張を掲げて結集した。

これにたいして、開京の王党派は儒教的な正統思想を掲げ、金富軾らを中心として遷都反対の運動を強力に展開した。西京派は形勢万事が不利に動き、遷都実現の望みがたたれたとみるや、自立を宣言して開京政府に対抗し、西北方面の諸城を味方につけて、未曾有の大規模な反乱に打って出た。年号は「天開」、軍隊は「天遣忠義」、国名は「大為」と称し、大為国の官僚は西京人にかぎって登用された。開京派の金《キム》《きん》富軾《プシク》《ふしょく》は三軍を率いて北上し、西京をめぐって激しい攻防戦が展開された。高麗は南・北二つに分断され、死力をつくして一年余りを戦い、西京派は敗れ、開京派が勝利した。しかし、門閥社会をおおった暗雲はまたここでいちだんと広がった。

武臣政権の成立と展開

二つの内乱のあとを追うように、「武臣政権」の時代が到来した。かねて毅宗《ウィジョン》《きそう》は奢侈《しゃし》・遊興にふけり、土木工事を起こし仏教儀式を挙行して、下級武臣（現職の武班）や軍人・役夫らがかりだされ、しだいに彼らの不満が重なった。それが一一七〇年、毅宗の寺院参詣をきっかけに爆発し、李義方《イウィバン》、鄭仲夫《チョンチュンブ》らの武臣は多数の文臣を殺害し、毅宗を廃して明宗《ミョンジョン》（在位一一七〇～九七）を擁立した。武臣の第一次クーデタである（庚寅《こういん》の乱）。

　そもそも高麗は文治主義の伝統に基づいて、これまで武班官僚は文班官僚の下位におかれ、武臣トップの上将軍・大将軍は合議機関「重房」を拠点に活動したが、彼らは差別的な待遇に甘んじてきた。文臣にたいする武臣の反発は、すでに十一世紀の金訓《キムフン》の乱にみられたが、今度の武臣の反乱では武臣が独自の基盤に基づいて、独自の「武臣政権」をつくりあげた。両班貴族の伝統的な体制は、武臣政権の出現によって大きな打撃をこうむった。

　一一七三年、文臣の金甫当《キムボダン》《きんほとう》は毅宗復位を計画し、武臣政権に反対して決起した。武臣はこれを文臣を追撃する好機とし、ふたたびクーデタを決行して多数の文臣を捕殺した（癸巳《きし》の乱）。これによって武臣の権力基盤は強化され、武臣政権は長期にわたって維持された。そのあと武臣政権がたどった消長は、およそ三期に区分して整理される。

　出現当初の第一期（一一七〇～九六年）は、武臣政権の権力基盤が安定せず、有力武臣が対立・抗争するまま終始した。すなわち、武臣の李義方が最初期の主導権を掌握した。彼は文臣優位の伝統に挑戦して、武臣の地位向上をはかったが、娘を王妃にしようと企むや、武臣の鄭仲夫に殺された。鄭仲夫は私兵を集め田地をふやし、国事に介入して権力をふるったが、武臣の慶大升《キョンデスン》に殺された。その慶大升は「都房」を設けて私兵集団を組織した。慶大升にかわった武臣の李義旼《イウィミン》《りぎびん》は官僚の人事権を掌握し、私利・私欲をむさぼるうちに、武臣の崔忠献《チェチュンホン》に斬首された。武臣たちは文臣に対抗し、武臣の権益を拡大しながら、他方では個人的な権力強化をねらって自己保身の手段を模索し、あるいはさまざまな手法を用いて王室や国家に接近した。ひとたび利害が衝突すれば、武臣相互が抗争・殺戮《さつりく》し合い、政権内部では凄惨《せいさん》な権力闘争が繰り返された。

崔忠献が登場すると、武臣政権は相対的な安定期をむかえて、第二期(一一九六～一二五八年)が開始された。崔忠献は文臣嫌いの武臣とは異なって、儒者・文人の素養や彼らの行政的・文化的能力を評定し、彼らを私邸に集めて、武臣政権の政治的能力の向上に尽力した。また私兵組織の「都房」を拡張し、あるいは豊富な財力をもって私兵数万を集めたという。その間において注目されるのは、一二〇九年に「教定都監」が創立され、崔忠献がその長官の「教定別監」に任命されたことである。これによって、武臣政権の合法性が認定され、教定別監は武臣トップの権限を象徴するものとなった。

象徴的な「教定別監」の地位は、崔氏一族のなかで崔瑀《チェウ》《さいう》(怡《イ》《い》)→崔沆《チェハン》《さいこう》→崔竩《チェウィ》《さいぎ》へと世襲された(崔氏政権)。崔氏政権の登場によって、ひとまず武臣相互の権力闘争は沈静し、それだけ政情が安定した。崔瑀は私邸に「政房」を設けて官僚人事を統括し、「書房」をつくって私邸の警護を厳重にし、また私兵的騎馬隊の「馬別抄《マベョルチョ》《ばべつしょう》」を編成して、私的な権力基盤の強化につとめた。また武臣政権は正規軍の「三別抄《サムベョルチョ》《さんべつしょう》」を組織し、治安活動や戦闘行動に出動して威力を発揮した。またこのころ、モンゴルの高麗にたいする侵入が始まったが、崔瑀はモンゴル撃退を祈願して『高麗大蔵経』の彫造にとりかかり、崔沆にいたって完成された。崔氏政権は一貫して外敵侵入に抵抗し、崔沆を継いだ崔竩もモンゴルへの徹底抗戦を主張した。しかし一二五八年、崔竩は柳璥《ユギョン》《りゅうけい》・金俊《キムチュン》によって殺害された。崔氏政権は父子四代・六三年で崩壊したが、武臣政権のなかで独特の社会風土を拓《ひら》いて注目される。

第三期(一二五八〜七〇年)の「教定別監」は、崔氏政権を倒した武臣の金俊が受け継いだ。翌一二五九年、高麗は抵抗を重ねたモンゴルに降伏し、ふたたび武臣間の権力闘争が始まって、またも金俊は武臣の林衍《イムヨン》《りんえん》に殺された。林衍を継いだ武臣の林惟茂《イムユム》(林衍の子)は、一二七〇年、モンゴルに支援された高麗によって殺された。これまで一〇〇年の歴史を刻んできた武臣政権は、モンゴルとの服属関係を構築するなかで崩壊した。

青磁辰砂彩蓮弁文瓢形注子　辰砂彩で縁どった優雅さのなかにも力強さが感じられる。崔氏政権の２代目，江華の崔瑀墓(1249年没)より出土(韓国国立中央博物館蔵)。

武臣政権は高麗の伝統的な文班優位という官僚体制にチャレンジし、実力本位の独特な社会的風土を生み出した。私的基盤の養成につとめた武臣たちは、個人的な恩義や利益で私的な結合関係を結び合い、身分や出自の上下・貴賤を問わずに登用した。そもそも李義旼の父は商人、母は寺婢であって、崔竩の母は私婢であり、金俊の父は私奴であり、自分ももとは崔忠献の奴隷であった。彼らは奴隷身分からはい上がり、自力で武臣トップの座を獲得した。武臣は文班が独占していた清要《せいよう》官職にも進出し、あるいは独自の組織をつくって当面の時局の課題に対応した。また彼らは好んで王位の継承問題に介入した。武臣政権時代に立った七国王のうち、武臣は四王を擁立し、四王を廃位に追い込んだ。

南・北反乱の一世紀

十二世紀の初頭以来、高麗の社会的矛盾が進行し、各地に流亡・逃亡の群れが発生し始めた。それらはまもなく反乱のかたちをとるようになり、とくに武臣政権が出現したあとは大小各種の反乱が頻発し、だいたい八〇件程が確かめられている。すなわち武臣政権の一〇〇年は、反乱に揺れた一世紀でもあった。それらの反乱蜂起の動向は、四つのピークを描いて推移した。

反乱の第一期　反乱の世紀は一一七二年、西北界の昌州《チャンジュ》・三登《サムドゥン》・鉄州《チョルジュ》人が、武臣クーデタに刺激されて起こした騒擾《そうじょう》事件から始まった。翌年、東北面兵馬使の金甫当が武臣政権に反対して反乱し、南方において南賊が蹶起《けっき》した。一一七四年には、開京の諸寺の僧侶が結集して武臣と衝突し、また同年、西京留守の趙位寵《チョウイチョン》《ちょういちょう》が反武臣政権を唱えて反乱し、西北界の一帯を巻き込みながら、前後七年にわたって抗戦した。一一七六年には、公州鳴鶴所《コンジュミョンハクソ》(楊広道)の亡伊《マンイ》、亡所伊《マンソイ》らが果敢に立ち上がり、二年にわたって抵抗した。

以上の反乱事例を通覧すると、二つの傾向が摘出される。ひとつの傾向は西北界の反乱勢力が一定の政治的主張をもって決起するものであり(北方タイプ)、ここでは両班がしばしば主導権を発揮した。もうひとつは南道の反乱であって、そこでは一般民衆や下層身分の者が主導権を掌握し、身分的・経済的な向上を要求した(南道タイプ)。それらの二つの傾向は、それぞれ南・北の地域的特徴を映し出しながら、反乱の世紀を通じて対照的なかたちで認められる。

反乱の第二期　東京《トンギョン》(慶州、慶尚道)で一一九〇年に起こった盗賊事件を手始めに、九三年から南賊の大反乱が勃発した。最初は雲門《ウンムン》(慶尚道)の金沙彌《キムサミ》らが流亡者を呼び集め、密陽《ミリャン》・安東《アンドン》(慶尚道)の反乱と連携し、さらに江陵《カンヌン》(江陵道)・清道《チョンド》・蔚山《ウルサン》(慶尚道)まで拡大した。また一一九八年、開京で奴隷の萬積《マンジョク》らは反乱計画を相談し、「先ズ〔武臣の〕崔忠献等ヲ殺シ、仍《よ》ッテソノ主ヲ格殺《かくさつ》シテ賤籍《せんせき》ヲ焚《や》キ、三韓〔＝高麗〕ニ賤人ナカラシメバ、則チ公卿《こうけい》・将相《しょうしょう》〔＝高級両班〕スラ、吾輩コレニナルヲ得ン」(『高麗史』崔忠献伝)と主張した。

一一九九年からふたたび南賊が動き出し、江陵から三陟《サムチョク》《さんちょく》(江陵道)、蔚珍《ウルジン》(慶尚道)など、東海沿岸にかけて連携し、東京の反乱勢力との連合をもくろんだ。また一二〇〇年、晋州《チンジュ》(慶尚道)では公私の奴婢が郷吏と抗争し、密陽では官奴五〇人が清道・雲門山の反乱に合流し、陝川《ハプチョン》《きょうせん》(慶尚道)では部曲民らが蹶起した。また一二〇二年からそのあとにかけて、東京を中心に反乱勢力の動きが広がった。以上の第二期の特徴は、反乱が南道に集中的に起こったことであり、北方タイプはみあたらない。とくに注目されるのは、南方各地の南賊が反乱勢力の拡大・連合をねらって活動し、奴隷や部曲民などの下層階級が進んで立ち上がったことである。

反乱の第三期　第三ピークの反乱はモンゴルの高麗侵入と並行し、ふたたび南・北全土を舞台に展開された。南道タイプの反乱では、一二三一年から七年のあいだに南原《ナムオン》・潭陽《タミャン》《たんよう》(全羅道)、広州《クァンジュ》(京畿道)、安《ア》南《ナム》・忠州《チュンジュ》(楊広道)、東京(慶尚道)において、しばしば奴隷・雑類の下層民衆とともに蜂起した。しかし、それらは相互の連携を欠いたまま、それぞれ小規模の散発的な形態にとどまった。

　これにたいして、めざましい動きをみせたのは北方タイプの反乱であった。一二一七年の西京の騒動から始まって、翌年、義州(西北界)の別将・韓恂《ハンスン》《かんじゅん》らが守将を殺して反乱し、たちまち西北界全域に拡大し、四年の長期にわたって抗争した。また一二二六年、西京の趙永綵《チョヨンス》《ちょうえいさい》らが都領を謀殺し、さらに一二三三年、同じ西京の畢賢甫《ピルヒョンボ》《ひつけんほ》、洪福源《ホンポグォン》らが反乱し、洪福源はモンゴル側に逃入した。ここにはすでに、モンゴル侵入の暗い影がさしていた。

反乱の第四期　反乱の最後のピークは、モンゴルへの服属問題が最終段階に達したころに到来した。一二五八年、東北界の趙暉《チョフィ》《ちょうき》らが反乱を起こし、モンゴル軍に投降した。モンゴルはただちに和州(永興)以北の地を接収し、ここに「雙城総管府《そうじょうそうかんふ》」をおいて支配した。また一二六九年、西北界の崔坦《チェタン》《さいたん》らがモンゴル側に帰順した。モンゴルは慈悲嶺《チャビリョン》以北の地(西京を含む)を割取して、そこに「東寧府《とうねいふ》」をおいて支配した。これらの北方タイプの反乱は第三期に始まる傾向を受け継いで、いずれもモンゴル側に投降した。かくして一世紀におよんだ南・北の反乱は、モンゴルによる北方領土の割取を最後に閉幕した。

契丹族とモンゴルの高麗侵入

　金の衰退が始まると、東アジアの情勢にもあらたな変動の兆しがみえてきた。太祖チンギス・ハーンはモンゴル族を統一し、その余勢をかって一二一一年、金の討伐作戦を開始した。また一二一五年、金から自立した蒲鮮《ほせん》万奴が東真《とうしん》(大真・大夏)を建国し、しきりに高麗の東北方面をうかがった。またその翌年、モンゴルに追われた契丹族が高麗に逃入し、高麗軍の反撃をかわして各地に転戦し、一時は開京に乱入した。一二一九年、高麗は越境してきたモンゴル軍と協力し、契丹族を江東城《カンドン》(西北界)に殲滅《せんめつ》した(江東城の勝利)。

江東城の戦闘をきっかけとして、高麗ははじめてモンゴルと交渉し、二国間の和議が整った。しかし北方情勢はなかなか落ち着かなかった。反モンゴルを宣言した東真は、たびたび高麗に派兵した。一方、モンゴルは高麗に貢納を要求し、一二二五年、モンゴル使者の不慮の死を口実に、高麗との国交関係を断絶した。高麗は当面する国際的変動に対応し、金からモンゴルへの転換をはかったが、しだいにモンゴルの圧力が増大した。

モンゴルの太宗オゴタイが即位すると、一気に軍事的圧力が高まった。一二三一年、モンゴルの撒礼塔《さんれいとう》は、またもや使者の殺害を口実とし、大軍を率いて高麗に討ち入った。第一次の高麗侵入である。モンゴル軍は開京を取り囲み、忠州―清州(楊広道)ラインまで南下したが、結局高麗が提示した和議を受けて撤退した。その翌年、ふたたび撒礼塔が侵入したが、龍仁《ヨンイン》付近で射殺された。ちなみに、高麗の宗教文化を代表した『高麗大蔵経』初彫板木は、この前後にモンゴルの兵火にかかって焼失した。

モンゴル軍の威力を知った高麗は、翌一二三二年、やむなく崔瑀の主導で江華《カンファ》に遷都し(江都《カンド》)、地方各地の民衆は山城や海島へ移住させ、徹底した抗戦態勢をとって待機した。江都は海運通行の中心であり、税貢《ぜいこう》や物資の搬入流通を確保したり、モンゴルの執拗な攻撃をかわす格好の要衝であった。江都には開京にならって宮殿・官庁や寺院などが建ちならび、盛大な燃燈会・八関会が開催されて、旧都と同じように賑《にぎ》わったという。

その後もモンゴルの侵入は断続的に続けられた。高麗はそのつど抵抗と反撃を繰り返したが、多大の損害と犠牲を強いられて、しだいに抗戦長期化の様相が深まった。一二三六年の侵入では、モンゴル軍の先鋒が古阜《コブ》《こふ》・全州《チョンジュ》(全羅道)まで南下した。この年、崔瑀はモンゴル退散を祈念して、江都には大蔵都監、南《ナ》海《メ》県(慶尚道)に都監分司を設立し、私財を投じて『高麗大蔵経(八万大蔵経)』の再雕《さいちょう》に着手した。

また一二三八年の侵入では、モンゴル軍は東京(慶州)まで南下した。このとき、新羅創建の皇龍寺《ファンヨンサ》木造九層塔が、モンゴルの兵火によって焼滅した。また一二五四年、モンゴル将の車羅大《しゃらだい》は忠州・尚州(慶尚道)まで南下したが、このときの被害の惨状は、「蒙兵ノ虜《とりこ》トセル男女ハ、無慮《むりょ》二十万六千八百余人、殺《さつ》戮《りく》サル者ハ勝《あげ》テ計《かぞ》ウベカラズ、所経ノ州郡ハ煨燼《わいじん》ト為ル、蒙兵ノ乱ノ有リテヨリ、未ダ此ヨリ甚シキハ有ラズ」(『高麗史節要』高宗四一年条)と総括された。

一二五七年、ふたたび車羅大が侵入した。彼の態度で注目されたのは、激しく展開する軍事作戦に並行して、外交交渉の糸口が示されたことである。モンゴルは高麗からの撤兵とひきかえに、高麗太子のモンゴル親朝を要求し、外交交渉の実質的な進展を重視した。モンゴルとの攻防戦が長期化するにつれて、高麗内部にも講和論者が台頭し、モンゴル服属路線の選択が現実の政治的課題となってきた。翌五八年から翌々年にかけて、徹底抗戦を主導してきた崔氏政権が打倒され、はじめて大きな転機がおとずれた。高麗は太子の倎《てん》（つぎの元宗《ウォンジョン》）を世祖フビライのもとに親朝させ、ついに高麗はモンゴルに降伏した。三〇年にわたったモンゴルの高麗侵入は、ここにいたってようやく一段落した。

4　高麗と元（モンゴル）の関係

高麗のモンゴル服属と三別抄

崔氏政権を倒した金俊らの武臣政権の中枢は、繰り返されるモンゴルの軍事的圧力と、国内に高まる講和論に突き上げられて、ついに一二五九年、これまでの徹底抗戦の方針を一変して、モンゴル服属政策に踏み切った。高麗は確かな服属の証しを立てるために、世子《せいし》を即位直前のフビライのもとに派遣したうえ、反モンゴルを象徴する江都をでて、旧都の開城に遷都した。翌年、モンゴルにおいては世祖フビライが、同時に高麗では世子の元宗（在位一二五九～七四）が即位して、ここから両国のあらたな関係づくりが始まった。

しかし、高麗にはまだ服属路線に反発する有力な勢力が存在した。彼らによる政治的反動が二回にわたって表にでたが、その第一は、武臣の林衍による権力掌握であった。彼は崔氏政権以来の抗戦路線を信奉して、一二六八年、服属路線を容認した金俊を殺して実権を掌握し、ひととき元宗を廃位に追い込んだが、元宗はたちまち元の介入を受けて復位した。ところが事態はさらに進展して、父の林衍を継いだ林惟茂は、ついに一二七〇年、文臣の洪文系《ホンムンゲェ》、宋松礼《ソンソンネェ》らによって倒された。一〇〇年続いた武臣政権は、服属路線の選択をめぐって崩壊し、ここにおいて高麗はようやく国家権力の一元的集権体制を回復したのである。

その第二の反動は、三別抄《サムベョルチョ》《さんべつしょう》の大反乱であった。三別抄は左別抄・右別抄と神義軍(モンゴル逃還者の軍隊)からなる武臣政権に直属する軍隊であり、初めは崔氏政権のもとで編成され、もともと反モンゴルの気風で満ちていた。高麗は武臣政権を打ち倒すと、江都の守備にあたった三別抄を解散した。三別抄はこれを聞き入れず、裴仲孫《ペジュンソン》《はいちゅうそん》らが中心となって反旗をひるがえした。

裴仲孫らはそのまま江華島を根拠地とし、宗室の承化侯温《しょうかこうおん》を「王」に立て、官庁を設けて官僚を任命し、独自の国家組織をつくりあげて、改めてモンゴル徹底抗戦を宣言した。やがて三別抄は珍島《チンド》に移動して、半島南部の各地と呼応しながら南海、長興《チャンフン》、合浦《ハッポ》、巨済《コジェ》、金州《キムジュ》、東萊《トンネ》《とうらい》などの海岸地方に転戦し、内陸部の全州《チョンジュ》・錦城《クムソン》(羅州《ナジュ》)や南海中の耽羅《タムラ》《たんら》島(済州《チェジュ》)にも進出した。一二七一年に日本に遣使して、モンゴル人を「韋毳《いぜい》」(毛皮を着た者)と表現し、彼ら遊牧民の「被髪《ひはつ》・左衽《さじん》」の風習は、「聖賢ノ悪《にく》ム所」などと強調して、彼らの旺盛な反モンゴル意識を伝えている。

しかし、珍島の三別抄は高麗の金方慶《キムバンギョン》、モンゴルの忻篤《きんとく》、洪茶丘《ホンダグ》らの連合軍に撃破された。敗れた三別抄は金通精《キムトンジョン》に率いられて、ふたたび耽羅に落ちのびた。さらに一二七三年、連合軍はここで彼らを殲滅し、四年におよんだ三別抄の反乱は平定された。モンゴルはその地に「耽羅総管府」をおいて直轄領として支配した。これらの政治反動を乗りこえて、しだいに高麗のモンゴル服属路線が定着していった。

今回の「耽羅総管府」を最後にして、モンゴルによる領土の割取は終わったが、しかしあわせて三度にわたって割取された。そのひとつは一二五八年、趙暉らのモンゴル投帰をきっかけに、モンゴルは「雙城総管府(永興)」をおいて鉄嶺《チョリョン》以北(東界)を割取した。二つめは一二六九年、崔坦らのモンゴル逃入をきっかけに、「東寧府(西京)」をおいて慈悲嶺以北(北界)を割取した。東寧府と耽羅総管府は二十年余りあとで返還されたが、女真人が居住する雙城総管府は高麗末期まで残された。

元・高麗の日本征討

モンゴルは三別抄追討のさなか、一二七一年に国号を「大元」に改めた(このあとは元と表記する)。三別抄の鎮圧に成功すると、元はただちに日本政策を推進した。一二七四年、高麗の世子(のちの忠烈《チュンニョル》王)は許されてフビライ帝の駙馬《ふば》(娘婿)となり、ついで高麗国王に即位した。ここにフビライ帝と忠烈王のならび立つ時代が到来し、高麗の元への服属時代が始まった。高麗はフビライ主導のもとで、日本への侵略作戦(東征)に取り組んだ。この年十月、忽敦《こっとん》、洪茶丘、劉復亨《りゅうふくこう》が元・漢軍二万五〇〇〇、金方慶は高麗軍八〇〇〇、船の漕ぎ手ら六七〇〇を統率し、九〇〇艘の戦艦が合浦(馬山《マサン》)から日本めざして南下した。第一次の日本征討戦である(文永の役)。

フビライは対宋戦略を進めるなかで、かねてから高麗・日本にたいする牽制策を重視してきたが、高麗の服属路線が固まると、すかさず一二六六年、黒的《こくてき》、殷弘《いんこう》を日本に派遣した。彼らは荒れた対馬海峡を前にして使命をはたさず戻ったが、彼らが携えた手紙には、強く日本との親睦を要請し、最後は武力をちらつかせながら「兵ヲ用ウルニ至リテハ、ソレ誰カ好ムトコロゾ。王、ソレ、コレヲハカレ」と結ばれていた(至元三年『蒙古国書』)。ここに、フビライの固い決意がうかがわれる。

元・高麗の日本征討船　旗を振り，銅鑼や太鼓で囃す船上で，弓矢で応戦するモンゴル将兵。必死の形相で船を漕ぐ水手は高麗人であろう。(『蒙古襲来絵詞』より)

フビライはその後も使者を派遣した。一二六八年に派遣された使者は対馬にたどりつき、七一年に大宰府に到着したが、そのつど要領をえないままに放還された。この年のうちに、ついに日本征討の命令がくだされた。しかし、元・高麗の征討連合軍は果敢な鎌倉武士の反撃にあい、おりしも激しい台風にあおられて、多大の犠牲をだして撤退した。

フビライは日本征討をあきらめなかった。一二七九年に南宋を打ち倒し、翌年に駙馬・忠烈王の再征提案を受けたあと、日本征討のため開京に「征東行省」をおき、八一年の五月、第二次征討が実行された(弘安の役)。忻都《きんと》(忻篤)、洪茶丘が率いる元軍と、金方慶の高麗軍は合浦から出陣し(東路軍)、元に降った范文虎《はんぶんこ》の率いる三五〇〇隻、十余万からなる旧宋の軍団は中国江南の慶元(寧波)から船出した(江南軍)。

今回は旧宋の江南軍が参戦して、征討連合軍の陣容は前回の数倍にふくらんだ。しかし今度も連合軍は日本武士団の激しい抵抗に直面し、江南軍が軍期に遅れて戦機を失い、またも大風に襲われて大敗した。その惨敗ぶりは、高麗側によって「金方慶、忻篤・(洪)茶丘トトモニ日本ニ征シ、覇家台〔＝博多〕ニ至リテ戦イ敗レ、軍ノ還ラザルモノ十万有奇」(『高麗史』年表)と記録された。

フビライはなおも日本征討をあきらめず、その後も二度、三度と「征東行省」を設置して、高麗を巻き込みながら征討計画を継続した。征討計画と征討時期を前後して、高麗の民衆は造船、食料などの収奪にあい、軍役・労役にかりだされて、長期にわたって過重な負担に苦しんだ。フビライが始めた日本征討は、彼の死のあとようやく放棄された。

服属時代の高麗・元関係

高麗は国家の存亡をかけて元皇帝フビライに降伏し、十三世紀の後半からあらたな服属時代が始まった。服属時代の高麗と元は、かつて経験しなかった密接不可分の相互関係を形成し、その独特の関係は長期にわたって存続した。

その基本的な関係は、中国を中心とした東アジア伝統の「冊封体制」である。服属時代の高麗王は元皇帝の冊封を受け、元中心の「冊封体制」に参入して、そのなかで「高麗国王」として国際的に承認された。しかしここで重要なのは、それが従来の「冊封」関係とは異なって、高麗が元内部の奥深くに取り込まれ、そのため元側の意向や動向が高麗側に連動し、公私の細部にわたって浸透したことである。その結果、高麗はしばしば元の介入・抑圧を招き入れ、あるいは元にたいする忠誠の証しが求められた。忠誠心はさまざまなかたちであらわされたが、高麗歴代の国王の廟号《びょうごう》もそのひとつである。忠烈王よりのちの国王は、「忠」の字をおのおの配して忠烈王→忠宣王《チュンソン》→忠粛王《チュンスク》→忠恵王《チュンヘエ》→忠穆王《チュンモク》→忠定王《チュンジョン》と命名され、それが元にたいする忠誠の証しとされた。元側はさらに、はじめて降伏を表明した高宗に「忠憲王《チュンホン》」、服属を断行した元宗に「忠敬王《チュンギョン》」を追諡《ついし》した。モンゴル侵入以来の八王は、死してもなお忠誠を証明しつづけることになった。

また高麗の服属とともに、忠烈王は元朝の官制・官職名との重複をはばかって、高麗伝統の官制・官職を大きく改めた。政策決定にあたった国家中枢の中書門下省は、政策施行を担当した尚書省と合併して「僉議府《せんぎふ》」が設立された。僉議府の設立とともに六部も改編され、吏部・礼部をあわせて「典理司」とし、兵部は「軍簿司」、戸部は「版図司」、刑部は「典法司」、中枢院は「密直司」と改名した。高麗最高の合議機関の都兵馬使は、「都評議使司」(僉議府と密直司)と改称された。

もうひとつの基本的な関係は、高麗国王が元帝室と結んだ「駙馬」関係(娘婿の関係)である。武臣政権の崩壊過程で起こった元宗の廃立事件をきっかけにして、元側はかねて高麗が求めていた元帝室との婚姻を承認し、一二七四年にフビライの娘(斉国大長公主)が忠烈王と結婚した。元側は南宋討滅と日本征討という重大情勢を前にして、高麗の当面の政治的安定こそ得策と判断したものと思われる。これによって忠烈王は元帝室と血縁的に結びついて、「駙馬・高麗国王」という破格の地位を獲得した。

いまや忠烈王は、フビライを頂点とした「大元ウルス」に属する「高麗国王」の地位を獲得し、大元ウルスの「投下《とうか》」(アイマク)のなかの一首長として振る舞った。彼は元室の駙馬であり、かつ高麗の国王として開京に「王府」を開設し、王府に「断事官」をおき、多数の「怯薛《きょうせつ》」(ケシク)を擁していた。怯薛は駙馬や公主の直属軍人であって、高麗では忽赤《コルチ》《こつせき》(弓矢で警護する者)、于達赤《うたつせき》(刀剣で警護する者)、必闍赤《ビジャチ》《ひつしゃせき》(文書を掌《つかさど》る者)、八加赤《はちかせき》(門衛を掌る者)、速古赤《そくこせき》(衣服・天蓋を掌る者)などが知られるが、ほかに鷹坊《ようぼう》(鷹を飼育する者)などが活躍した。

忠烈王がはじめて手にした「駙馬・高麗国王」の地位は、忠烈・フビライ時代を前例としながら、そのあと忠宣王、忠粛王、忠恵王や恭愍《コンミン》《きょうびん》王ら、高麗歴代の国王によって継承された。未婚のまま死亡した忠穆・忠定の二王は別にして、高麗国王は服属時代を通じて元室から王妃をむかえ、代々、大元ウルスの「投下」首長としての地位を確保した。それによって高麗の国際的地位はいちだんと強化された。

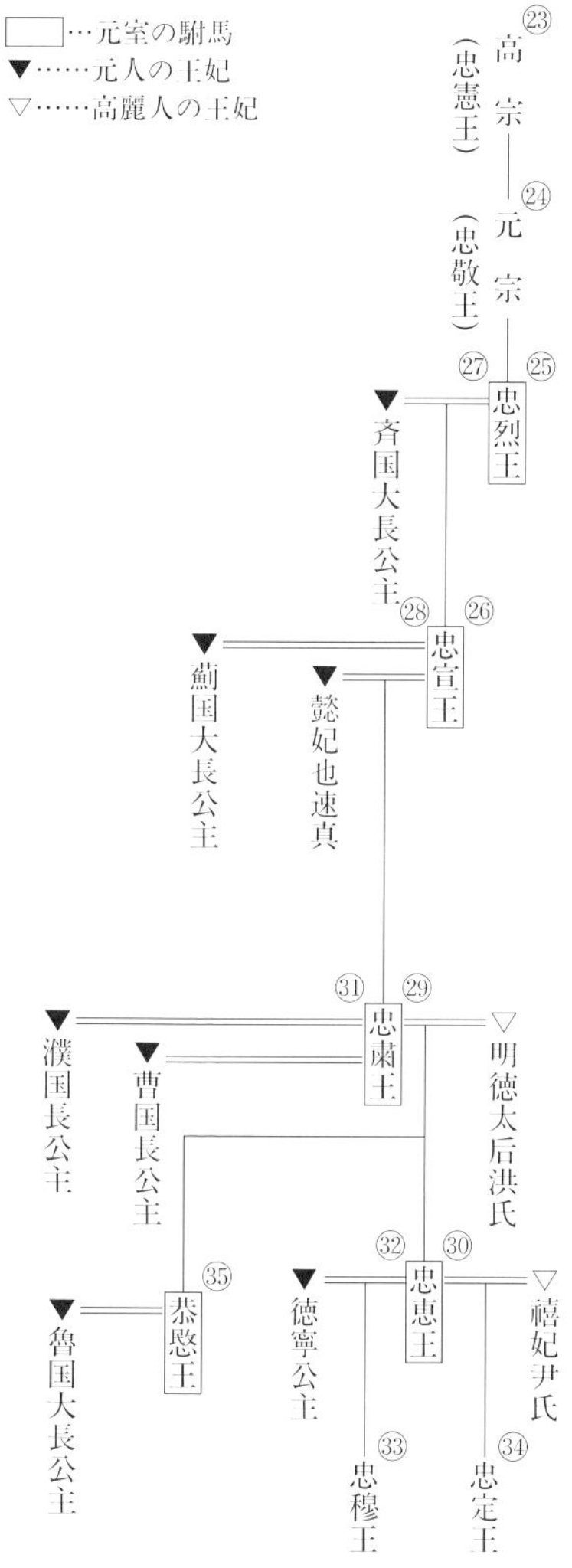

「駙馬・高麗国王」の系譜

基本的な関係の第三は、高麗国王の「征東行省(征東等処行中書省)」とのあいだの関係である。フビライは第一次の日本征討が失敗したにもかかわらず、一二八〇年、はじめて高麗に征東行省を開設した。忠烈王は征東行省の長官に任命されて、改めて第二次の日本征討が実行された。結局、二度めの征討戦も失敗に終わったが、しかしフビライはなお征討計画を放棄せず、そのため一二八二年と八五年との二回にわたって「征東行省」の復活、廃止を繰り返した(前期征東行省)。

ところが一二八七年、元のノヤンの乱をきっかけに「征東行省」が復置された。「征東」の名称は残ったが、もはや日本征討にはこだわらず、高麗を管轄する〈高麗「行省」〉としての性格が強まった(後期征東行省)。後期征東行省の長官は、これまでどおり忠烈王が任命され、その後の国王もまたみな行省長官を踏襲した。彼らは「凡ソ一国(=高麗)ノ命、一省(=征東行省)ノ権、総ベテコレヲ専《もっぱら》ニス」(李穀《イコク》『稼亭《かてい》集《しゅう》』)るものと評価され、「国王・丞相」と称された。服属時代の国王は高麗の「国王」であり、同時に元の「丞相」(長官)でもあって、一身に二つの権力を兼ねもつ独特の国際人として行動した。

十四世紀前半の政治過程

服属時代における高麗は元の庇護のもとに、国際的な地位が向上した。しかし十四世紀をむかえ、ようやく元帝国に陰りがみえ始めると、内外の矛盾が一気に表面化して、高麗の政治過程は激しく大きく動き出した。

一二九八年、高麗国王の父と子のあいだに対立事件が発生した。忠烈王(父)はいったん王位を忠宣王

(子)に伝えたが、元は国王父子の廃立事件に介入して、ふたたび忠烈王が即位した(復位)。廃立事件の背後には父と子の利害関係の対立があり、その利害関係の背後には父と子を取り巻く側近与党の対立があった。服属時代の高麗国王はしきりに元と往来し、元の皇室や朝廷の人脈・派閥に接近し、高麗と元の双方に側近与党が形成された。

このような与党形成の状況は、世子の場合も同様であった。国王と世子の父子はおのおの独自の与党勢力を基盤とし、勢力間の利害をめぐって対立し、抗争するまでに発展した。その対立・抗争の様相は、忠烈王と忠宣王の廃立事件を手始めに、忠宣王と忠粛王の場合、忠粛王と忠恵王の場合がよく知られている。たがいに父と子でありながら、たがいに王位の廃立を強行して、結局、彼らはそれぞれ二度ずつ即位した(重祚《ちょうそ》)。繰り返された「重祚」事件は王室内部の分裂・対立の様相をあらわした。

さらに「瀋王《しんおう》」問題が登場した。そもそも「瀋王」をめぐる問題は、元が忠宣王の武帝擁立の功績を認定し、一三〇八年に「瀋王」号を与えたことから始まった。瀋王は元の「瀋陽路高麗軍民総管府」にかかわって、瀋陽方面に移住した高麗人に影響力をもっており、隠然たる権勢をふるっていたものと思われる。やがて忠宣王は「高麗国王」号を子の忠粛王に授け、他方で「瀋王」号は甥の暠《コ》《こう》に与え、二つの王号がおのおの高麗の国王家と元の瀋王家とに伝継されることになり、それが両家の分裂・対立につながった。瀋王は元帝室と密接な関係を保ちながら、高麗王家とは事あるごとに対立し、ついに一三二一年、暠は公然と高麗王位の獲得運動を開始した。

「瀋王」問題に加えて、しばしば「立省」問題が提起された。そもそも「立省」問題の本質は、高麗に改めて元の「行省」を創立し、高麗を直轄領とすることをねらった国際的策謀であって、しばしば高麗反対派から政争の具として提起された。一番最初の「立省」問題は一三〇八年、洪重喜《ホンジュンヒ》によって提起された。彼はかつてモンゴルに降った洪福源の子孫であり、瀋陽路在住の高麗人にたいする支配権を確保するために、「瀋王」に任命された忠宣王を牽制し、高麗政局の攪乱《かくらん》をねらっていた。

第二回の「立省」問題は一三二三〜二四年、柳清臣《ユチョンジン》らによって提起された。彼は忠粛王側近の高麗官僚であったが、「瀋王」暠の盛んな勢いを目にするや、一転して暠の高麗王位獲得運動に加担した。さらに忠粛王を追い込むために元の英宗にとりいって、二度にわたって「立省」を提議した。その前後の三年間、忠粛王は暠の讒言《ざんげん》によって執拗な元の介入を受け、自ら退位をよぎなくされた。

第三回の「立省」は一三三〇年、蔣伯祥《しょうはくしょう》らによって提起された。彼は征東行省の中国人官僚であったが、忠恵王の即位に反対し、退位に追い込まれた忠粛王の与党となり、忠恵王を追い落とすために「立省」を提議した。これには元朝内部の対立状況も絡んでいて、忠粛王側には権臣の伯顔《バヤン》がひかえ、忠恵王側は右丞相の燕帖木児《ヤンテムル》に支援された。

第四回の「立省」は一三四三年、奇轍《キチョル》《きてつ》らによって提起された。彼は元の順帝第二皇后の兄であった。元の皇帝を頼みとして側近与党を拡大し、忠恵王への打撃をはかって策動し、そのため「立省」を提議した。彼らは奇氏一族を中心に結束し、これに高麗の忠粛王派、元の伯顔派が加担した。提起された「立省」の策謀は、結局いずれも実現されずに終わったが、そこには高麗がかかえた深刻な矛盾が映し出されていた。以上の「重祚」「瀋王」「立省」の問題は、それぞれ元の分裂・対立状況と複合的に絡み合い、高麗が直面する国際的、国内的な危機的状況を象徴していた。

5　高麗の滅亡と東アジア情勢

東アジア情勢と反元運動

十四世紀中葉をこえるころ、東アジアの情勢は急激な変化にみまわれた。元の威力は衰退し、全土に飢饉と騒乱・反乱が広がって、なかから紅巾軍が台頭した。一三五九年、元軍に追われた紅巾軍の一派(紅巾賊)が高麗に逃入し、ひととき西京を占領したが、六一年、ふたたび開京が蹂躙《じゅうりん》されて、高麗は北方からの脅威におののいた。

一方、南方からは倭寇の脅威にさらされた。倭寇は十三世紀に始まったが、一三五〇年を境に倭寇の活動が激化した。彼らは船団を編成し、近隣地域に攻め入って掠奪《りゃくだつ》行為を働いた。初めは沿海地方の米穀倉や税糧運搬船をねらったが、しだいに内陸部にも進出して開京近辺まで出没し、一部は中国の海岸地方に出撃した。高麗は良家の子弟や僧侶らをも動員し、新兵器の火器を装備して反撃し、あるいは外交交渉に活路を求めたり、一三八九年には倭寇の根拠地の対馬を襲撃したが、なかなか倭寇禁圧の実効はあがらなかった。

やがて元末の混乱を収拾した朱元璋《しゅげんしょう》は、一三六八年に漢族国家の明の樹立を宣言し(洪武帝)、元はモンゴル砂漠の北方に退いた。東アジア情勢の動向を注視していた恭愍王は、かねて東アジア情勢の動向に注目し、元から明への交替に先んじて、ついに一三五六年、反元の態度を明らかにして、服属時代の太いきずなを断ち切った。その年五月、奇轍らの親元勢力の処刑をはじめとして、元の「征東行省」理問所(司法検察)を撤廃し、鴨緑江以西におかれた元の八站《はちたん》を攻撃し、元の万戸・鎮撫・千戸・百戸牌を回収し、元の雙城総管府を収復して、一気に元への服属政策をくつがえした。雙城総管府は一〇〇年ぶりに奪回され、摩天嶺《マチョリョン》以南の地を領有し、ここにおいて懸案の高麗北進策はまたひとつの新しい段階に到達した。さらに六月から七月にかけて、元の「至元」年号を停止し、自前の軍事力の忠勇四衛を設置し、また禁じられていた伝統的な高麗官制を復旧した。

反元運動がわずか数カ月で獲得したものは、長期にわたった服属関係の緊密さを考えれば、画期的な一大成果と評価される。しかし、長年実権をふるってきた親元勢力が、そのまま消滅してしまうはずはなかった。反元派・親元派の対立しあう動向は、たとえば、高麗官制の復旧と反動をめぐって確かめられる。反元運動で復旧された高麗官制は、やがて親元派の策動によって服属時代の官制に戻り、そのあとも復旧と反動が繰り返された。根強い親元派の反動は、高麗末期の政治過程を執拗に揺さぶった。

はたして一三六三年、親元勢力は巻き返しに打って出た。親元派首領の奇氏に通じた金鏞《キムヨン》《きんよう》は、反元運動を主導した恭愍王一派の圧殺をねらって急襲し(金鏞の乱)、その翌年には親元派の崔濡《チェユ》らが、恭愍王の廃位と徳興君《トクンクン》(忠宣王の庶子)の擁立を標榜し、元軍を率いて西北界方面から侵入した。しかし、彼らの策謀は内外ともに失敗した。

高麗は反元運動のあとも元に遣使していたが、一三六九年、明の洪武帝は高麗に遣使して、正式に国号

「大明」と年号「洪武」を通告した。これによって、高麗は中国政策の明確な選択を迫られることになり、恭愍王は第二の反元運動を決断した。高麗は軍兵を送って東北・西北の両界を確保するとともに、さらに鴨緑江を渡って出撃し、東寧府(興京方面)の元勢力を掃討して、ついに元との国交を断絶した。

新興官僚の台頭

高麗の服属時代を主導してきた旧勢力は、親元派を中心に専権をふるって社会基盤をつきくずし、たび重なる騒乱・抗争をきっかけに社会不安は増大したが、混乱した土地問題と奴婢制度が深まる矛盾の結節点として注目された。

かねて「公田」が減少して国家財政は破綻に瀕《ひん》していたが、旧勢力は特権を行使して土地を兼併《けんぺい》し、おのおの「私田」を拡大して経済的基盤とした。その実情は、「近年ニ至リテ、兼併尤《もっと》モ甚ダシク、奸兇《かんきょう》ノ党ハ、州ニ跨《また》ガリ縣ヲ包ミ、山川ヲ以テ標ト為シ、皆ナ指シテ祖業ノ田ト為シ、相《あ》イ攘《ぬす》ミ相イ奪ウ」(『高麗史』食貨志・田制)と非難された。また旧勢力は他人の奴婢を強奪したり、良人を圧迫して隷属民とし、彼らを私的な庇護のもとで集積した。ここにおいて農荘《のうしょう》(荘園)が発達し、収穫物の半分をおさめる佃戸《でんこ》制(小作制)が形成された。しかし極端な場合には、「一畆ノ主ハ五・六(人)ヲ過ギ、一年ノ租ハ収《おさ》メルコト八・九(度)ニ至ル」(同上)といわれるほど、苛酷な収奪がおこなわれた。

反元運動を積極的に推進した階層は、このような旧勢力に批判的な官僚層であった。恭愍王は政房を廃止して官僚任命権を取り戻し、儒学的官僚の育成をはかりながら、混乱した現状の改革に着手した。そのために一三六五年、無名だった僧侶の偏照《ペョンジョ》(辛旽《シントン》《しんとん》)が抜擢された。辛旽は「田民弁正都監」を設けて、占奪された土地(田)と奴婢(民)の返還と解放を実行した。また成均館が再建され、儒学教育の振興や科挙制度の改革に取り組んだ。辛旽が進めた改革は旧勢力の利害と激突し、そのうえ専断的な手法が災いとなって、彼は改革七年にして暗殺され、彼の改革は挫折した。

しかし現状改革の方向は、そのあと新興の官僚層によって継承された。彼らは朱子学(性理学《ソンニハク》)を信奉し、集権的政治体制の構築を掲げて、親元派・旧勢力の専横ぶりや仏寺・僧侶の堕落を非難した。そもそも高麗への朱子学の伝来は、服属時代の一二九〇年のころ、安珦《アニャン》《あんきょう》の将来したという『朱子全書』が目安とされている。そのころ元において盛行していた朱子学は、安珦、白頤正《ペクイジョン》《はくいせい》らによって伝来され、ついで李斉賢《イジェヒョン》《りせいけん》が元人学者の姚燧《ようすい》、趙孟頫《ちょうもうふ》らと交遊するなかで深められ、やがて新興官僚を導く指導理念として定着する。そのなかから李穡《イセク》《りしょく》や鄭夢周《チョンモンジュ》、鄭道伝《チョンドジョン》、権近《グォングン》、吉再《キルチェ》らが新興官僚の指導者として登場し、儒教的な王道政治の実現をめざして活動した。

高麗の滅亡

恭愍王が非業の死をとげ、一三七四年に辛禑《シンウ》《しんぐ》が即位した。辛禑は恭愍王の庶子といい、辛旽と婢妾の子ともいわれて定かでないが、辛禑を擁立した李仁任《イイニム》が実権を掌握し、旧勢力・親元派を代表した。状況はまたも急転して、反動の局面にはいったのである。鄭道伝、鄭夢周らの新興官僚は排除され、旧勢力・親元派は勢いを盛り返し、回復された親元政策のもとで、元と明とに両属する外交政策がおこなわれた。

一方、反動期の軍事的展開には崔瑩《チェヨン》《さいえい》と李成桂《イソンゲ》が中心となり、彼らは開京の治安や国土の防衛に出動し、倭寇を打ち破って名声を博していた。ところが一三八八年、突如として「鉄嶺衛」問題が浮上した。明は「鉄嶺」以南を高麗領にすると通告し、高麗はこれを雙城総管府割取の策動と解釈して、つのる危機感のなかで反明の方針を打ち出した。親元派の崔瑩は陣頭に立って明の遼東攻撃を命令した。

李成桂は雙城総管府出身の武人として登場し、反元運動の一翼を担って雙城総管府を収復した。続いて開京に紅巾賊を打ち砕き、東寧府（興京方面）に遠征して元の残党を平定したが、また倭寇を江陵（交州道）、江華（京畿）、智異山《チリサン》（慶尚・全羅道）などであいついで破り、雲峰《ウンボン》（全羅道）で大勝利をおさめた。李成桂は多彩な軍事的才能を発揮しながら新興官僚と結び、しだいに政界中枢で重要な地位を占めていった。

遼東攻撃の一三八八年、崔瑩に従った李成桂は出軍反対を宣言し、鴨緑江の中洲から引き返して、ただちに開京を制圧した（威化島《ウィファド》《いかとう》の回軍《かいぐん》）。彼は新興官僚とはかってクーデタを断行し、軍事的主導権を掌握したのである。続いて辛禑、崔瑩らの親元派を追放して対明関係の打開を表明し、さらに儒臣の登用、田制の改革などに着手した。王位はひとまず辛禑の子の辛昌が継承したが、翌一三八九年、辛氏父子は誅殺されて、神宗七世孫の恭譲王《コンヤン》が擁立された。

李成桂派の新興官僚は「私田改革」の問題に焦点をあわせ、王族・寺院や権臣など旧勢力の現状を激しく批判した。いまや私田の改革は既定の方針となり、一三九〇年に「公私の田籍」が焼却された。恭譲王は燃え上がる火煙を見ながら、「祖宗ノ私田ノ法、寡人《かじん》（私）ノ身ニ至リテ遽《にわか》ニ革《あらた》マル、惜シキカナ！」（『高麗史』食貨志・田制）と嘆息したという。旧勢力の受けた打撃は大きかった。しかし、ここで新興官僚自体が分裂し、急進的な李成桂派と穏健な高麗国王派・反李成桂派との溝が深まった。

翌一三九一年、李成桂は「三軍都総制府」を創設して都総制使となり、趙浚《チョジュンちょうしゅん》、鄭道伝を副官に任命して急進派が全権を掌握し、政治改革の象徴的な結果が「科田法」として制定された。その前後、易姓革命を急ぐ急進派は穏健派との対立を深めていたが、穏健派の鄭夢周が暗殺されて決着した。一三九二年七月、李成桂によって新しい王朝が建立され、恭譲王が追放された。ここにおいて高麗は滅亡し、四七五年の長い歴史が閉じられた。

高麗後期の思想と文化

仏教は王室から庶民まであつい信仰に支えられ、以前にまして盛行した。武臣政権期に知訥が開いた曹渓宗は、臨済宗を伝来した太古《テゴ》(普愚《ポウふぐ》)、インド僧の指空法師に学んだ懶翁《ナオンらんおう》(恵勤《ヘグンえきん》)、さらに自超《チャジョ》(無学《ムハク》)へと伝えられ、特徴的な禅風の朝鮮仏教が流行した。

恭愍王以後に大きく展開したのは、君臣・父子間の忠・孝倫理の絶対視を説く朱子学であった。朱子学は十三世紀末期、安珦、白頤正によって元から伝えられたが、やがて現状批判的な新興官僚のあいだで信奉され、李斉賢、李崇仁《イスンイン》、李穡らをはじめ、鄭夢周、鄭道伝、吉再、権近らの朱子学者官僚が輩出した。高麗末期の政治的改革や、世俗的仏教への批判を主導した朱子学の大きな意義と、その後の朝鮮社会の思想的支柱として担った朱子学の圧倒的な役割は、はかりしれない重要性をもっている。

史学の成果としては歴代国王の「実録」や、閔漬《ミンジびんし》の『本朝編年綱目』、金寛毅《キムグアンウィ》の『編年通録』などが知られるが、現存する史書はユニークな説話・伝承を残す一然《イリョン》《いちねん》(普覚《ポガク》国尊)の『三国遺事』が重要であり(忠烈王代)、金富軾の正史『三国史記』を補って古代史書の双璧とされる。また詩史の李承休《イスンヒュ》『帝王韻記《ていおういんき》』、僧伝の覚訓《カククン》『海東高僧伝』も現存していて重用される。

高麗文学は説話文学が中心であり、李仁老《イイルロ》『破閑集』、崔滋《チェジャ》『補閑集』、李奎報《イギュボ》《りけいほう》「白雲小説」や、李斉賢『櫟翁稗説《れきおうはいせつ》』が著名であるが、また民族意識に触発された李奎報「東明王篇」が知られ、そのころ民族英雄を称揚して檀君神話が流行した。

科学技術については金属活字の実用、綿花の伝来・栽培、火薬・火器の製造が注目される。金属活字に

敬天寺の十重石塔(もと京畿道開豊郡，現ソウル景福宮)　塔身全面に仏，菩薩，天部などを陽刻した華麗な石塔。忠穆王1348年の建立で，高さは13ｍある。パゴダ公園の円覚寺塔の祖形。

修徳寺の大雄殿(忠清南道礼山郡)　浮石寺無量寿殿とならんで，朝鮮最古の木造建築物のひとつであり，殿内には壁画も残る。忠烈王代1308年の建立。

ついては、崔允儀《チェユニ》『詳定古今礼』が高宗代(一二三四～四一年頃)に印刷されたが、これは世界最古の金属活字の事例として知られている。綿花については一三六三年、文益漸《ムンイクチョム》《ぶんえきぜん》が元から木綿種を持ち帰って栽培し、これを機縁に綿布の製造・使用が普及し、絹布・苧布《ちょふ》や麻布にかわって衣服革命が起こされた。また火薬・火器については、崔茂宣《チェムソン》が明人《みんひと》から火薬・火器の製造技術を習得し、これをもって倭寇撃退に使用した。

高麗後期で重要な現存文物の第一は、武臣の崔瑀・崔沆父子が一二三六～五一年、モンゴル退散のために再雕した『高麗大蔵経(八萬大蔵経)』である。今も伽耶山《カヤサン》・海印寺《ヘインサ》の収蔵にかかる経板八万一〇四〇枚は、美術・学術・宗教上の至宝とされる。また栄州《ヨンジュ》・浮石寺《プソクサ》の無量寿殿・祖師堂、礼山《イエサン》・修徳寺《ストクサ》の本堂は、朝鮮最古の高麗建築物として評価が高い。また石塔、仏像、仏画、寺鐘などの仏教美術や、象嵌《ぞうがん》青磁、螺鈿《らでん》漆器など、高麗人の芸術的感覚を映した優品も少なくない。

第四章　朝鮮王朝の成立と両班支配体制

1　建国と王朝支配体制の確立

新進士大夫層と李成桂《イソンゲ》

高麗《コリョ》末期、反元親明の外交政策をとった恭愍《コンミン》《きょうびん》王の内政改革期に、中央政界におもに科挙を通じて、元から安珦《アニャン》《あんきょう》（通名は安裕《アンユ》）らによって導入された朱子学（性理学《ソンニハク》）を学んだ李斉賢《イジェヒョン》、李穡《イセク》《りしょく》らの新進士大夫層と呼ばれる新興の儒臣が進出した。しかし、元と結びついた権臣勢力の反対によって恭愍王の改革は失敗し、王の死後、辛禑《シンウ》《しんぐ》が即位すると、実権を握った権臣勢力は親元政策をとり、儒臣たちを排除した。儒臣のなかでも改革を強く求める急進的な趙浚《チョジュン》や鄭道伝《チョンドジョン》らは、当時急速に勢力を伸ばした武人李成桂に接近した。

李成桂は、一三五五年朝鮮半島の北部、現在の咸鏡道《ハムギョンド》の永興《ヨンフン》で生まれた。彼の一族は、のちに十五世紀になって編纂された、王朝創建の偉業を称えた頌詠《しょうえい》歌集『龍飛御天歌《りゅうひぎょてんか》』によると、全羅道の全州《チョンジュ》出身（全州李《イ》氏）で古くは新羅に仕えたが、やがて咸鏡道に移住したという。父李子春《イジャチュン》は元の直轄領雙城総管《そうじょうそうかん》府《ふ》の武人であったが、恭愍王が反元政策のもと雙城総管府を攻撃すると、内部からこれに呼応し、元の勢力の駆逐に大きな功績を立てた。この咸鏡道の地域にはもともと女真《じょしん》人が居住し、李子春、李成桂父子が武名をあげたのも配下の女真人の活躍におうところが大きい。そこで李氏一族も女真人の血を引くとする説もある。李成桂は、元末の混乱で高麗にまで侵入した紅巾賊を討伐して、武人として頭角をあらわし、さらに当時海岸地帯から時に内陸まで侵入して高麗に大きな被害を与えた倭寇を撃退して、同様の功績をあげていた名将崔瑩《チェヨン》《さいえい》と併称されるほどの高い名声をえた。

一三八八年、明は高麗にたいして、恭愍王のときに高麗の領土として回復していた、もと元の雙城総管府の管轄下にあった鉄嶺以北の地を、今後は明の直轄領にすると通告してきた。高麗は明の通告を拒否し、崔瑩の主張をいれて明の支配する遼東を攻撃することに決し、遠征軍の指揮官に李成桂を任命した。李成桂はいったん出撃したが、鴨緑江《アムノッカン》《おうりょくこう》の中洲、威化島《ウィファド》から軍を引き返して(威化島《いかとう》の回軍《かいぐん》)、都開城《ケソン》を制圧した。そして、辛禑と崔瑩を追放するとともに、親明の方針を明らかにし、李穡らの意見を受けて辛禑の子辛昌《シンチャン》を立てたが、翌年には辛昌をも追放して恭譲《コンヤン》王を擁立した。このようにしだいに権力を確立した李成桂は、趙浚らの主張によって田制改革を断行、一三九一年には科田法が制定されて新しい土地制度が発足し、経済的な基盤を固めた。李成桂配下の武人や、趙浚、鄭道伝らは李成桂推戴に動き出し、李穡の門人で恭譲王の師であり、李成桂の即位を防ごうとした鄭夢周《チョンモンジュ》を、李成桂の五男李芳遠《イバンウォン》(第三代国王、死後太宗《テジョン》の廟号《びょうごう》を贈られた)が開城の善竹橋《ソンジュッキョ》で暗殺して(のちに鄭夢周は高麗に殉じた忠臣と評された)、有力な反対勢力をおさえこんだ。

王朝の成立

李成桂(廟号太祖《テジョ》)は一三九二年七月、高麗の高官による最高合議機関であり、当時は推戴派が主導権を握っていた都評議《とひょうぎ》使司《しし》の決定をへたうえで、恭譲王からの禅譲《ぜんじょう》という形式を整えて王位に即いた(在位一三九二〜九八)。そしてただちに明に使節を送り、外交関係の継続の確認と国王交代の承認を求めた。このときの国号は高麗を踏襲し、太祖の肩書も「権知高麗国事」という、いわば仮の国王という、国王より一

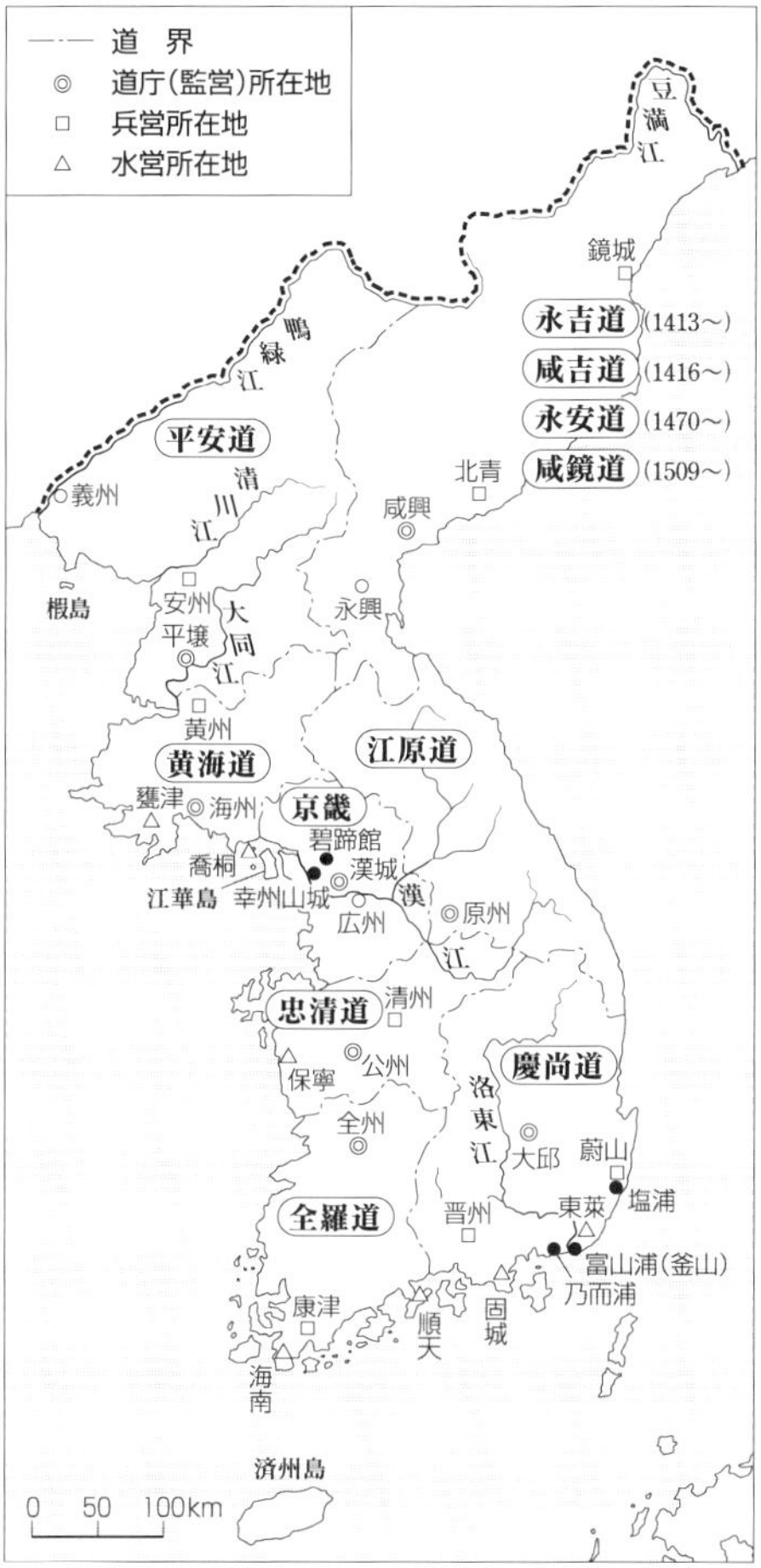

朝鮮王朝前半期要図

段低いものだった。この年の冬、明が国号の改訂を問題としたので、太祖政権は朝鮮と和寧の二つを候補として明に打診、明は朝鮮を由緒のあるものとして勧め、一三九三年、朝鮮という国号が決まった。翌年には、高麗の旧勢力の地盤から離れるために遷都が計画され、風水地理説によって都を漢陽《ハニャン》(九五年に漢城《ハンソン》と改称。現ソウル)に定めた。ただ、太祖はあいかわらず「権知国事」のままであり、明から誥命《こうめい》(辞令書)と印章の伝達を受け正式に朝鮮国王に任命されたのは、一四〇一年、第三代の太宗のとき恵帝建文帝によってであった。靖難《せいなん》の変で即位した成祖永楽帝も国際環境の安定を望み、一四〇三年には誥命と印章を伝達した。この正式の任命で、王氏高麗から李氏朝鮮へという易姓革命《えきせいかくめい》が、名分のうえでも成就するとともに、朝鮮は以後、中国(明、清)を中心とする当時の東アジアの国際秩序である宗属関係のなかに組み込まれた。朝鮮は、君臣関係を結んだ宗主国の中国に朝貢して正朔《せいさく》を奉じ(暦、年号の使用)、朕、詔、勅、陛下、太子、後宮、京師、上奏など皇帝にかかわる用語を使用しないといった事大《じだい》の礼をとることで、善隣友好関係の維持をはかった。

新王朝の官制は、当初基本的に高麗のものが踏襲された。最高合議機関の都評議使司を中心に、各種の政策が決定され実行されていったが、ここで強い力を発揮したのは新王朝成立に功労のあった功臣たち、とくに政策に明るい鄭道伝、趙浚、権近《グォングン》らの高麗末の新進士大夫層に属した人たちであった。彼らは高麗時代に盛んであった仏教を排撃し、儒教(朱子学、性理学)を基本理念とした国家統治を模索した。法制にかんしては鄭道伝が一三九四年『朝鮮経国典《ちょうせんけいこくてん》』を私案として政府に提出し、九七年趙浚を中心に『経《けい》済六典《ざいりくてん》』が編纂された。また学校の制度を整備して儒教に通じた人材の育成をはかり、社会習俗の面でも旧来のものを否定し、「朱子家礼」に代表される儒教的規範の普及をめざした。

しかし、このような功臣たちの政治には不満をもつ者が多く、それが次期王位をめぐる王室の内紛と結びついた。太祖には先妻に六人、後妻に二人のあわせて八人の男子がいたが、彼は末子の芳碩《バンソク》《ほうせき》をつぎの国王にするつもりでいた。父王の創業に大きな功績があった五男の芳遠は、一三九八年、芳碩の教育にあたっていた鄭道伝が、先妻の子である自分たちを除く陰謀を企てたとして殺害、異腹の末の二人の弟七男芳蕃《バン》《ほう》《ボン》《ばん》と芳碩までも殺した。太祖は群臣の意見に従って芳遠に即位を求めたが、芳遠は嫌疑が生じるのを恐れて辞退し、結局次男の芳果《バンクァ》(第二代定宗、在位一三九八〜一四〇〇)が王位に即き、太祖は引退して上王《じょうおう》とな

「太祖御真」 出身地全州の慶基殿にまつられた太祖李成桂の肖像画。傷みがひどくなった旧本を，19世紀後半に画師に命じて模写させたもの。

った。翌年の定宗元年（一三九九年、朝鮮王朝では大祖は別として、王の即位の翌年をその王の元年と数える踰《ゆ》年称元法《ねんしょうげんぽう》をとる）には都を開城に戻し、人心の一新をはかった。しかし、朴苞《パクポ》《ぼくほう》の反乱を機に、四男芳幹《バンカン》が私兵を率いて芳遠と争う事態になり、敗れた芳幹は追放された。一四〇〇年、定宗は位を芳遠（第三代太宗、在位一四〇〇～一八）にゆずり、自らは上王となった。一方太上王《たいじょうおう》となった太祖は、太宗が即位するにいたるまでの経過に絶望し、一時咸鏡道の咸興《ハムン》に引きこもり、王師《おうし》である僧無学《ムハク》の勧めで帰京したのちも仏教に帰依した。

即位以前からすでに政治の実権を握っていた太宗は、王権の強化を進めた。軍事にかんしては、王族や開国に功労のあった功臣がもつことを許されていた私兵を廃止して、三軍府に兵権の集中をはかった。政府の官制にかんしては、国王の秘書役として、王命の出納を司る承政院をあらたに設置した。そして、従来功臣たちが力をもっていた都評議使司を議政府と改め、議政府の政務を六曹《りくそう》（吏曹、戸曹、礼曹、兵曹、刑曹、工曹）が分担し、六曹がそれぞれ国王に直接報告する直啓《ちょくけい》の制度を設けて、議政府の権限を大幅に縮小した。さらに刑制の整備をはかり、高麗末の巡軍を義禁府に改編し、最高の司法機関であるとともに、国王直属の一種の親衛隊の役割をもたせ、おもに国事犯を担当させた。こうして新王朝の政治体制は高麗の遺制から脱却し、太宗の時代にほぼ固まった。一四〇四年には、ふたたび開城から漢城に都を遷し、以後五〇〇年余りにわたりこの地が王朝の政治文化の中心となった。石造の城壁と、崇礼門（南大門《ナムデムン》）、興仁之門（東大門《トンデムン》）などの城門に囲まれた都には、景福宮《キョンボックン》をはじめとする宮殿群や官庁街、そして宗廟《そうびょう》、社稷《しゃしょく》などの儀礼施設が配置された。

一四〇八年に太祖が亡くなると、実録編纂の作業が始まり、一三年に『太祖実録』が完成した。中国の制度にならって高麗でも国王ごとに実録が作成されており、新王朝はそれを継承したのである。その後、歴代の国王の実録が順次つくられたが、党争などの政治状況の変化のため改修されることも多かった。総称して『朝鮮王朝実録(李朝実録)』と呼ばれ、王朝史研究の基本的な史料となっている。当初は春秋館が編纂作業にあたったが、のちに特設の実録庁が設置された。保存に万全を期すため、各王の実録は四部ずつ作成されて、都の春秋館と各地の史庫に分散して保管された。実際、十六世紀末の日本の侵入(壬辰倭《じんしんわ》乱《らん》)の際には三部が火災で失われている。第七代世祖《セジョ》の時代以降は、実録から歴代国王の優れた治績を抄録して『国朝宝鑑』を編纂刊行し、統治の基準や参考資料として重視した。

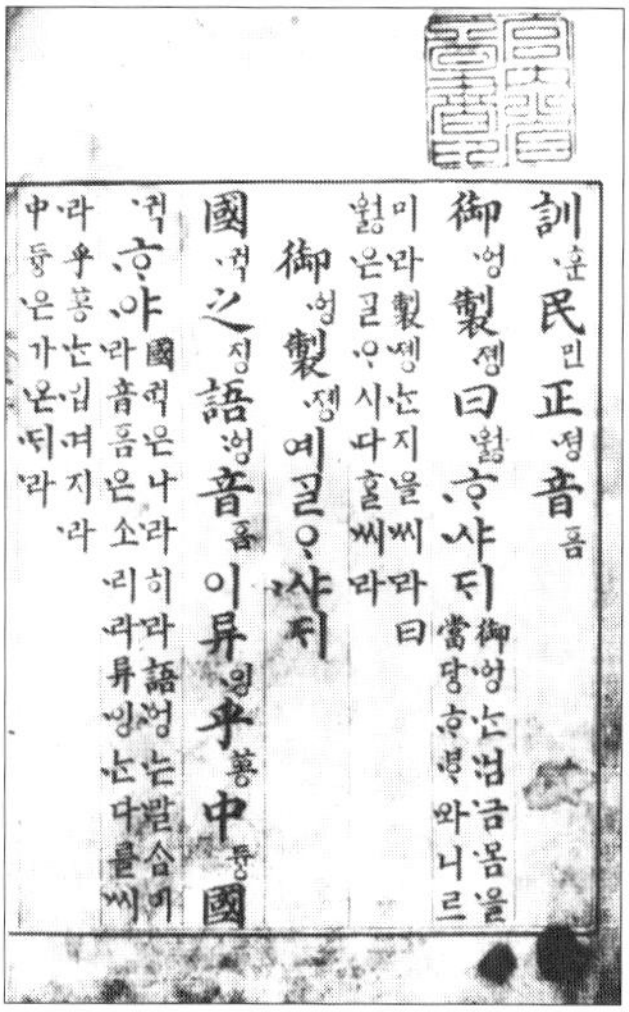

『訓民正音』　世宗は朝鮮語を表記するための文字,訓民正音を創り,この文字の解説書『訓民正音』を編纂刊行させた。

世宗と『訓民正音』

太宗による王朝支配体制の基礎の確立を受け、一四一八年に即位した後世名君の誉れ高い世宗《セジョン》(在位一四一八〜五〇)は、儒教による王道政治を標榜し、各種の文化事業を活発におこなった。世宗二年には唐の制度にならって集賢殿を新設、政治を学問的に支える研究機関の機能をもたせ、徐居正《ソゴジョン》、成三問《ソンサムムン》、鄭《チョン》《てい》

〔歴　史〕	『高麗史』(1451年，鄭麟趾・金宗瑞撰，紀伝体)
	『高麗史節要』(1452年，編年体)
	『東国通鑑』(1484年，徐居正撰，編年体〈三国から高麗まで〉)
〔地　理〕	『新撰八道地理志』(1432年，『慶尚道地理志』のみ現存)
	『東国輿地勝覧《とうごくよちしょうらん》』(1481年)
	『新増東国輿地勝覧』(1531年)
〔儀礼，音楽〕	『国朝五礼儀』(1474年，王朝の吉凶嘉賓軍の五礼)
	『楽学規範』(1493年，宮廷音楽)
〔科学，技術〕	『農事直説』(1429年，鄭招《チョンチョ》撰，朝鮮の気候風土を考慮した農業技術書)
	『郷薬集成方《きょうやくしゅうせいほう》』(1433年，国産薬材の解説書)
	『七政書』(1442年，暦書)
	『医方類聚』(1445年，医薬理論の集大成)
	『東医宝鑑』(1611年，許浚《ホジュン》撰，清や日本でも刊行された医学書)
〔政　治〕	『治平要覧』(1445年)
〔教　化〕	『三綱行実図』(1431年，君臣，父子，夫婦の規範)

王朝前期の主要編纂書物

麟趾《インジ》《りんし》、申叔舟《シンスッチュ》《しんしゅくしゅう》など有能な文官たちを集賢殿の官員に任命し、長期の休暇を与えて研究に専念させた(賜暇《しか》読書)。彼らは、王や世子に儒教の経典や歴史書などを講義する経筵《けいえん》(王を囲む経筵は、政策の論議と決定の場ともなった)や書筵《しょえん》の官を担当し、また経典の注釈、歴史、儀礼、地理、医薬などの書物の著述と編纂刊行にあたり、事業は後代にも引き継がれた(表参照)。高麗の金属活字技術も新王朝に継承され、一四〇三年に鋳字所《ちゅうじしょ》を設け、より洗練された活字が何回も鋳造された。各種の科学機器の開発もおこなわれ、世界で初めて測雨器という雨量計が全国に配置された。また景福宮に天文観測施設を設けたうえ、技術者蔣英実《チャンヨンシル》の協力をえて、渾天儀《こんてんぎ》(天球儀)、日晷《にっき》(日時計)、自《じ》撃漏《げきろう》(水時計)などが製作された。

世宗は諺文庁《げんぶんちょう》(正音庁ともいう)を設置し、集賢殿の官員の英知を集めて、一四四三年に新しい文字訓民正音を制定、四六年にこの文字の解説書『訓民正音』を刊行頒布した。朝鮮には古くから漢字を使って朝鮮語を表記する方法として吏読《イドゥ》《りとう》などがあったが、表現や伝達機能に限界があったため、民衆が利用可能な文字として訓民正音が作られた。朝鮮語についての緻密な言語学的研究をふまえ、子音と母音の種類だけ文字を作り(子音十七字、母音十一字)、それらを漢字の偏《へん》、旁《つくり》、冠《かんむり》のように組み合わせて一音節をあらわすという合理的方式が考案された。この文字を使って王朝創業の頌歌集『龍《りゅう》飛御天歌』、漢字音の研究書『東国正韻《とうごくせいいん》』、釈迦の一代記と頌詠歌『月印釈譜《げついんしゃくふ》』、火砲の解説書『銃筒謄録《じゅうとうとうろく》』、儒教普及のための教化書『三綱行実図《さんこうこうじつず》』などの各種の書物が刊行され、世祖の時代には、刊経都監《かんきょうとかん》がおかれて仏経が翻訳された(仏経諺解《ぶっきょうげんかい》)。ただ、政府や個人の重要な記録や書物は通常漢文で書かれ、近代になってハングルと呼ばれて民族文化の象徴とされるこの文字も、当時は宮中や両班の婦女子が使う程度で、知識人は一般に漢字漢文を真文と呼ぶのにたいして諺文《オンムン》と呼んで軽視し、初等教育の場や女性にたいする書簡などに使用するのにとどまった。

世祖のクーデタ

世宗は晩年、病気のため政務を世子(のちの文宗《ムンジョン》)に委ねた。この世子の代理聴政では、書筵を通じて世子の教育にあたってきた集賢殿の官員の政治的発言力が増し、この傾向は文宗即位後さらに強まった。文宗は在位わずか二年で世を去り、十二歳の世子(のちの端宗《タンジョン》、在位一四五二〜五五)があとを継ぐと、文宗の遺命によって王の補佐役として重視された議政府が政治の中心となり、これに世宗の遺臣の集賢殿の官員やその出身者が強力に参画することになった。幼少の国王のもと、六曹から国王に直啓する制度も廃止された。この状況に不満をもった世宗の次男首陽大君《スヤンテグン》(のちの世祖、文宗の弟、端宗の叔父、嫡出の王子は○○大君、庶出の王子やそのほかの王族は○○君の称号をもつ)は、権擥《グォンナム》《ごんらん》、韓明澮《ハンミョンフェ》《かんめいかい》らとともに一四五三年十月クーデタを起こし(癸酉靖難《きゆうせいなん》)、議政府の重臣金宗瑞《キムジョンソ》《きんそうずい》、皇甫仁《ファンボイン》《こうほじん》、鄭苯《チョンブン》《ていほん》らを殺害、反目していた弟の安平大君《アンピョンテグン》をも追放し、のちに死をたまわった。首陽大君は、自ら議政府、吏曹、兵曹の長官を兼職して完全に実権を握り、一四五五年には端宗から位をゆずられて即位した(在位一四五五〜六八)。翌年、端宗の復位計画が露見して成三問らが処刑され、七〇人以上が連座する事件が起こった(車裂きの刑を受けた成三問ら六人は、のちに死六臣と呼ばれた)。これには集賢殿の関係者が多くかかわっており、世祖はこれを機に集賢殿や経筵を廃止し、さらに上王(端宗)を魯山君《ノサングン》に降格して追放、結局自殺に追い込んだ。

世祖にたいする反感から、北方の咸吉道《ハムギルド》(咸鏡道)では、金宗瑞と親しかった武官李澄玉《イジンオク》《りちょうぎょく》が、朝鮮で野人《やじん》と呼ぶ女真人と手を結び、「大金皇帝」と称して反旗をひるがえした。王位を簒奪した世祖に出仕することを拒んで、儒教的な節義を重んじる数多くの官僚も政界を離れて下野した(下野した金時習《キムシスプ》ら六人は、のちに生六臣と呼ばれ、死六臣とともに忠臣の代表的存在とされた)。彼らは当時の父母双系的な家族制度のもと、母または妻の故郷に移住することも多く、儒教的な価値観が地方に普及する契機になり、しだいに開拓などによって農荘《のうしょう》を拡大して在地の支配力を強め、のちに地方に士林《しりん》勢力が登場する一因となった。

一方、鄭麟趾、申叔舟らは集賢殿の出身者ではあったが、世祖を補佐しその功臣として治世の確立に大きな功績をあげた。彼らはおもに首都付近に居住し、広大な農荘と多数の奴婢《ぬひ》を所有し、各種の特権を利用して政治的・経済的基盤を固めた。その権勢は次世代に受け継がれ、睿宗《イェジョン》や成宗《ソンジョン》に娘をいれて外戚となった韓明澮らとともに、のちに士林と対立する勲臣と外戚戚臣の勢力、すなわち勲旧《くんきゅう》派の主要部分を形成した。

世祖は即位すると、中央集権体制確立のため制度改革を断行、議政府の権限を縮小して六曹直啓の制を復活し、また抜英試、登俊試を新設して人材登用をはかり王権の強化をめざした。軍備強化のため三軍府を五衛都摠府《ごえいとそうふ》と改めて、中央軍の五衛(義興衛、龍驤《りゅうじょう》衛、虎賁《こほん》衛、忠佐衛、忠武衛)の指揮権を与え、地方の陸軍、海軍を統轄する各地域の兵営、水営と、その下部機構である鎮とを、機能的に組織する鎮管体制の確立をはかった。一四六六年には、官僚やその子孫たちに一定の面積の土地の収租権(本来国家がとるべき当該地の税の徴収権)を与えた科田法を廃止、自己の政権に参画している現職の官僚にのみ収租権を給付する職田法をあらたに実施して、政権の安定と国費支出の抑制をねらった。しかし急激な集権化は地方の反発を招き、一四五三年に前述の李澄玉が、六七年に李施愛《イシエ》が同じ咸吉道で反乱を起こした。後者は、地方官の任用を地元出身者から中央官僚の派遣に変更したことへの不満が端緒になったもので、在地の勢力である各地の留郷所《りゅうきょうしょ》(のちの郷庁《きょうちょう》)が呼応し、ほぼ咸吉道全域に反乱が広がった。鎮圧に数カ月を要した世祖は留郷所を廃してさらに集権化を進めた。

新王朝建国以来、各種の法令がだされたが、政治の推移につれて相互に矛盾が生じたり、実情にあわなくなる場合がある。これまでも前述の『朝鮮経国典』『経済六典』、太宗や世宗時代の『続六典』などたびたび法令の分類整理や編纂がおこなわれたが、世祖は政権が安定すると、崔恒《チェハン》らに命じて政治の根本となる成法典の編纂に着手し、朝鮮王朝を通じて基本的な統治規範となった『経国大典《けいこくたいてん》』が編纂された。行政組織である六曹の職責に対応して、吏典、戸典、礼典、兵典、刑典、工典の六典よりなるこの法典は、睿宗元年（一四六九年）に完成したが、直後に成宗が即位したため、修正が加えられ翌七〇年に公布された。

行政機構

王朝の統治機構は『経国大典』に示されている。中央の行政機構（表参照）の中心となったのは、三人の宰相（領議政、左議政、右議政の三議政）を中心とする議政府と、実際の政務を分掌する六曹であった。王権の強化がはかられた時代には六曹直啓制がとられ、議政府は国王の諮問機関のようなかたちになったが、十六世紀初めに六曹直啓制が廃止されて以降は、備辺司にその役割をゆずるまで、最高官府として宰相の合議によって国政を統轄した。司憲府と司諫院はあわせて両司と呼ばれ、その官員の台諫《だいかん》は言論によってしばしば王権を抑制する役割をはたし、集賢殿の実質的な後身である弘文館とあわせて三司と呼ばれた。

地方は全国を、京畿《キョンギ》、慶尚《キョンサン》、全羅《チョルラ》、忠清《チュンチョン》、江原《カンウォン》、黄海《ファンヘ》、平安《ピョンアン》、永安《ヨンアン》（当初は永吉《ヨンギル》。咸吉、永安をへて咸鏡で定着）の八道に分け（八道の語が朝鮮全土を意味するようになった）、その下に行政区画として、全国で三三十余りの府、牧、郡、県がおかれた。これらは道の傘下にある並列の単位で、邑《コウル》または郡《コウル》と通称され、その行政の中心となる庁舎所在地も邑、邑集落、邑内と呼ばれた。各道には長官として中央から高官の観察使（監司、方伯ともいい、赴任先の行政の中心地を監営といった）が派遣され、各邑にはやはり中央から地方官として、府尹、府使、牧使、郡守、県令、県監などが派遣され、守令《しゅれい》と通称されて、観察使の監督のもと統治にあたった。当初は、高麗の制を承けて地方官不在の邑も存在したが、郡県制整備の過程で、郷・所・部曲などとともに消滅した。地方官は行政、司法などの広範な権限をもったが、地方の両班《ヤンバン》、とくに同族と結託するのを防ぐため、自己の出身地には赴任を許されず任期も制限された。

各邑には在地の両班によって組織された座首《ざしゅ》、別監《べっかん》よりなる留郷所があり、守令を補佐し、邑の行政の実務を担当する郷吏(吏胥《りしょ》、外衙前《がいがぜん》)を糾察《きゅうさつ》した。郷吏は高麗の長吏の伝統を受け継ぎ、朝鮮王朝成立時には旧来の地方支配力を維持していた。しかし中央集権化を進める新王朝は、科挙受験を制限して官僚となる途を閉ざすなど、郷吏の力を弱める政策をとった。郷吏はしだいに中央から派遣された守令に隷属するようになり、邑内に居住して中央の六曹にならった六房《りくぼう》(吏房、戸房、礼房、兵房、刑房、工房)などの行政の実務を、労役として課される存在となった。郷吏は両班からは賤視されたが、民と直接接触するため、地方社会で隠然たる勢力をもった。郷吏のなかでは、邑の郷吏全体の統率者である戸長と吏房、兵房の首吏が力をもち、三公兄《さんこうけい》と呼ばれた。郷吏はほかの邑を含めて郷吏

議政府〔最高議決機関，官僚の統制と政務全体の統轄〕
(六曹)　吏曹〔文官人事〕
　　　　戸曹〔財政〕
　　　　礼曹〔儀礼，外交，学校，科挙〕
　　　　兵曹〔軍事，武官人事，駅伝〕
　　　　刑曹〔刑罰，訴訟，奴婢〕
　　　　工曹〔土木，営繕，工匠〕
承政院〔王の秘書役，王命と官僚の王への上啓を出納〕
義禁府〔国事犯を扱う最高司法機関〕
弘文館〔経籍の蒐集と研究，国王文書の作成と補佐〕
司憲府〔官僚の不正の糾弾，風紀の矯正〕
司諫院〔王にたいする諫言と論駁〕
漢城府〔首都の行政，治安，司法〕
承文院〔外交文書の作成〕
芸文館〔王の教書等の作成〕
校書館〔経籍の刊行〕
成均館〔文官養成の最高学府〕
春秋館〔王の日常の記録と歴史の編纂〕

中央のおもな行政機構

同士で通婚し、ほぼ世襲で労役を担当した。

両班支配体制

郷吏にかわって台頭したのが、地方在住の官僚退職者や、高麗末に軍功などにより添設職という名誉職を受けて両班となった、留郷品官、閑良と呼ばれた在地の有力者であった。彼らの前身は多くが郷吏と同じ高麗の長吏であったが、邑内から離れて農村部を拠点とした。両班とは、朝廷の公式行事である朝会の席次が東西に分れていたことに由来する、東班(文班、文官)と西班(武班、武官)の総称で、本来現職の文武官僚を意味し、高麗でもこの意味で使われた。朝鮮王朝では、文武官僚の登用試験である科挙が、法制上は一般に開かれていたが、実際には経済的・社会的条件によって、受験可能な階層がしだいに固定化され、その階層自体が婚姻を通じて再生産されたとみられる。両班の語は、社会のなかで官僚を輩出しうると認識されている知識人の階層を漠然と意味するようになり、やがて士、士族、士大夫などの語と通用し、彼ら自身は士族と自称することが多かった。在地の両班のなかには広い農荘や多くの奴婢を所有して勢力をふるう者も多く、留郷所も守令にたいして各種の圧力を加える組織でもあった。政府はこれの改廃を繰り返したが、円滑な地方統治のためには、元来守令と同じ階層に属し、地方の事情に通じた彼らの協力は不可欠で、在地の勢力に基盤をもつ士林派が勢力を伸ばした成宗時代には、留郷所の存在を正式に認めて常設化し、地方統治の機構に組み入れた。

科挙は、高麗時代に中国の制度を取り入れていたが、新王朝でも李成桂即位の翌年の最初の実施から、一八九四年に廃止されるまで五〇〇年にわたって実施された。高級官僚の登竜門としてもっとも重視された文官選抜試験の文科、高麗にはなかった武芸を試す武官選抜試験の武科、そして訳科(通訳)、律科(法律)、医科(医薬)、陰陽科(天文、暦、風水地理)よりなる専門技術官選抜試験の雑科の三種類があった。文科は三年ごとの定例の式年文科のほかに、増広試、別試などさまざまな名目でおこなわれる臨時の試験があったが、式年文科の場合は、各道でおこなわれる初試(郷試)、郷試の合格者を都で再試験する覆試《ふくし》(会試)、会試の合格者三三名を国王臨席のもと試験する殿試の三段階でおこなわれ、殿試では通例不合格者をださず、筆頭合格者を壮元《そうげん》といった。この文科を大科と呼ぶのにたいして、小科と呼ばれる予備的な試験に司馬試があり、経書の理解を試す生員科と、漢文学の能力を試す進士科からなり、あわせて生進科ともいった。合格者にはそれぞれ生員、進士の称号が与えられ、下級官僚への任官や、成均館に入学してさらに大科の受験をめざすことが認められた。

学校は、基本的に両班の子弟を官僚として養成する目的をもち、都には最高学府の成均館と、そして中高等教育機関である中学、西学、東学、南学よりなる四部学堂を、地方には邑ごとに四部学堂と同格の郷《きょう》校《こう》を設置した。学生は、家庭や各地に存在した初等教育のための私塾である書堂などで基礎を学び、四部学堂や郷校に入学して小科受験の準備をした。教科内容は経書と漢文学で、これらを学ぶことで科挙受験の準備をするとともに、儒教に則《のっと》った人格の形成をめざしたが、これが支配階層である両班の性格や価値観を大きく規定した。

政府は人々を支配するために戸籍を作成し、号牌《ごうはい》という身分証明書の携帯を義務づけ、五世帯を一統として相互扶助と相互監視をさせる五家作統法を施行した。朝鮮社会の身分制は、法制上は良人と賤人よりなる良賤制をとったが、実際には複雑な社会的階層が存在した。通例、両班のほかに、中人、常民、賤民の三階層があったとされるが、両班のなかでも名望が全国におよぶものから、地方レヴェルの両班（土班《どはん》、郷班《きょうはん》）までおり一様ではなかった。中人は科挙の雑科によって任官し、ほぼ世襲で専門的な技術職に従事する階層で、都の中央部に居住したためこの名がある。科挙の文科の受験を制限された両班の庶子（妾腹の子、庶孽《しょげつ》ともいう）も、子々孫々までこの階層に属し、王朝後期には両班から強い差別を受けた。また、中央の京衙前《けいがぜん》や地方の郷吏などのような官庁で実務にあたる下級役人の胥吏をも、この階層に含めることがある。農業や少数ではあるが商工業に従事して、国にたいする各種の租税や賦役を負担する階層が常民と呼ばれ、人口の大多数を占めた。

賤民の奴婢は、中央地方の官庁などの公的機関に所属する公賤（官奴婢、公奴婢）と、私的な個人などに所属して売買、譲渡、相続などの対象になる私賤（私奴婢）とがあった。公賤には官庁などで労役や官僚の随行に従事する者（立役奴婢）と、独立した家と家計を維持して米や綿布の身貢を国に納める者（身貢奴婢）とがあり、私賤には上典《じょうてん》（所有主）である両班や郷吏宅などに居住し、完全な隷属状態におかれて各種の労務に駆使される率居《そっきょ》奴婢と、上典から独立して上典の農荘の管理や土地の耕作に従事した外居奴婢とがあった。このほかに広大《クアンデ》（俳優）、白丁《ペクチョン》（屠殺、皮革、柳細工）などいわば職業によって奴婢以上に賤視された人々もおり、十六世紀に反乱を起こし、義賊として民衆に語り継がれた盗賊林巨正《イムコジョン》（林巪正《イムコッチョン》）は白丁出身とされる。

王朝初期の対外関係

明にたいして朝鮮は事大の礼の実践として毎年、正朝(元旦)、聖節(皇帝の誕生日)、千秋節(皇太子の誕生日)、冬至の四回定期的に朝貢使節を派遣し、このほかにも謝恩、奏請、進賀、進香などの臨時の諸使節があった。使節には学識豊かな文官が任命され、明でさかんに文化的交流がおこなわれ、帰国後提出された報告書などを通じ、明の情報がもたらされた。使節は明との官貿易の機会でもあった。海禁政策をとる明は朝貢による官貿易しか認めず、回賜《かいし》の絹織物や磁器、薬材、書籍などをえるために、朝鮮側は明の意図以上に使節を積極的に派遣した。しかし、明が要求する歳貢の馬匹や金銀の調達に人々は苦しみ、ときには未婚の娘や宦官の進献を求められ、早婚の風が生じる一因となったともされる。

朝鮮半島と西日本の沿海地域はもともと密接な交流があり、諸大名や商人による交易が盛んだったが、新王朝の開国後も倭寇の被害はやまなかった。太祖は即位すると、日本の室町幕府や九州探題に倭寇の禁圧を求め、太宗は一四〇一年、商倭《しょうわ》(日本商人)の興利船《こうりせん》(貿易船)の停泊地を富山浦《プサンポ》(釜山浦《プサンポ》、釜山)と乃而浦《ネイポ》《だいじほ》(薺浦《チェポ》《せいほ》、熊川《ウンチョン》)の二港に制限し、彼らの領主が交付する文引《ぶんいん》(渡航証明書)の所持者以外の貿易を認めず、倭寇として取り締まった。飢饉で困窮した対馬島民が倭寇と化して朝鮮を襲うと、一四一九年世宗は上王太宗の意を受けて対馬を征討した(己亥東征《きがいとうせい》、応永の外寇)が、一方懐柔策として倭寇の首領で投降、帰化する者には官職を与えて(受職倭人という)貿易上優遇した。対馬島主の宗氏には、歳賜として毎年米や大豆などの食糧を送り、貿易上の特権も与えて、倭寇や西日本からの通交者の統制を求めた。

しかし受職倭人が激増し、興利船以外にも、西日本の諸大名が利益を求めて、従来以上に頻繁に使節を派遣するようになると、朝鮮は負担の軽減と統制の強化をはかった。世宗は図書《としょ》(勘合印)、書契《しょけい》(外交文書)などの制度を整備し、停泊地に塩浦《ヨムポ》(蔚山《ウルサン》)を加えて三浦とした。三浦には漢城にならって倭館がおかれ、倭人の常住(恒居倭人《こうきょわじん》)を認めるなどの便宜を与えた。また対馬の宗氏に文引の発行権を与え、これが、以降明治初期まで朝日間の外交、通商関係に、対馬が中心的役割をはたす端緒となった。一四四三年には、対馬と歳遣船の制度を定め、対馬からの貿易船の総数と貿易額に制限を加えた(癸亥《きがい》約条、嘉吉《かきつ》条約)。貿易は、日本が進献物を奉じ朝鮮が回賜を与えるという官貿易と、それに付随した私貿易があった。日本からは国産の硫黄、銅、東南アジア産の薬材、香料などが、朝鮮からは綿布、米、人蔘《にんじん》、陶器、螺鈿《らでん》、虎や豹の毛皮などがもたらされたが、日本はたびたび『大蔵経《だいぞうきょう》』の賜与を求めた。このうち木綿は、高麗末に文益漸《ムンイクチョム》が中国から種子を持ち帰り、朝鮮では十五世紀以降、衣料や現物貨幣としてさかんに用いられた。日本には十六世紀前半に大量に輸出され、その後の中国産木綿の輸入とあいまって、日本における普及の契機となった。

足利義満が一四〇二年日本国王に冊封《さくほう》され、当時の明を中心とする東アジアの国際秩序に参加すると、〇四年には朝鮮にもはじめて日本国王の名で使節を送った。室町政権にたいして朝鮮は、朝鮮国王の親書を外交文書に用いて形式上対等の交隣《こうりん》関係を結び、回礼使、通信使を派遣した。通信使は京都までいくこともあり、帰国後使節が提出する報告書や随員の紀行文は、日本の地理、風俗、政治制度、文化などにかんする豊富な情報をもたらした。代表的なものに宋希璟《ソンヒギョン》『老松堂《ノソンダン》日本行録』、申叔舟『海東諸国記』などがある。

太祖の根拠地であった北部地域のうち、豆満江《トゥマンガン》下流域の野人(女真)にたいしては開国当初から投降、帰化を奨励し、官職を与えて懐柔した。しかし応じない場合も多く、世宗は討伐のため金宗瑞を派遣して六鎮を設置し、徙民《しみん》政策をとって南方の人々数万を移した。懐柔策も強化し、鏡城《キョンソン》と慶源《キョンウォン》に貿易所をおき、野人が必要とする食糧、衣類、牛、農具などを馬、毛皮などと交換した。また鴨緑江上流域には崔潤徳《チェユンドク》、李蕆《イチョン》《りてん》を派遣して野人を討伐し、四郡を設置した。世宗の東北六鎮、西北四郡の設置によって、豆満江と鴨緑江を国境線とする今日の朝鮮の領域の基礎がつくられた。朝鮮に毎年歳遣船を派遣した琉球をも含め、官貿易や官職の授与によって、対馬、受職倭人、野人などは、朝鮮を中心としたいわば一種の国際秩序を形成していた。とくに王権の強化をはかった世祖時代には、皇帝の特権である祭天儀礼がおこなわれ、日本や対馬、野人、琉球などを四夷と認識するいわば朝鮮型の華夷秩序意識もみられた。これが明を中心とする国際秩序と抵触することもあり、建州衛の野人に官職を授けたことにかんして、明から強い叱責を受けたりした。

2　士林の進出と体制の変容

士林の進出

世祖《セジョ》のあとを承けて一四六八年に即位した睿宗《イェジョン》(在位一四六八～六九)は、王朝初の垂簾《すいれん》政治である世祖妃で母親の貞熹《チョンヒ》《ていき》王后《ワンフ》尹《ユン》氏の摂政のもと、世祖が晩年、年少で病弱の世子(睿宗)のために定めた院相(承政院の宰相)韓明澮《ハンミョンフェ》《かんめいかい》、申叔舟、具致寛《クチグァン》ら三人の重臣の補佐を受けた。院相は承政院に常時出仕して政治をおこない、翌年に睿宗が亡くなり、十二歳の成宗《ソンジョン》が即位したが(在位一四六九~九四)、祖母貞熹王后の摂政と院相による政治体制は維持された。翌成宗元(一四七〇)年、先に李施愛の乱平定に功を立てて領議政にもなった王族亀城君《クソングン》が、王位を脅かすことを警戒されて流配され、これを機にその後王族の官僚への任用が禁止されることになった。

一四七六年に親政を開始した成宗は、院相の制度を廃止し、当時の政府の実権を握り、のちに勲旧派と呼ばれるようになる勢力を牽制するため、金宗直《キムジョンジク》や彼の門人の金馹孫《キムイルソン》《きんじっそん》、金宏弼《キムグエンピル》、鄭汝昌《チョンヨチャン》、南孝温《ナムヒョオン》ら新進の士林を大挙登用した。金宗直は、高麗末に新王朝への仕官を拒否して下野した吉再《キルチェ》の学統、学風を受け継ぐ嶺南《ヨンナム》(慶尚道)の学者で、堯舜《ぎょうしゅん》の政治を理想とした道学政治の実現をめざした成宗は、彼の学問を慕い中央に呼び寄せた。士林派は、彼らの出身母体である在地の両班層の輿論《よろん》を担い、おもに言論機関である三司を中心に急速に勢力を伸ばした。理想主義的で道義や節義を重んじる彼らは、世祖のクーデタすなわち癸酉靖難には批判的であり、世祖に加担した勢力の系譜を引き、現実の状況を重んじる勲旧派を小人と非難して対立した。

士禍と党争

成宗のあとを継いだ燕山君《ヨンサングン》(在位一四九四~一五〇六)は、政治や学問に関心がなく奢侈《しゃし》と淫楽《いんらく》にふけった。三司を中心に諫言を繰り返す士林派の存在が煩わしく、勲旧派の策動をも受け、一四九八年、士林派

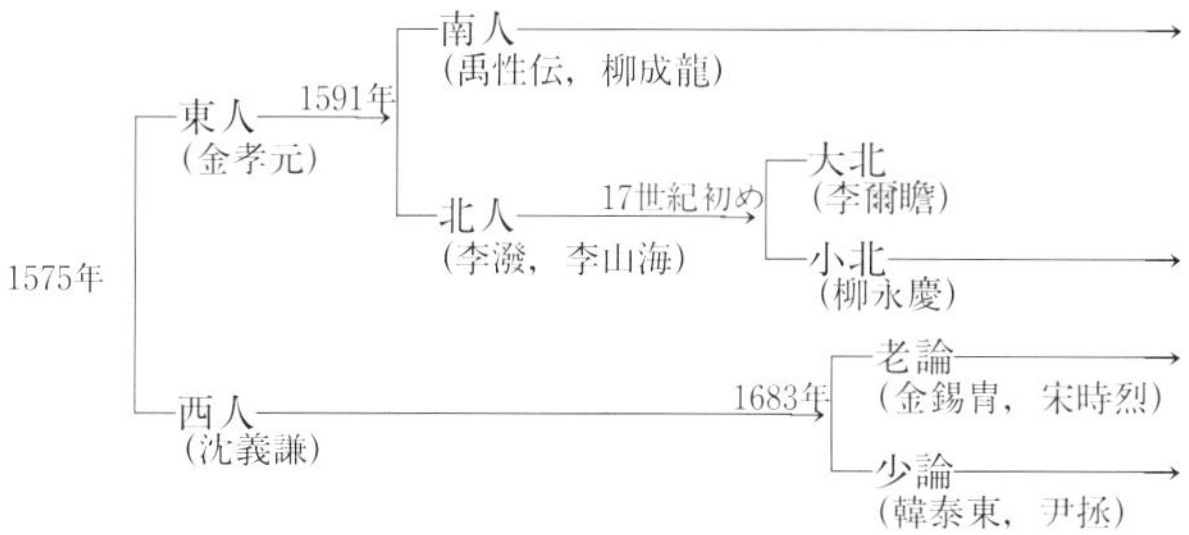

党争と四色党派の形成　(　)内は朋党形成当初の代表的人物

に弾圧を加えた。『成宗実録』の編纂に関連して、金宗直の門人金馹孫が史官として記した史草(草稿)のなかに、暗に世祖の癸酉靖難を誹《そし》る金宗直の文章があるという柳子光《ユチャグァン》、李克墩《イクットン》《りこくとん》らの弾劾を採用し、大逆罪に処したのである。金馹孫をはじめ多くの者が、これに連座して処刑または流配され、また金宗直も、法に従って墓を暴かれ遺体に斬刑が加えられた(戊午士禍《ぼごしか》、史禍)。こののち、燕山君の奢侈に拍車がかかり、彼はその財源として、勲旧派ら官僚の所有する土地や奴婢の没収を考えた。このとき、専権をねらう外戚の任士洪《イムサホン》から、成宗時代に起こった自身の生母尹《ユン》《いん》氏の廃妃賜死事件の顛末を聞かされた燕山君は、一五〇四年に、彼を諌める勲旧派と、士林派で戊午士禍をまぬがれた勢力を、この事件に賛成ないし関与したとして一掃した。その結果、金宏弼らが処刑され、すでに故人であった韓明澮、鄭汝昌、南孝温らが金宗直と同様の処罰を受け、犠牲者は前回を遥かに上回った(甲子士禍《こうししか》)。燕山君の暴政はやまず、経筵、司諌院を廃止して自己の意に反する言論を閉ざし、全国に採紅駿使を派遣して美女と駿馬を集め、最高学府の成均館や、都にあった寺院円覚寺を酒色の場とするなど常軌を逸した。

燕山君や任士洪らにたいする不満は、一五〇六年成希顔《ソンヒアン》、朴元宗《パクウォンジョン》らの決起をもたらし、成宗の継妃貞顕王后《チョンヒョンワンフ》尹《ユン》氏の命によって燕山君は廃され、王弟の中宗《チュンジョン》（在位一五〇六〜四四）が即位した（中宗反正《ちゅうそうはんせい》、反正は正しい政治に戻すこと、廃主は王として待遇されず廟号がないので、王子時代の称号燕山君で呼ばれる。のちの光海君《クァンヘグン》も同じ）。中宗は、金宏弼の門人で士林派の代表的人物の趙光祖《チョグァンジョ》を登用し、改めて王道思想に基づく哲人君主政治の実現を標榜、反正の功臣を含む勲旧派を牽制した。趙光祖らの主導のもと道教的な祭祀を廃止し、郷約《きょうやく》の普及をはかり、科挙にかわって推薦による登用法の賢良科を実施するなど、儒教に基づく理想主義的政策がとられたが、中宗が政策の急進性と厳格さに不満をいだいたのに乗じた勲旧派は、一五一九年趙光祖一派を死刑に処すなどして粛正した（己卯士禍《きぼうしか》）。その後、仁宗《インジョン》、明宗《ミョンジョン》時代には、王が短命、幼少だったこともあり、外戚間の政権をめぐる対立が激化し、一五四五年、小尹と呼ばれた尹元衡《ユンウォニョン》《いんげんこう》が、大尹と呼ばれた尹任《ユンイム》《いんじん》を自決させ、大尹派にくみした士林派を処罰した（乙巳士禍《いつししか》）。このように士禍は、王権の確立をめざす王と勲旧派の利害が一致したときに、引き起こされる傾向をもつが、打撃を受けながらも士林派の勢力はしだいに成長し、つぎの宣祖《ソンジョ》時代には政治の主導権を握るようになった。しかしほぼ同時に、士林派内部の軋轢《あつれき》が、朋党《ほうとう》の形成と党争の発生というかたちで表面化した。

明宗には嫡子嫡孫がなく、中宗の庶孫という傍系の河城君《ハソングン》（宣祖、在位一五六七〜一六〇八）が即位し、旧来の外戚はほとんど力を失った。宣祖は即位当初学問に志し、勲旧派を斥けて士林派を大挙登用した。しかし士林派は、一五七五年に、人事権を握る吏曹の銓郎職《せんろうしょく》をめぐって金孝元《キムヒョウォン》と沈義謙《シムウィギョム》が対立したことが発端となり、人望のあった彼らを中心に士林派が二派に分れ、やがて朋党を形成するようになった。金孝元の家が都の東側、沈義謙の家が西側にあったので、それぞれの一派を東人、西人と区別して呼んだ。東人には慶尚道の学者李滉《イファン》《りこう》、曹植《チョシク》の門人の係累が多く、西人には京畿、忠清道の学者李珥《イイ》《りじ》、成渾《ソンホン》《せいこん》の門人の係累が多かった。

両派のあいだの調停に努力した李珥が、一五八四年に死去すると対立は決定的となり、八九年に全羅道などで起きた鄭汝立《チョンヨリプ》の謀反事件を機に、西人が東人を粛正し(己丑獄事《きちゅうごくじ》)、この後全羅道出身者の登用が極端に制限された。また一五九一年、世子冊立に関連して西人の鄭澈《チョンチョル》《ていてつ》が失脚すると、東人が西人の粛正をおこない、以後仁祖《インジョ》(在位一六二三〜四九)即位まで三〇年余り東人が政権を握った。このとき、鄭澈の処遇などをめぐって、東人は、学派的には李滉系の南人と曹植系の北人に分れた。南北は、やはり両派の領袖、禹性伝《ウソンジョン》と李潑《イバル》《りはつ》の都の居住地域に由来する呼称である。朋党は政治的な党派というよりはむしろ、学派や地縁血縁といった両班の人間関係全体が構成要因となった。両班であれば通常どれかの朋党に属し、朋党は、師弟、同郷の同族、親子関係などによって継承され、朋党間の争い、つまり党争は長期化し、朝鮮社会に大きな影響を与えた。

書院と郷約

士林の社会的基盤形成に大きな役割をはたしたのが書院と郷約であった。在郷の子弟教育のための私塾に、著名な学者をまつる機能を付加した施設が書院である。一五四三年、慶尚道の豊基《プンギ》郡守周世鵬《チュセブン》が、朱子の白鹿洞書院を模して、高麗末の安珦《アニャン》《あんきょう》をまつる白雲洞書院《ペグンドンソウォン》を建てたのが嚆矢《こうし》となった。この書院は、のちに李滉の建議によって、明宗から親筆の「紹修《しょうしゅう》書院《ソスソウォン》」の額と、書籍、田地、奴婢などが下賜され、免税の特権が与えられた最初の賜額《しがく》書院にもなった。書院には、所在の地域や、経営にあたる両班にゆかりの学者がまつられることが多く、競うように各地で急速に数をふやし朱子学の普及に寄与した。書院は、士禍で弾圧された士林が、学派、地縁血縁で結束して中央政界への再起を期すための施設となったが、党争の拠点ともなり、同じ党派に属す書院は互いに連携した。各邑には郷校があったが、校生と教官の質が低下し、書院の隆盛に反比例して教育機関としては概してふるわなかった。しかし、郷校では孔子をはじめとする聖賢の祭祀や、郷射《きょうしゃ》、郷飲酒《きょういんしゅ》、養老などの儒教儀礼がおこなわれ、それが各書院に結集する在地の両班が、邑単位で結束をはかる機会となった。両班階層にはしだいに儒教的価値観が浸透し、親にたいする三年喪や、寡婦の不再嫁などの習俗が定着し、王朝後期には中国以上に厳格におこなわれることが彼らの誇りともなったが、再婚した女性の子孫は科挙受験を禁止され、事実上両班階層から排除された。

在地の両班は、邑ごとに親睦のための組織をもち、組織の名簿を郷案《きょうあん》、運営規則を郷規《きょうき》、意志決定の機関を郷会《きょうかい》といった。郷案に名が載ることが、その地域で本人やその一族が両班であるひとつの証拠でもあり、入録には両親、妻の父の家柄が厳しく審査された。郷規は邑によって郷憲、憲目、約束などのさまざまな名称があるが、親睦のための規定や自己規律、郷案入録の基準、邑の秩序維持のための規制などの条目があった。郷会では、地域社会にかんするあらゆることが討議されて輿論の集約がはかられ、それをもとに、やはりここで選出される留郷所の座首、別監などの郷任が、守令を補佐しまた牽制した。在地の両班組織を中心に、趙光祖が実施しようとして挫折した郷約の普及がさかんにはかられた。宋の呂大臨《りょたいりん》の著作を朱子が増補した徳業相勧、過失相規、礼俗相交、患難相恤《そうじゅつ》を骨子とする郷約は、しだいに各地の実情にあわせた改訂が加えられ、民衆教化の絶好の材料とされた。役員である約正には有力な両班が就任して一般農民を指導し、両班の在地支配を強固なものとした。

思想、学問、文学、芸術

朝鮮王朝では仏教は概して不振であった。太祖は度牒《どちょう》制を実施して僧の増加を防ぎ、太宗は全国で二四二寺だけを残して他を廃止し、その土地と奴婢を没収するなどの弾圧を加えた。世宗は、諸宗派を禅、教二宗に統合し、各一八寺のみを認定した。宮中に内仏堂をおいた世宗や、都に円覚寺《ウォンガクサ》を建て、仏経諺解を刊行した世祖のように仏教を敬う王もいたが、儒教重視の状況下で、僧は各種の徭役にかり出され、とくに下級の僧は社会的に賤視されるようになった。ただ、壬辰倭乱のときに僧軍を率いて武勲を立てた休静《ヒュジョン》、惟政《ユジョン》《いせい》のような僧もおり、仏教は国家と個人の安寧を祈る宗教として、広く民間で信仰されていた。両班が形成しようとした儒教社会の裏面では、仏教、巫覡《ふげき》(シャーマン)、山神などにたいする信仰、また歳時風俗や部落祭などが盛んであり、これらをおもに女性や庶民が支えていた。

国初の朱子学は鄭道伝、権近らのように、指導理念確立のための仏教排撃論や、制度の整備のための実際的な学問が主流であった。しかし、士林派が中央政界に進出するころには、理気心性などの概念を用いて人間の存在と倫理の本質を探求し、それに基づいて修養につとめる学問傾向が強くなった。君主に哲人であることを求め、自分たちの倫理観に基づく輿論を公論と主張して、その実現を迫った士林派にふさわ

陶山書院　李滉(李退渓)をまつった書院で，宣祖から「陶山書院」の額を下賜された。嶺南儒林の拠点のひとつとなり，のちの興宣大院君の書院撤廃令の対象からも除外された。

しい学問であった。初期には、気を重視し妓女黄《ファン》真伊《ジニ》との麗しい師弟関係でも著名な、孤高の人徐《ソ》敬徳《ギョンドク》のような独特な学者や、理を重視してのちに主理派の先駆的学者と位置づけられた李彦迪《イオンジョク》《いげんてき》がでたが、学者たちはしだいに理気心性などにかんする朱子の学説のなかに矛盾があることに気づき、それらをいかに整合的に説明するかをめぐって、大きく李滉(号は退渓《テゲ》《たいけい》、日本の朱子学にも著作を通じて大きな影響を与えた)を代表とする理重視の主理派と、李珥(号は栗谷《ユルゴク》《りっこく》)を代表とする気重視の主気派とに分れた。やがて主理派は嶺南学派(慶尚道)を、主気派は畿湖《キホ》(京畿、忠清道)学派をそれぞれ形成し、地縁血縁によって学説が固定化され、党争とも結びついた。李滉と李珥は没後、学派党派の祖として、生前にも増す絶大な権威をもつようになった。

文学では漢文学が主流で、従来の漢詩文を整理したものに徐居正『東文選《とうもんぜん》』がある。高麗以来の伝統を承け、説話、時調、歌辞も盛んで、説話文学では徐居正『筆苑雑記《ひつえんざっき》』、成俔《ソンヒョン》《せいけん》『慵斎叢話《ようさいそうわ》』、魚叔権《オスックォン》『稗官《はいかん》雑記《ざっき》』などが書かれ、これが昇華されて小説となったのが、金時習『金鰲新話《きんごうしんわ》』である。詩余《しょ》ともいわれた時調(定型の短詩)は両班の教養のひとつとなり、妓女にも黄真伊のような名作家があらわれるほど一般化し、尹善道《ユンソンド》によって大成された。歌辞(散文詩)にはハングルが積極的に取り入れられ、『関東別曲』『松江歌辞《しょうこうかじ》』の作品で著名な鄭澈がでた。

音楽では世宗時代の朴堧《パクヨン》《ぼくぜん》が宮廷音楽の基礎を築き、成宗時代には理論書『楽学規範《がくがくきはん》』が編まれた。民間では各地の民謡のほか、時調、歌辞をコムンゴ、伽倻琴《カヤグム》などの楽器の伴奏付きでメロディーをつけて歌う歌曲が広くおこなわれ、音楽と関連の深い舞踊には、処容《しょよう》舞、儺礼《だれい》舞などの宮中舞楽、農楽舞、巫堂《ムーダン》舞、僧舞などの民俗舞があり、歌曲とともに王朝後期になるほど盛んになった。絵画では図画署《とがしょ》の画員安堅《アンギョン》と文人画家姜希顔《カンヒアン》《きょうきがん》、姜希孟《カンヒメン》《きょうきもう》が名高い。十五世紀の絵画は日本の画壇にも、作品自体や使節に随行した画員を通じて影響を与え、十六世紀には女性画家申師任堂《シンサイムダン》(李珥の母)がでた。両班の重要な教養である書にかんしては、四大書家の安平大君、金絿《キムグ》《きんきゅう》、揚士彦《ヤンサオン》《ようしげん》、韓濩《ハンホ》《かんかく》がいる。建築では、現存する代表的なものに、崇礼門、敦化門、南大門(開城)、大同門(平壌《ピョンヤン》)、経版庫(海印寺《ヘインサ》)、紹修書院、玉山書院《オクサンソウォン》、陶山書院《トサンソウォン》、松《ソン》広寺《グァンサ》、通度寺《トンドサ》などがあり、そのほかに円覚寺の十重の塔などの石塔、昌徳宮《チャンドックン》と昌慶宮《チャンギョングン》の後苑などの庭園、十五世紀に高麗磁器のあとを受けてつくられた粉青沙器、十六世紀以降広く流行した白磁などの陶磁器が著名である。

3　日本と後金(清)の侵入と社会の再編

日本の侵入＝倭乱

十五世紀なかば以降、衣類、穀物などの生活必需品の調達を含め、経済を貿易に依存していた対馬を中心に、朝鮮と日本との貿易量が急速にふえ、それにともなって密貿易も活発化した。朝鮮は統制を強化したが、不満をもった恒居倭人が、一五一〇年対馬宗氏の支援を受けて暴動を起こし、薺浦、釜山浦を陥落させるなど慶尚道に大きな被害を残した(庚午《こうご》三浦倭乱)。このため朝鮮は通交を断ち、窮した宗氏の要請で、一五一二年、歳遣船と歳賜米豆の半減や、倭館を薺浦のみに限り倭人の三浦への居留禁止等を決めた壬申《じんしん》約条が結ばれた。その後も倭人がしばしば暴動を起こし、また北方でも野人が侵入を繰り返したので、一五二二年、朝鮮政府は辺境防備のための合議機関で、のちには政治面でも権限をもつようになる備辺司を設置した。ただ朝鮮の武備はそれほど充実せず、一五五五年には、倭寇が全羅道の南海岸から侵入して一帯を荒らし回り、地方官の長興《チャンフン》府使が戦死した(乙卯《いつぼう》倭変《わへん》)。

日本では豊臣秀吉が乱世を統一し、朝鮮に道を借りて明を征服しようという野望をいだいた。朝鮮が拒否すると、一五九二年四月大軍を上陸させ(壬辰《じんしん》倭乱《わらん》、文禄の役)、釜山、東莱《トンネ》《とうらい》を落として守将鄭撥《チョンバル》《ていはつ》、宋象《ソンサン》賢《ヒョン》を戦死させ、さらに朝鮮政府が急派した名将申砬《シンイプ》《しんりゅう》の軍を忠州《チュンジュ》で破り、二〇日程で都漢城を占領した。漢城陥落の三日前、宣祖は王妃、近臣らとともに平壌に逃れたが、小西行長の軍が迫るとさらに鴨緑江岸の義州《ウィジュ》に移った。このとき、漢城の下層の人々は掌隷院《しょうれいいん》などの官庁に放火し、自分たちを拘束した奴婢の名簿を焼却した。加藤清正の軍も咸鏡道から豆満江をこえて現在の中国領まで侵入、王朝存亡の危機に瀕した朝鮮は、宗主国明に援軍の派遣を要請した。

緒戦における朝鮮の敗北の原因は、日本軍(倭賊《わぞく》)が戦争に慣れ、鳥銃(小銃)などの最新兵器を携帯したことや、朝鮮政府が党争のために情勢判断をあやまり、武備を怠ったことが大きいとされる。前年に帰国した通信使の報告では、西人の正使黄允吉《ファンユンギル》《こういんきつ》が侵攻の可能性を警告したが、東人の副使金誠一《キムソンイル》はそれを否定し、東人優位の政権では後者の楽観論が通ったのである。しかし海上では、亀甲船《コブクソン》(亀船)を用い地形や海流を巧みに利用した李舜臣《イスンシン》の水軍が、終始日本軍を圧倒して制海権と穀倉地帯の全羅道地方を確保し、日本の兵員や軍糧の補給計画を挫折させた。また各邑がつぎつぎと日本軍の手に落ちると、地方秩序の維持をはかる在地の名望家である両班が、国王への忠義を掲げて義兵を組織、奇襲作戦などによって日本軍に打撃を与えた。活躍した高名な義兵将には、慶尚道の郭再祐《クァクチェウ》、鄭仁弘《チョンイノン》、全羅道の金千鎰《キムチョニル》《きんせんいつ》、高敬命《コギョンミョン》、忠清道の趙憲《チョホン》、そして平安道の僧侶休静らがいる。

明は祖承訓《そしょうくん》の率いる遼東の軍を派遣して平壌を攻撃したものの失敗し、武官沈惟敬《しんいけい》を平壌の小西行長のもとに送って和議を模索した。その後一五九三年正月、明は提督李如松の率いる大軍を増派し、平壌の日本軍を破り漢城に迫ったが、碧蹄館《ピョクチェグァン》で敗れてふたたび平壌に引いた。日明間の和議の交渉は、朝鮮の反対にもかかわらずおこなわれ、権慄《グォンユル》《ごんりつ》が率いる朝鮮軍に幸州《ヘンジュ》山城の戦いで敗れたのち、日本は和議を受け入れ四月に漢城を撤収した。補給路をたたれていた日本は、全兵力を南下させて、頑強に抵抗する晋州《チンジュ》城を陥落させ、慶尚道の沿岸一帯に城郭(倭城)を築いて駐屯した。軍が対峙《たいじ》するなか、和議の交渉は数年にわたって継続し、日本軍の諸将は一部の部隊を残して帰国した。しかし、秀吉を日本国王に封ずるという講和条件が秀吉の怒りをかい、秀吉は一五九七年正月ふたたび大軍を派遣した(丁酉再乱《ていゆうさいらん》、慶長の役)。しかし明軍が鴨緑江をこえ、李舜臣の率いる水軍も脅威となり、日本軍は忠清道より北へは進めず、翌年八月の秀吉の病死を機に撤退を開始、年末までにはほぼ完了した。李舜臣は十一月、退却する日本軍の殲《せん》滅《めつ》をねらい露梁《ノリャン》で日本軍を破ったが、流れ弾にあたり戦死した。

倭乱は朝鮮に深刻な後遺症をもたらした。人的被害は甚大で、農地も三分の一に激減、農村は荒廃し、倭乱中にも困窮した人々を巻き込んだ李夢鶴《イモンハク》の乱が起きた。奴婢の名簿が焼かれたほか、量案《りょうあん》(土地台帳)や戸籍も多くが失われ、租税の徴収や徭役の徴発に支障をきたした。また政府は財政や食糧の補塡《ほてん》のため納粟《のうぞく》を奨励し、その代償として官爵を与える空名帖、役を免ずる免役帖、奴婢を解放する免賤帖などをしきりに発行したので、身分や階層の秩序も混乱した。文化財の被害も大きく、景福宮をはじめとする宮殿や各地の建築物が焼失し、書物、美術品なども略奪された。日本にたいする強い敵愾心《てきがいしん》は、以後の対日意識に決定的な影響を与え、宗主国明にたいしては、明軍の横暴には非常に苦しんだが、援軍が王朝を滅亡から救ったことが恩義として理念的に強調され(再造《さいぞう》の恩)、以後崇明意識が一層高まった。

日本は戦争中朝鮮から多くの人々を連行し、文化財を略奪した。捕虜には有田焼を始めた李参平《イサムピョン》のような陶工がおり、萩、薩摩など西日本の陶磁器産業はこのときに起こったが、朝鮮では陶工不足から生産が危機に瀕《ひん》した。このほか、薩摩には養蜂技術が伝わり、また官僚姜沆《カンハン》《きょうこう》は藤原惺窩《せいか》に朱子学を伝授した。

さらに数万の人々が奴隷として東南アジア方面に売られ、なかにはヨーロッパにいたりルーベンスの絵に登場する者もいる。略奪した書物には李滉の著作を含め朱子学関係のものも多く、中国から輸入された書物とともに、江戸時代の朱子学の確立に大きな役割をはたし、また活字やその技術は、江戸初期の慶長古活字版を生んだ。このころ、日本経由で新大陸原産の唐辛子が朝鮮にはいったといわれ、また、日本の茶道における茶室の形式や茶器には朝鮮の影響がみられる。

「東萊《とうらい》府使接倭使図」(部分)　壬辰倭乱以後，朝鮮をおとずれた日本(対馬)の使節は上京を許されず，客舎に設置された国王の象徴である「殿牌」に拝礼した(作者未詳，18世紀後半)。

秀吉の死後、実権を握った徳川家康は戦争以来途絶した朝鮮との通交の再開を望み、対馬の宗氏にしばしば使節を派遣させた。朝鮮の光海君は一六〇七年、日本からの要請に応え、連行された捕虜の送還を目的とする回答兼刷還使《かいとうけんさっかんし》を江戸に派遣し、対馬藩との貿易にかんする交渉に応じた。その結果、一六〇九年に己酉《きゆう》約条が結ばれて、歳遣船、歳賜米などのことが定められ、のちの一八七六年に江華島《カンファド》条約が結ばれるまで、日朝間の外交貿易の基本構造が定まった。対馬藩は、幕府にたいして朝鮮との外交実務を請け負うことで、富山浦の倭館における日朝貿易の独占を認められ、日本からは銀、銅などが、朝鮮からは人蔘、生糸、絹織物などが輸出された。生糸、絹織物は日本銀(倭銀)によって朝鮮が中国から輸入したもので、この朝鮮の中継貿易は、長崎における日中貿易とならんで、東アジアの銀や生糸、絹織物の流通ルートとして重要であり、十八世紀に日本国内で養蚕製糸業が活発化する以前は、対馬藩は多大な利益を享受した。

朝鮮からの使節である通信使は、幕府の将軍職の継承や嗣子《しし》の誕生といった慶事の際に、幕府の命を受けた対馬藩の要請を受けて、派遣された。一行は概して四〇〇名余で編成され、往復の旅程の各地で詩文の応酬《おうしゅう》などの文化交流が活発におこなわれ、幕府も一時新井白石の意見によって儀礼を改め節約につとめたが、おおむね丁重に応対し、幕府の財政難から行礼の地を江戸から対馬に換えた(易地聘礼)一八一一年まで続いた。通信使は朝鮮にとっては日本の国情を実地に知る機会となり、申維翰《シンユハン》《しんいかん》の『海游録《かいゆうろく》』などの優れた紀行文が数多く生まれた。日本からも使節が派遣されたが、使節の経路が進軍の経路となった倭乱の経験から、諸手続は基本的に倭館でおこなわれ、王朝前期のように上京することは許されなかった。

後金(清)の侵入=胡乱

宣祖は倭乱中に光海君を世子としたが、彼が庶子でしかも次男だったため、明は許可を渋り、一六〇六年嫡子永昌大君《ヨンチャンテグン》が生まれると、後継の王をめぐって政争が起こった。倭乱後、柳成龍《ユソンヨン》らの南人は斥けられ、北人が政権を握っていたが、北人は小北と大北に分裂し、小北派が永昌大君を、そして大北派が光海君を支持した。一六〇八年に宣祖が亡くなり、永昌大君の実母仁穆王后《インモクワンフ》《じんぼく》金《キム》氏の命によって即位した光海君(在位一六〇八~二三)は、焼失した宮殿の再建改修をおこなって威信の回復をめざし、また民政の安定と国家財政の建て直しをはかり、宣恵庁《せんけいちょう》を設置して京畿に大同法を実施し、一一年には農地の調査測量である量田《りょうでん》や、戸籍の調査を実施した。しかし、その一方で大北派の鄭仁弘、李爾瞻《イイチョム》《りじせん》らの支持を受けて、王権強化のため、反対派にたいする厳しい粛正がおこなわれた。小北派の領袖柳永慶《ユヨンギョン》、同腹兄の臨海君《イメグン》、永昌大君とその外祖父金悌男《キムチェナム》《きんていだん》をつぎつぎと殺害し、また仁穆王后の尊称を剝奪し幽閉した。

一六一六年、ヌルハチが女真の勢力を糾合して後金を建国、明は楊鎬《ようこう》を遼東経略に任命して軍を派遣し朝鮮にも出兵を求めた。朝鮮は姜弘立《カンホンニプ》《きょうこうりつ》率いる一万余の援軍を送ったが、一六一九年明軍がサルフの戦いで大敗すると、光海君の密命を受けた姜弘立は、ほとんど戦わずに後金に降った。光海君は世子冊立のとき以来、明に不満をもち、事大崇明の理念を強調する西人を弾圧し、明と後金との外交でも、中立観望の現実的な政策をとった。ただ、明にたいするこのいわば背信行為と、継母仁穆王后の幽閉という反倫理的な行為とが打倒の名分とされ、一六二三年、光海君の甥綾陽君《ヌンヤングン》(仁祖、在位一六二三~四九)と西人の金瑬《キムユ》《きんりゅう》、李貴《イグィ》、崔鳴吉《チェミョンギル》《さいめいきつ》、李适《イクァル》《りかつ》らがクーデタを起こして光海君を廃位し(仁祖反正《はんせい》、癸亥《きがい》反正)、鄭仁弘、李爾瞻らを殺して大北派を一掃した。

仁祖の反正以後、西人の政権が、親明排金の外交政策を打ち出したことは後金を強く刺激した。当時、明の将軍毛文龍が平安道沖の椵島《カド》に駐屯して、後金領となった遼東奪還をめざし朝鮮とも連携した。反正の翌年、論功行賞に不満をもった李适が平安道で反乱を起こし、仁祖は一時漢城を脱出して公州《コンジュ》に逃れた。反乱は鎮定されたが、反乱軍の一部は後金に逃げ込み、仁祖即位の不当を訴えた。後金の太宗は光海君のための報復を口実に、一六二七年、将軍阿敏の率いる三万の軍を送り、降将姜弘立らを先導として侵入した(丁卯胡乱《ていぼうこらん》)。後金の送った別動隊に毛文龍の軍も敗れ、仁祖は江華島に逃れた。江華島では和戦両論が対立したが、兄弟国の盟約を結び、朝貢などの条件を定めることで和議が成立、後金軍は撤兵した。

その後も朝鮮は明との関係を維持したので、後金との関係は円滑を欠いた。一六三六年、後金の太宗は皇帝を称し、国号を清と改め、朝鮮に臣従と人質を送ることを求めた。朝鮮が拒否すると、太宗自ら一二万の軍を率いて侵入(丙子胡乱《へいしこらん》)、仁祖は南漢山城《ナマンサンソン》に四五日にわたって籠城《ろうじょう》したが、翌年講和派の崔鳴吉の意見を容れ、漢江《ハンガン》の渡し場三田渡《サムジョンド》《さんでんと》に設置された受降壇で、太宗に三跪九叩頭《さんききゅうこうとう》という臣従の礼をとって降伏した。明との断交、清への事大の礼、王子の昭顕世子《ソヒョンセジャ》、鳳林大君《ボニムテグン》(のちの孝宗《ヒョジョン》)や、主戦派の金尚憲《キムサンホン》、講和派の崔鳴吉ら数多くの重臣を人質とすることなどが定められた。このとき、洪翼漢《ホンイッカン》《こうよくかん》、呉達済《オタルジェ》、尹集《ユンジプ》《いんしゅう》の三学士は瀋陽《しんよう》に連行され、太宗に屈せずに殺されたが、のちに宋時烈《ソンシヨル》はこの三人の伝記『三学士伝』を編み、仇敵《きゅうてき》の清を討って、再造の恩ある明への義理をはたそうという北伐論を鼓吹《こすい》した。

清への朝貢使節は、当初明へのそれを基本的に踏襲し、聖節使(皇帝の誕生日)、冬至使、正朝使(元旦)、歳幣使(年貢使《ねんこうし》、明には歳幣使はなく、皇后太子の誕生日に派遣された千秋使があった)の四行が、毎年定期的におこなわれたが、一六四四年に世祖順治帝の勅諭によって、毎年一回に統合されて十月ないし十一月に派遣され、三節兼年貢使、略して冬至使といった。このほか、謝恩使、陳奏使、進賀使など臨時の使節が派遣されたので、最後の使節である一八九四年の進賀兼謝恩使まで、平均するとほぼ年二回になる。朝貢使節派遣に際しては、北京の会同館で貿易がおこなわれ、また国境の鴨緑江岸の義州付近(中江開市《ちゅうこうかいし》、柵《さく》門《もん》開市)や、豆満江岸の会寧《フェニョン》(会寧開市)、慶源(慶源開市)でも定期的に貿易がおこなわれた。使節には訳官と結託した義州や開城の商人が一行のなかに潜入し、清の商人と私貿易を活発におこなった。朝鮮では清への使節を、北京(燕)へ赴くので燕行使といったが、同じ北京でも明への使節は朝天使、赴京使と称して

宋時烈肖像　孝宗の意を受け，対清復讐(北伐)計画を推進した老論の巨頭宋時烈の74歳時の姿を伝える(金昌業筆)。

おり、清と明にたいする意識の違いがあらわれている。

夷狄《いてき》視してきた女真の国・清に屈服し、事大の礼をとることは、朝鮮にとってこのうえない屈辱であった。そこで清の中原支配が始まると、夷狄の支配によって汚れた中原には中華の文明は消滅し、中華の文明の体現者であった明の正当な継承者は朝鮮であるという、崇明意識に裏打ちされた小中華意識が台頭した。これは従来の朝鮮を中心とした朝鮮型の華夷秩序意識が、明清交替という新しい状況下で、表面に浮上したものでもあった。知識人たちは明の最後の年号である崇禎《すうてい》を、明滅亡後も書簡や墓誌などで使用し、国王粛宗《スクチョン》は大報壇(皇壇)を築いて再造の恩ある明の神宗万暦帝をまつり、英祖《ヨンジョ》はさらに明の太祖洪武帝、毅宗崇禎帝を合祀した。また正祖《チョンジョ》は『尊周彙編《そんしゅういへん》』を編纂してこの意識を顕彰し、それが十九世紀の衛正《えいせい》斥邪《せきじゃ》論に引き継がれた。長い人質生活ののち即位した孝宗(在位一六四九〜五九)は、親清派の金自點《キムチャジョム》《きんじてん》を斥け、金尚憲、宋時烈、宋浚吉《ソンジュンギル》《そうしゅんきつ》などの反清人士を重用して北伐論を採用、武将李浣《イワン》《りかん》、林慶業《イムキョンオプ》らに武備を整えさせたが、清の中原支配が安定に向かったため、実現はみなかった。その後一六五四年、五八年に清の要請を受け、黒龍江方面に南下してきたロシア人討伐のため軍を送った(羅禅《らぜん》征伐)ことはあったが、北伐論は朝鮮の知識人に理念として受け継がれた。

租税制度の改編

農民は国にたいして田税、貢納、賦役を負担し、税として集められた穀物は、国の財政にあてるため、漕運《そううん》の制度により内陸の河川や海路を使って首都に運ばれた。田税は耕地にかけられる地税で、科田法では収穫高の一〇分の一であったが、十五世紀なかばの貢法《こうほう》では、土地の肥瘠《ひせき》に従い一等田から六等田に分けた田分《でんぶん》と、その歳の豊凶に従い上上年から下下年の九等に分けた年分《ねんぶん》とを組み合わせて税額を決めるようにし、一結《キョル》(結は土地の肥瘠を勘案した面積単位で、この時代、一等田で約一ヘクタール、六等田で約四ヘクタールになる)当り最高二〇斗から最低四斗のあいだで差をつけて徴収した。大部分の農民が小作農であり、田主とのあいだに並作半収《へいさくはんしゅう》制がおこなわれて農民は収穫高の半分を田主に納めたほか、田主が負担すべき田税も実際は多くが転嫁された。農地の荒廃と農民の窮乏化が進み、田税額はやがて最低の四斗を適用せざるをえない状況になった。

貢納は、邑ごとに特産物(各種手工業製品、鉱産物、水産物、毛皮、果実、木材など)を割り当てて現物で徴収し、政府機関の需要にあてるもので、王室などが対象の場合は、進上、供上などといった。さまざまな特産物の収納手続きは当然一様ではなく、また実際の生産高とは無関係に、邑の長官である守令は、貢案(貢納の物品台帳)に記載された割当額を必ず上納する義務をおった。そこで、これらの物品を中間で請負人に代納させ、農民からその代価を米や布で徴収する防納もおこなわれたが、請負人の中間利得のため、その代価が高騰するなど多くの弊害が生じた。

十六歳以上五十九歳までの良人の壮丁に課された賦役は、耕作地八結につき一人の割合で毎年六日間、土木工事や鉱山労働などに従事する徭役と、軍籍登録者を交替で徴兵する軍役とがあった。軍役では、漢城に上京するなどして実際に軍役に従事する者(正兵)一名を、非番の者(奉足《ほうそく》、保人)一名から数名が、役務遂行や留守家族扶助の費用(助役価《じょえきか》)を負担して助けた。しかし、徭役と軍役が重なった者が、助役価で人を雇って軍役を代行させたり、さらには徭役と重ならなくても、代立価として布を納めて代役者を立てることが認められるようになり、軍役はしだいに軍籍登録者が綿布(軍布)を納め、国はそれで兵士を雇う代価雇立制へと変化し、軍役はいわば良人の壮丁にたいする一種の人頭税と化し、良役《りょうえき》とも呼ばれるようになった。王朝前期の五衛制は、このような状況下でほとんど機能しないまま倭乱をむかえたのである。

大同法と均役法

倭乱などで財政の混乱をきたした政府は財政改革をおこなった。田税確保のため量田をおこない、量案に記載されない隠結《いんけつ》(隠し田)の把捉につとめるとともに、田税額は永定課率法をとり、慣行となっていた一結当り四斗の額を公認した。ただ、実際はこれに各種の手数料や運搬費、自然損耗《そんこう》費などの本税額に増す付加税が課された。農民にとって田税以上に負担の重かった貢納の弊害を正すため施行されたのが、事実上防納を政府がおこなうことで、請負人の中間搾取をなくした大同法(黄海道では一部に変更を加えた詳定法)であった。これは、土地の所有者が、一結当り一二斗の米、またはそれに相当する綿布や銭を新設の宣恵庁《せんけいちょう》に納め、政府はこれをもとに貢人《こうじん》から必要な物品を調達するもので、戦乱による農民の窮乏と流亡化という状況をふまえ、貢納を地税化することで税収の確保をはかったのである。大同法は光海君が即位した一六〇八年に、まず京畿で実施されたが、李元翼《イウォニク》《りげんよく》、金堉《キムユク》《きんいく》らの推進の主張にもかかわらず、請負人や、また両班を中心に土地所有者の反対にあい、平安、咸鏡両道を除く全国で実施されるのにほぼ一世紀を要した。ただ大同法施行のあとも、王室などにたいする進上は現物上納の制度が継続した。

軍制では、壬辰倭乱で五衛制がまったく崩壊したため、乱中に急遽軍制の再編をおこなった。従来の代価雇立の趨勢をふまえ、傭兵制を基礎にした訓錬都監を設置し、明の戚継光の著わした兵書『紀効新書』を参考に、砲手、射手、殺手よりなる三手兵を養成した。その後摠戎庁《そうじゅうちょう》、守禦庁《しゅぎょちょう》、御営庁、禁衛営(訓錬都監とあわせて五軍営または五営という)が、李适の乱や北伐論の台頭などを機に、十七世紀後半までに順次設置された。地方では、従来軍役が課されなかった賤民の私奴をも徴発した束伍軍《そくごぐん》が創設された。五軍営は王朝後期の軍制の中核となったが、所属の兵士の性格は一様でなく、傭兵のほか、農民が役に就く場合もあり、また束伍軍も配属された。

この傭兵制の経費を支えたのは、一人当り二匹の軍布納付の義務をおう良人の壮丁であり、これは米一二斗以上に相当する重い負担であった。両班階層の子弟は良役の義務をまぬがれ、一部の農民も郷校や書院に投托《とうたく》したり、納粟や戸籍の操作によって両班を自称したりして免役をはかった。また正規の軍役以外に、地方の監営、兵営、水営などが独自に軍布を賦課し、その多くが二匹未満であったため、こちらの役に応じる農民もふえた。しかし邑に課される正規の軍役の軍布の総額は一定で、不足分の負担は免役などの手段をもたない力のない貧しい農民に集中し、彼らの逃亡もあいつぎ、それがまた残った農民の負担となった。しかも収布の実務にあたった守令やその配下の不正が加わり、黄口簽丁《こうこうせんてい》(幼児を壮丁とみなして収布する)、白骨徴布《はっこつちょうふ》(死者を壮丁とみなして収布する)、隣徴(逃亡などで未納の者の隣家から収布する)、族徴(未納者の一族から収布する)などの軍布収納の際の通弊がしばしば指摘されるようになった。

十七世紀なかば以降、その是正策をめぐる論議(良役変通論《りょうえきへんつうろん》)が繰り返されたが、一七五〇年、均役法が施行され、すべての軍役の軍布を均しく一匹に減額し、それによって生じる財源不足を、中央・地方官庁の経費節減、漁税、塩税、船舶税の、所管官庁である均役庁への移管、一結当り米二斗または銭五銭の結作というあらたな地税の創設、選武軍官布などによって補った。しかし、その後も軍布収納の際の通弊は改善されず、また農民の逃亡などによる人口の流動化現象や、三年に一度の戸籍編成作業の形骸化ともあいまって、役負担者としての良人を個別に把握しにくくなり、そこで邑のなかの村落ごとに軍布の総額を定めて徴収する里定法が、十八世紀以降しだいに普及した。また、凶作や春窮《しゅんきゅう》時に官有穀物を貸し出し、収穫時に利息をつけて返還させる還穀《かんこく》(還上《かんじょう》)は、本来凶作などに備えるための救荒《きゅうこう》制度であったが、十七世紀ころから一割の利息が各官庁の財源として重視された。備辺司、戸曹、諸軍営などが、それぞれ還穀を各地に配置して守令に運用させ、還穀は税の一種と化した。

生産と流通の新局面

大同法や均役法にみられるような各種の賦税の地税化は、生産額や生産性の向上をめざした当時の農業の状況にも対応していた。新田の開発がさかんに進められ、土地の利用や農業技術もしだいに集約的なものへと変化した。水田では、従来南部地方でのみおこなわれていた移秧法《いおうほう》(田植え)が、十七・十八世紀にかけて本格的に普及し、稲麦の一年二毛作もおこなわれた。当初干害を恐れて移秧法を禁じた政府も、十七世紀後半には堤堰司《ていえんし》を新設し、各地の堤堰や洑(灌漑用貯水池)の整備につとめた。畑作では地質や用途にあった犂《うしすき》を用いた牛耕がおこなわれ、豆類で地力を維持しながら二年三毛作がおこなわれた地域もあった。農業が多様化、専門化する傾向もみられ、タバコ、人蔘《にんじん》、木綿、野菜、唐辛子などが商品作物として栽培され主産地も形成された。手工業でも、従来官庁に所属し調達に応じていた工匠がその統制から離れ、鍮器(真鍮《しんちゅう》製の器《うつわ》)、螺鈿漆器、竹製品、農具、紙などの手工業品を商品として生産するようになり、韓山《ハンサン》の苧布《ちょふ》(からむし)、安東《アンドン》の莞草蓆子《かんそうせきし》(敷物)、安城《アンソン》の鍮器などのように特定地域の特産品もあらわれた。

漢城には早くから政府が商人に常設店舗を開設させた市廛《してん》があり、貢納への関与や官衙《かんが》の修繕などの役《えき》を負担し、特定商品の専売権を認められていた。なかでも繁盛して役の負担も重かった絹、木綿、絹織物、苧布、紙、魚などを扱うものを六矣廛《りくいてん》と呼んだ。大同法施行後、貢人には市廛の商人などがなったが、政府の御用商人である彼らは、漢城の市廛や地方の場市《チャンシ》(定期市、通例は五日市)などで、特定の物資を大量に扱うことにより、その物資の生産者である農民や工匠をも支配下にいれた卸売商人である都賈《とこ》に成長した。また自由商人である私商の活動も活発化し、漢江の水運を利用して、漕運米などの米穀や、塩、魚を扱う江商、人蔘を扱って栽培加工にもかかわり、独特な簿記を使用した開城の松商、清と日本とのあいだで、生糸、絹織物や銀の中継交易にかかわった義州の湾商、東萊の萊商などが知られる。私商のなかには漢城の市廛の専売権をおかす(乱廛《らんてん》)者があらわれ、市廛側は取り締まり(禁乱廛)を強化したが、私商は漢城市内の鐘楼《チョンヌ》《しょうろう》、梨峴《イヒョン》《りけん》、七牌《チルペ》などの市場で活動し、一七九一年政府もその活動を認め、六矣廛以外の専売権が廃止された(辛亥通共《しんがいつうきょう》)。

私商の活動の背景には、十六世紀以降増加し十八世紀には全国で一〇〇〇カ所余りあった地方の場市の存在があった。場市では物々交換のほか、現物貨幣として米や綿布、一六七八年に発行された常平通宝という銅銭が流通した。場市には近隣の住民以外に、褓負商《ほふしょう》が各場市間を行商し地域外の商品をもたらした。流通が活発化すると、従来常設店舗がなく、露天で取引がおこなわれることも多かった場市のなかには、規模が拡大して常設化されるものもあらわれた。おもに褓負商を相手にする都賈の客主《かくしゅ》や旅閣《りょかく》が活動し、卸売り以外に委託販売、保管、運送、宿泊、金融などの便宜をはかったが、国内経済は王室や政府の利権を中心に動き、国際的に流通した銀を媒介とせず、土地とその生産物を基準とした自給自足的な面が強かった。

4 党争の激化と社会の変動

礼訟

一六五九年、仁祖の次子で兄昭顕世子が病没したため王位を継いだ孝宗が亡くなり、顕宗《ヒョンジョン》が即位した(在位一六五九～七四)。このとき、孝宗の継母で仁祖の継妃である慈懿大妃《チャウィテビ》《じいたいひ》(荘烈王后《チャンニョルワンフ》)趙《チョ》氏の服喪期間が政治問題化した。彼女はすでに昭顕世子が死去した際に、嫡長子にたいする礼として三年の喪に服していた。そこで、仁祖反正以来政権を主導した西人の領袖宋時烈は、次子にたいする朞年《きねん》(一年)説を主張したが、尹鑴《ユンヒュ》《いんきゅう》や南人の許穆《ホモク》《きょぼく》は、孝宗が実際王位に即いた以上、嫡長子に準じるべきだとして三年説を主張して対立した。顕宗は結局、西人の主張を採用した(己亥礼訟《きがいれいしょう》)。しかし、これは服喪の期間という宗法、すなわち儒教の家族制や礼制上の重要な問題である一方で、孝宗の王位継承の正統性の評価にかかわることでもあったため、その後も尹善道などの南人はこの決定の不当を主張しつづけた。一六七四年、孝宗妃の仁宣王后《インソンワンフ》張《チャン》氏が死去すると、慈懿大妃の服喪期間の問題が再燃、宋時烈らは次子の妃にたいする大功(九カ月)説を主張し、南人は王の妃である以上朞年が妥当だと主張した。顕宗は今回は、宋時烈の政治的影響力を弱めようとする同じ西人で外戚の金佑明《キムウミョン》《きんゆうめい》、金錫冑《キムソクチュ》《きんせきちゅう》の意見を容れ、朞年説を採用した(甲寅礼訟《こういんれいしょう》)。この年顕宗が亡くなり粛宗が即位すると(在位一六七四～一七二〇)、宋時烈は自説を再度主張してかえって弾劾流配され、多くの西人が斥けられ、戚臣と南人が政権の主導権を握った。

粛宗初期、南人の許積《ホジョク》は、尹鑴らと中国の情勢を考慮して軍備の充実を主張し、顕宗のときに廃止された都体察使府《とたいさつしふ》を復活させ、領議政として都体察使を兼任し権勢を誇った。許積には王にたいして僭越な行為もあり、一六八〇年、許積の失脚をねらった西人の戚臣金錫冑の意を受けた鄭元老《チョンウォルロ》が、許積の庶子許《ホ》堅《ギョン》が王室の福昌君《ポクチャングン》、福善君《ポクソングン》、福平君《ポクピョングン》と都体察使の軍を王の許可なく動かして謀反を企てたと告発する事件が起こった(三福の獄)。その結果、直接謀反の嫌疑を受けた者が殺害処罰されただけでなく、都体察使府復活に関与した許積、尹鑴らも罪を問われ賜死し、多くの南人が政権から追放され、西人がふたたび政権の主導権をとった(庚申大黜陟《こうしんだいちゅっちょく》、庚申換局《こうしんかんきょく》)。

老少分裂

その後、金錫冑や金益勲《キムイックン》は執拗に南人を弾劾したが、一六八三年、西人のなかに韓泰東《ハンテドン》らの、金錫冑らに批判的な勢力が登場して対立した。金錫冑らを老論、韓泰東らを少論という。この年、大老《だいろう》と呼ばれ隠然たる権威をもっていた宋時烈が、宗廟における孝宗の扱いや、太祖の称号にかかわる建議をおこなったが、少壮の人々、とくに尹拯《ユンジュン》《いんじょう》や朴世采《パクセチェ》《ぼくせさい》らはこれに強く反対した。これが老少の対立と連動、老論は宋時烈を、少論は尹拯をそれぞれ中心人物とするようになった。南人、北人(小北)と、老論、少論とをあわせて四色《ししき》という。老少分裂以前は同党派内の婚姻を基本としつつも、異党派間でも婚姻が結ばれ、たとえば南人権諰《グォンシ》《ごんし》の娘は西人尹拯に嫁し、西人宋時烈の娘は権諰の次男に嫁していた。しかし老少分裂以後は、のちに英祖末年に一時融和政策がとられたが、北人は別として、老少南三色のあいだの婚姻はほぼなくなり党派が血縁によって受け継がれることになった。

粛宗は正妃の死後、老論の閔維重《ミンユジュン》《びんいじゅう》の娘の仁顕王后《イニョンワンフ》閔氏を継妃としたが、子がなく、寵愛していた宮女の昭儀張《チャン》氏に王子昀《ユン》《いん》(のちの景宗《キョンジョン》)が生まれた。老論、少論両派の官僚の反対をおして粛宗は昀の次期王としての「元子」の称号を定め、張氏の位を昭儀から禧嬪《きひん》、さらに王妃に昇格させ、仁顕王后を廃妃処分とした。この過程で強硬に反対を唱えた宋時烈は、一六八九年流配されてのちに賜死し、老論、少論の大部分が斥けられて、南人が勢力を回復させた(己巳換局《きしかんきょく》)。一六九〇年、昀は世子となったが、九四年、張氏と不和になった粛宗は、南人牽制の意味もあって、老論、少論の廃妃閔氏復位の主張を認め、張氏は禧嬪に降格され、南人の閔黯《ミンアム》《びんあん》、李義徴《イウィジン》らが斥けられた。南人は打撃を受け、少論の領議政南九万《ナムクマン》や朴世采らが政権の中心を占め、老論の閔鼎重《ミンジョンジュン》、金益勲らも名誉回復された(甲戌換局《こうじゅつかんきょく》)。一七〇一年、仁顕王后の死を契機に、張氏が閔氏を密かに呪詛《じゅそ》する祈禱をおこなったことが発覚して賜死すると、十三歳の世子が実母を失うことへの配慮から張氏を弁護した南九万も斥けられ、老論の勢力が伸張した。一七一七年、粛宗は、世子が病弱で子もなかったため、異母弟の延礽君昑《ヨンイングンクム》《えんじょうくんきん》(のちの英祖)を内々に世子の後嗣と定め、そして世子に代理聴政を命じ、老論の李頤命《イイミョン》《りいめい》にその補佐を依頼した。世子を支持する少論が、延礽君を支持する老論と激しく対立するなか、一七二〇年、世子すなわち景宗が即位したが(在位一七二〇~二四)、景宗は健康上政務をとることができず、翌年には、老論が延礽君を世弟として代理聴政をさせようと建議した。少論の趙泰耉《チョテグ》《ちょうたいこう》、崔錫恒《チェソッカン》《さいせきこう》らは皆反対し、代理聴政を主張した金昌集《キムチャンジプ》、李健命《イゴンミョン》、李頤命、趙泰采《チョテチェ》《ちょうたいさい》の四大臣は謀反の嫌疑をかけられて流配された(辛丑獄事《しんちゅうごくじ》)。さらに翌一七二二年、少論の金一鏡《キムイルギョン》が南人の睦虎龍《モクホリョン》《ぼくこりゅう》をそそのかし、老論による景宗殺害の謀議があったと告発させた。この誣告《ぶこく》により四大臣は自決に追い込まれ、老論の重要人物数十人が誅殺され、延礽君にも嫌疑がかかった(壬寅獄事《じんいんごくじ》)。

蕩平策と英正時代

一七二四年、景宗が亡くなり、即位した英祖(在位一七二四~七六)は、翌年の英祖元年に辛丑・壬寅獄事で自分を窮地に追い込んだ少論を追放粛正し、老論の閔鎮遠《ミンジンウォン》らを登用した(乙巳処分《いっししょぶん》)。しかし閔鎮遠らは強硬に政治的報復を主張したため、一七二七年、英祖は反対に閔鎮遠らを免職し、少論の李光佐《イグァンジャ》、趙泰耉らを復帰させて老少の均衡を保った(丁未換局《ていみかんきょく》)。党争の弊害を身をもって体験し、清の世宗雍正帝《ようせい》が朋党を厳禁した『御製朋党論』を頒下《はんか》した年に即位した英祖は、粛宗時代にも唱えられたことのある不偏不党の蕩平策《とうへいさく》を標榜し、各党派の勢力を拮抗《きっこう》させながら王権の確立と伸張をはかった。翌一七二八年、南人の李麟佐《イインジャ》が少論の一部の勢力と、景宗毒殺説を主張して忠清道の清州《チョンジュ》で反乱を起こし、戦乱は慶尚、全羅道にも広がった(戊申《ぼしん》の乱)が、この乱が鎮定されると英祖は蕩平策をさらに強め、老論と少論のなかで蕩平策を支持する官僚を均等に登用し、それをしだいに四色全体に及ぼした。

激しい党争が繰り広げられた結果、科挙は本来の姿を失い、合格者は一部の党派や門閥が多くを占め、逆に科挙に背を向け、修養と学問に専心する知識人が山林《さんりん》と呼ばれて尊敬されるようになった。政権参与の道を閉ざされた両班の多くは地方にくだり、地縁、血縁、党派、子弟関係によって連帯し、書院を建てて根拠地とした。そのため、党派間の争いが熾烈《しれつ》をきわめた粛宗時代には、三〇〇近い書院が新設された。英祖は士禍や党争が起こる契機となった吏曹の銓郎職の権限を大幅に縮小し、党争を地方に拡散させる書院の新設に制限を加え、従来の書院にたいしても整理をおこなうなど、蕩平策を推進したが、実質的には老論がしだいに勢力を伸ばした。とくに、一七五五年、羅州《ナジュ》で尹志《ユンジ》《いんし》らの謀反が発覚し、関与した多くの少論の官僚が、戊申の乱の残党という名目で処刑されると(乙亥《いつがい》の獄、羅州掛書《けいしょ》事件)、老論の優位は決定的となった。一七四九年、英祖は荘献世子《チャンホンセジャ》(思悼世子《サドセジャ》)に代理聴政をさせたが、世子の義父洪鳳漢《ホンボンハン》らの勢力が増し、南人や少論もこれに接近した。英祖の継妃貞純王后金氏《チョンスンワンフキム》の父金漢耈《キムハング》《きんかんこう》ら老論はこれと対立するようになり、世子の常軌を逸した行動を英祖に訴えて世子とのあいだを裂き、一七六二年には謀反の誣告を機に、英祖は世子を櫃《ひつ》に閉じこめ餓死させた。これがやがて英祖の処置を正当とする僻派《へきは》(老論が主流)と、世子に同情的な時派《じは》(南人が主流)の対立という、正祖《チョンジョ》中期から純祖《スンジョ》にかけて激化するあらたな党争の原因となった。

一七七六年、荘献世子の子である正祖が即位すると(在位一七七六〜一八〇〇)、宮殿内に奎章閣《キュジャンカク》《けいしょうかく》を設けて『古今図書集成』などの内外の図書の蒐集と整理保管、学問の奨励と人材の養成をはかった。即位当初、正祖は以前に反対派から自分を保護した洪国栄《ホンクギョン》を重く用いた。妹を正祖の後宮にいれ、絶大な信任を受けた戚臣洪国栄は、党派の掣肘《せいちゅう》を受けずに政権を実質上動かした。戚臣など一部の有力家門による政権の独占、いわゆる勢道《セド》《せいどう》(世道《セド》《せいどう》)政治の始まりである。やがて洪国栄は失脚し、正祖は奎章閣で養成した人材を側近に用いて蕩平策を推進し、父荘献世子の墓がある水原《スウォン》に城を築いて遷都を計画するなど、王権の確立と改革政治の実現をめざした。正祖の政権を支えたのは、おもに領議政蔡済恭《チェジェゴン》らの南人時派を中心とした官僚であったが、一七九一年、天主教(カトリック)徒で南人の尹持忠《ユンジチュン》が、典礼問題との関連から儒教の祖先祭祀を否定して母親の位牌を焼いたことを機に、最初の天主教弾圧事件である珍山《チンサン》の変(辛亥邪獄《しんがいじゃごく》)が起きると、天主教に比較的寛大だった時派にたいして、僻派がしだいに勢力を伸ばした。

　壬辰倭乱のとき、日本人信徒に随行した宣教師セスペデスが朝鮮で活動し、また昭顕世子が北京でシャール・フォン・ベル(アダム・シャール)と交遊したことはあったが、本格的な天主教の普及は十八世紀後半で

水原城八達門　正祖は悲惨な死をとげた父荘献世子の墓所のある水原にしばしば行幸するとともに，遷都を計画して大規模な城を築いた。

あった。漢文で書かれた西洋関連の書物は、燕行使らによってもたらされ、そのなかには『天主実義』などの教理書も含まれていた。これらは一括して西学と呼ばれ、信仰よりは学問の対象であった。しかし李《イ》《り》承薫《スンフン》《しょうくん》、尹持忠、李蘗《イビョク》《りはく》、丁若鍾《チョンヤッチョン》《ていじゃくしょう》、丁若鏞《チョンヤギョン》《ていじゃくよう》、黄嗣永《ファンサヨン》《こうしえい》ら、首都近郊に居住し、姻戚関係で結ばれた一部の南人時派に属す両班のなかには、学問研究から信仰に興味をもつ者があらわれ、一七八四年燕行使に同行した李承薫が北京で受洗して帰国、朝鮮で最初の天主教徒となった。以後天主教は宣教師不在にもかかわらず南人時派の両班や、金範禹《キムボム》《きんはんう》らの中人に普及し始めた。

しかし珍山の変以降は政府の弾圧が始まり、一七九五年中国人宣教師周文謨《しゅうぶんぼ》の朝鮮潜入が発覚、さらに九九年に蔡済恭が死去すると、時派の勢力は大きく後退した。一八〇〇年、正祖が亡くなって十歳の純祖が即位した(在位一八〇〇～三四)。英祖妃の貞純王后は垂簾聴政をおこなって僻派を登用し、翌年正学である儒教を守ることを名分に、本格的な天主教弾圧がおこなわれ、周文謨や南人時派の李承薫、丁若鍾、黄嗣永らが処刑、丁若鏞らは流配となった(辛酉邪獄《しんゆうじゃごく》)。このとき、黄嗣永が弾圧の状況を記し、朝鮮政府威嚇《いかく》のため艦隊派遣を要請した北京の司教宛の文章(黄嗣永帛書《こうしえいはくしょ》)を携帯していたことが、政府に自己の正当性を確信させ、以後激しい弾圧が繰り返された。

英祖と正祖の時代(英正時代)には、王権の伸張とともに政治的安定期が現出、各種制度の改編と整備がおこなわれ、関連する多くの書物が編纂刊行された。英祖時代には『経国大典』以後の法令を整理して一七四六年に刊行した『続大典』、『国朝五礼儀』を修正増補した『続五礼儀』、朝鮮の制度文物の歴史的変遷を整理した『東国文献備考』、邑誌(地方誌)を集成した『輿地図書《よちとしょ》』などがあり、正祖時代には『経国大典』と『続大典』およびその後の法令を合纂した『大典通編』、奎章閣らの官僚の模範的な文章を集めた『文苑黼黻《ぶんえんほふつ》』、外交関係文献を収録した『同文彙攷《どうぶんいこう》』、刑曹の制度沿革を編纂した『秋官志』、戸曹の事例を整理した『度支志《たくしし》』、音韻を整理した『奎章全韻《けいしょうぜんいん》』、武芸にかんする『武芸図譜通志』などがある。これらの事業にともない韓構字《かんこうじ》、生生字《せいせいじ》、整理字《せいりじ》などの新しい活字も鋳造された。

社会秩序の動揺

両班は自己の家柄を誇り、一族の構成員を系譜づけた族譜を編纂した。十五世紀の族譜には、当時の双系的な親族意識を反映して、ある人物の男系子孫(本孫、同姓の子孫)だけでなく、女系つまり娘の子孫(外孫、異姓の子孫)も収録され、収録人数は当然後者が圧倒的に多かった。しかし十七世紀初めころ、一部の族譜から娘の子孫は姿を消し始め、十八世紀末にはほぼすべての族譜が本孫のみを記載するようになった。父系の血縁集団と族外婚を基本とする中国的な宗族制度の定着である。宗族の冠婚喪祭を律する「朱子家礼」も、当初から普及がはかられたが、社会への適用をみすえた本格的な研究は、十七世紀の金長生《キムジャンセン》が『家礼輯覧《かれいしゅうらん》』などを著わして以降のことであり、その厳格な履行によって、たとえば結婚の形態などにみえる、従来の双系的な親族意識に由来する社会的慣行の排除につとめた。また所有する土地や奴婢の相続も、男女均分相続から、しだいに男子均分相続、長男優待相続へと推移するが、これはまず娘の相続権を否定し、さらに中国では重視されなかった「朱子家礼」の嫡長子重視の理念を(中国では男子均分相続が慣行)積極的に導入、長男に祖先祭祀の費用をあらかじめ控除《こうじょ》して優待したことに由来し、均分相続を繰り返すことによる農業経営の零細化を防いだ。このような宗族制度の定着過程で、十七世紀後半には、王室のなかの宗族の秩序を律する礼の是非が、礼訟、礼論というかたちで政治問題化することになった。

倭乱などで混乱した地方秩序回復のため、政府は十七世紀以降、各種の対策を講じた。従来、面には勧農官がおかれ農業の振興や戸口の調査にあたってはいたが、東面、西面などの名称が示すように、面は基本的には数カ所の村落(里・洞)の邑における方位や位置を示すにとどまった(方面位制)。この面をあらたに邑の下の行政区画として位置づけ、邑―面―里・洞という構成を全国的に確立し、また王朝前期におこなわれた五家作統法を強化して再施行した。しかし、農業の集約化や商品流通の活発化は、大土地所有の進展にともなう農民からの搾取《さくしゅ》の強化とあいまって、しだいに人々の階層分化をもたらした。王室などの所有地である宮房田《きゅうぼうでん》や、不在地主化した在京の両班は、管理者である導掌《どうしょう》や舎音《しゃおん》を介して小作料を徴収し、土豪化した地方の両班も積極的な農業経営をおこなったが、逆に没落して体面を保持できないほどの貧困に陥る両班もいた(残班)。また両班の庶子、さらには常民や奴婢でも富を蓄積する機会に恵まれた者は、納粟による買官などによってあらたに両班となった。

このような身分制の動揺は、戸籍の記載内容にも反映し、たとえば大丘府では十七世紀後半から十九世紀なかばにかけて、両班戸が全戸の九%から七〇%に激増し、常民戸は五四%から二八%、奴婢戸は三七%から一・五%に激減した。ただ奴婢戸は激減したが、奴婢の人口総数に占める割合は四三%から三一%への減少にとどまった。これは外居奴婢が逃亡して、上典の力のおよばない新しい土地で出自を詐称した結果とみられる。政府も、良役を負担する良人の数を維持して財政基盤を確保するため、奴婢制度の改革につとめ、それまでは父母のどちらかが奴婢であれば子も奴婢とされたが、一六六九年に良人の母から生まれた奴の子を良人と認定する従母役法を定めた。従母役法は党争ともからんで改廃を繰り返したが、一七三一年には定着し、五五年には官奴婢の身貢を軽減、さらに一八〇一年には官奴婢を解放した。

あらたに両班となった者は、経済力を背景に社会的にも両班の待遇を受けようと、郷案への入録を求め、礼金を用いる(売郷)こともあった。あらたな入録者を新郷といい、座首、別監などの郷任にも進出したが、新郷の増加は、邑のなかの主導権をめぐって、新郷を自分たちと同格とは認めない旧郷、つまり旧来の両班との対立(郷戦)を生じた。その結果、邑によって、旧郷が郷任就任を忌避したり、旧郷と新郷を区別できるような名簿をあらたに作成したり、郷案自体が廃止されるなどさまざまな事態が起きた。郷吏の社会にも十八世紀ころから変化がみられた。仮吏という本来は多くの場合奴の階層に属す者が郷吏に進出する一方、従来の郷吏のなかには両班と同様の社会的待遇を求め、戸籍上の記載では両班と区別できない場合も生じた。さらに族譜を編纂し、しかも同姓同本の両班家門の族譜と合体させたり、本格的に学問を修めて両班に劣らない学識を身につけ、科挙の受験をめざす郷吏もあらわれた。

勢道政治と民乱

一八〇四年純祖の親政が始まると、純祖妃純元王后《スンウォンワンフ》金《キム》氏の父で時派の金祖淳《キムチョスン》は、純祖の子の孝明世子《ヒョミョンセジャ》(翼宗《イクチョン》《よくそう》)の嬪に豊壌趙《プンヤンチョ》氏の趙万永《チョマニョン》の娘を定めるなど、時派の豊壌趙氏、南陽洪《ナミャンホン》氏らの有力な家門の協力をえながら、安東金《アンドンキム》氏の勢道政治を確立していった。夭逝した孝明世子の子で、純祖のあとを継いだ憲宗《ホンジョン》

（在位一八三四〜四九）の時代には、豊壌趙氏の勢道政治がおこなわれたが、つぎの哲《チョル》宗《ジョン》の妃は安東金氏で、ふたたび安東金氏の勢道となり、純祖時代以降、安東金氏を中心とする外戚の勢道政治は、のちの興《フン》宣《ソン》大《テ》院《ウォン》君《グン》の登場まで六〇年余り続いた。この間、王族や、政権から排除されたほかの両班家門は不満を強め、また一部の家門への極端な権力集中は、政治の混乱と、時に腐敗をもたらした。国の重要な財源である三政の紊乱《びんらん》、すなわち田政（地税）、軍政（軍役、良役）、還政（還穀）の混乱が重要な政治問題となり、地方の実情調査と不正を働く地方官摘発のため、政府は変装して隠密行動をとる暗行御使《あんこうぎょし》をしばしば派遣した。財源の捻出に困難をきたした地方官庁は、独自の税目や、一種の高利貸機関である民庫《みんこ》を設けた。農民の負担は限界に達し、各地で流民化する者も多く、都市に流入したり、山地で焼畑を営む火田民となり、さらには火賊、明火賊などと呼ばれる盗賊に加わる者もいた。

一八一一年、従来、地方差別を受けていた平安道の没落両班である洪《ホン》景《ギョン》来《ネ》が、差別と勢道政治に反対し、嘉山《カサン》で郡守を殺害して蜂起した。民乱と呼ばれる大規模な農民蜂起の最初のものである。この洪景来の乱（平安道農民戦争とも評される）には、一般農民のほか、両班や庶子、郷任や郷吏などの在地の知識人、有力者、富裕な商人、鉱山労働者などさまざまな階層の者が参加した。当初、平安道の八邑を勢力下におさめた反乱軍は、しだいに政府軍に討伐され、最後は定《チョン》州《ジュ》城で一〇〇日余りの籠城戦をおこなったあと壊滅した。しかし、このころあいついで起こった水害などの自然災害、疫病《えきびょう》の流行などによって社会不安が増大し、一八三三年には、首都漢城でも江商の買い占めによる米価の騰貴《とうき》を機に暴動が起こった。また哲宗（在位一八四九〜六三）治下の一八六二年には、三政の紊乱を背景に、晋州地方の暴虐な地方官白楽《ペクナク》《はくがく》

莘《シン》《しん》にたいして、政府から土豪と呼ばれた在地有力者が近隣の諸邑と連携をとり、貧農層とともに彼や郷吏などを襲ったことが発端となり、以後三南(下三道、忠清、全羅、慶尚)地方一帯を中心に、全国で数十回におよぶさまざまな形態の民乱が激しく起こった(壬戌民乱《じんじゅつみんらん》)。政府は調査にあたる按覈使《あんかくし》として朴珪寿《パクキュス》《ぼくけいじゅ》を晋州に派遣し、釐整庁《りせいちょう》を設けて三政の改革をはかったが、抜本的な対策を立てられず、そのため民乱は各地に飛び火した。

列強の出現

辛酉邪獄以後、天主教は一般庶民にまで教勢を伸ばし、一八三〇年代には朝鮮教区が北京教区から独立、またアンベールら三人のフランス人神父が朝鮮に潜入した。政府は弾圧を継続、一八三九年にはフランス人神父や、丁若鐘の子丁夏祥《チョンハサン》ら多くの信徒が殉教し(己亥邪獄《きがいじゃごく》)、憲宗は斥邪綸音《せきじゃりんおん》、すなわち天主教禁教を表明する教書をくだした。その後、マカオの神学校に学び、上海で朝鮮人最初の神父になった金大建《キムデゴン》が帰国して布教に従事したが、一八四六年には金大建も殉教した(丙午《へいご》邪獄)。この年には提督セシルの率いるフランス軍艦三隻が、フランス人神父殺害と天主教弾圧にたいする抗議の書簡を届け、朝鮮政府は翌年清を通じて、西洋へのはじめての外交文書となった回答書を送った。第一次および第二次アヘン戦争後の国際情勢急変のなかで、沿海に頻出する西洋列強の船舶(異様船)にたいし、政府は本格的な対応を迫られるようになった。

〔百科全書的著作〕

李睟光《イスグァン》《りさいこう》『芝峰類説』(1614年)

李瀷『星湖僿説《せいこさいせつ》』

李徳懋《イドンム》《りとくぼう》『青荘館全書』

李圭景《イギュギョン》《りけいけい》『五洲衍文長箋散稿《ごしゅうえんぶんちょうせんさんこう》』

〔歴　史〕

安鼎福《アンジョンボク》『東史綱目』(1778年)『列朝統記』

韓致奫《ハンチユン》《かんちいん》『海東繹史《かいとうえきし》』

李肯翊《イグンイク》《りこうよく》『燃藜室記述《ねんれいしつきじゅつ》』(1797年)

李種徽《イジョンフィ》《りしゅき》『東史』

柳得恭《ユトゥクコン》『渤海考』(1784年)

〔伝　記〕

洪良浩《ホンヤンホ》『海東名将伝』(1794年)

〔地　理〕

韓百謙《ハンペッキョム》『東国地理誌』

申景濬《シンギョンジュン》《しんけいしゅん》『疆界考』『道路考』『山水考』

韓鎮書《ハンジンソ》『海東繹史地理考』

丁若鏞『我邦疆域考』『大東水経』

李重煥《イジュンファン》《りじゅうかん》『択里志(八域志)』

〔地　図〕

鄭尚驥《チョンサンギ》《ていしょうき》『東国地図』

金正浩『青邱図《せいきゅうず》』『大東輿地図《だいとうよちず》』(1861年)

〔医　学〕

丁若鏞『麻科会通』(1798年)

〔農　業〕

申洬《シンソク》《しんそく》『農家集成』(1655年)

朴世堂《パクセダン》『穡経《しょくけい》』(1676年)

洪万選《ホンマンソン》『山林経済』

姜必履《カンピルリ》『甘藷譜』

金長淳《キムジャンスン》『甘藷新譜』

徐有榘《ソユグ》《じょゆうく》『種藷譜』『林園経済志』

禹夏永《ウハヨン》『千一録』

〔水　産〕

丁若銓《チョンヤッチョン》《ていじゃくせん》『茲山魚譜《しさんぎょふ》』(1815年)

〔言語，辞書韻書〕

柳僖《ユヒ》《りゅうき》『諺文志《げんぶんし》』『物名考』

申景濬『訓民正音韻解』

李晩永《イマニョン》『才物譜』

金正喜『金石過眼録』

李義鳳《イウィボン》『古今釈林』

〔制度・技術改革〕

柳馨遠『磻渓随録《ばんけいずいろく》』(1670年)

丁若鏞『田論』『湯論』

柳寿垣《ユスウォン》《りゅうじゅえん》『迂書《うしょ》』

洪大容『林下経綸《りんかけいりん》』

朴趾源『課農小抄《かのうしょうしょう》』

朴斉家『北学議』(1778年)

崔漢綺《チェハンギ》《さいかんき》『人政』(1860年)

王朝後期の多彩な著作群

首善全図　金正浩が1825年に制作したものとされる。京師を「首善之地」(天下の模範を立てる地)という。

思想、学問、文学、芸術

十七世紀以降、朱子学にかんする研究が本格化し、十九世紀前半までに宋時烈の『朱子大全箚疑《しゅしたいぜんさつぎ》』、宋時烈と韓元震《ハンウォンジン》の『朱子言論同異攷』、李震相《イジンサン》の『理学綜要《りがくそうよう》』などがあいついで著された。理気心性にかんする学説も韓元震の性三層説、任聖周《イムソンジュ》の性即気説、李震相の心即理説といった独特の朱子学説が唱えられ、さかんに論争が繰り広げられた。「朱子家礼」にかんする研究も深まったが、一方で朱子学は、学派党派、血縁地縁などによって学説が固定化し、知識の普及にともなう通俗化もあって、議論のための議論に流れがちであった。朱子学隆盛のなか、陽明学は十八世紀初めに鄭斉斗《チョンジェドゥ》のような理解者もでたが、概してふるわず江華島の少論の家門にわずかに継承された。

燕行使節などを通じて、自然科学や天主教にかかわる漢訳の西洋書、明末の顧炎武《こえんぶ》などの経世致用の学、清の実事求是《じつじきゅうぜ》を標榜する考証学といった新しい学問や情報がはいりやすい首都やその近郊では、十八世紀なかばころ、これらの刺激を受け、朱子学の素養を土台にして新しい学風の学問が起こった。たとえば、朱子学と漢訳天主教書の学説を折衷した独特な哲学説を唱え、『牧民心書』『経世遺表』『欽欽新書《きんきんしんしょ》』などの経世書を著わし、考証学の成果をふまえて儒教の経典にたいする膨大な量の注釈を残すとともに、物理学や医学にも造詣が深かった丁若鏞(号は茶《タ》山《サン》)の学問のあり方は、当時の首都近郊の知識人の幅広い関心をよく示している。このころには定着していた小中華意識は、夷狄の清が支配する中国から学ぶものはなにもないという閉鎖的な考えをもたらしたが、逆に素朴な郷土愛と結びつき、知識人の眼を小中華としての自国にも向けさせた。その結果、医学や天文学などの自然科学、朝鮮社会の現実をふまえた制度改革論や農業など各種の技術改革論、朝鮮の歴史や文化などにかんする多くの著作が生まれた(表参照)。この学風は、近代以降になって、近代志向の実学《シルハク》として脚光をあび高く評価されるようになったもので、通例、農業を重視し制度改革論を唱えた柳馨《ユヒョン》《りゅうけい》遠《ウォン》《えん》、李瀷《イイク》《りよく》、丁若鏞らを経世致用学派、地動説を唱えた洪大容《ホンデヨン》や、産業の発達と生活の向上を重視し、清支配下の中国からも積極的に学ぶべきだと主張した朴趾源《パクチウォン》《ぼくしげん》、朴斉家《パクチェカ》らを利用厚生学派(北学派)、金石文《きんせき》字学や考証学の水準を高めた金正喜《キムジョンヒ》らを実事求是学派と分類している。

文学では、ハングルを用いた文学が盛んになった。上流階層の女性の作品として荘献世子嬪洪《ホン》氏の自伝『閑中録』が著名であるが、初等教育機関である書堂が増加して、ハングルを理解する庶民もふえ、既存の蔡寿《チェス》の『薛公瓚還魂伝《せっこうさんかんこんでん》』、許筠《ホギュン》《きょいん》の『洪吉童《ホンギルトン》伝』のほかに金万重《キムマンジュン》の『九雲夢』や、『春香《チュニャン》伝』『林慶業伝』『謝氏南征記』など多様な内容のハングル小説が書かれ、貸本のかたちでも読まれた。また、多くが名もない庶民の作として流布した辞説時調と呼ばれる写実的な長詩の時調が出現し、これらは中人出身で、自らが作家でもある金天沢《キムチョンテク》や金寿長《キムスジャン》によって、それぞれ『青丘永言』『海東歌謡』に採集され整理された。

『春香伝』『沈清伝《シムチョン》』『興夫歌《フンブ》』などの物語を歌と台詞で伝えるパンソリも十八世紀に登場し、十九世紀後半に、やはり中人出身とされる申在孝《シンジェヒョ》がその創作と整理に貢献した。パンソリは人形や仮面を使った風刺に富む演劇とともに、男寺党《ナムサダン》などの放浪芸人によって各地で演じられた。漢文学は文学の主流であったが、朴趾源は従来とはやや異なる文体を用いて、批判精神にあふれた『両班伝』『許生伝』『虎叱』などを含む中国旅行記『熱河日記』を著わした。また中人以下の階層の人たちが詩社を結成して『昭代風謡』などが編まれ、放浪詩人金炳淵《キムビョンヨン》《きんへいえん》(金笠《キムイプ》《きんりゅう》)が活動した。

絵画では、中国の画譜を基礎とした従来の山水画のほかに、鄭歚《チョンソン》《ていぜん》らが朝鮮の自然や風景を写生した真景を独自の技法で描く真景山水画を発展させ、また金弘道《キムホンド》、申潤福《シンユンボク》らは風俗画をさかんに描いた。屛風などに描かれた日常の生活に密着した民画(生活画)も職人によって描かれた。陶芸では白磁のほか、白地に青で山水花鳥草木などの模様を描いた青華白磁があらわれ、書では金正喜(号は秋史《チュサ》)が秋史体という独特な書体を生み出した。

第五章　朝鮮近代社会の形成と展開

1　朝鮮の開国

大院君《テウォングン》政権

一八六三年十二月、哲宗《チョルジョン》が嗣子なくして死去すると、興宣君《フンソングン》昰応《ハウン》《かおう》の第二子が王位にむかえられた(高宗《コジョン》、在位一八六三〜一九〇七)。高宗が若年なので、大王大妃趙《チョ》氏(神貞王后《シンジョンワンフ》)が六六年初めまで垂簾《すいれん》政治をおこなったが、実権を握ったのは、王の生父として大院君の称号を受けた興宣君であった。

大院君は安東金《アンドンキム》氏および老論をおさえるとともに、南人・北人の高官への登用を拡大した。備辺司を議政府にあわせて廃止し、議政府を最高行政官庁の地位に復し、軍政機関として三軍府を設置した(その堂上の大半は武臣が占めた)。さらに王族の官庁である宗親府を改組して、従二品以上の璿派《せんは》(歴代の王の子孫である全州《チョンジュ》李氏)の官僚が就任する官職を新設した。新しい法典『大典会通』も編纂された。こうして大院君は自己の権力の強さを誇示し、弱小党派・武臣・璿派の重用により勢力基盤を固めることをねらった。

大院君は、壬辰倭乱時に焼失した景福宮《キョンボックン》の再建をはじめとする大土木工事をおこない、王室の権威を高めようとはかった。土木工事や軍備強化のために財源拡張策が推進され、景福宮工事のための「願納銭」の徴収、悪貨である当百銭の発行、漢城《ハンソン》の城門における通過税の徴収、江華島《カンファド》防備のための「沁都《しんと》砲糧米」の新設などがおこなわれた。願納銭徴収以下の諸措置は民衆の生活を悪化させたので、大院君の施政にたいする民衆の不満は高まった。

一八六四年から七一年にかけて書院の撤廃が進められ、最終的には賜額《しがく》書院(王から書院号を記した額を与えられた書院)四七カ所を残し、それ以外はすべて撤廃された。これは、書院に所属していた土地や良民を課税対象に編入して財源拡張策に資するとともに、書院を拠点としていた在地両班《ヤンバン》の勢力をおさえるためであった。また七一年には両班からも、その所有する奴《ど》の名義で軍布を徴収することが定められた(班戸奴名出布法)。大院君政権は軍布納入額をふやすために、両班の特権に規制を加えたのであった。

大院君の鎖国維持政策

大院君政権は思想統制策として、「邪教」「邪説」を斥けて「正学」である朱子学を擁護する「衛正斥邪《えいせいせきじゃ》」政策を推進し、東学や天主教に厳しい弾圧を加えた。

東学は、一八六〇年に慶尚道慶州《キョンジュ》府生まれの崔済愚《チェジェウ》《さいさいぐ》が創始した宗教であり、その名には西学＝天主教に対抗する意味がこめられていた。崔済愚は、やがて理想的な「後天開闢《こうてんかいびゃく》」の時代がやってくるので、人々は東学の教徒となって真心をこめて呪文を唱えて霊符を飲めば、天と人は一体となり、現世において

斥和碑　斥洋碑。1871年に建てられ，82年の壬午軍乱後に撤去された。

神仙となることができると説いた。政府は東学を危険視し、六三年に崔済愚を逮捕し、六四年に「左道惑正《わくせい》」(異端)の罪で処刑した。六六年には天主教に大きな弾圧が加えられ、フランス人神父や多数の信者が処刑され(丙寅邪獄《へいいんじゃごく》、丙寅教獄)、その後も天主教にたいする弾圧は長期にわたって続いた。

一八六六年七月、アメリカ商船ゼネラル・シャーマン号が大同江《テドンガン》を遡航して平壌《ピョンヤン》にいたり、開国通商を求めて発砲などの暴行を重ねたので、平壌の軍民は平安道観察使朴珪寿《パクキュス》《ぼくけいじゅ》の指揮下にこれを焼き払って沈没させた。同年八月、フランス極東艦隊司令長官ローズは三隻の軍艦を江華島付近に侵入させた。そのうち二隻は漢江をさかのぼり、漢城を脅かした。フランス艦隊は九月、七隻に横浜駐屯の海兵隊をのせて江華島沖に再侵入し、江華府を占領し、神父殺害者の処罰と条約の締結を要求した。大院君政権は漢城から部隊を派遣し、また射撃に長じた地方の砲軍(猟師)を動員した。十月、朝鮮軍は鼎足《チョンジョク》山城にてフランス軍を撃破し、フランス艦隊は撤退した。この年のアメリカ、フランスの侵攻をあわせて丙寅洋擾《ようじょう》という。

一八七一年四月、駐清アメリカ公使ローはシャーマン号事件を口実として朝鮮との条約締結を企て、アジア艦隊司令長官ロジャーズの率いる軍艦五隻(ローも搭乗)を江華島沖に侵攻させた。アメリカ軍は江華島に上陸し、三カ所の砲台を占領したが、朝鮮側が抗戦態勢を強化し、交渉を拒否したので、五月には撤退した(辛未《しんみ》洋擾)。このとき大院君は、「洋夷侵犯するに戦いを非とするは則ち和なり。和を主とするは売国なり」と刻んだ石碑(斥和《チョッカ》《せきわ》碑、斥洋碑)を全国各地に立てて、鎖国維持の固い決意を示した。

大院君政権は丙寅洋擾に際して、抗戦体制構築のために奇正鎮《キジョンジン》、李恒老《イハンノ》を参判クラスの高官に抜擢した。奇正鎮、李恒老は官職を辞する上疏を呈して、「洋夷」排撃の主戦論、天主教禁圧論、西洋物貨禁止論を唱える一方、土木工事の中止などを求めた。これを機に、奇正鎮、李恒老とその門人たちなど、在地両班層のあいだに、欧米諸国を「夷狄《いてき》」として全面的に排斥し、朱子学に支えられた旧来の支配体制を維持しようとし、また大院君の施政にも批判的な独自の政治勢力が形成された。これが衛正斥邪派である。

閔《ミン》《びん》氏政権の成立

一八七三年十一月、李恒老の門人の崔益鉉《チェイッキョン》《さいえきげん》は戸曹参判に任命されると、辞職上疏を呈して、大院君の施政を攻撃し、その国政不関与を求めた。崔益鉉は流配されたが、高宗と王妃閔氏、王妃の兄の閔升鎬《ミンスンホ》《びんしょうこう》らはこの機会を利用して、大院君を退陣に追い込んだ。

この政変により王妃の一族である老論の驪興《ヨフン》《りこう》閔氏の勢道政治が始まり、大院君の腹心(大院君派)や南人・北人の勢力はおさえられ、ふたたび老論の勢力が増大した。閔氏一族は大王大妃の一族である豊壌《プンヤン》趙氏の趙寧夏《チョヨンハ》ら老論の名門と結んで、政権の基盤を固める一方、王宮守備のために武衛所を新設し、大院君の政治的反撃を阻止しようとはかった。

閔氏政権は成立後まもなく、対日外交問題の解決を迫られた。一八六八年十二月に対馬藩から日本の明治維新(王政復古)を通告する書契(外交文書)がもたらされた。大院君政権は、書契のなかで日本天皇にかんして「皇」「勅」などの文字が用いられていたことを格例に反するとしてその受理を拒否したので、両国の交渉はゆきづまっていた。

一八七四年六月に清より日本の台湾侵略と日本軍の朝鮮出兵の可能性が伝えられると、右議政朴珪寿は書契の格例違反をもって国交を阻むべきでないと唱えた。七五年に日本の理事官森山茂と東萊《トンネ》《とうらい》府との正式交渉が始まったが、日本外務省の書契の様式と字句、接待宴における洋服着用をめぐって対立し、森山理事官は八月に帰国して交渉はゆきづまった。これより先、日本政府は朝鮮に圧力を加えるために軍艦を朝鮮近海に出動させていた。

開国

一八七五年八月十九日(陽暦九月二十日)、日本軍艦雲揚号のボートが江華島と本土とのあいだの水道に侵入したため草芝鎮《チョジジン》砲台から砲撃を受けた。翌日、雲揚は同砲台を報復砲撃して損害を与えたうえ、項山島の砲台を焼き払い、翌々日には永宗島《ヨンジョンド》の砲台を砲撃してこれを占領した(江華島事件)。日本は軍艦による武力示威を強化し、朝鮮側の砲撃の「責任」を問うという口実のもとに、条約の締結を企てた。七六年一月、日本の全権黒田清隆、副全権井上馨《かおる》は艦船八隻と海兵隊二六〇を率いて江華島にいたった。日本は、交渉不調のときには二個大隊を増派する態勢も整えた。閔氏政権は申櫶《シンホン》《しんけん》、尹滋承《ユンジャスン》をそれぞれ接見大官・副官に任命して、江華府において日本全権との交渉にあたらせた。日本全権は条約案を提示し、武力示威を背景に調印を迫った。閔氏政権は開戦を回避し、条約案に一部修正のうえで同意したので、二月三日(陽暦二月二十七日)に日朝修好条規が調印された。条約交渉のさなか、崔益鉉は上疏《じょうそ》を呈して、日本は「洋夷」と一体(「倭洋一体」)であり、開国は亡国のもとであると論じた。これにならって開国反対上疏が続いたが、閔氏政権は崔益鉉をふたたび流配し、開国反対上疏運動をおさえた。

同年七月(陽暦八月)には、日朝修好条規付録・日本国人民貿易規則(日朝通商章程)が調印され、「修好条規に付属する往復文書」も交換された。日朝修好条規の体制は、これらの付属条約・文書を含めて、成り立っている。修好条規は、朝鮮は自主の邦《くに》であり、日本と同等の権を有すると規定したが、「自主」は清と朝鮮との宗属関係を否定して、朝鮮へ日本の勢力を進出させるためのものであり、「平等」の字句とはうらはらに、条約総体の内容は日本側に一方的に有利な不平等条約であった。

日本は修好条規と付属条約・文書により、(1)外交使節の首都派遣、(2)釜山ほか二港の開港と自由貿易、(3)開港場における居留地の設定、(4)領事による居留民の管理、(5)開港場における領事裁判権、(6)朝鮮沿海の測量・海図作成の権利、(7)開港場から四キロ以内への内地旅行・通商権、(8)開港場における日本貨幣の使用、(9)朝鮮からの米穀輸出の自由、(10)輸出入税の免除(無関税)、などの権利を獲得した。日本は(3)〜(5)の条項のように、自国が欧米諸国から強要された不平等条約の条項はもちろん、(7)以下の条項のように、それらの不平等条約にもない条項を含んだ、より苛酷な不平等条約を朝鮮に押しつけたのであった。

2 開化政策の展開

開化政策への転換

朝鮮政府は、日朝修好条規を従来の交隣関係の継続と理解したので、条約の実施をめぐって両国のあいだに対立が生じた。新規二港の開港は遅れ、ようやく一八八〇年に元山《ウォンサン》が、八三年に仁川《インチョン》が開港した。日本公使の漢城常駐の実現は八〇年末まで遅れた。

開国後、釜山《プサン》の日本人貿易商は不平等条約に支えられて日朝貿易を拡大した。日本からはおもにイギリス綿製品が中継輸入され、朝鮮からは米、大豆、金地金《きんじがね》、牛皮などが輸出された。穀物の輸出は、開港場を中心とする穀物流通構造をつくりだし、売込商である客商や地主には利潤をもたらしたが、国内における米の供給不足、米価騰貴を引き起こし、都市の下層民をはじめとする民衆の生活を圧迫しだした。

日本の朝鮮進出は、ロシアの南下政策とともに、宗主国である清の政府に危機感を呼び起こした。一八七九年、清は朝鮮に対欧米開国を勧告する新政策を採用し、北洋大臣兼直隷総督の李鴻章《りこうしょう》が朝鮮の前領議政の李裕元《イユウォン》に書簡を送り、欧米諸国との条約締結を勧めた。清は、日露の朝鮮進出によって満洲、直隷、山東などの地域の安全が脅かされることを避けるために、欧米諸国を朝鮮に引き入れ、日露を牽制しようとはかったのである。李裕元はこの勧告を拒否したので、清の政策はすぐには成功をおさめなかった。

一八八〇年、七六年の金綺秀《キムギス》《きんきしゅう》一行に続いて、第二回の修信使として金弘集《キムホンジプ》の一行が日本へ派遣された。

金弘集一行は日本政府や駐日清国公使館との接触を通じて日本や世界の事情を詳しく見聞し、清国公使館参賛官黄遵憲《こうじゅんけん》から『朝鮮策略』を与えられた。『朝鮮策略』の内容は、ロシアの脅威を防ぐために、「中国に親しみ、日本と結び、アメリカと連なる」外交方針を採用し、まずアメリカと条約を締結すること、外交通商、西洋の学問・技術の学習、洋式軍備の導入、産業開発により自強をはかることを、朝鮮に勧めたものであった。金弘集一行の見聞と『朝鮮策略』とは高宗と政府に大きな影響を与え、同年末より閔氏政権は近代的な軍備・技術・制度の導入をはかる開化政策への転換を開始した。

一八八〇年末、三軍府が廃止されて、外交と開化政策を管掌する統理機務衙門《がもん》が新設された。八一年には、朴定陽《パクチョンヤン》、趙準永《チョジュニョン》、洪英植《ホンヨンシク》、閔種黙《ミンジョンモク》、趙秉稷《チョビョンジク》《ちょうへいしょく》、魚允中《オユンジュン》《ぎょいんちゅう》らを中心とする日本視察団が派遣され、日本の官庁、学校、軍隊、工場などを分担視察し、随員の兪吉濬《ユギルチュン》《ゆきっしゅん》、尹致昊《ユンチホ》《いんちこう》は最初の日本留学生となった。同年四月には新式軍隊の別技軍が新設され、日本の陸軍少尉堀本礼造が教官に傭聘《ようへい》された。旧式化した訓錬都監、武衛所などの五軍営は、武衛、壮禦《そうぎょ》の両営に統合された。同じ年に領選使金允植《キムユンシク》《きんいんしょく》に引率された両班出身の留学生と工匠とが天津《てんしん》の機器局に派遣され、新式兵器の製造技術の学習がはかられた。

開化政策への転換が進むなかで、開化派の勢力が成長した。欧米の近代的な技術や制度を導入して内政改革をはかろうとする開化思想は、朴珪寿の門人であった金玉均《キムオッキュン》、朴泳孝《パクヨンヒョ》、徐光範《ソグァンボム》、洪英植ら老論の名門両班の青年、訳官の呉慶錫《オギョンソク》《ごけいせき》、医師の劉鴻基《ユホンギ》《りゅうこうき》、僧侶の李東仁《イドンイン》らを担い手として、開国前にすでに形成されていた。一八七八～七九年には金玉均らは改革をおこなおうとする活動を開始し、李東仁を日本へ送った。こうして形成された開化派は、八〇年以降、政権上層部に進出した。また金弘集、金允植、魚允中らは外交・開化政策の担い手として重用され、金玉均らと協同し、開化派の一翼を形成するにいたった。

欧米諸国との条約締結

一八八一年には高宗と政府は対米条約締結の方針を決めたが、対欧米開国反対論を恐れて、国内におけるアメリカとの直接交渉には踏み切れなかった。李鴻章は自らが朝米条約交渉を主宰することを高宗に承認させ、八二年二〜三月に天津にてアメリカのシューフェルト提督との交渉をおこない、仮条約に調印した。ついで仁川に来航したシューフェルトと朝鮮の全権申櫶《シンホン》《しんけん》、金弘集とのあいだに本交渉がおこなわれ、四月に朝米修好通商条約が調印された。条約の本交渉、調印には、李鴻章の幕僚馬建忠《ばけんちゅう》が立ち会い、その勧告により朝鮮国王からアメリカ大統領宛の照会がだされ、朝鮮は中国の属邦であると声明された。

朝米条約は不平等条約であったが、必需品一割以下、奢侈品三割以下とする輸入関税率、凶年のときの米穀輸出禁止などを定めたので、日朝修好条規に比べると朝鮮の地位を改善する内容を含んでいた。朝米条約についで、一八八二年四月に朝英修好通商条約、五月に朝独修好通商条約が調印された(ともに馬建忠が立ち会った)。しかし東アジア在留のイギリス商人が輸入関税率の高さを不満として反対したため、イギリスは条約を批准せず、ドイツもこれに同調した。八三年にイギリスの駐清公使パークスは漢城にはいって改訂条約の交渉をおこない、十月に朝英改訂条約が調印された。同月に、これとほぼ同内容の朝独改訂条約も調印された。朝英改訂条約は輸入関税率を五分から二割のあいだに引き下げ、領事裁判権の内容を詳細に規定するなど、イギリス側の立場を強めるものであった。

この後、一八八四年に朝露・朝伊、八六年に朝仏、九二年に朝墺の各修好通商条約が調印されたが、いずれも朝英改訂条約にならったものであった。また朝英条約以後の各条約の調印の際にも朝鮮国王の相手国元首宛の照会により、朝鮮が中国の属邦であることが声明された。こうして八〇年代なかばには対欧米開国も実現し、鎖国政策は完全に破れた。

辛巳《しんし》斥邪《せきじゃ》上疏《じょうそ》運動と壬午《じんご》軍乱

開化政策への転換にたいして、衛正斥邪派からは強い反発が起きた。一八八一年の初めから、中南部各道の衛正斥邪派の在地両班は漢城に集結して、上疏を呈する運動を展開した(辛巳斥邪上疏運動)。彼らの上疏は、『朝鮮策略』の内容を非難し、金弘集や開化政策を進める大臣らの処罰、衛正斥邪策の実行を求めたものであった。閔氏政権は閏七月に江原道の上疏の代表者洪在鶴《ホンジェハク》(李恒老の門人)を死刑に処したほか、上疏運動の中心人物を流配に処して厳しく弾圧した。同年八月には大院君派の安驥泳《アンギヨン》《あんきえい》らが王宮、閔氏一族、日本公使館を襲撃して、閔氏政権を打倒し、大院君の庶長子李載先《イジェソン》を国王に擁立しようとしたクーデタ計画が発覚した。十月に安驥泳、李載先らは処刑され、大院君派の勢力は後退した。

一八八二年六月、財政難のために支給が遅れていた武衛・壮禦両営兵士の俸給米がようやく支払われた。しかし宣恵庁の庫直(倉庫係)は米に糠《ぬか》を混ぜていた。憤激した兵士らは庫直を殴り、庁舎に投石した。宣恵庁堂上閔謙鎬《ミンギョムホ》《びんけんこう》は兵士らの中心人物を投獄したため、兵士らはついに反乱を起こした(壬午軍乱)。六月九日、兵士らは閔謙鎬邸を襲撃したのち、投獄中の兵士と衛正斥邪論者を解放し、日本公使館と京畿観察使営を襲撃した。日本公使花房義質《はなぶさよしもと》らは逃れたが堀本少尉は殺害された。翌日、兵士らは下層民を加えて勢力を増し、前領議政李最応《イチェウン》らをその邸宅に襲撃して殺害し、昌徳宮《チャンドックン》に突入して閔謙鎬、前宣恵庁堂上金輔鉉《キムポヒョン》《きんほげん》を殺害した。閔氏政権は倒れ、高宗は大院君に政権を委ねた。大院君は統理機務衙門の廃止と三軍府の復活、両営・別技軍の廃止と旧五営の復活、大院君派・衛正斥邪派の釈放などの措置をとった。

反乱の報に接した日清両国は先を争って出兵した。日本は花房公使に軍艦四隻、陸軍一個大隊を付して朝鮮に送り、朝鮮政府の責任を問い、通商上の新要求の獲得をはかった。清は、天津にいた金允植、魚允中が開化政策の前途を危ぶんで出兵を要請すると、藩属国保護の名分を掲げて出兵を決定した。六月末には北洋艦隊が仁川にいたり、七月中旬には呉長慶の率いる清軍三〇〇〇名が入京した。清軍は大院君を捕えて中国に連行するとともに、漢城府東部の往十里《ワンシムニ》、南部の梨泰院《イテウォン》を攻撃して反乱に参加した兵士、住民を殺傷した。こうして大院君政権は崩壊し、閔氏政権が復活した。この後、清軍に随行してきた馬建忠は朝鮮と日本との交渉を背後で斡旋した。その結果、済物浦《チェムルポ》《さいぶつほ》条約、日朝修好条規続約が日朝間に調印された。済物浦条約は反乱首謀者の処刑、賠償金の支払い、公使館警備のための日本軍の駐兵権などを規定し、続約は開港場から二〇キロ以内への内地旅行・通商権（二年後には四〇キロ以内へ拡大）、日本外交官、領事官の内地旅行権などを規定した。

甲申《こうしん》政変

清軍の出兵は、清の朝鮮にたいする宗主権強化政策の出発点となった。三〇〇〇名の清軍は駐屯を続けた。一八八二年八月、高宗は教書をくだして、開国・開化を国是《こくぜ》とすること、「邪教」は斥けるが西洋の「器《き》」(技術、軍備、制度)は学ぶべきこと(「東道西器」論)を明示し、斥洋碑の撤去を命じた。開化政策推進の方針は明確になったが、同じころに天津を訪問した趙寧夏、金弘集が改革案「善後六条」を李鴻章に示して、その意見を求めたことによく示されているように、閔氏政権の開化政策は清へ従属したものとなった。

一八八二年九月に中朝商民水陸貿易章程が成立した。章程は、両国が対等なかたちで結ぶ条約ではなく、皇帝が臣下の国王に与える法令であるとされ、その前文において宗属関係を再確認し、この章程は「属邦を優待する」ものなので、ほかの条約国は均霑《きんてん》できないとした。海路による自由貿易が認められ、両国は商務委員(領事)を派遣して自国商人を管理し、従来の国境貿易の体制も自由貿易に改められることになった(八三年に国境貿易にかんする二つの章程が成立した)。「属邦優待」とはうらはらに、朝鮮には多くの不平等条項が押しつけられた。清にのみ領事裁判権が与えられ、清の商人には漢城で店舗を開設する権利、内地において物資を採弁(仕入れ購入)する権利などが与えられた。

閔氏政権は新式軍隊の親軍営の建設を開始したが、その編成、訓練には駐屯清軍の袁世凱《えんせいがい》があたった。一八八四年までに四営が完成し、旧式軍隊は廃止された。八二年十一月には李鴻章推薦の外交顧問として、馬建常《ばけんじょう》(建忠の兄)、ドイツ人メレンドルフ(穆麟徳《ぼくりんとく》)が着任した。これを受けて同年末には、外交通商を管掌する統理交渉通商事務衙門、開化政策を管掌する統理軍国事務衙門が設置された。八三年に朝鮮の海関(税関)が創設されたが、清の海関の下部機関とされ、メレンドルフが総税務司(海関の長官)に就任した。

金玉均(左)と洪英植(右)

清の宗主権強化政策が展開されると、開化派は分裂した。金弘集、金允植、魚允中らは清、閔氏一族に協調的な穏健開化派を形成し、金玉均、朴泳孝、徐光範、洪英植らは清からの独立と内政改革の徹底をめざす急進開化派を形成した。急進開化派は日本への留学生派遣、漢城における道路整備、広州府《クァンジュ》における自派系の新式軍隊の編成、郵便事業の創設準備など、高宗の支持のもとに政権内の地位を利用して、独自の政策を展開した。

一八八三年に閔台鎬《ミンテホ》《びんだいこう》らは財源確保のために、メレンドルフの支持のもとに当五銭という悪貨の鋳造を開始し、その鋳造を担当する典圜局《てんかんきょく》を設置した。金玉均は当五銭鋳造に反対し、その代案として日本からの借款の獲得を提起し、借款交渉のために渡日したが失敗して、八四年四月に帰国した。こののち、金玉均らは、ベトナムをめぐるフランスとの戦いで清が苦境に立ち、朝鮮駐屯兵力の半数を撤兵するにいたった情勢を好機とみて、閔氏政権打倒のクーデタを計画するにいたった。竹添《たけぞえ》進一郎日本公使も清の勢力を排除して日本の勢力を拡大する好機ととらえて、急進開化派に接近し、クーデタ計画に加担した。

急進開化派は同年十月十七日(陽暦十二月四日)、郵征総局落成祝賀宴を利用してクーデタを起こし、公使館守備の日本軍一個中隊および親軍の一部を利用して、高宗を擁して政権を獲得し、閔台鎬、閔泳穆《ミンヨンモクびんえいぼく》、趙寧夏らを殺害した(甲申政変)。急進開化派政権は改革方針をつぎつぎと発布した。それは、大院君の帰国と朝貢虚礼の廃止、門閥廃止、地租法改正、還穀廃止、財政官庁の戸曹への一元化、巡査の設置、近衛隊の設置、大臣・参賛会議による政令の議定執行などからなり、少数からなる政府に権限を集中して租税・財政・軍事・警察制度の近代的改革を実施し、宗属関係を廃棄することをめざしたものであった。

しかし清軍が閔氏側の右議政沈舜沢《シムスンテクしんしゅんたく》の要請を受けて昌徳宮に出動し、急進開化派を攻撃した。日本軍が撤退して、まったく劣勢となった急進開化派は敗れ、その政権はわずか三日間で崩壊した。金玉均、朴泳孝、徐光範らは日本へ亡命し、洪英植らは殺害された。

竹添公使は仁川に退去し、金玉均らとの無関係を装った。日本政府は竹添公使の行動を不問に付す一方、十一月、井上馨外務卿に陸軍二個大隊を付して朝鮮に派遣し、公使館再建資金の支給などを定めた漢城条約に調印させた。翌一八八五年一月に伊藤博文が天津に赴き、李鴻章と会談し、三月四日(陽暦四月十八日)に天津条約に調印した。同条約は日清両国軍の朝鮮からの撤兵、日清両国からの軍事教官の派遣の禁止、将来に派兵が必要な場合の相互事前通知、を内容とするものであった。これにより両国は妥協を成立させた。

宗主権強化政策への抵抗

甲申政変ののち、ふたたび閔氏政権が復活した。清の勢力強化にたいして高宗、王妃は反発し、メレンドルフとともに清を牽制するためにロシアと陸軍教官招聘の秘密協定を結ぶことを企てた。この動きを察知した清は反撃にでた。一八八五年五月、対清協調派の督弁交渉通商事務の金允植は陸軍教官招聘協定の調印を拒否し、メレンドルフは協弁交渉通商事務・総税務司を解任された（第一次朝露秘密協定問題）。清は国王、王妃らを牽制するために、八月には大院君を帰国させ、十月には袁世凱を駐箚《ちゅうさつ》朝鮮総理交渉通商事宜として漢城に駐在させた。袁世凱には宗主国の代表として、諸外国の公使とは別格の地位・待遇と国王・政府を指導する強い権限が与えられた。高宗、王妃、閔応植《ミンウンシク》、閔泳煥《ミンヨンファン》《びんえいかん》らは、なおもロシアに接近する動きを続けた。翌八六年七月に「有事」の際にロシアの「保護」を求める秘密協定を締結する企てが、これに反対する閔泳翊《ミンヨンイク》《びんえいよく》から袁世凱に通報されると、清は仁川に北洋艦隊を派遣して圧力を加え、秘密協定を阻止した（第二次朝露秘密協定問題）。

朝露秘密協定の動きが起きると、一八八五年三月、イギリス東洋艦隊はロシア極東艦隊の通路を遮断するために、突如として全羅道南方海上にある巨文島《コムンド》を占領し、朝鮮政府の抗議を無視して占領を継続した。翌八六年にロシアが永興湾《ヨンフン》（咸鏡道《ハムギョンド》《かんきょう》）を占領すると声明すると、李鴻章は英露両国を調停して、両国とも朝鮮領土を占領しないという妥協を成立させたので、八七年二月にイギリス艦隊はようやく巨文島を撤退した（巨文島事件）。

一八八七年、政府は条約締結国に公使を派遣することを決めた。ところが八月に清は、朝鮮の公使派遣には皇帝の許可が必要であると干渉してきた。高宗は使節を派遣して許可をえる手続きをとったが、九月には李鴻章は、朝鮮公使が清国公使の下位に立つことになる三条件に従うことを求めてきた。しかし十一月にワシントンに着任した駐米公使朴定陽《パクチョンヤン》はこの三条件に従わず、約一年間、任地に駐在した(公使派遣問題)。

一八九〇年四月に神貞王后が死去すると、高宗は財政難を理由に、弔勅使《ちょうちょくし》(死者を弔うために皇帝が派遣する使節)の派遣の免除を清に求めた。清がこれを却下すると、高宗は自ら郊外に赴いて勅使をむかえる儀礼の免除をこうたが、拒否された(神貞王后弔勅使問題《シンジョンワンフ》)。

日清両国の経済的浸透

甲申政変後、清は朝鮮において経済的勢力も拡大した。清の電信局は漢城—仁川、漢城—義州《ウィジュ》間の電信線を敷設し、その管理下においた。招商局は一八八七年より上海—仁川航路を開き、中国商人を荷主《にぬし》とする貨物の輸送の独占をはかった。清の対朝鮮貿易は、朝鮮への輸入において急速に拡大した。朝鮮への日清両国からの輸入額の割合は、八五年には八二対一八であったが、九三年には五一対四九となった。おもな輸入品であるイギリス製綿製品の供給地は香港、上海であったので、清は日本よりも有利であった。また清は、イギリスが朝英改訂条約により全国への内地通商権を獲得したことにならって、八四年に中朝商民水陸貿易章程を改訂して全国への内地通商権を獲得した。これにより、多くの清商人が朝鮮へ渡り、内陸部にも居住して通商するようになり、その勢力を拡大していた。

日本は甲申政変後、朝鮮における政治的勢力を後退させたものの、経済的勢力は拡大していた。朝鮮からの輸出額のうち日本向けは一八八五年から九三年までのあいだ、九割以上を続け、貿易を扱う商船数においても日本船が大半を占めた。日本の第一銀行の支店が八四年に海関税取扱銀行となったことも、日本の立場を強化した。日本への輸出の大半は穀物輸出であったが、大豆は八七年から、米は九〇年から輸出が急増した。日本の産業革命が進展し、阪神地区労働者の食料として朝鮮の米、大豆への需要が増大したためであるとともに、居留地の日本商人の内地行商による穀物買い集めが開始されたためでもあった。日本もイギリス、清の獲得した権利に均霑して、八五年には全国への内地通商権を獲得していた。

内地行商に赴く日本商人は、居留地の有力貿易商や日本人銀行支店から資金を融資されて、産地の客主に資金を前貸しして穀物を買い集めた。居留地の日本商人に穀物を売り込んでいた開港場の客主や仲買穀物商は流通ルートから排除され、打撃を受けた。また穀物の域外への搬出が増大することにより、内陸地域の安定した穀物流通が破壊され、米価騰貴を招いて飯米購買者である下層民の生活が悪化した。このような状況下で、地方官は穀物流通の攪乱を阻止して、朝鮮商人の利益を擁護し、民衆の不満の爆発を防止することをねらって、穀物の域外搬出の禁止令(防穀令《ぼうこくれい》)をしばしば発するようになった。

防穀令の発布は、一八八三年六月に調印された日朝通商章程において、食料が不足する恐れのある場合は、一カ月前に日本領事に予告する条件で、承認されていた。しかし日本商人は前貸しによる買い集めをしていたために、防穀令によって損害を受けたとして地方官としばしば紛争を起こした。その最大のものは、八九年に咸鏡道観察使趙秉式《チョビョンシク ちょうへいしき》が、九〇年に黄海道《ファンヘド》観察使呉俊泳《オジュニョン ごしゅんえい》が発布した防穀令で引き起こされた事件である。日本公使は日本商人が損害を受けたとして賠償金を要求し、九三年には大石正巳公使が最後通牒を発するまでの強硬な態度をとって、一一万八〇〇〇円の賠償金を獲得した(いわゆる防穀令事件)。

開化政策の停頓と腐敗政治

閔氏政権は内務府（一八八五年設置）と統理交渉通商事務衙門を中心にして、開化政策を続けた。一八八六年にはアメリカ人教師を招聘して洋式学校「育英公院」が設置され、八七年には士官学校として錬武《れんぶ》公院が設置され、アメリカ陸軍将校が教官に招聘された。八六年には汽船による税米輸送が開始され、八七年には電報総局が設置されて、漢城―釜山間、漢城―元山間の電信線を自力敷設した。開化政策の財源は関税収入や借款であったが、借款の利子の支払いの増大は、財政を圧迫し、八九年以降には事業の縮小や外国人教官への俸給支払いの遅延が起こり、開化政策は停頓した。

閔氏政権が長期化するなかで、官職売買と賄賂が横行し、政治の腐敗がはなはだしくなった。地方官が買官経費の回収、私財蓄積のために、郷吏と結んで管下住民から不法な収奪をおこなうことも慢性化した。これに苦しんだ住民は各邑単位で、一般農民だけでなく、地方官、郷吏から圧迫を受けた両班も含めて、収奪緩和を求める請願活動をおこない、さらには腐敗した地方官、郷吏を実力で除去、追放して、要求を達成するために民乱を起こした。民乱は一八八八年以降、毎年のように起き、九二年以降には多発する形勢となった。また九〇年には、漢城の商人が日本、清の商人の市内からの退去を求めて、撤市（閉店ストライキ）をおこなった。九一年には済州島《チェジュド》の漁民が、日本漁民が済州島海域に出漁してくることを禁止するよう求めて、蜂起した。

3　自主独立と従属の岐路

甲午農民戦争

東学は第二代教主の崔時亨《チェシヒョン》《さいじきょう》のもとで、経典の編纂や教団の組織化を進め、その勢力は中南部一帯に広がっていった。一八九二年末、東学の幹部は崔済愚《チェジェウ》《さいさいぐ》の罪名を取り消させ、教団の合法化をはかる教祖伸冤《しんえん》運動に着手した。東学教徒は忠清道公州《コンジュ》牧、全羅道全州《チョルラドチョンジュ》府参礼《サムネ》駅で集会を開き(公州集会、参礼集会)、忠《チュン》清道《チョンド》観察使趙秉式《チョビョンシク》《ちょうへいしき》、全羅道観察使李耕稙《イギョンジク》《りこうしょく》に教祖伸冤を要求した。両観察使が拒否したので、九三年二月、教徒は景福宮の前にて伏閤上疏をおこなったが、解散を命ぜられて失敗した。このとき教徒の一部は各国公使館・領事館、キリスト教会などに「斥倭洋」を掲げた貼紙を付して、外交団や外国居留民を慌てさせた。

一八九三年三月、東学幹部は教団の本拠があった忠清道報恩《ポウン》郡帳内《チャンネ》に、二万名余りの教徒を集め(報恩集会)、「斥倭洋倡義《しょうぎ》」を唱えるとともに、観察使や守令の虐政を非難した。全羅道金溝《キムグ》県院坪《ウォンピョン》《いんへい》にも教徒一万名余りが集まって、「斥倭洋」を掲げた集会を開いた(金溝集会)。政府は両湖宣撫使《せんぶし》魚允中を報恩に派遣して、解散を命じた。壮衛営軍六〇〇名が忠清道清州《チョンジュ》牧まで出動して圧力を加えるにいたって、教徒は解散した。

一八九四年二月(九四年より陽暦を用いる)、全羅道古阜《コブ》《こふ》郡で東学の地方幹部全琫準《チョンボンジュン》《ぜんほうじゅん》の指導下に民乱が起きた。この民乱は、古阜郡守趙秉甲《チョビョンガプ》《ちょうへいこう》が洑税《ふくぜい》(水利税)の濫徴《らんちょう》など、収奪をほしいままにしたのに反対して起きたものであった。農民たちは郡庁を占領して趙秉甲を追放し、その横領米を取り戻して解散した。政府は全羅道長興《チャンフン》府使李容泰《イヨンテ》を古阜郡按覈使《あんかくし》に任命して、民乱の調査にあたらせたが、李容泰は民乱参加者を捜索し、略奪をおこなった。四月下旬、全琫準は近隣の東学地方幹部に呼びかけて、茂長《ムジャン》県に四〇〇〇名の農民軍を集め、古阜郡を占領した。農民軍は「倭夷」(日本勢力)の駆逐と「権貴」(閔氏政権)の打

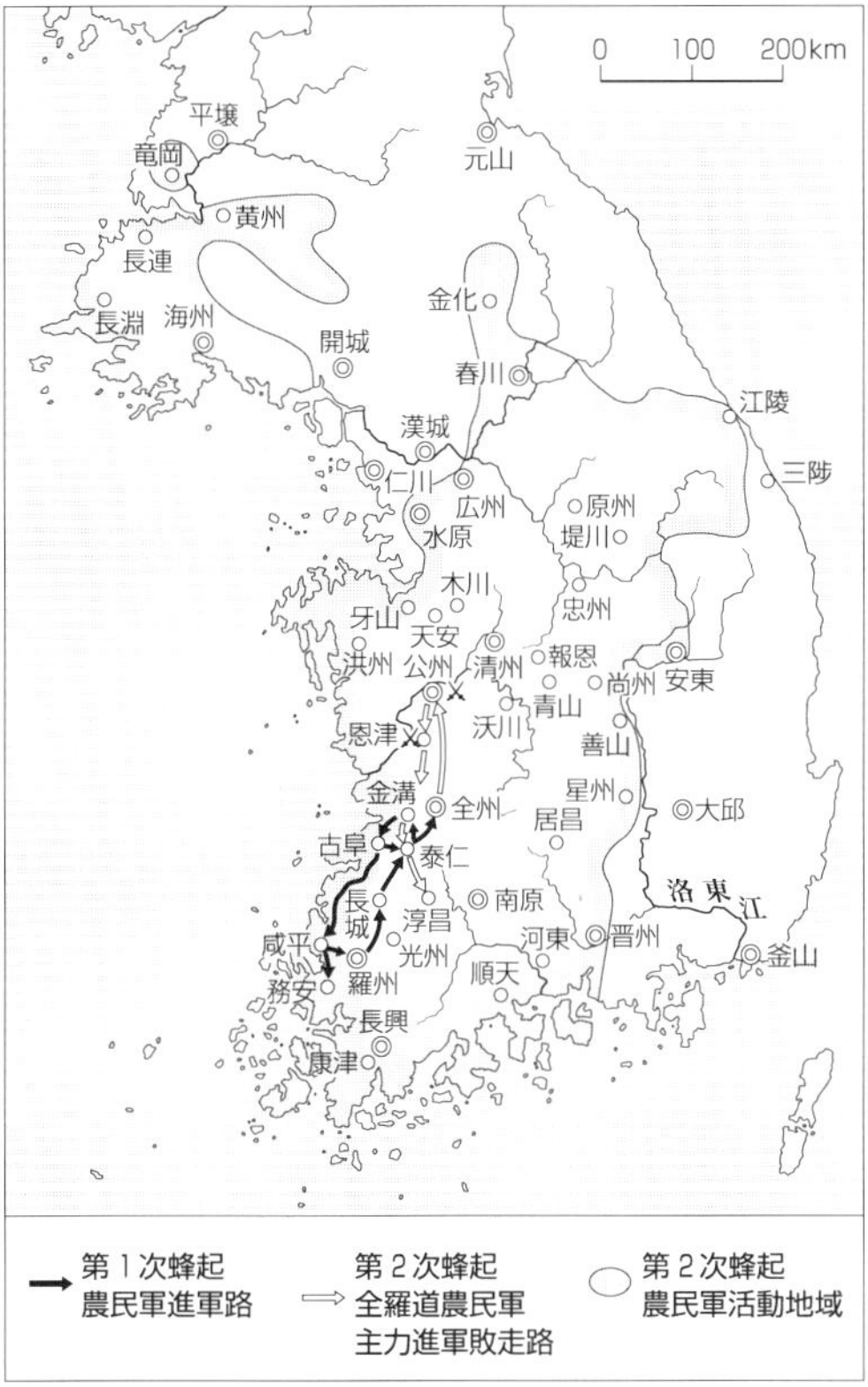

甲午農民戦争関係図

倒を唱えて、民乱は本格的な農民戦争へと発展した。農民軍は五月十一日に古阜郡の黄土峴《ファントヒョン》で全羅道観察使営軍を破り、南下して沿海部の諸邑に進撃し、兵器を奪取し、悪政をおこなっていた守令や郷吏を捕えた。政府は両湖招討使洪啓薫《ホンゲェフン》の率いる壮衛営軍八〇〇名などを派遣した。農民軍は五月二十七日、長城《チャンソン》府黄龍村《ファンヨン》で政府軍を破り、急速に北上し、三十一日には全州府に入城した。忠清道にも農民軍の活動が広がっていき、閔氏政権は深刻な危機に陥った。

閔氏政権は自力鎮圧は困難とみて、閔泳駿《ミンヨンジュン》の提議により清軍の出兵を求めることを決めた。六月三日、政府は袁世凱に出兵を求め、十日までに二〇〇〇名の清軍が忠清道牙山《アサン》県へ上陸した。これに対抗して、日本政府は二日、公使館と居留民の保護を名目にして混成一個旅団の朝鮮出兵を決定し、十日には大鳥圭介《おおとりけいすけ》公使が海軍陸戦隊を率いて漢城にはいった。農民軍は全州を包囲した政府軍と激戦を展開していたが、清日両国軍出兵の報を聞いて、六月十日、政府側と「全州和約」を結んで全州を撤退した(甲午農民戦争の第一次蜂起)。

日清戦争と朝鮮

農民軍の全州撤退を受けて、朝鮮政府は日清両国軍の撤退を求めた。しかし日本政府は六月なかばに日清両国共同による反乱の鎮圧、朝鮮の内政改革を清側に提議する一方、一個連隊を仁川に上陸させ、仁川、漢城を制圧した。清が日本の提議を拒むと、日本政府は六月下旬、単独で朝鮮内政改革にあたる方針を閣議決定した。日本は八〇〇〇名もの大軍を漢城、仁川に配置して、朝鮮政府に内政改革の実施を迫った。

他方、牙山駐屯の清軍は六月下旬には二八〇〇名に達し、その一部は全羅道に南下して農民軍鎮圧作戦を展開した。しかし農民軍は姿を隠して、清軍との衝突を避けた。

七月十六日、督弁交渉通商事務趙秉稷《チョビョンジク》《ちょうへいしょく》は日本軍の撤兵が先決であると声明し、日本の軍事力を背景にした内政干渉に抗議した。しかし日本軍は漢城―釜山間の軍用電信線の敷設に着手し、大鳥公使は清軍の撤退と中朝商民水陸貿易章程など三章程の廃棄を求めた。これを朝鮮政府が拒むと、二十三日、日本軍は景福宮などの要地を占領し、政府軍を武装解除した。日本は大院君を担ぎ出し、閔氏政権を倒した。二十五日、督弁趙秉稷は三章程の廃棄を清に通告し、宗属関係はたたれた。同日、日本艦隊は忠清道北方海上で清の北洋艦隊を攻撃し、両国間の戦端を開いた(豊島《プンド》沖の海戦)。

七月二十七日、日本のあと押しで金弘集が領議政に就任し、開化派政権が成立した。金弘集政権は日本軍への「協力」を地方官に指示した。八月下旬には朝鮮政府と日朝暫定合同条款、大日本大朝鮮両国盟約に調印した。合同条款によって、日本は「内政改革の勧告」の名のもとに内政干渉を合法化し、日本軍用電信線の存置、京釜《キョンブ》《けいふ》・京仁《キョンイン》《けいじん》鉄道敷設権の供与、王宮占領事件の不問などを認めさせた。両国盟約は日本軍の朝鮮国内における軍事行動を合法化し、日本軍への朝鮮の便宜提供を義務づけた。九月中旬、日本軍は平壌の戦い、黄海海戦に勝利して、戦局の主導権を握り、十月下旬には中国領へ侵入した。

日本軍は釜山―漢城間、漢城―漁隠《オウン》洞(黄海道　長連《チャンヨン》県)間の要地に兵站《へいたん》部を設置し、食糧・物資・人馬の徴発、道路の整備、軍用電信線の警備にあたらせた。しかし朝鮮民衆は日本軍による徴発に反対し、兵站部や日本軍に「協力」する地方官庁を襲撃し、軍用電信線を切断した。地方官や郷吏のあいだにも日本軍に非協力的な動きがあらわれた。

全州を撤退した全羅道の農民軍は、各邑に執綱所《しっこうじょ》という自治機関を設置し、弊政改革を推進した。奴婢《ぬひ》文書を破棄して奴婢を解放したり、両班・良人《りょうじん》間の差別をなくす措置をとるとともに、腐敗した地方官、郷吏や横暴な両班の処罰、軍需にあてるための小作料押収をおこなった。この改革は旧来の両班中心の支配体制を大きくゆるがすものであった。

全羅道の農民軍は日本勢力駆逐と開化派政権打倒をめざして、十月中旬に再蜂起した。第一次蜂起には反対した東学教主の崔時亨も、その掌握下にある組織に蜂起を命じたので、農民軍の蜂起は忠清、慶尚《キョンサン》、江原《カンウォン》、京畿《キョンギ》、黄海《ファンヘ》、平安《ピョンアン》の諸道にも広がった(甲午農民戦争の第二次蜂起)。政府は十月中旬、両湖巡撫営を設置して、政府軍二八〇〇名を南下させ、約二〇〇〇名の日本軍も出動した。十一月下旬から十二月上旬にかけて、全琫準の率いる農民軍は公州の南方において政府軍・日本軍の連合軍と激戦を展開した末に敗れた。農民軍は退却して全羅道の各地で各個撃破され、翌九五年一月には抵抗を終えた。全琫準も逮捕され、死刑に処された。ほかの道の農民軍も、政府軍・日本軍や在地両班・郷吏の組織した民堡《みんほ》軍(義兵)に撃破されて、九五年初めには鎮圧された。

一八九四年十月、井上馨日本公使が着任し、日本の干渉は強まった。井上は十一月、高宗に「内政改革綱領」を承認させ、大院君、王妃の政治関与を禁じた。十二月には朴泳孝、徐光範を復権させ、政権に参加させた。また日本人顧問官を大量に採用させ、九五年三月には海関税などを担保に三〇〇万円の借款を供与して、朝鮮の行財政にたいする支配を強めた。

一八九五年四月、下関条約が調印されて日清戦争が終わった。清は宗属関係の廃止を承認し、朝鮮の清からの独立は確定した。露仏独三国の干渉によって、日本は遼東半島を清に返還したが、これを機に朝鮮の宮廷、政府内部には王妃閔氏を中心にロシアへ接近して日本を牽制しようとする勢力が台頭した。七月に朴泳孝《パクヨンヒョ》が王妃殺害を企てたとの嫌疑を受けて日本へ再亡命すると、親露派の勢力は強まり、日本の勢力はしだいに後退した。

甲午改革

一八九四年七月に成立した金弘集《キムホンジブ》政権は、軍国機務処を設置して内政改革に着手した。軍国機務処の総裁官には金弘集が就任し、穏健開化派の金允植《キムユンシク》《きんいんしょく》、魚允中《オユンジュン》《ぎょいんちゅう》、甲申政変後に開化政策の担い手として育ってきた少壮開化派の兪吉濬《ユギルチュン》《ゆきっしゅん》、趙羲淵《チョヒヨン》《ちょうぎえん》、安駉寿《アンギョンス》《あんけいじゅ》、金嘉鎮《キムガジン》らが会議員の中心となった。軍国機務処は内政改革の法令をつぎつぎと制定した。これ以後、九六年二月の金弘集政権倒壊までになされた内政改革が、甲午改革である。

軍国機務処は、一八九四年十二月に廃止されるまでに広範囲の改革を実施した(改革の第一期)。第一に行政機構の改革として、(1)議政府の改革(三議政を廃止して総理大臣をおき、六曹、内務府などの既存官庁を廃止して内務、外務、度支《たくし》、軍務などの八衙門を新設し、各衙門に大臣、協弁などをおいた)、(2)議政府と宮内府(宮中事務を管掌)との分離、(3)科挙廃止による官吏登用法の改革(行政上の専門能力を基準として、各大臣による候補者の選取と銓考《せんこう》局による試験をへて官吏を採用することにした)が実施された。

第二に財政・税制改革として、⑴財政官庁の度支衙門への一元化、⑵従来の複雑な税目の地税・戸税への統合と金納化、⑶新式貨幣発行章程の制定(銀本位制の採用と新貨幣の発行)などが実施された。第三に⑴両班・良人間の身分差別の撤廃、⑵奴婢制度の廃止、⑶賤民の解放などの身分制度廃止の措置が実施され、また未亡人の再婚の自由、早婚の禁止などの家族制度改革もおこなわれた。第四に、清年号の使用の廃止、「開国紀年」(朝鮮王朝建国の年、一三九二年を元年とする)使用によって、宗属関係の廃止が明確化された。

一八九四年十二月の改造で成立した第二次金弘集政権(金弘集、朴泳孝連立政権)は、金弘集と朴泳孝との対立で九五年五月に崩壊し、朴定陽《パクチョンヤン》を総理大臣とする政権にかわったが、朴泳孝は留任し、七月の再亡命まで改革を主導した(改革の第二期)。この第二期の改革のおもなものは、つぎのとおりであり、その多くは九五年四月に実施された。第一に内閣制度が創設された(議政府を内閣に改め、八衙門を内部、外部、度支部、軍部などの七部に改めた)。第二に裁判所が設置され、司法機構が行政機構から分離された。第三に財政・税制改革として、⑴予算制度の採用、⑵還穀の廃止、⑶徴税機構の地方行政機構からの分離(管税司、徴税署の新設)が実施された。第四に地方制度の改革が実施されて、従来の八道が二三府に改編され、各邑は一律に郡と改められた。各府には観察使、参書官、主事などがおかれて、従来の道に比べて機構が強化された。第五に軍制改革として、壮衛営など四営(八八年以降に編成)の廃止と訓錬隊の新設(日本軍による訓練を受けた)がおこなわれた。第六に「教育にかんする詔勅」が発布され、国家の富強をはかるための新教育の実施の方針が示された。第七に、朝鮮の清からの独立を明示するための措置として、⑴王室の尊称の改定(王は「大君主陛下」、王妃は「王后陛下」と称し、清の皇帝、皇后と同格になった)、⑵勅使を送迎するための施設であった迎恩門の破壊がおこなわれた。

一八九五年七月の朴泳孝亡命後の朴定陽政権、八月に成立した第三次金弘集政権では、親露派の李允《イユン》《りいん》用《ニヨン》《よう》、安駉寿、李範晋《イボムジン》《りはんしん》、李完用《イワニョン》らが進出したが、改革は続行された（改革の第三期）。まず軍制改革として、⑴侍衛隊の創設（アメリカ人軍事教官が訓練）、⑵旧式化した地方軍（兵営、水営など）の廃止がおこなわれた。七月には郵逓規則が公布され、甲申政変後に中断された郵便事業が再開された。

一八九五年十月の王后殺害事件後に改造された金弘集政権（第四次金弘集政権）では、親露派は追われ、兪吉濬、趙義淵、張博《チャンバク》らの親日派が多く登用された。第四次金弘集政権はすぐに軍制改編をおこない、漢城に親衛隊を、地方に鎮衛隊を設置した。徴税機構を独立させる改革はやや後退し、十月には管税司、徴税署は廃止されて、税務視察官をおいて観察使、郡守の徴税事務を監督させ、郡守のもとには徴税事務を担当する税務主事をおくことに改められた。また太陽暦を採用し、陰暦の開国五〇四年十一月十七日を一八九六年一月一日とし、新年より「建陽《コンヤン》」の年号を用いることとした。そして十二月末に、断髪令を公布、実施したのである。

初期義兵と露館播遷《はせん》

一八九五年九月に着任した日本公使三浦梧楼《ごろう》（予備役陸軍中将）は、日本の勢力を挽回するために、親露派の中心である王后閔《ミン》《びん》氏を殺害する計画を企てた。十月七日夜から八日未明にかけて、日本公使館・領事館員、日本軍守備隊、日本人顧問官、「大陸浪人」らは、ふたたび大院君を担ぎ出すとともに、景福宮に侵入して、訓錬連隊長洪啓薫、宮内府大臣李耕稙を殺害したうえ、さらに王后の寝室をおかして王后を殺害し、その死体を凌辱したのち、これを焼き払った(閔妃事件、乙未《いつみ》事変)。ついで三浦公使は、金弘集政権を親日色の強い政権に改造させた。三浦公使と金弘集政権は事件の真相の隠蔽につとめたが、事件はアメリカ人軍事教官とロシア人技師に目撃されており、国際問題となった。国際的な孤立を恐れた日本外務省は三浦公使らを召還した。三浦公使らは、広島の地方裁判所および軍法会議に付されたが、翌九六年一月には「証拠不十分」として全員無罪となった。

閔妃事件によって朝鮮の反日感情は極度に高まり、金弘集政権に反対する動きも広がった。断髪令の実施は、反日反開化派の動きをさらに強めた。衛正斥邪派の在地両班は王后殺害に憤激するとともに、断髪令の実施は「小中華」朝鮮の礼俗をすてさり、「夷狄」に堕するものと受け取った。一八九六年一月中旬、江原、京畿、忠清、慶尚四道の各地において衛正斥邪派在地両班の指導下に農民、「砲軍」(各郡の警備兵)を組織した義兵が蜂起し、「中華を尊んで夷狄を攘《はら》う」「国母(王后)復讐」を唱えて、開化派政権の打倒をめざした。義兵は親日開化派系の観察使、郡守らを殺害するとともに、日本の軍用電信線を破壊し、日本商人・漁民にも攻撃を加え、日本軍守備隊とも各地で交戦した。

金弘集政権は義兵鎮圧のために精鋭の親衛隊を派遣したが、これには日本軍人が随行した。政府軍が大量出動し、漢城の警備兵力が減少した形勢を利用して、二月十一日、李範晋、李完用、李允用らの親露派がロシア水兵の力をたのんで、高宗をロシア公使館に移して(露館播遷)、クーデタを起こし、金弘集政権を倒して親露派政権を樹立した。金弘集、魚允中らは殺害され、兪吉濬、趙義淵、張博らは日本へ亡命した。

親露派政権は金弘集らを「国賊」と断罪し、断髪令を中止し、義兵の解散をはかった。しかし義兵の多くは親露派も開化派の一部であるとして、運動を継続した。二月中旬には、李恒老《イハンノ》の門人である柳麟錫《ユインソク》《りゅうりんせき》の率いる義兵は忠州《チュンジュ》を占領し、盧応奎《ノウンギュ》《ろおうけい》の義兵が晋州《チンジュ》を、安東郡の義兵が安東を占領した。下旬には広州南漢山《ナマンサン》城も義兵に占領された。三月には咸鏡、平安、黄海、全羅の四道にも義兵の蜂起は広がった。

三月以降、政府軍・日本軍の義兵にたいする圧迫は強まった。柳麟錫の義兵は三月上旬、忠州を撤退して堤川《チェチョン》に拠点を移した。閔龍鎬《ミンヨンホ》《びんりゅうこう》ら江原道の義兵は元山の日本人居留地の攻撃を企てたが、三月中旬に元山の日本軍守備隊と咸鏡道安辺《アンビョン》郡で戦って敗れた。晋州の義兵は四月上旬に金海《キメ》を占領し、釜山の居留地に脅威を与えたが、日本軍守備隊と交戦して敗れた。政府軍は四月中旬に晋州を、五月下旬には堤川を占領し、義兵との戦闘の大勢を決した。勢力を後退させた義兵は、十月ころにほぼ活動を停止した(初期義兵)。

大韓帝国の成立

露館播遷後、高宗は一八九七年二月に慶運宮《キョンウングン》(のちの徳寿宮《トクスグン》)に移るまでの一年間、ロシア公使館に滞在したので、ロシアの勢力が増大した。ロシアは鉱山・森林利権を獲得する一方、九六年十月には軍事教官プチャータ大佐らを派遣して、政府軍をロシア式に訓練させた。また米・仏・独・英も、鉄道、鉱山などの利権を獲得した。日本は政治的勢力を後退させたが、九六年五月調印の小村・ウェーバー覚書、六月調印の山県・ロバノフ協定によってロシアとのあいだに妥協を成立させた。日本は、電信線保護のための部隊、漢城、釜山、元山に合計四個中隊の駐屯を承認させて、軍事的足場を維持した。

内政面では甲午改革に逆行する動きが進んだ。一八九六年四月、税務視察官、税務主事が廃止され、観察使、郡守が徴税権を完全に握った。六月には郡守がふたたび裁判権をもつようになった。八月には地方制度が改定され、二三府制は一三道制に変わった。道へ派遣される官吏が府の時代に比べて減らされたことは、改革推進の体制を弱めるものであった。九月には議政府官制が公布され、内閣は議政府と改められ(議政府は議政、参政、賛政と各部大臣などで構成され、議政は常置ではなく、参政が首班格となった)、大君主が「万機を統領」すると謳《うた》って、大君主の専制的な権限を確認し、政府の権限を弱体化させた。

甲午改革において実施された清からの独立を明示する措置は、君主の地位を清の皇帝と同格にする形式でおこなわれたものであった。これと高宗が推進する君主権強化政策が結びついておこなわれたのが、高宗の皇帝即位であった。一八九七年八月に年号が「光武《クァンム》」と改元されたのち、十月に国号を「大韓《テハン》」と改めて、高宗は皇帝に即位した(大韓帝国の成立)。

朝鮮は清にたいして、一八九六年より条約の締結を求めたが、清は朝鮮がかつての藩属国であることを理由に、これを拒んだ。ようやく九九年に着任した清の駐韓全権公使徐寿朋《じょじゅほう》と外部とのあいだに交渉が開始され、同年九月に韓清通商条約が調印された。

独立協会の運動

改革に逆行する動きが起こるなかで、独立の確保と内政改革の推進とを主張して活動した政治結社が独立協会であった。独立協会は一八九六年七月、安駉寿を会長、李完用を委員長とし、開化派系の高級官僚を中心にして創立された。独立協会は迎恩門跡の近くに独立門を建設するための募金運動を展開し、九七年十一月に完成させた。独立協会はまた清からの勅使を送迎するための施設であった慕華館《ぼかかん》を改修して、これを独立館と名づけた。独立協会の機関紙の役割をはたしたのは、一八九六年四月に徐載弼《ソジェピル》《じょさいひつ》が創刊した『独立新聞』であった。『独立新聞』はハングルだけで書かれた最初の新聞であり、朝鮮が自主独立を確保して文明開化した富強な国となることをめざして、法治主義の確立、新教育の振興、農業の改良と工業の育成、愛国心、君主への忠誠心の培養を唱えた。

独立協会は一八九七年八月から、独立館を会場として討論会を開き、政治的啓蒙活動に乗り出した。おりしもロシアの勢力拡大が顕著となった。ロシアは、九七年十月にアレクセーエフを財政顧問に就任させ、九八年二月に釜山絶影島《チョリョンド》の租借を韓国政府に承認させ、三月には露韓銀行支店を漢城に設置した。独立協会は九八年二月、反露闘争に立ち上がり、三月には漢城市民の街頭大衆集会(万民共同会)に支えられて、ロシア人軍事教官・財政顧問の解雇、露韓銀行の撤収などを政府に迫った。これに押されて政府はロシア公使スペイヤーにロシア人教官・顧問を継続雇用しないことを通告した。その結果、ロシア人軍事教官・財政顧問は帰国し、露韓銀行支店は撤収された。

一八九八年八月に尹致昊《ユンチホ》が会長に、李商在《イサンジェ》が副会長に選出されると、独立協会の政治活動は一層活発と

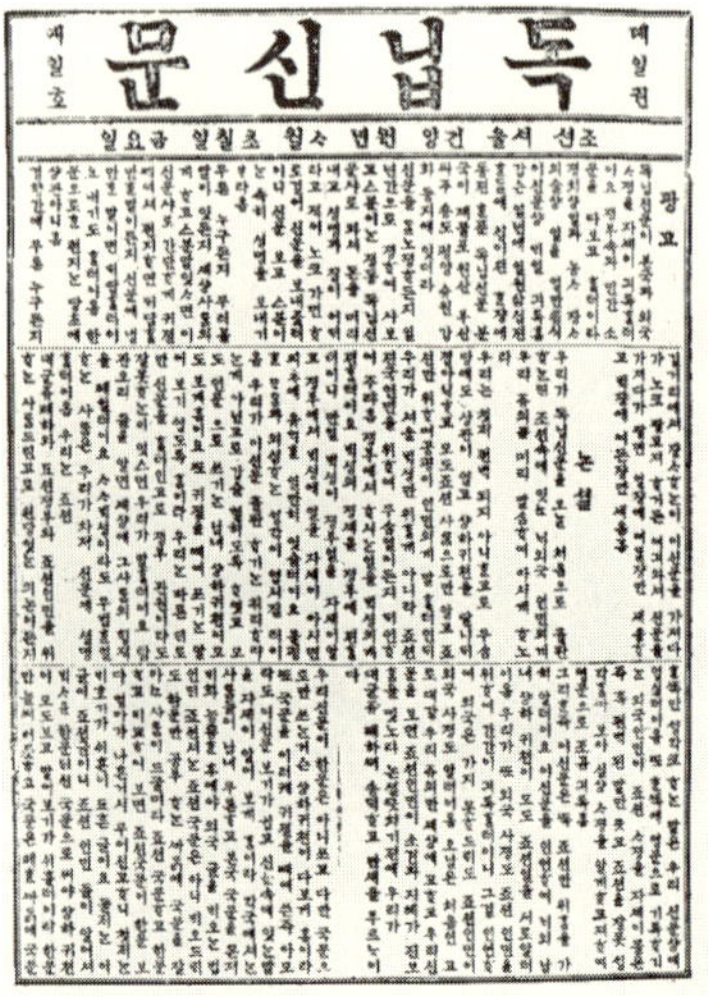
뎨일권　독닙신문　뎨일호
조선서울건양원년사월초칠일금요일

『独立新聞』 1896年4月7日付の創刊号。

なり、十月以降には国政改革運動を展開した。独立協会は中枢院(九四年十二月に設置された議政府の諮問機関)を改組して、議官の半数を独立協会から選出するとともに、立法機関化することを要求した。十月末に政府(当時の参政は改革派の朴定陽)と独立協会、万民共同会の合同集会である官民共同会が開かれ、「献議六条」という国政改革案が決定された。その内容は、(1)外国人への利権供与は大臣、中枢院議長の承認を要する、(2)財政はすべて度支部が管理する、(3)勅任官の任命には政府の協賛を要する、などであり、政府、中枢院の権限の強化と皇帝の権力の制限に主眼があった。

しかし改革に反対する趙秉式ら守旧派は十一月初め、独立協会が共和制の樹立を企てていると誣告《ぶこく》する「匿名書」を漢城市内に撒き、これを口実にして独立協会の解散を命じ、李商在らを逮捕し、守旧派政府(参政は趙秉式)を成立させた。独立協会は連日、万民共同会を開いて弾圧に抗議し、趙秉式らの処罰と献議六条の実施を求めた。守旧派は十一月下旬、褓《ほ》負商《ふしょう》を動員して万民共同会を襲撃させたが、万民共同会もこれに反撃して、趙秉式らの邸宅を打ち壊した。こうした事態に直面して、高宗は独立協会の復設(解散命令の取り消し)を許可し、さらに慶運宮の前にでて万民共同会に親諭し、これを解散させた。

十二月上旬、独立協会は守旧派大臣の任命に抗議して万民共同会を再開した。中旬に中枢院(十一月末に官選され、三分の一は独立協会系であった)が大臣とすべき人材を無記名投票により選出したが、そのなかには亡命者である朴泳孝が含まれていた。高宗と守旧派はこれを口実に軍隊を出動させて万民共同会を弾圧、解散させ、独立協会も解散させた。

独立協会の活動は主として漢城に限られ、全国的な規模の運動に発展することはできなかった。またその中枢院改組案は独立協会のみの国政参加の構想であり、全国から国民を代表するものとして選出された議員で構成される議会の設立ではなかった。このような限界はあったが、独立協会の国政改革運動は、万民共同会の力を背景にして皇帝の君主権の制限をはかったという点において、最初の大衆的な民主的運動といえる面をもっていた。

日露対立の激化と朝鮮

一八九八年四月調印の「西・ローゼン協定」によって、ロシアは朝鮮における日本の商工業の発達を認め、妨害しないことを約した。この後も日露の対立は続き、一八九九年から翌年には両国が馬山浦《マサンポ》やその周辺の土地の買収を争って進めた事件(馬山浦事件)が起きた。

一九〇〇年、列強による義和団鎮圧戦争の際に、ロシアは満洲を占領すると、日本政府内部ではロシアの満洲占領に対抗して、韓国を独占的支配のもとにおこうとする主張が台頭した。一九〇二年一月、日本は、世界各地でロシアと対立していたイギリスと日英同盟を結んだ。十月にロシアは満洲からの第一次撤

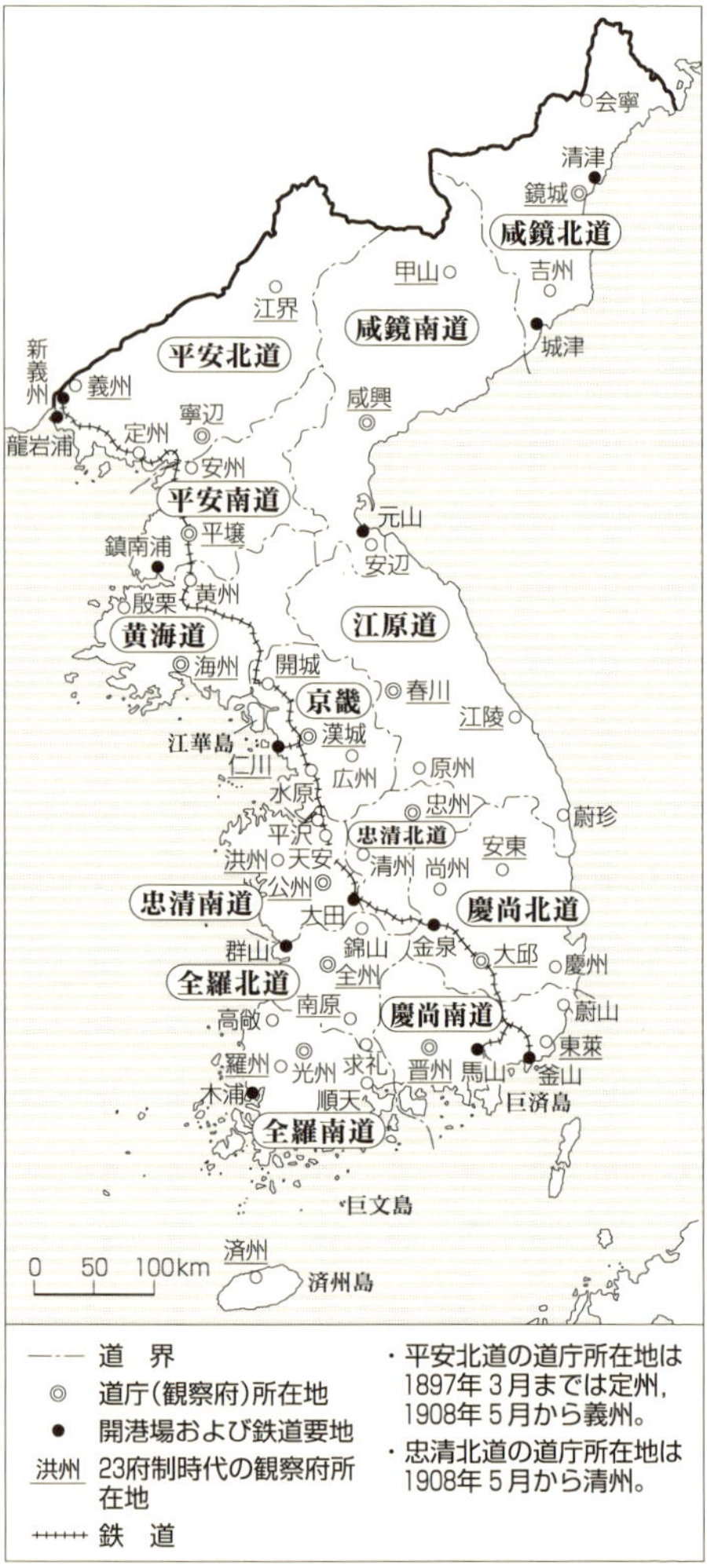

20世紀初めの朝鮮全図

兵をおこなったが、翌〇三年四月の第二次撤兵はおこなわず、同月には龍岩浦《ヨンアムポ》(平安北道)において土地の買収を開始し、朝鮮北部へ支配をおよぼそうとした。これにたいして日本も一九〇二年六月からの日清追加通商条約交渉において、満洲への経済的進出をはかった。こうして朝鮮、満洲をめぐる日露の対立は激化していった。

日本の朝鮮にたいする経済的支配は、日清戦争後、しだいに強化された。朝鮮の対外貿易は、輸出額の八～九割、輸入額の六～七割を日本が占めた。日本からの輸入の増大は、日本産の紡績糸、シーチング

（機械織粗布）の輸入増大によるものであった。日本製綿布はイギリス製品および朝鮮土布（在来綿布）の販路を奪った。土布生産者は大きな打撃を受け、輸入紡績糸を用いて土布を生産するという対抗措置を試みたが、それも生産力格差のために敗退をよぎなくされ、朝鮮綿業の解体は進んだ。穀物の対日輸出は、租税金納化にともなう穀物販売の増加にも支えられて一層増大した。日本商人は内陸に定着して高利貸をさかんにおこない、朝鮮人名義で土地を所有するまでにいたった。

一八九四年の新式貨幣発行章程によって、日本銀貨は開港場を中心に通用した。一八九七年に日本が金本位制に移行したのちも、日本は朝鮮内では刻印を付した日本銀貨を通用させ、ついで日本金貨・紙幣が通用するにいたった。日本貨幣の浸透を前提にして、一九〇二年に日本の第一銀行は第一銀行券を発行し、流通させた。第一銀行はまた海関税取扱い銀行であることを利用して、イギリス人の総税務司ブラウンと連携し、ほかの列強が海関税を担保とする借款を成立させるのを妨害する一方、一九〇一〜〇二年には合計六五万円の借款を成立させた。また日本資本は政府から資金援助を受けて、一九〇〇年に漢城—仁川間の京仁鉄道を開通させ、〇一年には漢城—釜山間の京釜鉄道を起工した。

日本による経済的支配が強まり、日露の対立が激化していくなかで、朝鮮の独立の危機は深まった。皇帝高宗と宮中勢力は、皇帝の専制権を強化して、独立を維持しようとはかった。一八九九年八月に発布された大韓国国制は、韓国の政治は万世不変の専制政治であり、皇帝は陸海軍の統率・編成、法律と官制の制定、勅令の発布、文武官の任免、宣戦講和、条約締結など無限の君権を有すると規定した。一八九九年以降、軍備拡張がおこなわれ、一九〇二年には二万二〇〇〇名の兵力に達した。また人蔘《にんじん》専売・鉱山・駅屯土(甲午改革前に駅や各官庁が所有していた土地)、漁税・塩税・船税・通過税・商税などの雑税がつぎつぎと宮内府に移管され、一八九九年には皇室財政の管理運営のために強力な権限をもつ内蔵院が宮内府の下に設置され、皇室財政および宮内府の機構の拡大が進んだ。

高宗と内蔵院卿李容翊《イヨンイク》《りようよく》は、宮内府を基盤として、経済的自立をはかるために鉄道建設、中央銀行設立を試みた。一九〇〇年には宮内府に鉄道院、西北鉄道局が設置され、漢城—義州《ウィジュ》間の京義《キョンウィ》《けいぎ》鉄道の敷設を計画し、〇二年には漢城—開城《ケソン》間の工事に着工したが、資金不足により中止された。また政府は一九〇一年に貨幣条例を公布して、金本位制の採用をはかった。その資金の調達のために借款導入をはかったが、列強の利害の対立のために獲得できなかった。政府は一九〇三年に中央銀行条例、兌換《だかん》金券条例を公布し、その実施のために日本から借款を獲得しようとしたが、日露の対立が激化するなかで交渉は中断された。

軍備拡張や経済的自立策、皇室費増大に備えるため、財源の拡張がはかられた。一八九九年から一九〇四年初めにかけて量田が全国の三分の二の地域で実施され、国家による土地把握が強化された。地税も増徴されたが、重要な新財源は白銅貨鋳造による発行者利得であった。白銅貨の大量発行はインフレーションを招き、民衆の生活を圧迫した。

日本の経済的浸透や国家の収奪強化にたいする民衆の抵抗は続いた。穀物輸出による米価騰貴に反対する農民や都市下層民の蜂起が各地で起きた。中南部では活貧党《ファルビンダン》《かっぴん》が両班や富豪の家を襲って財産を奪って貧民に分け与える活動をおこなったが、その襲撃対象は日本人の鉱山主・鉄道敷設関係者・商人などにもおよんだ。一九〇〇年ころに活貧党が示した要求には、高率小作料の禁止、穀価引下げ、行商人への徴税禁止など小作農や下層民の利益を擁護する項目とともに、穀物輸出の禁止、開港場以外の市場に外国商人がでることの禁止、外国人への鉄道敷設権付与の禁止など経済的侵略に反対する項目が掲げられていた。

4　朝鮮の植民地化

日露戦争と朝鮮

一九〇四年二月八日、日本は韓国臨時派遣隊を仁川に上陸させた。翌日にかけての日本艦隊の旅順港夜襲、仁川沖海戦で、日露戦争が開始された。韓国政府は一月二十一日に戦時局外中立を宣言していたが、日本はこれを無視して漢城を軍事的に制圧し、韓国政府に迫って二月二十三日に日韓議定書に調印させた。議定書によって、日本は朝鮮内における軍事行動とそれにたいする韓国政府の「便宜」供与、「施設の改善」にかんする「忠告」の名による内政干渉の権利を承認させた。五月には韓国政府に迫って、ロシアとの条約・協定を廃棄させた。

日本軍は西北部を北上して、五月に鴨緑江《アムノッカン》を渡河したが、東北部の咸興《ハムン》以北にはロシア軍が南下して、日露両軍の戦場となった。十月には咸鏡道の日本軍占領地域に軍政が施行され、その施行区域は日本軍の北上とともに拡大された。また日本軍は四月に韓国駐劄《ちゅうさつ》軍を編成し、その隷下の韓国駐劄憲兵隊とともに朝鮮の軍事支配にあたらせた。その兵力は、一九〇五年十月には後備兵一個師団半に達した。駐劄軍は〇四年七月には軍用電信線、軍用鉄道を破壊した者を死刑に処する軍律を施行し、〇五年一月には適用対象を拡大し、日本軍に不利益な行動をする者や集会・結社・言論等の手段をもって「公安秩序を紊乱《びんらん》」する者も死刑以下に処すると布告した。駐箚軍は〇四年七月には漢城とその周辺の治安警察権も掌握し、言論・集会・結社を厳しく規制した。

日本政府は一九〇四年五月末に対韓方針、対韓施設綱領を閣議決定し、韓国にたいする「保護の実権を確立」し、経済上の利権を拡大するために、戦後も軍隊を駐屯させること、外交・財政の監督、交通・通信機関の掌握などをめざす方針を立てた。この方針にそって、まず八月に第一次日韓協約が調印され、日本政府はその推薦する日本人を財務顧問に、外国人を外交顧問として韓国政府に傭聘させることを承認させた。これに基づいて、十月に目賀田《めがた》種太郎が財政顧問に、十二月にアメリカ人スティーブンスが外交顧問に傭聘された。このほかに日本は軍部顧問、警務顧問、学部参与官などの日本人顧問も傭聘させ、顧問を通じて韓国政府各部の行政を監督し、内政支配を強化していった。

目賀田財政顧問は一九〇四年十一月に典圜局《てんかんきょく》を廃止して、韓国政府の貨幣発行権を奪い、〇五年一月からは第一銀行券の無制限通用を認めたのち、七月には白銅貨、葉銭(常平通宝)を回収して日本貨幣と同一の品位の新貨幣と交換する貨幣整理を開始した。これによって貨幣制度はまったく日本の貨幣制度に従属し、第一銀行が発券・国庫金取扱いをおこなう中央銀行の地位を獲得し、日本による金融支配が確立した。〇五年二月に傭聘された警務顧問丸山重俊は、三月以降、漢城の警務庁や各道観察府所在地に日本人警察官を配置して、警務顧問の補佐機関としての顧問警察の機構を創出し、韓国警察をその監督下においた。

日本は一九〇五年五月に京釜《キョンプ》鉄道を開通させるとともに、臨時軍用鉄道監部によって京義鉄道の速成工事に着手し、〇五年四月に一部の橋梁工事を除いて京義鉄道を開通させた(全線開通は〇六年四月)。また〇五年四月には日韓通信機関協定の調印によって、韓国の郵便・電信・電話事業は委託経営の名のもとに日本政府の管理下に移された。

日本の侵略に反対する活動は開戦直後から開始された。日本の軍用鉄道、電信線を破壊する活動や日本軍による土地収用や人夫の強制募集に反対する運動は、各地に広がった。一九〇四年六月に、日本が荒蕪《こうぶ》地《ち》開拓権を要求すると、これへの反対運動が起こり、七月には宋秀万《ソンスマン》らが輔安会を組織して漢城で反対集会を開くなど、運動は高揚したので、日本は要求撤回をよぎなくされた。反日運動抑圧の強力な手段となったのが、日本軍の軍律施行と治安警察権掌握であった。また〇四年八月に宋秉畯《ソンビョンジュン》《そうへいしゅん》らが創立した対日協力団体の一進会は、同年十二月に東学系の進歩会と合同して、日本軍の庇護《ひご》下に組織を拡大した。

韓国の保護国化

一九〇五年四月、日本は「韓国保護権確立の件」を閣議決定し、韓国と保護条約を締結して、外交権を奪って保護国化する方針を定めた。これに基づいて、日本は列強から韓国の保護国化にたいする承認を取りつけていった。日本は七月にアメリカと桂・タフト協定を、八月に第二回日英同盟を結んで、アメリカのフィリピン支配、イギリスのインド支配を承認するのと引き換えに、日本の韓国保護国化を両国に承認させた。九月には日露講和条約(ポーツマス条約)が調印され、ロシアも日本の韓国保護国化を承認した。

一九〇五年十一月、特派大使伊藤博文は皇帝高宗に謁見し、保護条約の調印を勧める明治天皇の親書を呈し、保護条約調印を求めた。同月十七日、日本軍が漢城市内に出動するなか、伊藤大使・林権助《ごんすけ》公使はその臨席のもとに、慶運宮内にて韓国政府の会議を開かせた。伊藤大使は各大臣に保護条約案への賛否を問い、反対した参政大臣（一九〇五年二月、参政を改称）韓圭卨《ハンギュソル》《かんけいせつ》を室外に連れ出させ、外部大臣朴斉純《パクチェスン》、学部大臣李《イ》完用《ワニョン》ら五名の賛成があったとして、条約を調印させた。これが「乙巳《いっし》保護条約」（第二次日韓協約）である。条約賛成の五大臣は「乙巳五賊」と称され、売国奴として厳しい指弾を受けることになった。

保護条約により韓国の外交権は日本外務省の管理下におかれ、韓国政府は日本政府をへないではいかなる条約・約束も結べないこととなった。漢城に日本政府の代表者として統監がおかれ、統監には韓国の外交を管理し、皇帝に内謁する権利が与えられた。また開港場や要地には理事官が設置され、統監の指揮下におかれることとなった。一九〇五年十二月に公布された日本の「統監府及理事庁官制」により、統監は天皇に直隷する親任官とされ、日本人顧問を監督する権限、駐劄軍司令官に兵力の使用を命ずる権限を与えられた。

条約調印が伝えられると、保護条約反対運動が急速に広がった。漢城の民衆は李完用邸を焼き打ちし、『皇城新聞』『大韓毎日申報』両紙は条約の内容と調印の顚末を暴露した。元左議政趙秉世《チョビョンセ》《ちょうへいせい》、元参政大臣閔泳煥《ミンヨンファン》《びんえいかん》らは百官を率いて、朴斉純らの処刑と条約の取り消しを求める上疏を繰り返した。この保護条約反対上疏運動は日本憲兵隊の弾圧を受けて効を奏さなかったので、閔泳煥、趙秉世は抗議の自殺をとげ、これにならう者が多くでた。

統監政治

一九〇六年二月、統監府が設置され、三月には初代統監の伊藤博文が漢城に着任した。駐箚軍は一個師団に半減され、駐箚憲兵隊も縮小され、駐箚軍の軍律や治安警察権の範囲もやや緩和された。他方、顧問警察は要地に警務分署、分遣所、分派所が設けられて増強された。伊藤統監は韓国政府大臣を統監府に召集し、「韓国施政改善に関する協議会」を開いて、重要法案・政策を審議し、事実上決定していき、韓国政府を傀儡《かいらい》化させた。

一九〇七年五月、伊藤統監は参政大臣を朴斉純(一九〇五年十一月任命)から、李完用に交替させ、六月には議政府を内閣に改めて、内閣総理大臣(李完用が就任)に強大な権限を付与させた。その六月の末に、オランダのハーグで開かれていた第二回万国平和会議に、皇帝の全権委任状を所持した李相卨《イサンソル／りしょうせつ》ら三名が参加して、保護条約の無効を列国に訴えようとした事件が起きた(ハーグ密使事件)。七月中旬、日本政府はこの事件を口実に韓国内政の全権を掌握する方針を閣議決定した。伊藤統監と李完用内閣は高宗に強要して皇太子に譲位させ、新皇帝の純宗《スンジョン》が即位した(在位一九〇七〜一〇)。高宗への退位強要に反対して反日運動が起こり、漢城では数万名の参加する抗議集会が開かれた。民衆は一進会の機関紙『国民新報』の社屋を襲撃し、李完用らの邸宅・別荘を焼き打ちし、韓国軍の一部も運動に参加するにいたった。伊藤統監は七月下旬、韓国政府に「新聞紙法」「保安法」をあいついで制定させて弾圧体制を強める一方、日本政府に一個旅団を増派させた。このような状況のもとで、七月二十二日、伊藤統監と李完用首相は第三次日韓協約(丁未《ていみ》七条約)に調印した。

ハーグ万国平和会議に高宗が派遣した特使　左から李儁《イジュン》，李相卨，李瑋鍾《イウィジョン》。

この条約によって、法令の制定、重要な行政処分、高等官の任免、外国人の傭聘には統監の承認もしくは同意が必要となって、統監の内政支配権が確立した。また韓国政府には統監の推薦する日本人官吏が任命されることとなり、さらに付属の秘密覚書により、⑴大審院以下の裁判所の新設と日本人判事・検事の任命、⑵韓国軍隊の解散などが規定された。

条約・秘密覚書の規定に従って、政府の各部次官、内部警務局長・警視総監、各道観察府の書記官・警察部長、財務監督局長、府・郡の主事などに日本人官吏が就任し、日本人顧問とその付属官の大半は韓国政府官吏となった。日本は次官以下の多数の日本人官吏を通じて、府・郡にいたるまで直接に把握した(次官政治)。一九〇八年一月には大審院以下の裁判所、検事局が設置されたが、大審院長、検事総長以下の要職には日本人が就任した。

日本はこれと並行して、義兵運動鎮圧のために軍隊、憲兵、警察を増強した。韓国駐箚軍には一九〇八年五月にさらに二個連隊が増派されて、二個師団相当の兵力が配備されるにいたった。〇七年十月には韓国駐箚憲兵隊長に明石元二郎《あかしもとじろう》少将が就任し、そのもとで憲兵分遣所数、憲兵数が増加され、〇八年七月には憲兵補助員制度(朝鮮人を補助員に任命)が設けられた。一〇年三月には憲兵分遣所は四五七カ所、憲兵は二三六九名、憲兵補助員は四三九二名に達した。警察は〇七年十一月に顧問警察、理事庁警察を韓国政府の警察に統合したうえで、その増強をはかり、〇九年末には巡査駐在所五三九カ所、警察官総数五三三六名(日本人二〇七七名、朝鮮人三二五九名)を数えるにいたった。

日本はまた愛国啓蒙運動をおさえるために、韓国政府をして弾圧法規を制定させた。一九〇八年八月には愛国啓蒙団体や私立学校の活動を規制するための「学会令」「私立学校令」「教科用図書検定規程」が、〇九年二月には出版統制のための「出版法」が公布された。

一九〇九年七月、日本政府は韓国官民の根強い抵抗をおさえて支配を確立するために、適当な時期に韓国を「併合」する方針を閣議決定した。同月に韓国司法および監獄事務委託にかんする日韓覚書が調印され、十一月には韓国政府の法部は廃止されて、裁判所、検事局、監獄は統監府に移管された。十月に初代統監であった伊藤博文が満洲の哈爾濱《ハルビン》駅において安重根《アンジュングン》に射殺された。これを受けて、十二月に一進会は「合邦声明書」を発表した。これは「韓国併合」が朝鮮人の自発的願いにそったようにみせかけるものであったが、日本は「併合」の方針をすでに決定していたのである。

一九一〇年四月、第二回日露協約交渉のなかで、ロシアは日本の「韓国併合」を承認し、五月にはイギリスも承認した。おもな列強の承認を取りつけて、日本は「併合」の方針を実行に移した。五月末に寺内正毅《まさたけ》が陸軍大臣の現職のまま、第三代統監に任命された。六月三日に日本政府は「併合」後の植民地統治の基本方針である「韓国に対する施政方針」を閣議決定した。同月下旬に韓国警察事務委託にかんする日韓覚書が調印されて、韓国政府の警察は統監府に移管され、七月一日に明石韓国駐箚憲兵隊司令官が統監府警務総長を兼任して、憲兵中心の警察制度である憲兵警察制度を発足させた。七月上旬には韓国駐箚軍は一個連隊相当の兵力を漢城の龍山《ヨンサン》に集結し、漢城の警備を強化した。八月二十二日、寺内統監は厳戒体制のなかで李完用首相と韓国併合に関する条約に調印した。

経済の植民地的再編の開始

目賀田財政顧問は貨幣整理について、財政支配の確立をはかった。一九〇五年七月以降、全国に財政顧問支部・分庁と中央金庫、支金庫が設置され、財政顧問に付属する地方財務官が地方における徴税事務と財政支出を監督し、郡守が税金その他の国庫収入を支金庫に納入しなければならない体制がつくられた。ついで徴税制度の改編がおこなわれた。〇六年十月には、各道に税務監(観察使が兼任)をおき、その下に税務官、税務主事をおいた。それとともに税務官、税務主事は面長に納税告知書を発給し、面長が面内の多額納税者五名と協議して納税義務者に納入通知を発し、多額納税者中より選定された公銭領収員が徴収にあたるという租税徴収規定が定められた。これは郡守を徴税機構から排除して、郡守の中間利得をなくして租税の増収を期したものであった。〇七年五月には地方委員会規則が公布された。税務官所在地に財務にかんする諮問機関として地方委員会が設置され、管内各府郡の資産家中より五~一〇名の地方委員が選定され、大地主などが徴税事務を補佐する体制もつくられた。〇八年一月に徴税機構は財務監督局、財務署の体制に改編され、その中枢を日本人が掌握する一方、観察使をも徴税機構から排除した。この新しい徴税機構のもとで納税者の申告に基づく徴税台帳の整備、租税増収策が進められた。また第三次日韓協約調印後、皇室財政は内閣の監督下におかれ、縮小された。宮庄土の多くと駅屯土は国有地とされ(駅屯土整理事業)、鉱山・人蔘専売なども国家財政に移管された。

金融面においては、一九〇六年に農工銀行条例、〇七年に地方金融組合規則が公布され、日本からの借款をもとに各地に農工銀行、金融組合が設置され、農村部にまでおよぶ植民地的金融機構がつくりだされた。〇九年には従来の第一銀行にかわる中央銀行として韓国銀行が設置された。韓国銀行券は金貨あるいは日本銀行兌換券と交換でき、正貨準備には日本銀行兌換券が含まれると定められ、重役は日本人であるなど、韓国銀行は日本にまったく従属した銀行であった。

一九〇六年十月公布の土地家屋証明規則により、朝鮮における日本人の土地所有が合法化された。日本人の土地所有は急速に拡大し、一〇年にはすでに地主数二二五四人、六万九三一一町歩(田畑のみ)に達した。〇八年十二月には拓殖事業、農業経営、拓殖金融などを目的とする東洋拓殖株式会社(東拓)が設立された。東拓は韓国政府より国有の田畑一万一四〇〇町歩の現物出資をえて、一挙に朝鮮随一の大土地所有者となった。

反日義兵運動と愛国啓蒙運動

一九〇五年五月ころから反日義兵運動がふたたび起き、京畿、江原、忠清北、慶尚北の各道を中心にその活動が広がった。〇六年三月には前参判閔宗植《ミンジョンシク》が忠清南道において挙兵し、五月には洪州《ホンジュ》城を占領し

義兵たち(1907年撮影)

て日本憲兵・警察や鎮衛隊の包囲攻撃を撃退した。しかし日本軍二個中隊の攻撃によって洪州は陥落し、義兵は敗退した。六月には衛正斥邪派の重鎮、前議政府賛政崔益鉉《チェイッキョン》が全羅北道泰仁《テイン》において挙兵したが、同道淳昌《スンチャン》において鎮衛隊に包囲されると、同胞相戦うことを不可として交戦せずに敗れた。しかし義兵は、その後も中部山間地帯や全羅南北道を舞台に粘り強く活動を続けた。

一九〇七年八月、韓国軍隊が解散させられると、漢城の侍衛隊では兵士の反乱が起き、日本軍と激烈な市街戦を展開した。反乱は原州《ウォンジュ》(江原道)、江華《カンファ》(京畿)の鎮衛隊などにも広がった。この反乱を機に解散軍人が義兵に加わり、軍事技術や銃の面において義兵の戦闘力は強化された。また義兵運動は急速に全国に拡大した。〇八年十二月には李麟栄《イ イニョン》を総大将とする義兵の連合部隊が漢城進攻を企てたが、日本軍に探知されて失敗した。しかし義兵運動は〇九年にかけて高揚期をむかえた。義兵は日本軍・憲兵・警察と頑強に戦い、郡庁、郵便施設、郵便逓送人、鉄道、日本軍分遣隊、憲兵分遣所、警察分遣所、財務署、電信線、電信工夫、郡守、面長、公銭領収員、一進会員、地方居住の日本人などを攻撃して、植民地化政策に大きな打撃を与えた。義兵指導者(義兵将)には従来の衛正斥邪派在地両班のほかに、平民出身の申乭石《シンドルソク》、洪範図《ホンボムド》、金秀敏《キムスミン》、安圭洪《アンギュホン》ら、解散軍人出身の閔肯鎬《ミングンホ》《びんこうこう》らが台頭し、それにともなって指導思想としての衛正斥邪思想の地位が従来より弱まるなど、運動の性格には変化があらわれた。

日本は義兵運動の高揚にたいして、前述のように軍隊、憲兵、警察を増強し、小部隊を稠密《ちゅうみつ》に配置して包囲網を強化するとともに、義兵に協力する村落を焼き打ちする焦土作戦、「免罪文憑《ぶんぴょう》」給付による懐柔・分断工作などを展開し、優勢な武器によってしだいに義兵の活動を後退させた。一九〇九年九〜十月に日本軍は二個連隊の兵力を動員して「南韓大討伐作戦」を展開し、全羅南北道の義兵に壊滅的な打撃を与えた。これを境に義兵運動は衰え、最後まで活動を続けた黄海道の義兵部隊も一四年には活動を終えた。

一九〇六年以降、漢城などの都市部を中心に愛国啓蒙運動が展開した。これは独立協会の運動を継承し、教育と実業の振興、言論・出版などの活動を通じて富強と国権の回復をめざした運動であった。この運動の担い手である愛国啓蒙団体に参加したのは、学校教員や新聞記者などの新知識人、学生、開化派系官僚、商工業者や開化思想を受容した在地両班や地主などであった。

一九〇六年四月に大韓自強会が創立され(会長尹致昊《ユンチホ》)、全国的な規模の愛国啓蒙団体に発展した。漢城在住の特定地方出身者・関係者を中心とする地方別の啓蒙団体の組織化も開始され、〇六年十月には西友学会(平安南北道、黄海道)と関北《クァンブク》興学会(咸鏡南北道)が創立された。〇七年七月、大韓自強会は高宗への退位強要に反対して漢城市民の大衆集会、示威運動を組織し、弾圧を受けて解散させられた。十一月にその後継団体として大韓協会が設立された。大韓協会は全国に七七の支会を設置し、組織的な発展を示した。また地方別啓蒙団体の活動も広がり、〇八年に西北《ソブク》学会(西友学会、関北興学会が合同)、畿湖《キホ》興学会(京畿、忠清南北道)、湖南《ホナム》学会(全羅南北道)、嶠南《キョナム》《きょうなん》教育会(慶尚南北道)、関東《クァンドン》学会(江原道)が創立された。また〇七年四月には安昌浩《アンチャンホ》らが秘密結社の新民会を結成し、平安南北道、黄海道を中心に教育・出版・産業育成など多様な活動を展開した。

愛国啓蒙団体は、総会・評議会や演説会、機関誌の発行などを通じて立憲思想、教育・実業振興の必要、国民精神・愛国心の培養の必要を強く訴えた。各団体やその構成員は私立学校を多数設立し、資金難に悩みながらも民族教育を進めた。『大韓毎日申報』『皇城新聞』などの新聞も愛国啓蒙運動の一環としての言論活動を担った。とくに『大韓毎日申報』は日本の干渉を避けるためにイギリス人ベセルを社長にすえて、反日の論陣を張り、一九〇七年に展開された国債報償運動(国民から募金を集めて日本からの借款を返済しようとした運動)の中心となって活躍した。

愛国啓蒙団体は教育・実業の振興により実力を養成して、まず開化・富強を達成したのちに国権の回復をはかるという実力養成論、準備論の立場に立っていた。そのため義兵運動にたいしては、武装闘争は無益であり、国家を滅ぼすものであると批判を加えた。しかし愛国啓蒙運動は全国におよび、民族独立意識、国民意識や立憲政体論などの民主主義思想を普及して、植民地期における民族運動の基盤をつくりだす役割をはたしたのであった。

5　朝鮮近代の文化

近代文化の起点

閔氏政権が開化政策へ転換して以降、西洋文化がしだいにとりいれられた。統理交渉通商事務衙門管下の博文局は一八八三年に最初の新聞『漢城旬報』を創刊し、八五年には『漢城周報』を発行した。『漢城旬報』は漢字専用であったが、『漢城周報』は一部に漢字・ハングル混じり文や純ハングル文も使用し、公的刊行物におけるハングル使用の先駆となった。西洋の近代的な学問の紹介や導入も始まった。農学・自然科学を紹介した安宗洙《アンジョンス》の『農政新編』や鄭秉夏《チョンビョンハ》《ていへいか》の『農政撮要《さつよう》』の刊行、池錫永《チソギョン》《ちせきえい》による種痘法の普及、西洋式病院「済衆院」の設立(一八八五年)などは、それを代表する動きであった。

朝仏条約の調印によりカトリック(天主教)の布教が公認され、また甲申政変後にはアメリカ人宣教師によってプロテスタント(改新教)諸派の布教活動も始まった。とくにメソジスト(監理教)の宣教師は教育を重視し、一八八五年には培材学堂を、八六年には女学校の梨花学堂を創立した。

近代文化の成長

甲午改革を機に、西洋の近代文化の受容は加速化するとともに、自主独立意識の高揚、国民意識の形成にともなって、民族的な近代文化が生まれ、成長するようになった。

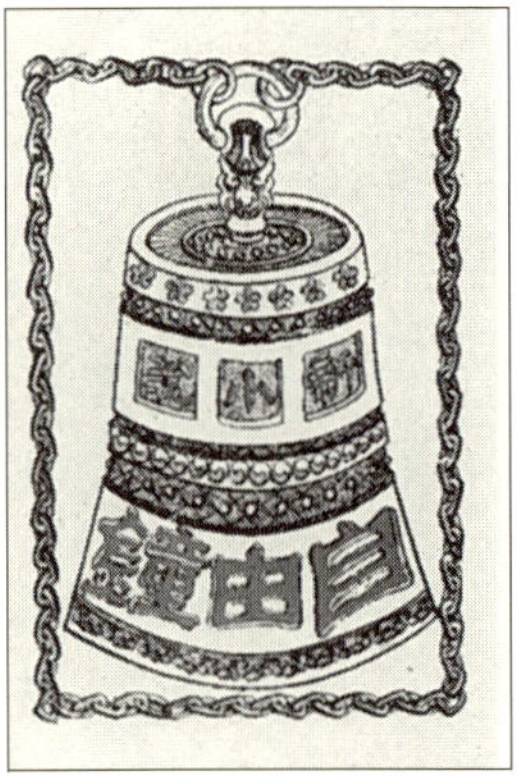

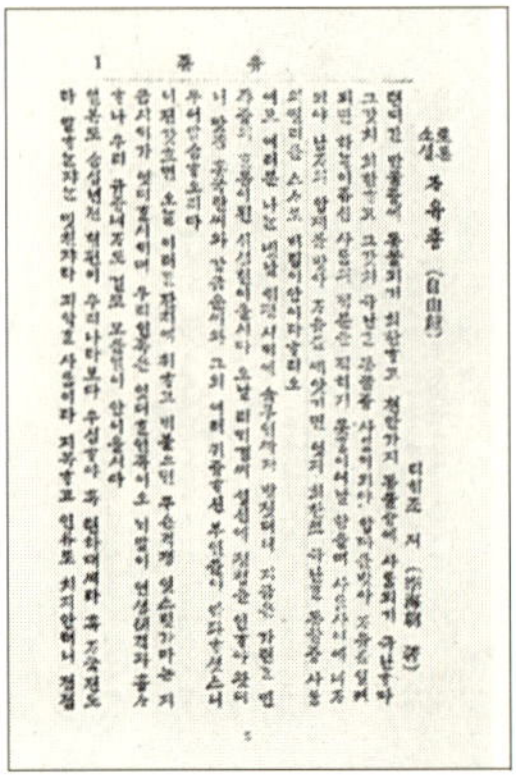

李海朝の『自由鐘』の表紙と冒頭部分

近代思想の形成の面では、開化思想の普及が注目される。これには兪吉濬《ユギルチュン》《ゆきっしゅん》の『西洋見聞』の刊行（一八九五年）、独立協会の啓蒙活動が大きく貢献した。一九〇〇年代には、「優勝劣敗」「適者生存」を説く社会進化論が受容され、中国の梁啓超などの著作が紹介された。この社会進化論は、愛国啓蒙運動の実力養成論、準備論を基礎づける理論となった。

一八九五年に小学校令が公布され、漢城市内に四つの官立小学校が設立された。その後の小学校設立は遅々としており、一九〇五年には官公立あわせて約六〇校であった。中等以上の教育機関としては師範学校、中学校、商工学校、外国語学校などが設置された。一九〇六年、普通学校令が公布され、尋常・高等科合わせて五～六年の年限であった小学校は四年制の普通学校に改編され、日本語教育が重視された。抗日気運が強いなかで普通学校は忌避され、かわって私立学校がさかんに設立され、一九一〇年には二二二五校を数えた。

甲午改革を機に法令や学部が編集する教科書に漢字・ハングル混じり文が使用されるようになり、ハングルの使用が広まった。ハングルは国文と称されるようになり、一九〇七年に学部に国文研究所が設置されて、表記法の研究が進められ、〇八年に兪吉濬の『大韓文典』、一〇年に周時経《チュシギョン》の『国語文法』が刊行されて、文法研究も進展した。

愛国啓蒙運動のなかで愛国心の培養、自国史教育の必要が強調され、英雄伝や諸国興亡史がさかんに刊行された。申采浩《シンチェホ》《しんさいこう》の『乙支文徳《ウルチムンドク》《いっしぶんとく》伝』『李舜臣《イスンシン》実記』『崔《チエ》都統《ととう》伝』や『伊太利《イタリア》建国三傑伝』(翻訳)、朴殷植《パクウンシク》の『泉蓋蘇文《チョングソムン》《せんがいそぶん》伝』『金庾信《キムユシン》《きんゆしん》伝』『李舜臣伝』や『瑞士《スイス》建国誌』(翻訳)、梁啓超著・玄采《ヒョンチェ》《げんさい》訳の『越南《ベトナム》興亡史』、玄隱《ヒョンウン》《げんいん》の『美国《アメリカ》独立史』、安国善《アングッソン》の『比律賓《フィリピン》戦史』、李海朝《イヘジョ》の『華盛頓《ワシントン》伝』、張志淵《チャンジヨン》訳の『埃及《エジプト》近世史』などが、その代表的なものであった。甲午改革以後に『独立新聞』『皇城新聞』『大韓毎日申報』など多くの新聞が創刊され、また出版物が多数刊行されるようになったのは、活版印刷術の導入が進んだことによるが、ジャーナリズムが社会のなかで重要な役割をはたす時代の到来を告げるものであった。

文学の分野でも、保護国期に新しい動きが起こった。いわゆる新小説の出現である。李人稙《イインジク》の『血の涙』『銀世界』、李海朝の『自由鐘』、安国善の『禽獣会議録』などが、その代表的な作品である。新小説は純ハングルの平易な文体で書かれ、その多くは新聞に連載され、全国に読者層を獲得した。作品の内容は開化思想や自主独立思想を鼓吹することを主眼としており、文学としての独自の価値の追求が弱い面があったが、近代的意識を社会に広げていくうえにおいては重要な役割をはたした。

甲午改革後には、漢城を中心に生活面においても西洋文化の受容が進んだ。外国公使館・領事館、キリスト教系の学校や教会を中心にレンガ造りの西洋式建築が多く建てられ、やがて慶運宮《キョンウングン》内の新造建物、官庁などにも西洋式建築が採用されるにいたった。また官僚、軍人を中心に洋服も着用されるようになり、二十世紀にはいると断髪もおこなわれるようになった。

第六章　植民地支配下の朝鮮

1　武断政治

「韓国併合」

一九一〇年八月二十九日、韓国併合に関する条約が公布され、日本は朝鮮を完全に植民地とした。国号は朝鮮と改められ、統治機関として朝鮮総督府が設置されて、統監の寺内正毅が初代の総督に任命された。総督は天皇に直隷する親任官であり、陸海軍大将のなかから選ばれ(総督武官制)、法律にかわる命令である「制令」を発布する権利や、陸海軍統率権、政務統轄権、所属官庁への指揮監督権などの広汎な権限を付与された。総督府には、政務総監、直属部局の総督官房、五部(総務、内務、度支《たくし》、農商工、司法)、所属官庁の中枢院、警務総監部、鉄道局、通信局、税関、裁判所、監獄、各道などがおかれた。韓国駐箚《ちゅうさつ》軍は朝鮮駐箚軍ついで朝鮮軍と改称され、日本から兵力が交替で派遣されたが、一六年より朝鮮常設師団の編成を進め、二一年に完了して第十九、第二十師団が設置された。また慶尚南道鎮海《チネ》には海軍の要港部が設置された。

韓国皇帝・皇族は王族・公族とされ、日本皇族の礼をもって待遇された。これにより、皇帝純宗《スンジョン》は昌《チャン》徳宮李王《ドックンイワン》、太皇帝(高宗《コジョン》)は徳寿宮李太王《トクスグンイテワン》と称させられた。王族・公族の近親や名門出身の旧高官、親日派政治家など七四名には爵位が与えられ、朝鮮貴族とされた。

総督府中央の要職は日本人が独占し、朝鮮人は権力を分与されなかった。中枢院は朝鮮貴族などによって構成されたが、政務総監を議長とするたんなる諮問《しもん》機関にすぎなかった。

憲兵警察制度

一九一〇年代の植民地支配は、露骨な軍事支配を特徴としており、武断政治と称された。この武断政治を支えたのは総督武官制、総督の陸海軍統率権と憲兵警察制度であった。憲兵警察制度は、本来は軍事警察だけを担当する憲兵が、文官の警察官とともに普通警察事務も担い、警察機構の中心を占めた制度である。朝鮮駐箚憲兵隊司令官が警務総長を、各道憲兵隊長が各道警務部長を兼任して、警察機構の中枢を憲兵が握り、また警察署の管轄区域よりも、憲兵が普通警察事務を取り扱う区域のほうが広かった。機関数、職員数においても、憲兵のほうが多かった。一八年末には憲兵の機関数は一一一〇、職員数は七九七八名(うち朝鮮人は四六〇七名で、そのすべてが憲兵補助員)であり、警察の機関数は七五一、職員数は五四〇二名(うち朝鮮人は三二七一名で、その大部分は巡査補)であった。

憲兵警察の機構は、民族運動鎮圧の主役であり、地方行政機構よりも多くの機関、人員を擁して、植民地支配を末端まで浸透させるための最有力の機構であった。また憲兵・警察は、国境税関事務、戸籍事務、日本語普及、道路改修、農事改良、副業奨励、法令普及、納税義務の説諭など、一般行政にもわたる広範な権限を行使した。

民族運動鎮圧のために、韓国政府が制定した保安法、新聞紙法、出版法は効力が継続され、併合に際して政治集会、屋外大衆集会が禁止された。併合後まもなく大韓協会などの政治結社は対日協力団体の一進会を含めて解散され、『大韓毎日申報』『漢城新聞』(『皇城新聞』を改題)など朝鮮人が発行する朝鮮語新聞、『西北学会月報』などの雑誌は廃刊させられ、多くの啓蒙的、民族的な書籍が発行禁止となった。残ったのは、総督府の御用新聞である『京城日報《けいじょう》』(日本語)、『毎日申報』(朝鮮語)、『ソウル・プレス』(英語)、日本人発行の雑誌『朝鮮公論』『朝鮮及満洲』、宗教雑誌などだけであった。さらに外国や日本からはいる新聞・雑誌にも厳重な検閲が加えられた。

一九一〇年十二月に公布された制令「犯罪即決例」は、警察署長およびその職務を取り扱う憲兵分隊長に、三カ月以下の懲役・禁錮、笞刑《ちけい》などの刑に処すべき罪を即決できる権限を与えた。一二年には朝鮮人にのみ適用される「朝鮮笞刑令」、警察署に「一定ノ住居又ハ生業ナクシテ諸方ニ徘徊《はいかい》スル者」など八七項目に該当する者を拘留《こうりゅう》・科料に処する権限を与えた「警察犯処罰規則」が公布された。

地方行政機構の改編

道では長官の半数、全道の内務部長、財務部長を日本人が占めたのをはじめ、職員の大半を日本人が占めた。府・郡では、府尹《ふいん》に日本人、郡守に朝鮮人が任命されたが、実務を担当する書記には複数の日本人官吏が配置された。一九一四年には府郡、面の統廃合が実施され、従来の一二府三一七郡は一二府二二〇郡(二郡はのち島と改称)に、四三二二面は二五二二面に整理された。一郡一面の書記の数は増大し、道の指導監督が徹底し、その支配力が増大した。この際に府の区域は市街地とその周辺に縮小されたが、居留地を編入して府制が施行され、新しく府尹の諮問機関として府協議会(道長官による任命制)が設置された。

面は最末端の行政単位として位置づけられ、判任官待遇の面長と面書記などがおかれたが、いずれも朝鮮人であった。一九一七年には面制が施行され、面は従来の徴税事務のほかに、土木、産業、衛生にかんする事務も取り扱うことになった。これにともなって、会計員が配置され、面書記も増員されて、面は経済政策の遂行をも担う末端行政機構として確立をみた。また府に近い状態にあるとされた二三面は、総督の指定を受けて(指定面)、面長の諮問機関として相談役をおき、日本人の面長を任命できることとなった。

土地調査事業

併合後、経済の植民地的再編成が大規模に進められたが、その基軸となったのは、一九一〇年三月から一八年十一月まで二〇〇〇万円余りの巨費をかけて実施された土地調査事業である。事業は一〇年八月、併合直前に公布された土地調査法と一二年八月に公布された土地調査令に基づいておこなわれ、全国の土地(耕地、市街地が主)を測量し、一筆ごとに土地所有者を確定するとともに、地価を定めて地税徴収の基礎を確立した。

土地の測量はすべて総督府臨時土地調査局の手によっておこなわれた結果、日本の地租改正と比して土地の実面積の捕捉は徹底し、課税耕地面積は当初予想の一・五倍にあたる約四二七万町歩《ちょうぶ》となった。これによって地税は一九一九年には一一年の約二倍の一一四七万円に増大し、植民地財政の基盤が確立した。民有地の調査にあたっては、申告主義がとられた。土地申告書の配布、調製、回収を担当したのは面長、洞里長(集落の長)、地主総代、主要地主であったので、民有地の土地所有権の確認は、地主に有利なかたちでおこなわれた。また旧宮庄土《きゅうしょうど》、駅屯土《えきとんど》には、上級所有者である王室・官庁、中間地主、耕作農民の権利が重層的に存在していたが、併合前の駅屯土整理事業を受けて、これらの土地は最終的に国有地(駅屯土と称される)と確定され、中間地主、耕作農民の権利は否定された。また多くの村落共有地も国有地に編入され、一八年末には国有地は二七万町歩(うち耕地は一二万町歩)をこえた。総督府自身が巨大地主となったのである。

土地所有権が確定し、土地登記制度が整備されたことは、土地の売買を促進し、農民層分解を推進する役割をはたした。土地調査事業が終了した一九一八年には小作地は二一九万町歩と、耕地総面積の五〇％を占め、農家総戸数の三・一％にすぎない地主の手に集中していた。自作農は一九・七％にすぎず、自小作農は三九・四％、小作農は三七・八％を占めた。日本人所有地は拡大し、一八年末には約二四万町歩に達した。

林野については、一九〇八年一月の森林法の公布、施行を起点として、農民が林野にたいしてもっていた権利を否定、制限して、広大な国有林を創出することを主眼とする所有権確定の事業がおこなわれた。

森林法は、施行日より三年以内に森林山野の所有者は略図を添付して申告しなければならず、申告しないものはすべて国有とみなすと規定した。期限内に申告された林野は約二二〇万町歩であり、全林野面積一六〇〇万町歩の一三・八％にすぎなかった。農民の共同利用林であった「無主公山」を含めて、林野の大半が国有林に編入されたのであり、国有林創出は当初から略奪的色彩を強くおびていた。一一年六月、総督府は森林令を公布し、国有林経営の基本方針を定めた。国有林の造林貸付制度が設けられ、貸し付けられた者が造林事業に成功した場合にはその森林を譲与するとして、日本人や一部朝鮮人が山林地主として成長できる道を開いた。

一九一七年から二四年にかけて、林野調査事業がおこなわれた。林野調査も申告主義を原則とし、民有林所有者および国有林の縁故者は所定の期間に申告書を提出することを義務づけられた。国有林の縁故者とは、森林法の規定に従って申告しなかったために国有林にされた林野の従前の所有者などをさすが、彼らには所有権は認められず、使用・収益権(縁故権)だけが認められた。申告についで林野の測量と所有権の査定がおこなわれた。所有権査定事務が完了した二四年末には国有林は九五六万町歩、民有林は六六一万町歩となった。

「武断農政」と「会社令」

一九一〇年代の総督府の農業政策は、日本から導入した改良農法、改良品種の普及を基軸としていた。それは米、繭《まゆ》、棉花などの増産と日本への「移出」を主眼とし、朝鮮を日本の食糧・原料基地へ変えるための政策であった。米作においては「優良品種」＝日本品種の普及が強制的におこなわれ、一九年には「優良品種」の生産高は全体の六二・五％に達した。また短冊苗代《たんざくなわしろ》、正条植《せいじょううえ》などが強制され、米穀検査が開始された。これらの施策は、日本人の嗜好にあう米を大量に生産し、移出するためのものであった。米穀の対日移出高は、一二年の二五万石から一九年の二八〇万石へと急増した。

　これらの農事改良、増産政策は憲兵・警察が担当するか、あるいは憲兵・警察の武力を背景にした農業技術官吏が担当し、改良品種の栽培や改良農法の導入を肯《がえ》んじない農民を笞刑に処することもあったように、「武断農政」「サーベル農政」というべきものであった。また土地調査事業においては、改良農法、改良品種の普及がはかられている区域については、収穫高を実際よりも低く見積もって、地価を相対的に低廉にし、もって改良農法、改良品種の普及をうながす方針がとられた。水利組合設立、耕地整理、灌漑施設新設など土地改良の実施区域についても、同様に収穫高を実際よりも低く見積もる措置がとられた。

　商工業においては、一九一一年一月から制令「会社令」が施行され、会社設立許可制がとられた。これは工業化を抑制する意図によるものであるが、総督府と関係の深い日本人会社の設立が許可される一方、朝鮮人会社の設立を抑制することになった。

　一九一〇年代には鉄道の整備拡張も進められ、京元《キョンウォン》線（ソウル―元山《ウォンサン》）、湖南《ホナム》線（大田《テジョン》―木浦《モッポ》）、平南《ピョンナム》線（平壌《ピョンヤン》―鎮南浦《チンナムポ》）などが開通した。鉄道網の整備は幹線道路の整備、釜山《プサン》港などの港湾整備工事とあいまって、釜山、仁川《インチョン》、木浦、元山、鎮南浦などの開港場を通じて朝鮮の経済を日本の経済に結びつけるのに大きな役割をはたし、二〇年代以降に日本資本が朝鮮へ進出していくための基盤を用意した。一一年には鴨緑江《アムノッカン》《おうりょくこう》架橋《かきょう》工事が完成して、京義《キョンウィ》線と南満洲鉄道(満鉄)線との接続がおこなわれ、一七年には朝鮮の官営鉄道は満鉄に委託経営され(二五年まで)、日本の満洲進出のための動脈としての役割も期待された。

植民地的な金融機構の整備も進められ、一九一一年には韓国銀行を継承して、朝鮮銀行が設立され、朝鮮銀行券を発行した。また一八年には農工銀行を統合して、特殊銀行である朝鮮殖産銀行が創立され、農工業への長期金融を担うことになった。

同化政策の開始

日本は朝鮮支配の基本方針として、「同化」を掲げた。併合に際して明治天皇が発した詔書(「日韓併合の詔書」と称された)には、「民衆ハ直接朕ガ綏撫《すいぶ》ノ下ニ立チ其ノ康福ヲ増進スベク、産業及ビ貿易ハ治平ノ下ニ顕著ナル発達ヲ見ルニ至ルベシ」とあった。朝鮮の民衆を天皇の臣民として扱うことが、支配政策の根幹をなしており、このことは、朝鮮を日本に同化して渾然《こんぜん》一体の国家を形成することであるとも説明された。そして、天皇の臣民になり、日本に同化することこそが、朝鮮の民衆の「幸福」を増進し、朝鮮を「文明の域」に進めるものであると述べて、支配の正当化をはかった。上記の詔書と同時にだされた寺内総督の諭告は、「敢《あえ》テ施設ヲ妨碍《ぼうがい》スル者アラバ断ジテ仮借スル所ナカルベシ」として、天皇の支配に服従しない者は厳しく処罰することを明確にしていた。

以上のような同化政策は、総督府の支配全般に貫かれたが、ことに同化教育が重視された。一九一一年公布の「朝鮮教育令」は、朝鮮人の教育について定めた勅令であるが、その第二条は「教育ハ教育ニ関スル勅語ノ旨趣ニ基キ忠良ナル国民ヲ養成スルコトヲ本義トス」と謳《うた》い、教育勅語に基づいて「忠良ナル国民」＝天皇の臣民を養成することが教育の目的であると規定した。また第五条は、「普通教育ハ……特ニ国民タルノ性格ヲ涵養《かんよう》シ国語ヲ普及スルコトヲ目的トス」と規定し、普通教育において天皇への忠誠と日本語を教えることを最重点とした。実際に普通学校（四年制）、高等普通学校（四年制）、女子高等普通学校（三年制）を通じて、日本語は朝鮮語および漢文よりも授業時間数が多く、修身は全学年必修であった。高等普通学校、女子高等普通学校では歴史、地理が教えられたが、それは日本史、日本地理を中心としたものであった。

一九一〇年代の民族運動

憲兵警察制度のもとで国内において民族運動を展開することは著しく困難であった。一九一〇年末には黄海道安岳《アナク》郡で独立運動の資金を集めていた安明根《アンミョングン》（安重根《アンジュングン》の従弟）ら百六十余名が検挙され、うち一六名が無期懲役を含む重刑の判決を受けた（安岳事件）。一一年には、総督府は寺内総督暗殺未遂事件を捏造《ねつぞう》し、これを口実にして新民会会長の尹致昊《ユンチホ》《いんちこう》および李昇薫《イスンフン》、梁起鐸《ヤンキタク》《りょうきたく》ら六百余名を検挙し、第一審においては一〇五名もが懲役一〇～五年の重刑判決を受けた（百五人事件）。第二審においては、被告側が事件捏造のためになされた拷問の実態を暴露した結果、九九名は無罪となり、尹致昊ら六名が「事件の主謀者」とみなされて懲役六～五年の判決を受けた。こうして新民会の国内組織はあいつぐ厳しい弾圧によって壊滅させられたが、その後も小規模な秘密結社の活動が続けられた。

民族運動の一翼として重要な役割をはたしたのは、私立学校、書堂における民族教育の運動であった。私立学校においては朝鮮語が重視されたのはもちろん、朝鮮歴史・地理、愛国唱歌などが教えられ、実力養成論に立脚した民族意識が培われた。これにたいして総督府は一九一一年に私立学校規則を公布して、私立学校設立、校長・教員の採用、教科課程、教科書や授業内容など全般にわたって統制・監督を強めた。この結果、多くの私立学校が廃校に追い込まれ、一〇年の二二二五校から一八年の七七五校へと激減したが、民族教育は粘り強く続けられた。書堂は漢文教育を通じて儒教教育をおこなった伝統的教育機関であり、一〇年には一万六五四〇校であったが、一〇年代後半には二万三〇〇〇～二万五〇〇〇校へ増大し、その一割程度は漢文以外に朝鮮語、日本語、算術なども教えるようになり、民族教育機関としての性格を強めつつあった。総督府は一八年に書堂規則を公布して、書堂開設には道長官の認可が必要なこと、朝鮮語など漢文以外の科目については総督府編纂教科書を使用しなければならないことを規定して、書堂における民族教育の発展をおさえようとした。

民族運動は国外にも広がった。とくに重要な拠点となったのは、満洲の間島《カンド》であった。間島は北間島(現在の吉林省延辺朝鮮族自治州)と西間島(現在の遼寧省東部)とをあわせて称された当時の地域名であるが、そこには朝鮮から土地を失った農民などが続々と移住し、一九一〇年代末には四〇万人近くの朝鮮人が居住するようになっていた。これを基盤として、新民会会員や義兵が独立運動のあらたな根拠地を間島に築いたのであった。

新民会の李始栄《イシヨン》兄弟らは、一九一一年に西間島の柳河県に拠点をおいて、在留朝鮮人の自治組織である耕学社を結成し、独立軍の士官養成機関である新興講習所（のち新興軍官学校）を設置した。彼らは一二年に活動の中心地を西間島の通化県に移し、耕学社は扶民団に変わった。北間島では民族教育機関の明東講習所、正東講習所、軍事教育機関の大甸《だいでん》学校が設立された。義兵たちの活動としては、北間島で徐一《ソイル》らが一一年に重光団を組織したほか、洪範図《ホンボムド》部隊が西間島の長白県に、柳麟錫《ユインソク》《りゅうりんせき》部隊が通化県に根拠地を設けた。

ロシア領沿海州にも多くの朝鮮人が移住しており、義兵や愛国啓蒙運動家が移住して活動をおこなったが、日露協商によって日本と結んだロシアによって厳しく弾圧された。ロシア革命が起きると、一九一七年十二月に全露韓族中央総会が結成され、ロシア革命に鼓舞されて極東ロシア全域にわたって朝鮮独立運動を展開するにいたった。この独立運動をおさえることが、一八年八月に日本がシベリア侵略戦争を開始した理由のひとつであった。

中国の北京、上海などにも申采浩《シンチェホ》《しんさいこう》、朴殷植《パクウンシク》、呂運亨《ヨウニョン》《りょううんきょう》、金奎植《キムギュシク》《きんけいしょく》らの独立運動家が亡命して活動を展開し、呂運亨、金奎植らは一九一七年に上海にて新韓青年党を結成した。

三・一運動

一九一八年十一月に第一次世界大戦が終結して、一九年一月よりパリで講和会議が開催されたが、これに先立って一八年一月にアメリカ大統領ウィルソンは民族自決主義を含む一四カ条を提唱していた。上海の新韓青年党は金奎植らをパリ講和会議に派遣し、独立請願書を提出したが、列強には無視された。在米朝鮮人も李承晩《イスンマン》らを代表として講和会議に派遣しようとしたが、アメリカ政府に出国を拒否された。東京の留学生も一八年末から動き出し、一九年二月八日に独立宣言書を発表し、続々と帰国し始めた。

国内においても一九一八年十一月ころから秘密裡に独立運動を起こす計画が進み、天道教(一九〇五年末に東学を改称)、キリスト教、仏教幹部の連合が成立した。天道教の孫秉煕《ソンビョンヒ》《そんへいき》、権東鎮《グォンドンジン》、呉世昌《オセチャン》、崔麟《チェイン》、キリスト教の李昇薫、吉善宙《キルソンジュ》、仏教の韓龍雲《ハンヨンウン》ら三三名の民族代表が選ばれ、崔南善《チェナムソン》が起草して民族代表が署名した独立宣言書が二万部印刷された。一九年一月二十一日に高宗が死亡すると、日本による毒殺説が流れ、反日意識が高まった。三月三日におこなわれる高宗の葬儀に参列するために全国から多数の人々が集まる機会を利用して、三月一日にソウル鐘路《チョンノ》のパゴダ公園にて独立宣言書を朗読する方針が決定された。

三月一日になると、広範な民衆の示威運動の先頭に立つことを恐れた民族代表は市内の料理店に集まって、自分たちだけで宣言を朗読したあと、日本官憲に自首して逮捕された。しかしパゴダ公園に集まった数千の民衆を前に学生代表が独立宣言書を朗読すると、民衆はいっせいに「独立万歳」を叫んだのち、公園をでて数隊に分れて市内を示威行進した。デモの隊列は急速に増大し、「独立万歳」の声が市内に響きわたった。あわてた総督府は龍山《ヨンサン》の兵営から軍隊を出動させて、示威行進を阻止しようとしたので、各地で衝突が起きた。

三月一日のうちに独立示威運動は平壌、宣川《ソンチョン》、義州《ウイジュ》、元山など北部各地においても起こされ、都市部から農村部へと急速に拡大し、三月中旬には全国におよび、三月下旬〜四月上旬に最高潮に達した。各地でキリスト教徒、天道教徒、学校教師、学生などが運動の中心となり、市日《いちび》(定期市の開かれる日)を利用して集会が開かれ、示威行進がおこなわれることが多く、一カ所の示威運動参加者は数百名から数千名に

三・一運動　徳寿宮前における万歳示威。徳寿宮には，亡くなった高宗が住んでいた。

およんだ。こうして全国二三二府郡島のうち二一二府郡島に蜂起がおよび、約二〇〇万人が参加するにいたったのである。また独立示威運動は沿海州、間島などにも広がった。この大規模な独立運動は、三・一運動と称される。

運動の形態は多様であり、独立宣言書や新聞・檄文《げきぶん》の配布、街頭演説、集会、示威行進、山上で篝火《かがりび》を焚く示威などのほかに、都市部では労働者のストライキ、商人の撤市(閉店ストライキ)、学生の同盟休校がおこなわれた。農村部を中心に、憲兵駐在所、警察機関、郡庁、面事務所、郵便局、裁判所などに押しかけて投石したり、庁舎を破壊し、土地台帳、徴税台帳や書類、器物を焼却する行動が続出した。また平和的な示威行進にたいして軍隊が出動して武力弾圧を重ねたこともあって、農村部では棍棒、鎌、鍬、斧、瓦礫《がれき》、竹槍などをもって日本官憲と闘う暴力的闘争もあらわれた。

総督府は憲兵、警察、軍隊を出動させ、四月には日本から歩兵六個大隊の増派をえて兵力を増強し、各地で武力弾圧を加えた。京畿道水原《スウォン》郡堤岩里《チェアムニ》では住民をキリスト教会に監禁して射撃し、さらに放火して三十数名を虐殺した。逮捕者には残虐な拷問が加えられ、たとえば忠清南道天安郡並川《チョナンピョンチョン》の示威運動に立った女学生柳寛順《ユグァンスン》は、逮捕されて受けた拷問がもとで獄死した。勇敢に闘った彼女は、朝鮮のジャンヌ・ダルクと讃えられることになった。朴殷植の『独立運動之血史』によれば、朝鮮人の犠牲者は三月から五月までのあいだに死者七五〇九名、負傷者一万五八五〇名、逮捕者四万六三〇六名という多数にのぼった。

独立示威運動は翌年三月まで繰り返されたが、日本軍の増強と分散配置に基づく武力弾圧体制の強化によって、五月以降には下火になっていった。沿海州では出兵中の日本軍とロシア白衛派、間島では日本領事館警察や中国軍・警察によって弾圧が加えられた。

総督府は四月十五日に、制令第七号「政治ニ関スル犯罪処罰ノ件」を公布した。この制令は「政治ノ変革ヲ目的トシテ多数共同シ安寧秩序ヲ妨害シ又ハ妨害セムトシタル者」およびそのための「煽動ヲ為シタル者」を懲役一〇年以下の重刑に処すると規定した。多数参加の独立運動の取り締まりを目的とした弾圧法規であり、国外の朝鮮人も適用対象とされた。

三・一運動は、朝鮮人の多数が武断政治に不満をもち、植民地支配を望んでいないことを明確に示した。独立示威運動には、両班《ヤンバン》、儒学者や郡書記、面長、面書記など総督府権力の末端に位置した朝鮮人官吏・吏員のなかからも少なからぬ参加者があった。厳しい武力弾圧を加えられたうえ、全国的規模で系統的な指導をおこなう組織を欠いたために、独立の目標は達成されなかったが、三・一運動は植民地支配をゆるがし、総督府・日本政府に支配形態の変更をよぎなくさせた。また農民・労働者が独自の勢力として登場したことは、大衆的な基盤のうえに民族運動・社会運動が展開される新時代の到来を告げるものであった。

2 「文化政治」と民族運動の進展

「文化政治」への転換

一九一九年八月、朝鮮総督府の官制改革がおこなわれ、総督武官制が廃止され、憲兵警察制度は普通警察制度へ転換した。総督武官制廃止によって総督は文官でも就任できることになり、総督の陸海軍統率権も削除されて、朝鮮における陸海軍の司令官に兵力使用を請求できる権限に改められた。しかし、これ以後の総督もすべて現役の陸海軍大将であった。

普通警察制度への転換は、一般行政機構から独立していた警務総監部・道警務部の廃止、総督に直属する警務局の設置、道知事(道長官を改称)への警察権付与と各道への第三部(のち警察部)の新設、憲兵が普通警察事務を扱うことの廃止と警察機関の増設によって実施された。そして一九一九年八月には憲兵・警察官をあわせて一万四三四一名であったのが、二〇年二月には警察官二万八三名に増員され、一府郡一警察署、一面一駐在所を標準とする警察力の増強と稠密《ちゅうみつ》な配置が実現された。また大量の銃器が配備され、軍隊式訓練がほどこされるとともに、戸口調査を通じて人民を日常的に監視する体制が整備された。

官制改革と同時に発布された大正天皇の詔書は、朝鮮の「民衆ヲ愛撫スルコト一視同仁朕ガ臣民トシテ秋毫《しゅうごう》ノ差異アルコトナク」と述べた。この「一視同仁」の標語は、同化政策推進の方針を示すものであった。これを受けて、新総督の斎藤実《まこと》は総督府官吏への訓示において、新しい施政方針は「文化的制度ノ革新」によって朝鮮人を誘導し、「文化ノ発達ト民力ノ充実トニ応ジ、政治上社会上ノ待遇ニ於テモ、内地人ト同一ノ取扱ヲ為スベキ究極ノ目的ヲ達センコトヲ」願うものであり、「文明的政治ノ基礎」の確立をはかるものであると説いた。このようにさかんに「文化」「文明」のことばで飾ったことから、斎藤総督の新政策は「文化政治」と称されることになったが、それは、朝鮮人が同化の実績を示したならば、究極的には日本人と同一に取り扱うであろうと唱えて、朝鮮人を同化の方向に駆り立てるものであった。また斎藤総督は「内鮮融和」を説いたが、これも朝鮮人が文化と民力とを向上させ、ますます天皇の支配に服すること、つまり日本への同化を進めることが、日本人と朝鮮人との対立をなくしていく道であるというものであった。

朝鮮人の活動にたいしてはいくつかの譲歩がなされた。言論・出版・集会・結社の取り締まりが緩和され、朝鮮人による朝鮮語新聞・雑誌の発行、団体の結成が認められた。これによって一九二〇年には、現在まで韓国の代表的な新聞として続いている『東亜日報』『朝鮮日報』が創刊された。新聞・雑誌は検閲を受けなければならず、しばしば押収や発行停止・禁止などの処分を受け、集会も臨席監視する警察官に中止を命ぜられることや開催自体が許可されないことが多くあった。しかし武断政治のもとでのように朝鮮人の言論・出版・集会・結社の活動を原則的に禁止するのではなく、活動を認めつつ統制を加えるという手法に転換したことは、大きな変化であった。また朝鮮笞刑令も廃止された。

一九二〇年には地方制度が改革され、道、府、面のすべてに諮問機関(道評議会、府協議会、面協議会)が

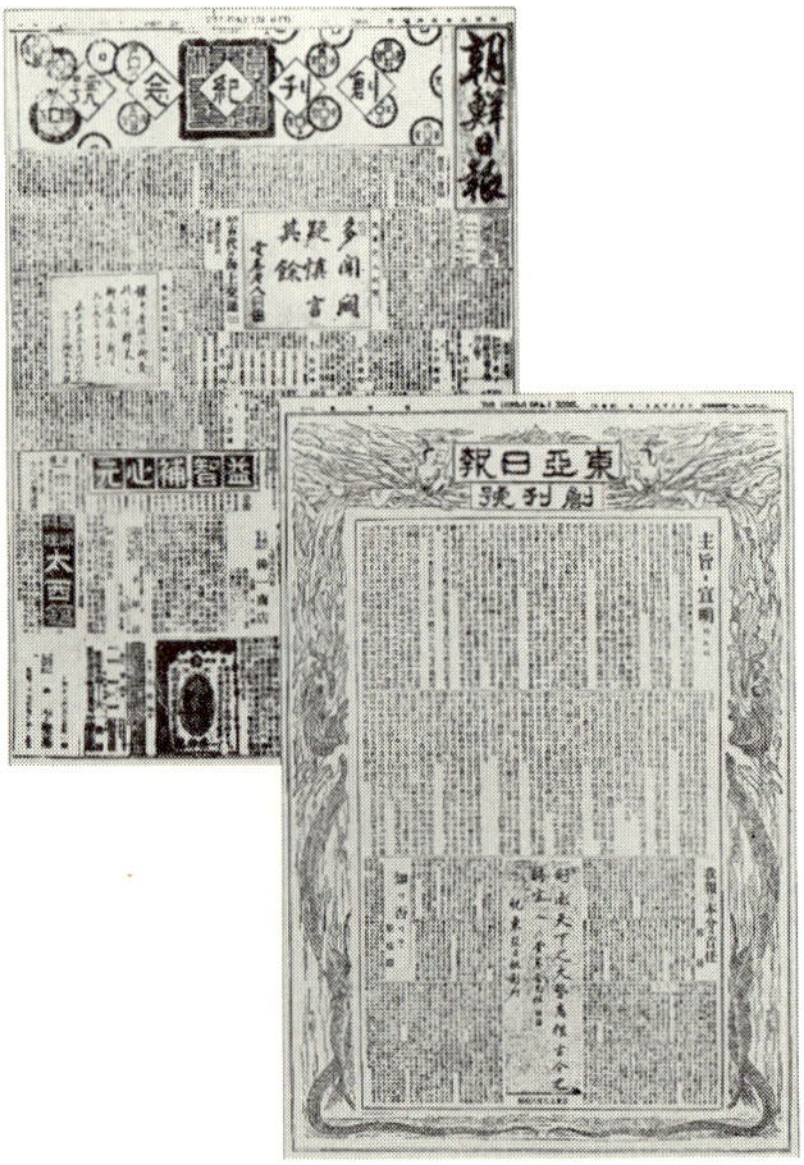

『朝鮮日報』と『東亜日報』の創刊号

設置された。府・指定面の協議会は公選制、普通面(指定面以外の面)の協議会は郡守(または島司)の任命制と定められた。府・指定面協議会員選挙の有権者、府・面協議会員に選出・任命される者の資格は、二十五歳以上の男子で当該府・面に一年以上居住して府税または面賦課金五円以上を納入する者に制限された。道評議会員は、その三分の二が府・郡・島ごとに府・面協議会員の選挙した候補者(定数の二倍を選挙)のなかから任命され、三分の一は道知事の指名によって任命された。

協議会員、評議会員になることのできる者は納税額による制限のため、社会上層の資産家に限られていた。府・指定面の協議会員、府部選出の道評議会員の場合には日本人の占める比率が高く、普通面の協議会員、郡部選出道評議会員の場合には朝鮮人が大多数を占めた。一九二六年における府・指定面の朝鮮人有権者数と一般面の朝鮮人協議会員数との合計は、約四万名であった。諮問機関の構成員ないし有権者となって、諮問機関にかかわった資産家はごく限られていたのであるが、彼らを総督府権力の側に引き寄せる政治的効果をえようとしたところに、地方制度改革の重要な狙いのひとつがあったといえよう。

一九二二年二月、新しい朝鮮教育令(第二次朝鮮教育令)が公布された。改正教育令は「内鮮共学」を謳い、日本人教育も対象に含めて、各級学校の入学年齢、修業年限、教育内容を日本の学校とほぼ同一にし、大学・師範学校も設置することになった。しかし日本人学校と朝鮮人学校とは、日本語を常用するかしないかで実質的に区別された。普通学校では、日本語の時間がふえて、朝鮮語の時間が減り、日本の歴史・地理と職業科の教育が始められて、同化教育が一層強化され、実業教育が重視されるようになった。

三・一運動後、朝鮮人の教育熱が高まったので、総督府は公立普通学校の普及をはかり、初めは三面一校、一九二九年には一面一校の基準で設置する計画を進めた。この結果、公立普通学校の学校数・生徒数は一九年には五三五校・七万六九一八名にすぎなかったが、二九年には一五〇五校・四四万八二〇四名、三七年には二五〇三校・八五万七三八四名へと増加した。また朝鮮人の高等教育への要求の高まりに対応しつつ、これを植民地教育体制の枠内に組み入れるために、総督府は二六年に京城帝国大学を創設した。

産米増殖計画

一九二〇年代の経済政策の中心は農業、とくに産米増殖計画におかれた。二〇年十二月に決定された産米増殖計画の第一期計画は、一五カ年で土地改良事業、施肥増加、耕種法改良を通じて九〇〇万石を増産し、四六〇万石を輸移出に振り向けるとするものであった。しかし地主が土地改良・農事改良投資に消極的であったこと、工事費の増大、日本政府斡旋資金の不足などによって、計画は予定どおりに進捗《しんちょく》しなかった。このため、二六年に更新計画が立てられた。更新計画は、日本政府斡旋《あっせん》の低利資金二億四〇〇〇万円の投入、土地改良代行機関の設置、総督府の土地改良関係部門の拡充整備など、総督府権力の強力な介入によって、三九年までの一四カ年間に八二二万石を増産し、五〇〇万石以上を輸移出に振り向けるとするものであった。この計画は三四年に中止された。三〇年秋以来、世界恐慌の波及によって日本の米価は暴落しつづけた。日本の地主・米穀商は朝鮮米移入の抑制を求めて日本政府に圧力をかけたので、総督府は計画を打ち切ったのである。

産米増殖計画のおもな狙いは、一九一八年の日本の米騒動によって暴露された米不足の深刻化を、植民地からの米移出の増加で乗りきることであった。産米増殖計画によって生産高は増加したけれども、それを遥かに上回って日本への移出高が増加した。一七～二一年平均の生産高は一四一七万石、移出高は二二〇万石（生産高の一五・五％）であったが、二七～三一年平均の生産高は一五九一万石、移出高は六六一万石（生産高の四一・五％）となり、さらに三二～三六年平均の生産高は一七七一万石、移出高は八六六万石（生産高の四八・八％）となった。二〇年代後半以降は、生産高の四割以上が日本に移出される「飢餓輸出」の状態となり、朝鮮米は日本の米穀市場で一五％前後の割合を占めるにいたった。他方、米の朝鮮国内消費高は減少し、朝鮮における一人当りの米の年間消費高は、一二年の〇・七七石から三〇年の〇・四五石へと大幅に減少し、これを補うために満洲から粟が輸入されたが、それでも穀物消費量は減少した。春の端境期《はざかいき》に食料が欠乏し、野山にはいって新芽、草根、木皮などで生命をつなぐ春窮《しゅんきゅう》農家が、三〇年には総農家戸数の四八％、一二五万戸も存在し、小作農家の場合にはその六八％にもおよんだのであった。

更新計画では、朝鮮殖産銀行、東拓、金融組合を通じて低利資金が供給されたが、朝鮮人地主への貸付が増大した。土地改良においては灌漑設備の整備が重視され、水利組合による灌漑設備を有する畓《とう》(水田)の面積が増加した。また日本からの「優良品種」の導入・普及、大豆粕・硫安など販売肥料の増施などの農事改良も進められた。朝鮮人地主のなかには、低利資金の貸付を受けて土地改良、農事改良を積極的におこなったり、籾摺《もみすり》・精米工場も兼営して、対日米移出の増加によって大きな利益をえる者も生まれた。

一部の地主が繁栄する反面で、自作農・自小作農の没落が進んだ。一九三〇年には、農家総戸数のうち、地主は三・六%、自作農は一七・六%、自小作農は三一・〇%、小作農は四六・五%となった。自作農・自小作農は低利資金の貸付から排除されて農業経営上不利な立場におかれ、水利組合費の重い負担に苦しんで、所有地を手放す者が増大したのである。米の商品化を進める地主は小作農への営農監督を強め、小作料の高率化、小作権の移動の激化などが進行した。この結果、土地を失ったり、生活が窮迫した農民が日本、満洲へ移住し、小作権さえ失った農民が山林にはいって火田民(焼畑農)になったり、都市に流入して土幕民、雑業労働者となる動きが進んだ。

日本資本の進出と民族資本の展開

総督府は一九二〇年四月、会社令を廃止した。これは、まず第一に日本資本が自由に朝鮮市場に進出する条件を整えた。工業の分野ではすでに一七年に三菱製鉄兼二浦《キョミポ》製鉄所(黄海道)が設立されていたが、二〇年代には三井財閥系の小野田セメント勝湖里《スンホリ》工場(平安南道)や日窒財閥系の朝鮮窒素肥料興南《フンナム》工場(咸鏡南道)などの大規模工場が設立された。

工業の民族別構成をみると、日本人資本は圧倒的な優位を占めたが、軽工業では朝鮮人企業のある程度の発展がみられた。朝鮮人工場のなかでもっとも生産額が多かったのは精米業であるが、そのほかの部門でも注目すべき動きがあった。全羅北道高敞《コチャンこうしょう》郡の大地主であった金性洙《キムソンスきんせいしゅ》が一九一九年に創立した京城紡織の始興《シフン》工場は、有数の綿紡績・織布兼営工場として発展した。また平壌、ソウル、釜山のゴム靴工業や平壌のメリヤス工業は、日本人資本との競合が少なかったので、工場の規模は小さいながら発展をとげた。

民族運動・社会運動の進展

一九二〇年以後、言論・出版・集会・結社の取り締まりの緩和を利用して、労働者・農民・青年の団体の組織化が進み、多様な民族運動・社会運動が急速な勢いで展開された。

一九二〇年八月、平壌において曺晩植《チョマンシク》らが朝鮮物産奨励会を創立し、朝鮮産品愛用の運動を始めたが、二三年一月には朝鮮物産奨励会がソウルで創立されて、物産奨励運動は全国に広がった。二三年四月には、李商在《イサンジェ》、李昇薫《イスンフン》、曺晩植らの呼びかけを受けて朝鮮民立大学期成会が創立され、各地に支部を設置して募金を集め、朝鮮人本位の教育をおこなう大学の設立をめざす民立大学期成運動が展開された。物産奨励運動や民立大学期成運動は、愛国啓蒙運動を引き継いで実力養成論に立脚し、民族主義者が主導した運動であった。

全国各地において、郡や面を単位として青年会が結成され、教育・実業の奨励、人格修養、生活改善などの諸活動をおこない、ときには面民大会などを組織して郡守、面長らの不正を追及して地域行政の刷新を求める活動も展開した。青年会の中心は地主や中小企業家など地域の有力者であり、彼らは実力養成論の影響下にある民族主義者であった。

一九二一年九月の釜山埠頭《ふとう》労働者五〇〇〇名のストライキをはじめ、労働争議が増加するなかで、労働組合の組織化も進んだ。二〇年四月に民族主義者の呉祥根《オサングン》、張徳秀《チャンドクス》らが中心となって朝鮮労働共済会が結成された。共済会は知識啓発、品性向上を掲げた労資協調主義的な実力養成路線に立ち、啓蒙主義的色彩が濃い組織であったが、各地の労働組合が結集して、二二年には一万名の会員を擁する全国的組織となった。

農民運動はまず南部の日本人地主が少ない地域で進展し、順天《スンチョン》(全羅南道)や晋州《チンジュ》(慶尚南道)がその中心地となった。小作組合を指導したのは新聞支局長などの知識人であり、地主出身者もいた。小作組合は土産奨励、農事改良の実現など協調主義的な実力養成路線をとり、小作料引下げ、小作期間延長を前提にして農事改良をおこなって生産を増大して地主との「共存共栄」をはかるという構想のもとで、運動を展開した。

このように一九二〇年代前半の民族運動・社会運動は、実力養成論の影響が強くおよび、民族主義者が主導権を握っていたが、二〇年代なかばには社会主義思想の影響がおよぶようになった。朝鮮における社会主義運動は、一八年にハバロフスクで李東輝《イドンフィ》らが結成した韓人社会党(のち上海派高麗《コリョ》共産党)、これとは別に一九年にイルクーツクで金哲勲《キムチョルン》らが組織したボリシェヴィキ党イルクーツク支部高麗局(のちイルクーツク派高麗共産党)という二つの淵源をもって始まった。上海派とイルクーツク派は、それぞれ国内に連絡員を派遣して自派の勢力拡大をはかった。国内では社会主義政党が合法的に存在することは許されなかったので、かわって社会主義思想の研究・宣伝を目的とする思想団体が結成された。二一年結成のソウル青年会、二三年結成の新思想研究会(二四年に火曜会と改称)、二四年結成の北風会《ほくふう》がその代表的なものであり、これらに結集した社会主義者はそれぞれソウル派、火曜派、北風派と称された。ソウル派は上海派の系列、火曜派はイルクーツク派の系列であり、北風派は日本留学生出身者を中心としていた。これらの思想団体は相互に対立しつつも、社会主義思想の普及に大きな役割をはたした。

一九二三年のソウルのゴム工場女子労働者ストライキ、二四年の群山《クンサン》精米工場労働者ストライキ、二三・二五年の平壌靴下工場労働者ストライキをはじめ、二三年以降、労働争議は高揚した。また小作争議も二三年には一七六件、参加人員九〇六三名を数え、二四年以降もひきつづき高揚を示した。このように労農運動が発展するなかで、二四年には朝鮮労農総同盟が創立された。労農総同盟は労農階級の解放・完全なる新社会の実現などの綱領、最低賃金制、八時間労働制、小作料三割制の実現などの要求を掲げ、階級的性格を明確にした(二七年に労農総同盟は朝鮮労働総同盟、朝鮮農民総同盟に分離した)。同じ二四年には青年運動においても、ソウル青年会の主導のもとに朝鮮青年総同盟が結成され、労働・農民運動にも積極的に関与した。女性運動にも社会主義思想の影響がおよび、二四年に許貞淑《ホジョンスク》らが女性解放を掲げた朝鮮女性同友会を結成した。また二三年には衡平社が設立され、「白丁《ペクチョン》」にたいする社会的差別の撤廃をめざして活動した。

一九二五年四月に、火曜派の金在鳳《キムジェボン》らが朝鮮共産党を結成した。非合法政党である共産党には、二五年十一月の検挙をはじめ弾圧が重ねられたが、そのつど組織は再建され、二八年の弾圧のあと、コミンテルンに朝鮮支部としての承認が取り消されるまで存続した。総督府当局による弾圧のあらたな武器となったのは、二五年五月に朝鮮にも日本と同時に施行された治安維持法であった。朝鮮共産党は二六年六月十日、韓国最後の皇帝純宗《スンジョン》の葬儀の日を期して、大規模な独立示威運動をおこなう計画を立てたが、事前に発覚して弾圧を受けた。しかし、この計画は学生の手に引き継がれ、日本の軍隊・警察が厳戒するなかで、ソウルの各所で「独立万歳」の示威行進がおこなわれた(六・一〇万歳運動)。

新幹会と元山ゼネスト、光州学生運動

一九二四年一月、李光洙《イグァンス》《りこうしゅ》が『東亜日報』に論説「民族的経綸《けいりん》」を発表し、日本が許容する範囲内での政治的結社の結成を提唱した。これに呼応して崔麟、金性洙らは、植民地支配の枠内における自治の実現をめざす自治運動を起こそうとはかった。これを機に民族主義者は妥協派と非妥協派とへ分裂したが、『朝鮮日報』によった安在鴻《アンジェホン》らの非妥協派民族主義者は、社会主義者との共同戦線の必要性を説くようになった。社会主義者の側でも、コミンテルンの反帝国主義統一戦線戦術や中国における国共合作の成立を背景にして、非妥協派民族主義者との統一戦線を実現させようとする動きが活発になった。六・一〇万歳運動で第二次共産党幹部が検挙されると、日本留学生の思想団体・一月会の安光泉《アングァンチョン》らが帰国して、二六年十二月に共産党第三回大会を開いて第三次共産党(ML派共産党)を組織した。安光泉らは合法面では、北風会系の四団体を糾合した思想団体・正友会の結成に参加し、二六年十一月に正友会宣言によって非妥

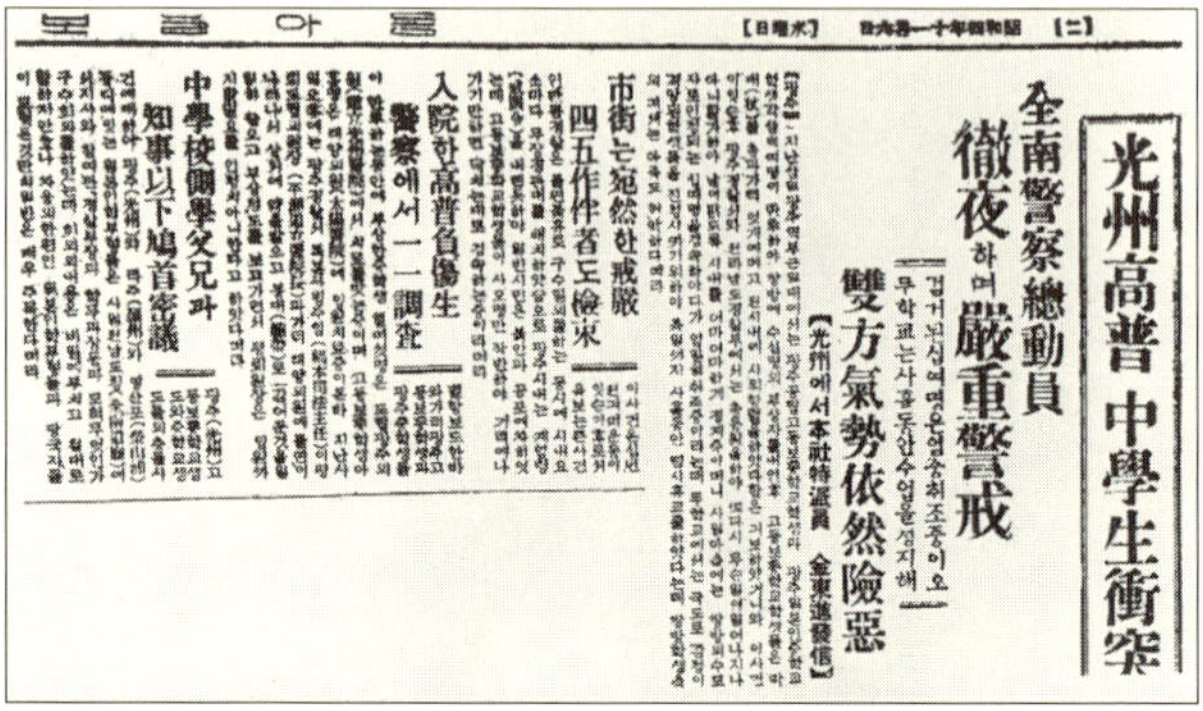
동아일보

【二】 昭和四年十一月六日 【水曜日】

光州高普 中學生衝突

全南警察總動員

徹夜하며 嚴重警戒

—검거된신여명은엄중취조중이오 무학교는사흘동안수업을정지해—

雙方氣勢依然險惡

【光州에서本社特派員 金東進發信】

市街는宛然한戒嚴

四五作件者도檢束

入院한高普負傷生

警察에서 一一調査

中學校側學父兄과

知事以下鳩首密議

光州学生事件を伝える『東亜日報』(1929年11月6日付)

協的民族主義者との共同戦線を提唱した。

以上のような動きを通じて、一九二七年二月、民族共同戦線組織である新幹会が結成された。その綱領は「一、我々は政治的経済的覚醒を促進する。一、我々は団結を鞏固《きょうこ》にする。一、我々は機会主義を一切否認する」の三カ条であり、総督府当局の結社許可をえるために抽象的表現をとっていたが、非妥協的な民族解放運動を進める姿勢を示すものであった。初代会長には独立協会の副会長であった民族主義者の長老李商在《イサンジェ》が就任し、中央幹部は非妥協派民族主義者が多数を占めた。新幹会は府・郡を単位に支会を組織し、その数は解散時までに国外(東京、京都、大阪、名古屋、延辺、龍井《りゅうせい》)の支会も含めて一四九におよび、会員数は四万名を数えた。多くの支会では社会主義者が主導権を握り、啓蒙活動や、労働組合、農民組合、青年同盟と連携して植民地政策に反対して民衆の生活を擁護する運動を展開した。二七年五月には女性運動の共同戦線組織として槿友会《きんゆうかい》も結成された。

一九二九年一月、植民地期最大のストライキである元山ゼネストが起こった。イギリス系の石油企業ライジング・サン社の文坪油《ムンピョンゆ》槽《そう》所で、日本人監督が朝鮮人労働者を殴打したのに抗議して、労働者が一月にストライキにはいったのに端を発して、労働総同盟傘下の元山労働連盟は加盟団体にゼネストを指示し、一万人が行動に参加した。ゼネストが長期化すると、元山市民や新幹会、労農団体、中国、ソ連、フランス、日本などからの支援が広がった。指導部の検挙、資本家側の分裂工作の結果、四月にゼネストは敗北に終わったが、長期にわたる地域ゼネストの実行は労働者たちの力量の成長を示すものであった。

新幹会は総督府当局によって全国大会の開催を禁止されつづけたが、一九二九年六月に複数の支会が合同して代表を選出する方式の複代表大会の開催を許された。この複代表大会によって、弁護士の許憲《ホホン》を中央執行委員長とする新役員が選出された。許憲執行部は、咸鏡南道甲山《カプサン》郡の火田民の追放に抗議する(甲山火田民事件)など、大衆運動への取り組みを強めたが、その頂点となったのは光州《クァンジュ》学生運動への取り組みであった。

一九二九年十月三十日、全羅南道の光州―羅州《ナジュ》間の通学列車のなかで、日本人の中学校生徒が朝鮮人の女子高等普通学校生徒を侮辱した事件を端緒にして、十一月三日、光州の街で朝鮮人高等普通学校生徒と日本人中学校生徒との衝突が起きた(光州学生事件)。警察は朝鮮人生徒のみを検挙したので、朝鮮人生徒は憤激し、検挙者の釈放と植民地教育政策反対を掲げて示威運動に立ち上がった。運動はソウルをはじめとする全国の都市へと急速に拡大し、三〇年三月まで続いて、一九四校、四万名の学生・生徒が参加する大規模なものとなり、「日本帝国主義を打倒せよ」「総督政治絶対反対」「被抑圧民族解放万歳」を掲げるなど、しだいに植民地支配総体に対決する色彩を濃くしていった。

光州学生運動に新幹会の支会や槿友会は積極的にかかわったが、新幹会の許憲執行部も一九二九年十二月に光州学生事件真相報告民衆大会の開催を計画した。しかし総督府警察は新幹会本部を襲撃して許憲ら幹部を検挙し、槿友会の幹部も検挙された。この弾圧を機に、新幹会本部の主導権は金炳魯《キムビョンノ》ら穏健派の手に移った。これにたいして社会主義者は反発し、コミンテルンが民族統一戦線戦術を放棄したことにも規定されて、新幹会解消論を唱えるにいたった。民族主義者と社会主義者との対立が強まるなか、三一年五月に開かれた新幹会第二回大会は会の解消を可決して、新幹会は四年の歴史の幕を閉じた。

国外の朝鮮人と民族運動

産米増殖計画の展開、数年おきに起きる干害などによって没落した農民は、農村を離れ、その一部は日本、満洲へと流出した。日本在住の朝鮮人は一九二〇年には二万八〇〇〇人であったが、三〇年には二九万八〇〇〇人となり、二七万人の増加を示した。渡日してきた朝鮮人の多くは、土木事業、炭鉱、鉱山や紡績工場の労働者となった。当時の日本では資本主義の発展、都市化の進展にともなって、鉄道、道路、水力発電所などの大規模土木工事が増加していたので、多くの朝鮮人が低賃金の土木労働者として吸引されたのである。日本政府は朝鮮人の渡航を規制・管理する政策をとり、二八年には日本渡航者は地元警察機関による戸籍謄本への裏書証明を必要とする「渡航証明書」の制度を、二九年には日本在住の朝鮮人労働者が一時帰郷をする際には就業地所轄警察署の証明を必要とする「一時帰鮮証明書」の制度を導入した。再渡航を厳しく制限した後者の制度は、日本在住朝鮮人の定住化を促進する一契機となった。日本在住朝鮮人労働者は苛酷な労働条件と民族的差別のもとにおかれていたが、二二年には東京、大阪で朝鮮人労働組合を結成し、二五年には全国組織として在日本朝鮮労働総同盟(在日朝鮮労総)が結成された。

一九二三年九月一日、日本の関東地方南部一帯を大地震が襲い、火災を誘発して大規模な災害が起きた(関東大震災)。混乱のなかで、朝鮮人が暴動を起こした、井戸に毒を投げ込んだなどのデマが広がり、軍隊・警察や在郷軍人・自警団などによって「朝鮮人狩り」がおこなわれ、約六六〇〇人の朝鮮人が虐殺された。日本の民衆は自警団を組織して朝鮮人を殺害したにもかかわらず、朝鮮人虐殺事件を「鮮人騒ぎ《せんじんさわぎ》」として伝え、民族的偏見を増大させた。

満洲への朝鮮人の移住もひきつづき増加し、満洲在住朝鮮人は一九三〇年には六〇万人に達したという。なかでも北間島の四県は、朝鮮人が多数を占めた。朝鮮人の多くは農業に従事し、米・大豆などを栽培したが、土地を所有できた者は少数で、多くの朝鮮人農民は朝鮮人や中国人の地主の土地を借りて耕作した。

満洲は国外における独立運動の最大の拠点であった。三・一独立運動を契機に、間島の各地に武装独立運動団体が多数結成された。これらは独立軍と総称され、朝鮮北部に進入し、日本軍・警察との交戦を繰り返した。独立軍の闘いが広がるのを恐れた日本は、一九二〇年九月・十月に中国人馬賊を利用して北間島の琿春《こんしゅん》県城を襲撃させ(琿春事件)、これを朝鮮人が日本居留民を襲撃したと偽り、十月、第十九師団、シベリア出兵軍などを間島に侵入させた(間島出兵)。金佐鎮《キムジァジン》が率いる北路軍政署と洪範図の大韓独立軍などが連合して、日本軍を北間島の和龍県青山里で撃破した(青山里の大勝)。日本軍は、その報復に北間島一帯で約三〇〇〇人の朝鮮人を虐殺し、独立軍の北間島での活動は困難になった。

独立軍はシベリアに移動し、アムール州のアレクセーエフスク自由市(現在のスボボドヌイ)に集結した。

ところが一九二一年六月、同地に集結していた在露朝鮮人部隊のなかにおけるイルクーツク派と上海派との争いの結果、独立軍の一部と上海派の部隊が極東共和国軍の攻撃を受けて武装解除される事態が生じた(自由市事変)。

この後、独立軍の活動の中心地は南満洲(西間島)や北満洲に移った。一九二〇年代なかばには独立軍の統合が進み、参議府、正義府、新民府が成立した。二四年五月に鴨緑江視察中の斎藤総督が狙撃されると、日本は中国にたいして朝鮮人独立運動団体の取り締まりを強く要求し、二五年六月に朝鮮人独立運動の取り締まりにかんする朝鮮総督府・奉天省協定(三矢協定)が成立した。これ以後、中国側(張作霖《ちょうさくりん》政権)の取り締まり強化によって独立軍の活動は困難に陥ったが、参議・正義・新民の三府は統合をはかり、二九年に国民府を結成した。

三・一運動後、多くの独立運動家が集結した上海も、国外における独立運動の拠点となった。三・一運動のさなかの一九一九年四月、上海のフランス租界で大韓民国臨時政府が樹立された。臨時政府は、シベリア、ソウルで結成された臨時政府を統合し、九月には李承晩を大統領、李東輝を国務総理に選出し、国内との連絡組織をつくり、機関紙『独立新聞』を発行するなど、活発な活動を展開した。しかし臨時政府内部には、李承晩、安昌浩《アンチャンホ》ら外交活動によって列強の保障をえて独立を実現しようとする勢力と、李東輝ら武装闘争によって独立を達成しようとする勢力との対立があり、二一年には李東輝は国務総理を辞任した。二三年に内紛収拾のために国民代表会議が開催されたが、臨時政府解体、新組織建設を主張する創造派と臨時政府維持を主張する改造派とが対立して、決裂した。この後、臨時政府に結集する勢力は減少し、実質的には独立運動団体のひとつにすぎなくなった。

3 「満洲事変」と朝鮮

世界恐慌と朝鮮農村

一九二九年十月に始まった世界恐慌は、すぐに日本を巻き込み(昭和恐慌)、日本経済に深刻な打撃を与え、さらに植民地の朝鮮などを襲った。三〇年に米、繭を中心とする農産物の価格が大暴落して始まった日本の農業恐慌は、三四〜三五年まで長く続いた。日本の米価の下落によって、朝鮮からの米移出高はふえながらも、移出額は大きく減少した。また日本農村救済のために、朝鮮からの米移出は規制され、産米増殖計画も中止された。このように日本のしわよせ政策がおよんだことは、朝鮮の農業恐慌を一層深刻なものとした。

一九三一年の朝鮮農産物の価格を恐慌前の二八年のそれと比較すると、米は三三%、麦は五二%、大豆は四三%にしかならなかった。農家経済の破綻《はたん》は深刻化し、農民の没落や離村が進んだ。三〇年には農家総戸数のうち、自作農は一七・六%、自小作農は三一・〇%、小作農は四六・五%であったが、三二年には自作農は一六・三%、自小作農は二五・四%、小作農は五二・七%となった。農民の経営悪化、小作農の増加は小作権の移動など小作条件の悪化をもたらしたので、小作権移動に反対する小作争議が増加した。総督府農林局の調査によれば、小作争議の参加者は三〇年には一万三〇一二名となり、二〇年代後半の各年の二～四倍に達し、三一年も一万二八二名であり、三二年には四六八七名と減少したが、三三年にはまた一万三三七名となり、以後も増加の一途をたどり、三七年には七万七五一五名に達した。

「満洲事変」と朝鮮

恐慌が続くなか、日本は一九三一年九月、満洲にたいする侵略戦争を開始した（「満洲事変」）。関東軍が軍事行動を開始すると、朝鮮軍（司令官林銑十郎《はやしせんじゅうろう》）はすぐに所属部隊を満洲に派遣した。三二年、日本軍はほぼ全満洲を占領して、三月には傀儡《かいらい》国家である満洲国をつくりあげた。

「満洲事変」開始以後、日本にとって朝鮮は満洲侵略の基地、日本と満洲とをつなぐ中継地点としての重要性を増した。一九三三年には新京《しんきょう》（長春）─図們《ともん》間の京図線が全通して、咸鏡北道北部の朝鮮側鉄道と接続し、さらに清津《チョンジン》・雄基《ウンギ》両港を経由して新潟、敦賀《つるが》などの諸港とを結ぶ新交通ルートがつくられ、「日満新交通路」「北鮮ルート」と喧伝されるにいたった。また、この京図線全通の際に、清津以北の朝鮮鉄道は満鉄の経営に移され、朝鮮東北端部と東満洲・北満洲との経済的結びつきが強められた。

農村振興運動と地方制度改編

一九三一年六月に朝鮮総督に就任した宇垣一成《かずしげ》は、恐慌で農村が疲弊し、小作争議の増加によって地主制の矛盾があらわになって、ひいては地主制を支柱とする植民地支配体制が動揺するのをおさえるため、農家経済の建て直し策と小作争議への総督府権力の介入を進める一方、農村過剰人口の吸収をはかる方策として工業化政策を展開した。

宇垣総督は農家経済建て直しのため、農村振興運動を展開した。一九三二年十月、総督府は農村振興委員会を設置し、各道、郡島、邑面にも農村振興委員会を設置させた。そして三三年三月に「農家更生計画樹立指針」「農家更生計画実施要綱」が発表され、振興運動が開始された。このときの「第一次農家更生五カ年計画」では、一邑面につき一村落を選んで、その村落の農家を対象にして、食糧の充実、現金収支均衡、負債償還の更生の三目標を達成するために指導をおこなうことが定められた。これに基づいて、対象となった個々の農家にたいしては、増産と節約、副業の拡大、家計支出の管理を求める営農指導がおこなわれた。村落には農村振興会など運動を末端で支える組織がつくられるとともに、普通学校卒業生には中堅人物として更生計画の模範となるように特別の指導がおこなわれた。

一九三五年一月に、総督府は「更生指導部落拡充計画」を発表し、農村振興運動の対象を全村落に拡大し、四七年度までに完了することとした。この更生拡充計画は心田《しんでん》開発運動という精神運動と結合されていた。心田開発運動は、民衆の宗教心の涵養を謳ったが、日本の国体明徴《めいちょう》運動と結びつき、三六年一月に総督府は心田開発運動の目標として国体明徴、敬神崇祖の思想・信仰心の涵養、報恩感謝・自立の精神の養成を明示するにいたった。

総督府は小作争議の増加に対処するため、一九三二年十二月には小作調停令を公布し、裁判所が小作争議の調停を取り扱い、府郡島の小作委員会などに妥協の途を講じさせるか、裁判所自身が調停を成立させるなどの制度をつくった。しかし農村振興運動が展開するなかでも、小作権が安定しないために小作争議が増加した。総督府は三四年四月に朝鮮農地令を公布し、舎音《しゃおん》など農地管理者の取り締まり、小作期間は三年を下回ることはできないことなどを定めた。これは一年間で小作権を移動させるような地主の極端な横暴をおさえようとするものであった。

この時期の植民地支配体制再編策として重要なもののひとつは、地方制度の改編であった。一九三〇年十二月に道制・邑面制があらたに公布され、府制が改正された。改正府制と邑面制は三一年四月に施行され、府および邑(指定面が昇格)には議決機関として府会・邑会がおかれ、府会・邑会の議員だけでなく、諮問機関にとどまった面協議会の会員も公選制となった。選挙の有権者資格の納税額による制限は従来どおりであったが、面協議会も公選制になったことによって有権者数は増加し、府会・邑会・面協議会選挙における朝鮮人有権者総数は、三五年には三〇万六〇〇〇人となった。道制は三三年四月に施行されたが、議決機関として道会が設置され、道会議員の三分の二は府郡ごとに府会・邑会議員、面協議会員が選挙し、三分の一は道知事が任命することになった。この地方制度改編によって朝鮮人の上層、資産家が地方政治へ関与する権限はやや拡大されたが、それは彼らや議員たちが植民地権力の側に一層引き寄せられていく結果をもたらすものでもあった。

工業化政策と北部朝鮮の開発

宇垣総督の就任後、日本の大資本の進出を誘導することによって工業化を本格的に推進する政策が開始された。総督府は日本資本を誘導するために、重要産業統制法(一九三一年公布)や工場法を朝鮮には適用しない措置をとった。工業化を主導したのは、日窒財閥による大規模な電力開発と化学工場群の建設であった。日窒(日本窒素)は一九二〇年代後半から三〇年代前半にかけて、鴨緑江支流の赴戦江《プジョンガン》、長津江《チャンジンガン》の水利権を総督府の支援のもとに獲得し、流域変更方式による大規模発電を実現した。これによってえた大量の安価な電力に支えられて、日窒は咸鏡南道の興南《フンナム》に三〇年操業開始の化学肥料工場(おもに硫安を生産)や油脂・火薬・軽金属工場を展開した。このほかに、東洋紡績、鐘淵紡績、小野田・浅野・宇部の三大セメントなどが、あいついで朝鮮に工場を設置した。

大規模な水力発電・工場建設工事があいつぎ、建設された工場は多くの労働者を必要としたため、南部から北部への労働力の移動が起こった。これと並行して、総督府は一九三二年以降、「北鮮開拓事業」と称する、朝鮮北部の山間地域の開発事業を進めた。鉄道・道路の建設、国有林開発、森林内の農耕適地の開発と移民、綿羊の飼育や亜麻の栽培の奨励がおこなわれたが、これは農村過剰人口の北部への移動をはかるものであった。

鉱業においては、日本の国際収支改善の手段として、一九三二年以降、産金増産五カ年計画のもとに、奨励金を交付して増産をはかる産金奨励政策が進められ、日産(日本産業)系の日本鉱業、三菱鉱業、日窒系の朝鮮鉱業開発などの大資本が潤った。

民族運動・社会運動の新展開

一九三〇年代前半、社会主義者の指導下に赤色労働組合、赤色農民組合の運動が展開された。これは、労農大衆に基盤をおいて共産党の再建をはかるというコミンテルンの指示にそったもので、非合法の組合として組織されたものであった。赤色労働組合は、興南、咸興《ハムン》、元山、清津、平壌、新義州《シンウィジュ》、兼二浦、ソウル、仁川、釜山などの都市を中心に組織された。赤色農民組合は、咸鏡南・北、江原、慶尚南・北、全羅南・北の各道を中心にして、郡単位に組織され、その数は五〇をこえた。なかでも咸鏡南・北道の赤色農民組合は強力であり、面単位の支部、集落単位の班、青年部、婦人部などの組織を整え、農民夜学や消費組合を設けて多くの農民を結集し、小作料減免、小作争議権獲得などの要求を掲げるとともに、総督府の農業政策に反対する闘争を展開した。この闘争の過程で、警察機関や面事務所などを襲撃する実力行動もおこなった。しかし警察は厳しい弾圧を重ねたので、三七年を最後に赤色農民組合の運動は姿を消した。

一九二五年に創立された天道教系の朝鮮農民社は、当初、月刊雑誌『朝鮮農民』を発行する出版社であったが、二八年には農民運動団体に改編された。三〇年四月の同社第三回大会では、天道教青年党(天道

ヴ・ナロード運動のポスター 「学ぼう！　教えよう！　みんな一緒にヴナロード!!」と呼びかけている。

教の青年組織)の指導を受けることが明確にされた。朝鮮農民社は平安南・北、咸鏡南道に多くの支部をおいて、消費組合や農民夜学を中心にした活動を展開したが、三〇年代なかばには警察の弾圧を受けて、その活動は衰えていった。

また民族主義者は、朝鮮日報社のハングル普及運動(一九二九~三四年)、東亜日報社のヴ・ナロード運動(三一~三四年)を通じて農民啓蒙運動を展開した。これは、学生を夏休み中に農村に送り、ハングルを農民に教える運動であったが、この運動も三五年には総督府によって禁止されるにいたった。

満洲においては、満洲事変が起きると、日本の侵略と傀儡《かいらい》国家=満洲国に反対する反満抗日の武装闘争が、中国人・朝鮮人の共同した闘いとして展開されるようになった。抗日勢力は、張学良《ちょうがくりょう》の指揮下にあった東北軍、紅槍会・大刀会など中国人の秘密結社、社会主義者指導下の赤色遊撃隊、朝鮮人民族主義者の率いる独立軍など多様であった。

満洲在住朝鮮人の社会主義者は、一九二〇年代末にはコミンテルンの一国一党の原則に従って中国共産党に入党し、三〇年の間島五・三〇蜂起など、地主の打倒をめざす急進的な闘争をおこなっていたが、三一年末以後、東満洲、南満洲で赤色遊撃隊が結成されると、これに積極的に参加し、その中核となった。三三年、中国共産党満洲省委員会の指示により南満洲の遊撃隊をもとに東北人民革命軍の第一軍が成立し、三四年には東満洲の遊撃隊はその第二軍に改編された。この東北人民革命軍は、反満抗日闘争の主力部隊となった。

日本は一九三二年に東満洲の朝鮮人のあいだに民生団を組織し、遊撃隊にたいする謀略工作をおこなった。中国共産党満洲省委員会はこれに乗ぜられて、中国人と朝鮮人との内部対立を深め、朝鮮人党員を民生団員であるとして大量に粛清した。また満洲国は壕《ごう》・鉄条網で囲まれ、砲台を配置した新集落(「集団部落」)に朝鮮人農民を強制的に移住させて、遊撃隊とのあいだを遮断しようとはかったので、遊撃隊の活動は困難を増した。

一九三五年夏に開かれたコミンテルン第七回大会は、反ファッショ人民戦線、植民地・半植民地における民族統一戦線の戦術を決定した。この新方針に基づいて、三六年二月に東北人民革命軍は東北抗日連軍に改編され、六月に朝鮮人社会主義者は朝鮮独立のための抗日統一戦線の結成を呼びかける「在満韓人祖国光復会宣言」を発した。東北抗日連軍第一路軍第六師は金日成《キムイルソン》に率いられて白頭山《ペクトゥサン》麓に根拠地を建設するとともに、国内への工作も進めて、咸鏡南道の甲山郡などに祖国光復会の組織をつくっていった。

朝鮮人の日本への渡航規制は続き、一九三四年十月には日本政府(岡田啓介内閣)は「朝鮮人移住対策ノ件」「朝鮮人移住対策要目」を閣議決定し、朝鮮農民の離村防止、北部朝鮮と満洲への移住奨励、従来の渡日規制の堅持と日本在住朝鮮人にたいする同化政策の強化などの方針を定めた。厳しい渡航規制によって三五〜三七年には新規渡航者数は一一万人台にとどめられたが、定住者の増加によって、三七年には日本在住朝鮮人は七三万六〇〇〇人となり、三〇年に比べて四四万人も増加した。三〇年の在日朝鮮労総の解消により、在日朝鮮人労働者の組織的力量は低下したが、三〇年の岸和田紡績女工スト(日本人労働者との共同闘争)など、数多くの闘いが展開された。

4　皇民化政策の展開と朝鮮

皇民化政策の開始

一九三五年以来、日本は華北分離工作を進め、華北への勢力拡大をはかっていた。そのような情勢のなか、三六年八月に南次郎が新総督として着任した。同月、ベルリン・オリンピック大会のマラソンで孫基禎《ソンギジョン》（そんぎてい）選手が優勝した。『東亜日報』は孫選手の写真から胸の「日の丸」を消して、これを報道した。南総督の着任直後、総督府は『東亜日報』に無期停刊を命じた(日章旗抹消事件)。南総督の直面する課題は、朝鮮人の強い民族意識を封じ込め、朝鮮と満洲との一体化を進め、日本の中国侵略のために朝鮮人を動員する体制をつくりだすことであった。このことは、三七年四月の道知事会議で南総督が発表した「国体明徴」「鮮満一如」「教学振作」「農工併進」「庶政刷新」の五大政綱によく示されていた。

一九三七年七月、盧溝橋事件を機に日本は中国にたいして全面的な侵略戦争を開始した。南総督は「内鮮一体」を唱え、朝鮮人を天皇へ絶対に随順する「皇国臣民」に仕立てて、戦争へ動員する体制の構築をはかった。こうして皇民化政策が開始されたが、朝鮮人には総督府側が設定した「皇国臣民」の基準にそった行動をとることが求められた。そのひとつが、神社参拝の強要である。朝鮮における神社は開国後、日本居留民の神社がつくられたのが端緒であるが、植民地化後の一五年にはソウルの南山《ナムサン》に朝鮮神宮(祭神は天照大神《あまてらすおおみかみ》と明治天皇)が竣工《しゅんこう》されたのを含めて、各地に神社、神祠《しんし》(小規模な神社)が増設された。三

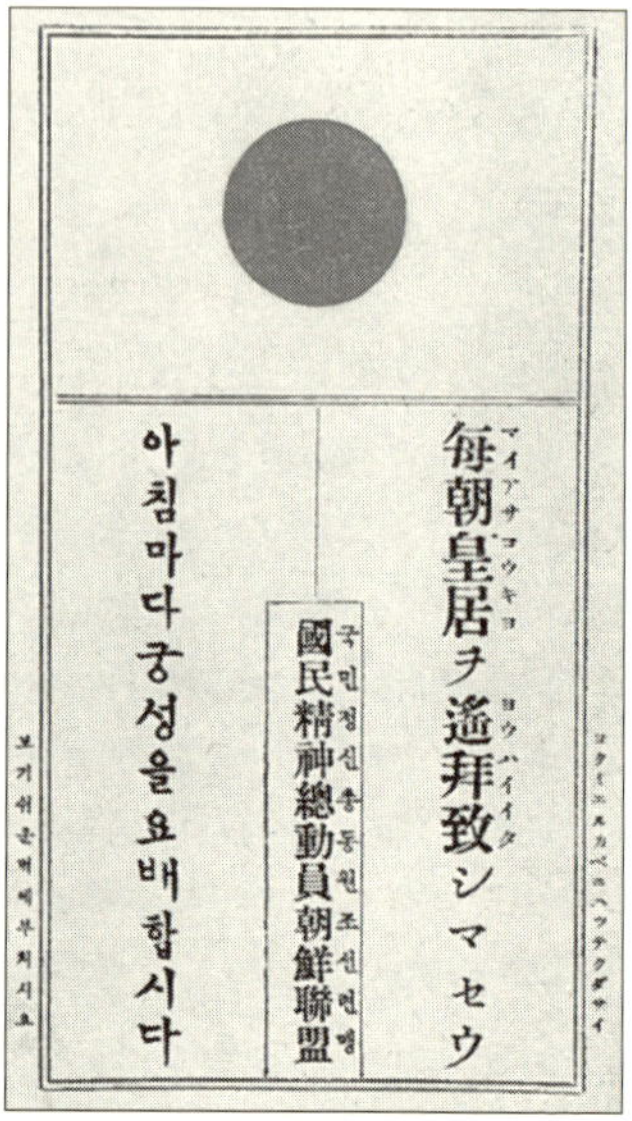

「皇居遙拝」推進のための国民精神総動員朝鮮連盟のポスター　「よく見える壁に貼ってください」と両脇に日本語と朝鮮語で記されている。

六年八月に神社制度の改編がおこなわれ、一道に一列格社、一面一神祠設置の方針が立てられ、道府邑面よりの神饌幣帛料《しんせんへいはくりょう》供進制度が確立した。神社、神祠の増設を前提にして、総督府は神社参拝を強要するとともに、家庭に神棚を設置させて、伊勢神宮の大麻《たいま》(お札《ふだ》)を頒布して、毎朝礼拝することも強要した。三七年十月には「皇国臣民の誓詞」が制定された。これには児童用と大人用とがあったが、児童用は「一、私共ハ大日本帝国ノ臣民デアリマス。二、私共ハ心ヲ合セテ、天皇陛下ニ忠義ヲ尽クシマス。三、私共ハ忍苦鍛錬シテ、立派ナ強イ国民トナリマス」と唱えるものであった。学校の毎朝の朝礼ではこれを斉唱し、官庁や職場でも大人用の斉唱が義務づけられた。

一九三八年二月には「陸軍特別志願兵令」が公布された。これは、志願者を地方、中央の二段階で選考し、合格者は志願兵訓練所で六カ月の訓練をほどこし、国体観念を注入したうえで、一部は軍隊に送り、残りは郷里に戻って皇民化運動の担い手とするものであった。三月には朝鮮教育令が改正されて(第三次朝鮮教育令)、日本人学校と朝鮮人学校は小学校、中学校、高等女学校の名称で統一されるとともに、学校は「忠良ナル皇国臣民」を育成する場と規定された。教育内容は朝鮮語を除いて朝鮮人と日本人とは同一となった。朝鮮人にたいしては日本語の教育が強化された反面、朝鮮語は教えなくてよい随意科目と規定されたのを受けて、学校教育の現場では朝鮮語を排除することに力が注がれた。四一年四月には国民学校令が施行され、小学校は国民学校に改編され、「国民学校規程」からは朝鮮語の教授指針の規定が欠落した。「国語常用」の名のもとに日本語の普及と朝鮮語の抑圧をはかる運動は、官庁・会社などでも強力に推進された。

一九三八年七月には、「皇国臣民化の実践運動」の組織として、日本の総動員運動と呼応して、国民精神総動員朝鮮連盟が結成された。同連盟は総督府の補助機関として位置づけられ、行政機構と一体となったかたちで道・府郡島・邑面・町洞連盟などの地方連盟が、官庁、会社、学校などを単位として各種連盟がおかれ、町洞里連盟の下には十戸を基準に愛国班がつくられ、職域連盟の下にも愛国班がつくられた。愛国班は三九年二月には三一万九〇〇〇、その班員数は四二六万人を数えたが、宮城遙拝《ようはい》、勤労貯蓄、神社参拝、「国旗」(日の丸)掲揚、皇国臣民の誓詞斉唱、「国語」生活励行、勤労奉仕などの活動、愛国日(毎月一日。三九年八月からは興亜奉公日)などの行事をおこない、皇民化政策を浸透させる役割を担った。四〇年に米の配給が開始されると、都市部では愛国班の組織が配給に利用された。四〇年十月に日本では大政翼賛会《たいせいよくさんかい》を発足したが、これと呼応して国民精神総動員朝鮮連盟は国民総力朝鮮連盟に改編された。

一九四〇年二月には創氏改名にかんする制令(「朝鮮民事令改正ノ件」「朝鮮人ノ氏名ニ関スル件」)が施行された。朝鮮人は男系の血縁集団を示す呼称としての「姓」を称し、夫と妻、母と子とでは「姓」を異にしていた。創氏は、朝鮮人に日本人と同一の「氏」の制度を導入し、戸主に「氏」を設定させて、家族全員が同じ「氏」を名乗ることを強制したものである。八月までの届出期間に、総督府の地方行政機関がさまざまな圧力をかけて誘導したので、朝鮮人戸数の八割が日本人式の「氏」を名乗らされることになった。届出をしなかった者は、戸主の「姓」をもって、その戸の「氏」とされた。

皇民化政策の展開

一九四一年十二月、日本が太平洋戦争を開始すると、日本は戦力の強化・補充のために朝鮮を総動員する体制の構築を急いだ。四二年五月、日本政府は開戦直後から検討してきた朝鮮への徴兵制施行の方針を閣議決定した。四三年三月の改正兵役法公布をへて、四四年に朝鮮最初の徴兵検査が実施され、二〇万六〇五七人が徴兵検査を受けた。

徴兵制実施に先立って、一九四三年七月には海軍特別志願兵令が公布され、これによって海軍兵志願者訓練所が設立されて、朝鮮青年の海軍兵への動員も開始された。また同年十月には、朝鮮人学生にも「学徒出陣」の名のもとに学徒志願兵の制度が実施され、学校当局、文化人などを動員して志願兵応募への誘導がおこなわれた。また四二年十月には朝鮮青年特別錬成令が公布され、府邑面に青年特別錬成所を設置して、十七歳以上二十一歳未満の未就学男子青年を六カ月ないし一年間入所させて、「軍務ニ服スベキ場合ニ必要ナル資質」「勤労ニ適応スル素質」の錬成をおこなうことを義務づけた。錬成の内容で重点がおかれたのは日本語の習練であったが、それは、義務教育制が実施されないために就学率が低く、日本語の普及に限界があったなかで、未就学者に兵士や軍需産業の労働者となるための準備教育をほどこす応急措置であった。同じ狙いから、四二年五月には「国語普及運動要項」がだされ、「国語は戦力だ」を合言葉に、日本語の普及運動が一層強化された。

一九四二年六月に着任した小磯国昭総督は、「国体の本義の透徹」「道義朝鮮の確立」を唱え、朝鮮人が皇国臣民としての自覚を徹底させるならば、大東亜のなかで「光栄ある将来を開拓」できると述べた。四四年四月に発行された総督府情報課編纂の小冊子『新しき朝鮮』は、「すべてを君国《くんこく》に捧げ尽し、戦争を戦ひぬき、勝利の日を迎えたその時こそ名実共に栄誉ある大東亜の中核的指導者としての地位を与へられるであろう」と叫んだ。朝鮮人が戦争遂行に献身するならば、「大東亜共栄圏」のなかで日本人につぐ地位をえられるという幻想を与える宣伝が強められたのである。

戦争の敗色が濃厚になった一九四四年十二月、日本政府(小磯国昭内閣)は政治処遇調査会を設置し、朝鮮・台湾への参政権付与を審議し、四五年四月に衆議院議員選挙法・貴族院令が改正されて、参政権付与が決定された。衆議院議員については、わずか二三名の定数が割りあてられ、その有権者も直接国税一五円以上納入者に限るという、日本本国とは極端に差別された制度であったが、それも敗戦により実現をみず、貴族院議員に尹致昊《ユンチホ》《いんちこう》(伊東致昊)ら七名が選出されたにとどまった。この参政権付与は戦争遂行のために、独立運動は厳しくおさえつつ、植民地支配を持続しようとする狙いに基づいた措置であった。

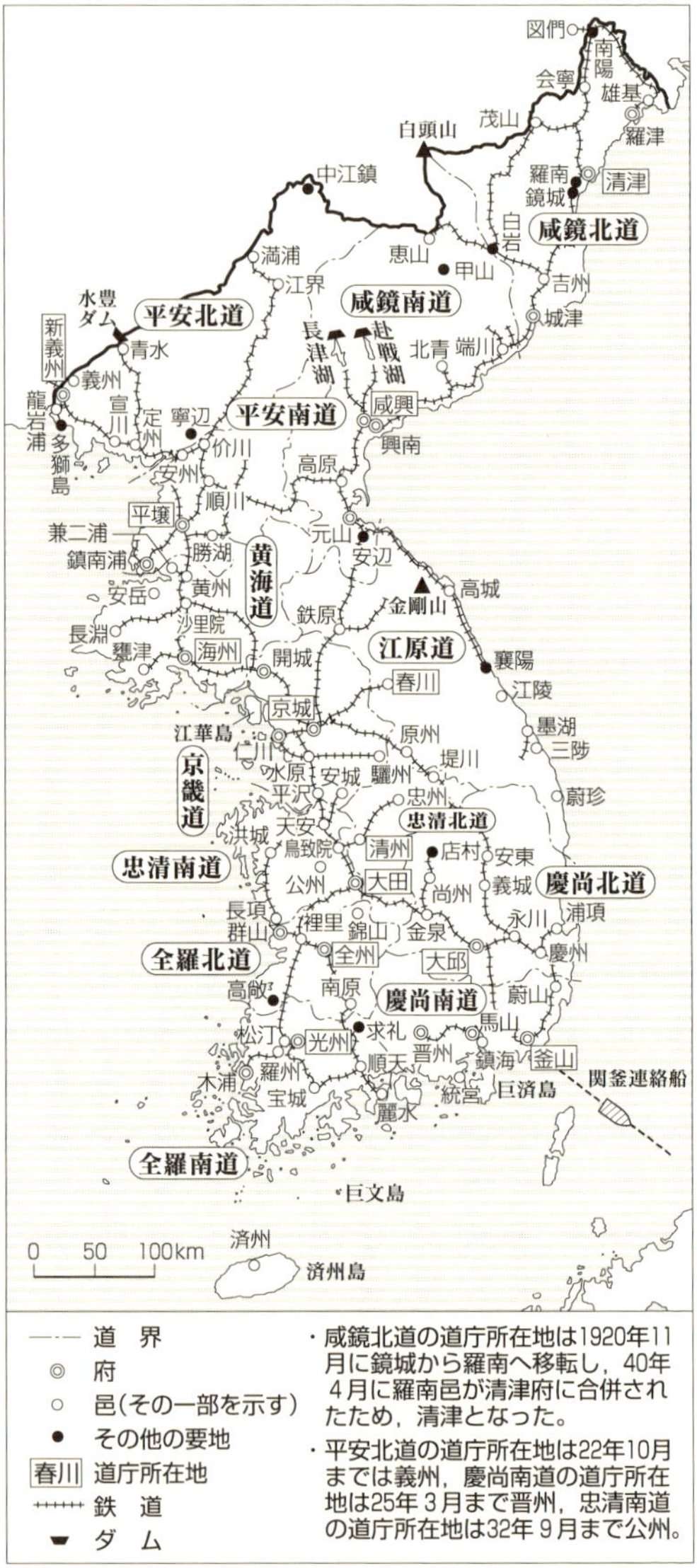

植民地期末期の朝鮮全図(1945年)

大陸兵站《へいたん》基地化政策

一九三六年の二・二六事件ののち、日本では軍需工業の拡大に拍車がかかり、その一環として朝鮮でも軍需工業が急速に育成された。三六年十月に開催された朝鮮産業経済調査会は、工業統制の実施と製鉄・軽金属など軍事上重要な工業の奨励の方針を定めた。こののち、三七年三月には重要産業統制法が朝鮮にも施行され、日中全面戦争開始後には臨時資金調整法、輸出入品等臨時措置法、三八年五月には国家総動員法が施行されて、軍需工業を重点的に保護する経済統制の体制がつくりだされた。三八年九月の各道産業部長会議の訓示において、南総督は日本の「大陸前進基地」としての朝鮮の使命を明確に把握することを強調した。同月に開かれた朝鮮時局対策調査会では、「大陸経営ノ兵站基地タルノ使命」をはたすために、「内鮮一体」・皇国臣民化政策を強化徹底することとともに、軽金属、石油、人造石油など特定の軍需工業部門を重点的に保護育成する方針が打ち出された。

朝鮮の軍需工業の中心となったのは日窒であり、軽金属・人造石油・火薬・航空機燃料・合成ゴム工場が拡張・新設された。このほかに日本製鉄清津工場などの軍需工場が、おもに北部朝鮮につくられた。また北部を中心に、鉄道網が拡充された。

宇垣総督期の工業化政策、そして日中戦争開始後の大陸兵站基地化政策によって、朝鮮の産業構造は変化した。一九三二年以降、工産額は対前年比一八〜三九%増の急成長を続け、総生産額に占める工産額の割合は、三六年には三一・三%となり、さらに四〇年には四一・三%となって、農産額の四二・三%に匹敵するようになった。ただし五人以上を使用する工場の労働者数は、四〇年でも二三万人であり、就業者の構成からみると、朝鮮はなお農業国であった。しかも朝鮮の工業は日本資本主義の従属的な一環であり、各部門間の有機的連関はきわめて弱かった。機械器具工業の自給率は低く、とくに工作機械、鉄道機車・車両は自給できなかった。四四年の技術者総数八四七六名のうち、朝鮮人は一六三二名、二〇%にすぎなかった。また産業の地理的配置も、重化学工業と大規模水力発電所は北部に、軽工業は京仁《キョンイン》地区を中心とする南部に偏在していた。

鉱業においては、まず産金奨励政策が強化された。一九三七年に第二次産金増産五カ年計画が立てられ、同年九月の朝鮮産金奨励令公布などを通じて、大鉱山への重点的保護による増産が四二年までおこなわれた。軍需用鉱物の開発・増産が重視され、三八年五月には朝鮮重要鉱物増産令が公布された。これに従って、鉄鉱石・石炭や、黒鉛、雲母、マグネサイト、タングステン、モリブデン、明礬《みょうばん》石、蛍石、重晶石などの採掘が強化された。

農業においては、一九三九年の大干害によって米の生産が激減したので、戦時食糧確保のための増産計画と流通統制が実施されることとなった。四〇年度から朝鮮増米計画が実施され、五〇年度までに耕種法改善、土地改良によって六八〇万石を増産することとした。また四〇年には米の配給が開始され、同年十月には米穀管理規則が朝鮮にも適用されて、米の供出制が確立された。しかし米の生産は、四一年に二四八八万石をえたものの、資材・労働力の不足や干害によって四二~四四年は一五〇〇~一八〇〇万石台に減少し、増米計画は破綻した。このような生産の趨勢のなかで、米の供出が強化されたため、農民の生活は著しく圧迫された。

戦時労働力動員

戦争の長期化にともなって日本の労働力が不足し、朝鮮でも軍需工業が拡張されたので、日本政府と総督府は朝鮮人を労働力として強制的に動員する体制を整備・強化していった。

一九三九年七月、日本政府は内務次官・厚生次官連名の通牒《つうちょう》「朝鮮人労務者内地移住(入)ニ関スル件」

をだし、京畿以南の七道において「募集」形式の労務動員計画を実施した。これは日本人事業主に朝鮮人の集団募集を認めたものであり、行政・警察当局や面の有力者の強力な勧誘によって調達したことに示されるように、その内実は強制連行であった。日本へ連行された労働者は土木工事、炭鉱、鉱山に配置され、苛酷な労働を強制された。日本政府は、これらの労働者を含めて日本在住朝鮮人を統制するために、三九年六月に創立した官製団体「協和会」に加入させ、君が代と皇国臣民の誓詞を冒頭に掲げた協和会手帳を所持させ、皇民化運動を推進した。四二年二月に日本政府は「朝鮮人労務者活用ニ関スル件」を閣議決定し、これに基づいて朝鮮人労働力の徴集は「官斡旋」方式へ転換し、対象地域は江原、黄海を含めて九道に拡大し、対象業種も金属・航空機・化学・運輸部門を含むようになった。この方式は、総督府内におかれた朝鮮労務協会(四一年六月創立)が運営の主体となり、募集許可を受けた日本人事業主のために、指定した地域の労働者を徴募し、訓練をほどこしたうえで隊組織に編成して引き渡すものであり、総督府権力の介入はいちだんと強化された。さらに四四年九月には、日本への労働力動員にも国民徴用令による徴用が適用されて、動員体制

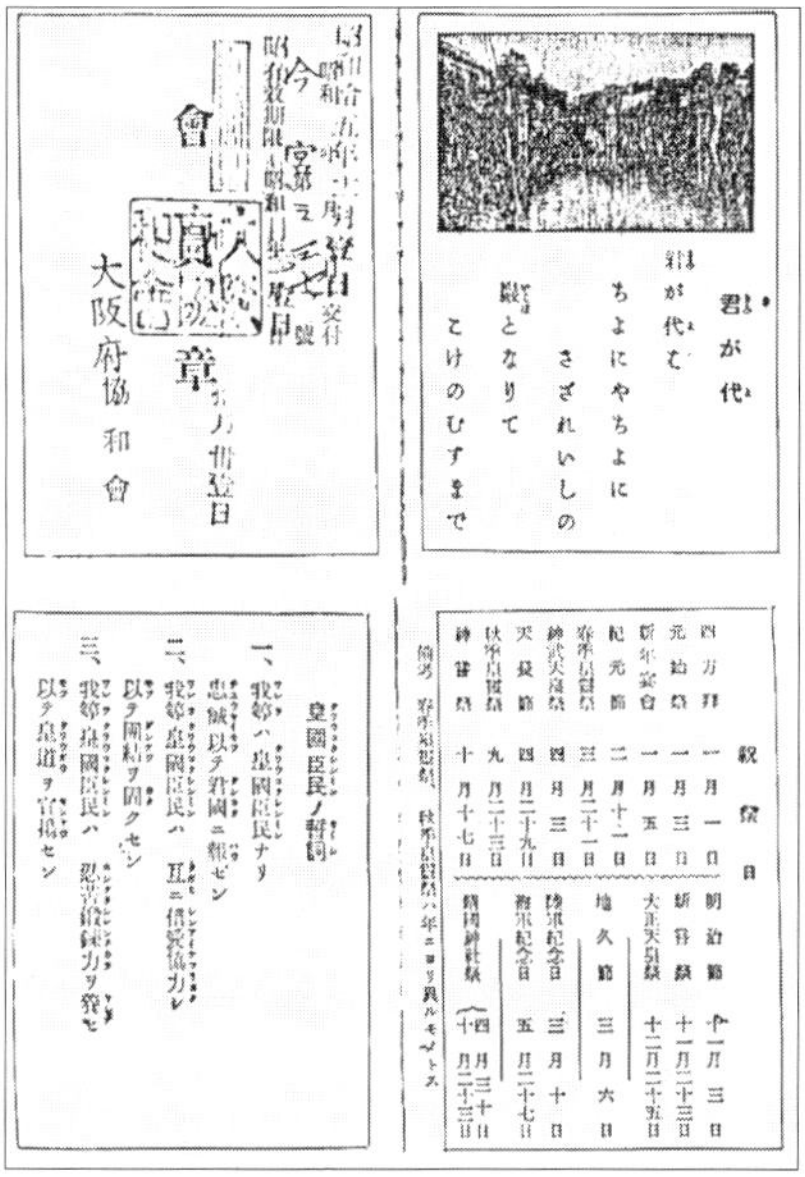

協和会手帳の冒頭部分

は一層強化された。三九年から四五年までに日本へ強制連行された労働者の合計数は一〇〇万人以上と推計される。朝鮮国内への動員も、募集、官斡旋、徴用、勤労報国隊(四一年九月より編成)などの方式で、同じ期間に合計四八五万人に達した。

一九四一年以降、軍属として徴用され、中国、東南アジア、南洋諸島などへも動員された者は合計一五万五〇〇〇人におよんだ。四四年四月からは学徒勤労動員が実施され、同年八月には女子挺身《ていしん》勤労令が朝鮮にも適用され、数十万人の十二歳から四十歳までの女性が軍需工場などに勤労動員された。また日中戦争以降、未成年者を含む数万の朝鮮人女性が、日本や中国、東南アジア、太平洋諸島に設けられた「軍慰安所」に就業詐欺、人身売買、暴力などの手段によって連行され、強制的に「軍慰安婦」とさせられた。軍慰安所は日本軍が直営するか、その関与によって設けられたものであり、慰安婦は軍の厳重な管理・統制のもとに将兵への性的「奉仕」を強要された。

戦時期の朝鮮人労働力の移住としては、朝鮮農民の満洲移住も重要である。総督府は農村過剰人口対策のひとつとして、一九三六年九月に鮮満拓殖株式会社を設立し、これを主体として、満洲国側と協力して、朝鮮農民の満洲移民を推進した。三七年から四二年までだけでも一七万人以上の朝鮮人が満洲へ開拓移民として移住したが、鉄道建設や軍需工場の工事のために多くの朝鮮人労働者が動員されたこともあって、満洲在住の朝鮮人人口は三六年の九一万五九三〇人から四三年の一五四万五八三人へと増加した。

戦時下の抵抗

　一九三〇年代なかば、総督府は「国体明徴」を標榜しつつ、社会主義運動・民族運動にたいする弾圧体制を強化した。三六年十二月には、朝鮮思想犯保護観察令を公布し、治安維持法違反者で執行猶予、起訴猶予となった者、出獄した者を「保護観察」処分に付して、その思想転向の促進をはかった。三八年七月には、思想犯保護観察所の強い指導下に転向者から構成される「時局対応全鮮思想報国連盟」が創立された(四一年一月に大和《やまと》塾に改編)。非転向者にたいしては、四一年二月に朝鮮思想犯予防拘禁令が公布され、予防拘禁所(設置時は保護教導所と改称)に収容し、「皇民」となることを強要された。三七年六月には安昌《アンチャン》浩《ホ》、李光洙《イグァンス》、朱耀翰《チュヨハン》《しゅようかん》ら同友会の会員が検挙され、治安維持法違反に問われる事件が起きた。妥協的民族主義者であっても、厳しく弾圧されるようになったのである。このような苛酷な思想弾圧によって、朴英熙《パクヨンヒ》、李光洙など社会主義者・民族主義者であった者のなかからも、転向して皇民化政策、戦争動員政策へ積極的に協力する者があらわれた。

　困難な情勢にもかかわらず、朴憲永《パクホニョン》らの社会主義者は共産党再建の活動を継続した。神社参拝強要にたいしては、キリスト教徒が頑強に抵抗した。総督府は神社参拝を拒否したキリスト教系私立学校を閉鎖し、牧師、教徒を検挙、投獄したが、五十余名が獄死して、その信仰に殉じた。日中戦争が長期化すると、日本の敗戦を願望する「流言蜚語《ひご》」が飛び交い、太平洋戦争期にも食糧・労働力の供出への忌避、労働者の出勤率低下など、個別的散発的な抵抗が各地で起きた。このようななかで、呂運亨《ヨウニョン》《りょうんきょう》らは一九四四年八月に秘密結社の建国同盟を結成し、解放後の新国家建設への準備を進めた。

満洲では、一九四三年ころまで抗日連軍の活動が続いた。三七年六月、金日成の率いる第一路軍第六師は甲山郡普天堡《ポチョンボ》に進攻し、駐在所、面事務所の襲撃に成功した。翌年にかけての日本官憲の捜査によって祖国光復会の組織は壊滅させられたが、金日成の名は朝鮮国内に広く知られるにいたった。三九年十月から関東軍と満洲国軍・警察隊が大規模な兵力を動員して猛烈な攻撃を加えると、抗日連軍の活動は困難となって兵力は減少し、残存した部隊は四〇年から四三年にかけてソ連領沿海州へ移動した。

華北の延安では、一九四一年に崔昌益《チェチャンイク》、武亭《ムジョン》らが華北朝鮮青年連合会を結成し、その軍事組織である朝鮮義勇軍は中国共産党の八路軍と共同して、日本軍と戦った。同会は四二年に朝鮮独立同盟(主席は金《キム》《きん》科奉《ドゥボン》《とうほう》)へ改編された。大韓民国臨時政府は四〇年には重慶に移転して、金九《キムグ》を主席に選出し、蔣介石《しょうかいせき》政権の支援下に活動を続けた。同年にその軍事組織として韓国光復軍を創設したが、その一部はビルマ戦線に参戦して、日本軍と戦った。

5　植民地期朝鮮の文化

近代文化の成長と植民地支配

三五年間におよぶ植民地支配の時期は、日本の支配に規定されつつ、それと対抗する志向に支えられて、朝鮮人の手になる近代文化の成長がみられた時期であった。人文科学研究や芸術活動などの面に注目すると、朝鮮の在来文化と西洋起源の近代文化とがからみあって、朝鮮に固有の近代文化が形成され、それが朝鮮民族としての一体性の意識をつくりだし、強めていったことを指摘できる。

歴史、民俗、言語研究

愛国啓蒙運動期における啓蒙的な自国史叙述を母胎として、一九一〇年代にはいって、民族精神の具現を軸に自国史を把握する民族主義史学が形成された。『韓国痛史』『韓国独立運動之血史』を著わした朴殷植、『朝鮮上古史』『朝鮮史研究艸《そう》』を著わした申采浩、「オル(魂)」の史観を主張した鄭寅普《チョンインボ》《ていいんふ》らが、その担い手であった。三〇年代には、マルクス主義の発展段階論に立脚した社会経済史学が興り、白南雲《ペクナムン》が『朝鮮社会経済史』『朝鮮封建社会経済史』を著わした。また個別的史実の考証を重視する李丙燾《イビョンド》《りへいとう》らは、三四年に震檀《しんたん》学会を創立した。民俗学も孫晋《ソンジン》泰《テ》、宋錫夏《ソンソッカ》《そうせきか》によって、三〇年代に確立された。

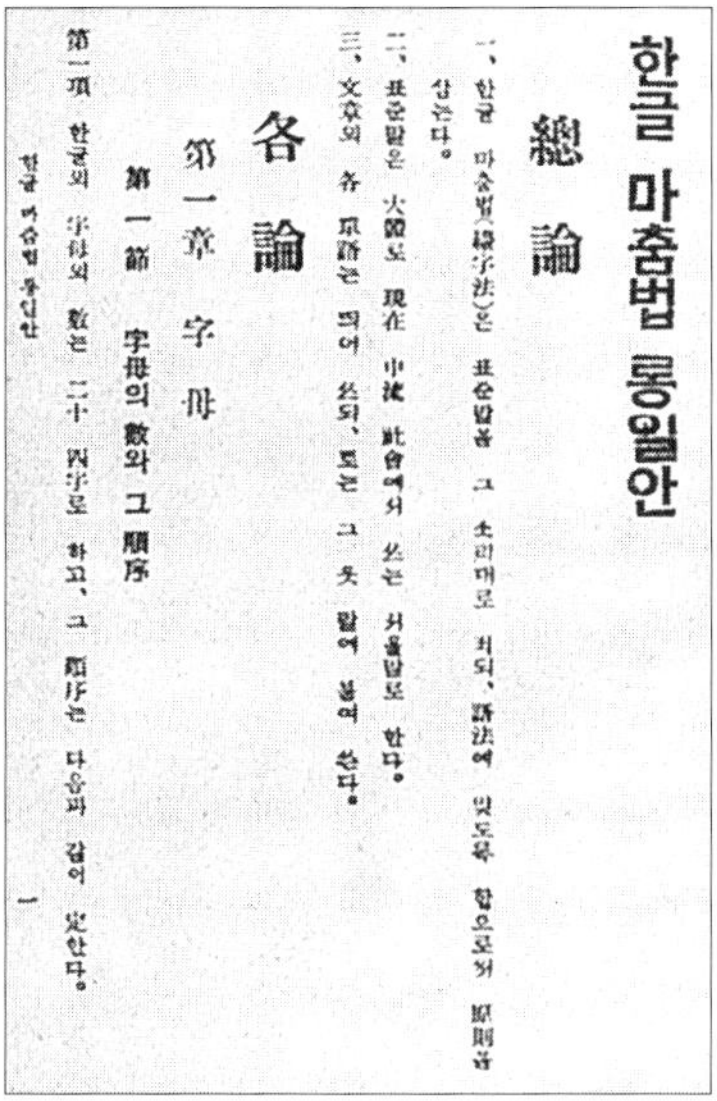

한글 마춤법 통일안

總論

一、한글 마춤법(綴字法)은 표준말을 그 소리대로 적되、語法에 맞도록 함으로써 原則을 삼는다。

二、표준말은 大體로 現在 中流 社會에서 쓰는 서울말로 한다。

三、文章의 各 單語는 띄어 쓰되、토는 그 웃 말에 붙여 쓴다。

各論

第一章 字母

第一節 字母의 數와 그 順序

第一項 한글의 字母의 數는 二十 四字로 하고、그 順序는 다음과 같이 定한다。

한글 마춤법 통일안 一

朝鮮語学会の「ハングル綴字法統一案」(1933年)

朝鮮語研究では、一九二一年に周時経の門人の私立学校教師が中心となって結成した朝鮮語研究会がはたした役割が大きかった。同会は三一年に朝鮮語学会と改称し、ハングル普及運動に参加するとともに、三三年に「ハングル綴字《ていじ》法統一案」を制定し、さらに標準語の査定、朝鮮語辞典の編纂を進めた。これらは、ソウルの中流社会のことばを標準語として、朝鮮語を統一するための作業であった。朝鮮語学会と学説的に対立する朴勝彬《パクスンビン》《ぼくしょうひん》らは、三一年に朝鮮語学研究会を組織し、機関誌『正音』を発行して活動した。四二年十月以降、総督府当局は朝鮮語学会の李克魯《イグンノ》、崔鉉培《チェヒョンベ》《さいげんばい》、李熙昇《イヒスン》ら三三名を検挙した。罪名は学術団体を仮装して治安維持法違反の独立運動をはかったというものであり、起訴された一六名はすべて咸興刑務所に投獄され、李允宰《イユンジェ》《りいんさい》、韓澄《ハンジン》《かんちょう》は獄死した(朝鮮語学会事件)。

文学、芸術

朝鮮文学史上、最初の本格的な近代小説とされるのは李光洙の『無情』(一九一七年)であるが、知識青年の民族的使命感を描いて、啓蒙主義的色彩が強いものであった。三・一運動後、『創造』『廃墟』『白潮』などの同人誌が刊行され、文学活動は活発になった。写実主義の傾向が導入され、金東仁《キムドンイン》の『弱き者の悲しみ』、廉想渉《ヨムサンソプ》の『標本室の青蛙』、玄鎮健《ヒョンジンゴン》の『運のよい日』などの小説が発表された。また朱耀翰が自由詩の嚆矢《こうし》とされる『火祭り』を発表し、金素月《キムソウォル》が詩集『つつじの花』を刊行した。

一九二〇年代前半には、民衆の困窮と植民地支配の矛盾に関心を向けた新傾向文学が生まれ、焰群《えんぐん》社(二二年創立)とパスキュラ(二三年創立)がその担い手となった。崔曙海《チェソヘ》《さいしょかい》の小説『脱出記』、李相和《イサンファ》の詩『奪われし野にも春は来るか』は、その代表的作品である。二五年、焰群社とパスキュラとは合同して朝鮮プロレタリア芸術同盟(略称カップ)が成立し、プロレタリア文学運動が本格的に開始された。カップの活動は、二回の検挙をへて、三五年に強制解散されるまで続いた。この時期に理論的指導者としては金基鎮《キムギジン》、朴英熙、林和《イムファ》らが活躍し、趙明熙《チョミョンヒ》の『洛東江《ナットンガン》』、韓雪野《ハンソルヤ》の『過渡期』『黄昏《たそがれ》』、李箕永《イギヨン》の『鼠火』『故郷』などの小説が発表された。三〇年代には、言語表現の彫琢と自然・人間描写の技巧を重視する純粋文学派の活動がさかんになり、詩では金永郎《キムヨンナン》、鄭芝溶《チョンジヨン》ら、小説では李泰俊《イテジュン》、李孝石《イヒョソク》、朴泰遠《パクテウォン》らが活躍した。李《イ》《り》箱《サン》《そう》は奇抜で難解な詩や小説を発表した。李光洙は農民啓蒙小説『土』を、洪命憙《ホンミョンヒ》《こうめいき》は長編歴史小説『林巨《イムコッ》正《チョン》』を発表した。

絵画では、伝統画(東洋画)が朝鮮王朝の図画署員《とがしょいん》であった趙錫晋《チョソクジン》《ちょうせきしん》、安中植《アンジュンシク》らによって継承されたが、一九一〇年代に西洋画が東京の美術学校に留学した高羲東《コフィドン》《こうぎとう》、金観鎬《キムグァンホ》《きんかんこう》、羅蕙錫《ナヘソク》《らけいせき》らによって伝えられ、金観鎬らの活躍によって定着した。

音楽では、伝統的な宮廷音楽は李王職雅楽隊に継承されたが、西洋音楽も三・一運動後、多数の演奏団体が登場して普及した。洪蘭坡《ホンナンパ》《こうらんは》は歌曲「鳳仙花」や童謡「故郷の春」などを作曲し、玄済明《ヒョンジェミョン》も「夕陽」「カゴパ」など多くの歌曲を作曲した。大衆音楽では、一九二六年の尹心悳《ユンシムドク》《いんしんとく》の「死の讃美」が出発点となったが、二九年に李哲《イチョル》によるOKレコード会社が設立されると、歌謡曲が多数つくられ、高福寿《コボクス》の「他郷暮らし」や李蘭影《イナニョン》の「木浦の涙」(ともに孫牧人《ソンモギン》が作曲)などのヒット曲があらわれた。

演劇では、パンソリが十九世紀以来盛んであったが、一九一一年に林聖九《イムソング》が革新団を結成して、日本にならって新派劇を開始した。二〇年代には新劇運動も起きたが、成功しなかった。三一年に洪海星《ホンヘソン》、尹白《ユンペン》南《ナム》、柳致真《ユチジン》らが劇芸術研究会を結成し、本格的な上演活動を、三九年に強制解散されるまで継続した。

朝鮮人が最初につくった映画は、一九一九年の『義理的仇闘』(金陶山《キムドサン》監督)であった。二〇年代なかばから三五年までは無声映画の時代であったが、二六年に発表された『アリラン』(羅雲奎《ナウンギュ》の脚本・演出・主演・制作)は、植民地支配にたいする抵抗の精神を描いて、観客の絶大な支持をえた。三五年に最初の発声映画《トーキー》『春香伝』(李明雨《イミョンウ》監督)がつくられ、発声映画の時代にはいった。しかし日中戦争の開始とともに、映画は戦争動員体制構築のための道具とされ、戦争・時局映画が多数つくられた。

言論、出版、放送

「文化政治」への転換にともなって、朝鮮人による朝鮮語新聞・雑誌・図書が多数刊行されるようになったことは、文化活動を活発にさせた。ただし、『東亜日報』『朝鮮日報』の発行部数は、一九三七年時点でも、それぞれ約五万五〇〇〇部、約七万一〇〇〇部であり、読者層はまだ社会の上層、知識層に限られていた。『東亜日報』『朝鮮日報』も、日中戦争開始後は総督府の圧迫により時局追随の報道に傾いたが、四〇年八月には強制廃刊となった。

ラジオ放送は、一九二七年二月に日本放送協会の京城放送局によって開始された。初期は日本語中心であり、朝鮮語放送の時間は少なかったが、三四年四月よりは第一放送(日本語)、第二放送(朝鮮語)の二重放送が開始された。日中戦争が開始されると、放送は戦争宣伝の強力な媒体となり、第二放送は日本語講座が新設されるなど、皇民化政策推進の重要な手段とされた。

第七章　解放と南北分断

1　植民地からの解放と南北分断

解放と三八度線の設定

一九四五年八月十日、朝鮮総督府警務局は短波放送でポツダム宣言受諾を知った。ソ連軍のソウル進撃による社会主義政権樹立を恐れた総督府は、ただちに呂運亨《ヨウニョン》《りょうんきょう》ら民族運動家に治安維持の権限を委譲する交渉を開始した。そして敗戦の詔勅の放送とともに重要書類の焼却が始まり、二十七日には終戦事務処理本部を設けてアメリカ軍との折衝に備えた。しかし、日本軍は朝鮮人への権限委譲に反対し、十八日になっても「朝鮮軍は厳として健在である」と放送し、ひきつづき治安維持の配置についていた。

一方、八月十六日に、米ソ間で北緯三八度線を占領分担の境界線とすることが確認された。ソ連の朝鮮全土占領を恐れたアメリカが、分担地域を三八度線以北に限定する意図で境界線を提案したといわれている。

日本の植民地支配からの解放　解放を祝ってソウル駅前をデモする民衆。

すでに日本の敗戦前に北朝鮮に進駐していたソ連軍は、八月中に日本軍の武装解除を完了し、各地で選挙された人民委員会に行政権を移管した。そして、九月にはいるとソ連軍司令部内に民政部を設置し、人民委員会への指導を開始した。アメリカ軍は遅れて九月六日に南朝鮮に進駐し、降伏文書の調印後、十二日に阿部信行朝鮮総督の解任を求め、続いて政務総監と各局長も解任された。そして二十日にはアメリカ軍政庁が発足した。こうして南北とも総督府の支配は実質的に終わりを告げ、米ソの影響下におかれることになった。

やがて一九四六年一月二十九日に連合国最高司令官覚書で朝鮮などの植民地を日本から分離する方針が示され、翌三十日から朝鮮関係事務は日本外務省の所管となった。最終的には五二年発効のサンフランシスコ平和条約第二条で「日本国は、朝鮮の独立を承認する」と規定され、法的にも朝鮮支配に終止符が打たれた。しかし、国交や賠償の問題は未解決のまま先送りされることになった。

残された難問は、中国東北からの流入者を含めて九〇万人以上に膨れあがった日本人と、一八万人の旧日本軍の処遇だった。欧米の植民地では、独立後に旧支配国民が残留する場合も多かったが、朝鮮では連合国の指令によって「引揚げ」という事態が始まった。

アメリカ軍政庁は一九四五年十月から十二月にかけて引揚者の輸送をほぼ完了し、四六年三月には日本人の残留を禁ずる布告を発した。とくに軍政庁が引揚げを急がせたのは、軍人、神官、芸妓娼妓という、日本の植民地支配の先兵となった人々だった。敗戦直後から朝鮮の神社では「昇神式」がおこなわれ、神社破壊を恐れて、神官が自ら神体を焼却、埋蔵した。

建国準備委員会と朝鮮人民共和国

一方、日本の敗戦を前にして総督府から治安維持の権限委譲を打診された朝鮮人民族運動家は、八月十五日に朝鮮建国準備委員会を結成した。建国準備委員会は、民族主義者から共産主義者まで含んだ統一組織であり、呂運亨が委員長、安在鴻《アンジェホン》が副委員長に就任した。

呂運亨は三・一独立運動前後から民族運動にはいり、高麗共産党に加入したり、朝鮮中央日報社長となるなど活発な活動をおこない、解放に備えて一九四四年には建国同盟を結成していた。安在鴻は朝鮮日報主筆を務め、新幹会にも参加した民族主義者であった。

建国準備委員会は八月末までに全国に支部として一四五の人民委員会を結成した。しかし、左右両派の対立も激しく、安在鴻は重慶の臨時政府との合流を主張して袂《たもと》をわかち、かわって、のちに南朝鮮労働党委員長となる許憲《ホホン》が副委員長となった。

そして九月六日、建国準備委員会の呼びかけで全国人民代表者大会が開かれ、朝鮮人民共和国の樹立が宣言された。主席はアメリカで活動していた李承晩《イスンマン》、副主席は呂運亨、国務総理は許憲、内務部長は重慶で臨時政府主席を務めていた金九《キムグ》、外交部長は臨時政府副主席の金奎植《キムギュシク》《きんけいしょく》が選出された。このように人民共和国の閣僚は幅広い人選をおこなったものの、海外の活動家との連携は不十分で、李承晩や金九は帰国後に就任を拒否した。しかも人民共和国は、アメリカやソ連の承認を獲得することができなかった。

アメリカは九月十一日にアーノルド少将を軍政長官に任命し、十月十日には「軍政庁は南朝鮮における唯一の政府である」と宣言して、人民共和国の成立を否定した。これにたいして、十一月二十日から全国人民委員会代表者大会が開かれ、人民共和国死守を決議したが、アメリカの厳しい弾圧によって運動は消滅してしまった。

一方、北朝鮮のソ連軍は、各地域の行政組織として人民委員会の活動を認めていたが、朝鮮人民共和国を承認したことはなく、実質的に北の人民委員会とソウルの人民共和国のあいだの連携は断ち切られていた。そして十一月十九日には、ソ連の指導のもとで北朝鮮の行政にたいする統一的管理をおこなう機関として、北朝鮮五道行政局が設置された。

モスクワ外相会議と信託統治案

朝鮮人自身による独立政府樹立の試みが続くなかで、米ソをはじめとする連合国は、ただちに国家樹立に向かうことには否定的だった。

すでに一九四三年十一月に発表されたカイロ宣言で、米・英・中三国の首脳は、大戦後に日本の植民地を剝奪する方針を明らかにしていた。しかし、カイロ宣言には、「三大国は、朝鮮の人民の奴隷状態に留意し、やがて（in due course）朝鮮を自由独立のものにする決意を有する」と明記された。つまり、朝鮮の独立は「やがて」もたらされるものであり、それまでは大国による信託統治のもとにおかれることが示唆されていた。

そして、一九四五年十二月にモスクワで開かれた米・英・ソ三国外相会議で、信託統治案が具体化された。この案は、独立の前提として朝鮮民主主義臨時政府の樹立を考え、その前段階で米・ソ・中・英が五年を期限として信託統治をおこない、米ソ両軍司令官による共同委員会が助力を与えることになっていた。初めアメリカは、長期にわたる信託統治を想定していたが、ソ連は五カ年の年限と臨時政府の樹立を明記することを主張した。

モスクワ外相会議の内容が伝えられると、朝鮮ではただちに信託統治反対運動(反託運動)が広がった。とくに反対の中心となったのは、金九を中心とする臨時政府や、金性洙《キムソンス／きんせいしゅ》の韓国民主党など、保守派のグループだった。そのなかには、即時独立を求める原則論から、ソ連主導の提案だから反対するという戦術論まで、さまざまな立場が含まれていた。

金九は、甲午《こうご》農民戦争以来の古参の民族運動家で、三・一運動のあと上海にわたって大韓民国臨時政府の要職に就き、臨時政府が重慶に移ってから主席を務めていた。一九四五年十一月に帰国してからも臨時政府の正当性を主張し、反共産主義の立場で人民共和国とは一線を画す一方、南北統一と独立をめざす点で李承晩らとも袂をわかつことになった。

一方、朝鮮共産党は外相会議のあと信託統治に反対し、のちに方針を転換して賛成に転じたが、十分説得力のある議論を展開することはできなかった。したがって、即時独立を望む民衆の心情に訴えた保守派が勢力を伸ばした。

外相会議の提案に基づき、一九四六年三月から第一次米ソ共同委員会が開かれたが、五月にはいって決裂した。これにたいして金奎植と呂運亨は左右合作運動を提唱し、臨時政府樹立に向けて各政治勢力の統合をはかった。しかし、右派の韓国民主党も左派の朝鮮共産党も合作運動に応じず、四七年五月に開かれた第二次米ソ共同委員会も七月に決裂した。そして七月には呂運亨がテロで暗殺され、左右合作運動は挫折した。

アメリカ軍政下の南朝鮮社会

このような政治情勢のなかで、アメリカ軍政下におかれた南朝鮮では、インフレと食料不足が人々の生活を苦しめていた。

植民地末期の「南農北工」政策によって重工業の配置が北部にかたより、南部の工業も技術や資本を日本に依存していたため、解放後の南朝鮮の工業は日用品を生産する中小工場が中心となった。また、農村社会の変動と肥料不足によって、食料生産も困難をきわめた。

このような南朝鮮経済をかろうじて支えていたのは、GARIOA《ガリオア》(占領地域救済政府資金)、EROA《エロア》(占領地域経済復興援助資金)をはじめとするアメリカの援助で、この二つの資金だけで一九四八年の大韓民国成立までに一億ドル以上にのぼった。一方、戦時中から増発された朝鮮銀行券は、解放後も乱発されて激しいインフレーションを引き起こした。さらに、植民地期に海外へでた人々が帰国し、北朝鮮の社会主義的改革をきらった地主・企業家が流入したため、南朝鮮の人口は膨れあがっていた。

このような経済的混乱のなかで、各政治勢力間の抗争やテロがあいつぎ、とくに信託統治案の発表後はいちだんと激しさを増した。これにたいしてアメリカ軍政庁は、共産党弾圧政策を強めた。一九四六年五月にソウルで紙幣偽造事件が起こると、軍政庁は共産党が経済攪乱《かくらん》と資金調達のためにおこなった陰謀だと発表し、共産党の否認にもかかわらず党員の逮捕や機関紙の停刊処分に踏み切った。このため、前年に結成された朝鮮労働組合全国評議会(全評)や全国農民組合総連盟(全農)は、軍政庁の方針に反対するストライキやデモを指令した。

その最大のものが、一九四六年秋に決行されたゼネラル・ストライキだった。九月にソウルの鉄道で始まったストライキは、出版、電信、電話、電気などの重要部門に波及し、市内は一時マヒ状態になった。また、軍政庁が計画したアメリカ型のソウル国立総合大学構想に反対して、教員や学生のストも起こった。さらに全評は、二次にわたって重要産業でゼネストを指令した。そのさなか、十月一日に大邱《テグ》《たいきゅう》駅前に集まった一万五〇〇〇名の労働者・学生・市民が警察と衝突し、警察側の発砲で死者がでたため市内は暴動状態となった(十月抗争)。暴動は南朝鮮全土に広がり、軍政庁は拠点地域に戒厳令をしいて弾圧したが、完全に鎮静化したのは十一月中旬であった。

軍政への反発に対処するため、アメリカは朝鮮人の政治参加の機会を拡大した。一九四六年八月に南朝鮮過渡立法議院が設立され、四七年二月には軍政庁の朝鮮人部長・処長を統轄する朝鮮人民政長官に安在鴻が任命され、六月には朝鮮人側の機構が南朝鮮過渡政府となった。さらに七月にはアメリカから帰国した徐載弼《ソジェピル/じょさいひつ》が軍政の最高議政官に就任した。しかし実権はいぜんとしてアメリカ人の顧問が握っており、立法議院選挙の投票率が低迷するなど、朝鮮人の軍政への支持は強くなかった。

朝鮮労働党と北朝鮮の改革

一方、植民地期から活動していた共産主義者は、解放直後に朝鮮共産党を再建した。朝鮮共産党は一九二五年に創立され、弾圧と内部対立で四次にわたる結党、解党を繰り返したあと、二八年にいったん壊滅していた。その後も再建の試みは続いたが、解放までに党組織や支持基盤を確立できず、一部の活動家が地下活動を続けているだけだった。しかし、解放とともに、共産党結成の動きが自然発生的に始まった。

南朝鮮では、植民地期に地下活動を続けていた著名な共産主義者である朴憲永《パクホニョン》を総秘書として、一九四五年九月にソウルで朝鮮共産党が再建された。しかし、幹部として名を連ねた人物にはソウルに不在の者も多く、実質的には朴憲永のグループが中枢を占めていた。朴憲永は三・一運動に参加したあと、上海に逃れて共産主義者となり、朝鮮共産党結成などでたびたび逮捕され、解放直前には光州《クァンジュ》の煉瓦工場に潜伏していた。

続いて、十月には朝鮮共産党北部朝鮮分局が結成され、金日成《キムイルソン》がはじめて人々の前に姿をあらわした。金日成は平安南道大同《テドン》郡に生まれ、西間島に移住後、中学から共産青年同盟の活動家となり、のち中国東北で抗日パルチザン部隊を指導した。やがて「満洲国」建国後の日本の弾圧強化によってソ連領に逃れたが、解放後、ソ連軍とともに帰国していた。

結成当初の共産党は、右派民族主義者まで含めた民族統一戦線の結成をめざし、反ファシズム戦争を戦ったという点でアメリカの役割も評価していた。しかし一九四六年にはいると、金日成はアメリカ軍政と、その下にはいった李承晩や金九への批判を強めた。その一方で、北朝鮮を統治する人民政権の骨格が形成され、四六年二月には中央行政機関として北朝鮮臨時人民委員会が組織され、委員長に金日成、副委員長に金科奉《キムドゥボン》《きんとうほう》が就任した。

臨時人民委員会は一九四六年三月に九八万町歩《ちょうぶ》の土地を地主から没収し、七二万戸の小作農に分配して土地改革を完了した。また、同年八月には旧日本人資産を国有化する法案が採択された。こうした社会主義化政策と並行して、軍隊・警察の創設や、あらたな法令の制定など、北朝鮮のみを対象とする統治機構の整備が進められた。このような事実上の単独政府樹立の理論的根拠は、北朝鮮を民主主義の根拠地として強化し、アメリカ軍政下の南朝鮮を解放すべきだという「民主基地論」であった。

そのために統一戦線の基盤強化がはかられ、一九四六年八月に共産党北部分局(金日成)と北朝鮮新民党(金科奉)が合同して、北朝鮮労働党が結成された。これに呼応するように、南部でも二月に統一戦線組織として民主主義民族戦線が結成され、十一月には朝鮮共産党(朴憲永)と新民党(白南雲《ペクナムン》)、人民党(呂運亨)が合同して、南朝鮮労働党が結成された。しかし、南朝鮮では労働党主導による反米闘争が厳しい弾圧を受けたため、主要な活動家は北朝鮮に逃れ、共産主義者の活動はしだいに北部に限定されていった。

さらに一九四七年二月には、最高機関として立法権をもつ北朝鮮人民会議の代議員が選挙され、その下に最高執行機関として北朝鮮人民委員会が選出された。こうして、北朝鮮には事実上の社会主義政権が確立されることになった。

2　朝鮮戦争と分断の固定化

冷戦と朝鮮半島

一九四六年にチャーチル元イギリス首相は、「いまやバルチック海のシュテッティンからアドリア海のトリエステまで、一つの鉄のカーテンがヨーロッパ大陸を横切っておろされている」という有名な「鉄のカーテン」演説をおこなった。第二次世界大戦中は連合国として共に戦ったアメリカとソ連は、大戦終結とともに、東西ヨーロッパを巻き込んだ冷たい戦争へ向かっていた。

アメリカは一九四七年にトルーマン・ドクトリンを発表し、ソ連をはじめとする社会主義国にたいする「封じ込め政策」を明らかにした。さらに同年、マーシャル・プランを発表し、結果的には西ヨーロッパ諸国に限られた援助計画が実施されることになった。

これにたいしてソ連も一九四七年にコミンフォルム(国際共産党情報局)を結成し、ヨーロッパ各国の共産党の連携を強めた。また、四九年にはCOMECON《コメコン》(経済相互援助会議)が発足し、ソ連と東欧諸国が国際分業を通じて経済協力を進めていくことになった。

このような米ソの冷戦体制は、両国の影響下におかれていた朝鮮半島にも、深刻な影を落とした。一九四六年と四七年の二次にわたって開かれた米ソ共同委員会は、実質的な成果をあげられずに決裂し、米ソの協調による朝鮮政策は挫折した。もちろん、大国による信託統治案が、多くの朝鮮人の支持をえられなかったのも挫折の一因だった。そこで四七年九月から、朝鮮問題の討議は国連に場を移された。そしてソ連圏諸国が棄権するなかで、アメリカ主導の朝鮮政策が国連の主流となっていった。

こうした米ソの対立のなかで、朝鮮の政治勢力にも南北それぞれの単独政権樹立へ向かう動きが強まり、統一国家の形成を望む声と対立しながら、国内政局の主導権を握っていった。

南朝鮮の単独選挙と大韓民国の成立

南朝鮮では一九四六年からアメリカ軍政庁による共産主義者への弾圧が強化され、さらに四七年にはいって中間派の左右合作運動の動きも挫折したため、李承晩や金九など右派民族主義者の影響力が強まっていた。

李承晩《イスンマン》は、信託統治案に反対する一方で、一九四六年六月以来、南朝鮮だけの単独政府樹立を主張し、韓国民主党もこれに追随していた。これにたいしてアメリカ軍政庁は、対ソ批判と単独政府案を強硬に主張しながら軍政批判を強める李承晩を敬遠し、一時は国外追放さえ考えたといわれる。しかし、アメリカ本国の政策がソ連との対決色を強めていった四七年から、明確な反共主義を掲げる李承晩を逆に支援し始めた。

その後、アメリカは当初の信託統治案から転換し、一九四七年九月から開かれた第二回国連総会で、国連監視下で南北朝鮮の総選挙を実施することを提案し、十一月に可決された。これに基づいて編成された国連臨時朝鮮委員団(UNTOK)は、朝鮮を訪問したのち、南朝鮮だけの単独選挙による政府樹立など三つの解決案を提示した。アメリカは単独選挙案を支持し、ソ連圏諸国が棄権するなかで、四八年二月に国連小総会がこれを可決した。そこでアメリカ軍政庁は、四八年三月に南朝鮮総選挙法を公布し、五月に選挙を実施する方針を示した。

一方、金九《キムグ》らの韓国独立党は、信託統治反対という点で李承晩と同意見だったが、南だけの単独政府樹立には反対し、南北の政治指導者の対話を主張していた。一九四八年二月、金九は中道派の民族自主連盟のリーダー金奎植《キムギュシク》と連名で、南北代表者会談を呼びかける書簡を発送した。これにたいして北朝鮮からは、金日成《キムイルソン》と金枓奉《キムドゥボン》らの返書が届き、統一自主独立を主張するすべての政党・社会団体の連合会議を平壌《ピョンヤン》で開催することを提案してきた。そして四月に、南北朝鮮政党社会団体代表者連合会議と、南北朝鮮諸政党社会団体協議会が平壌で開かれ、金九や金奎植をはじめとする五六の政党・団体の代表者が集まった。

しかしアメリカ軍政庁や李承晩は、単独選挙に反対する南北協商の動きを、北朝鮮の策略だと非難した。一方、非合法化された南朝鮮労働党は、一九四八年二月から単独選挙阻止闘争を各地で展開したが、厳しい弾圧を受けていた。とくに済州島《チェジュド》では、北朝鮮から逃れてきた反共思想の強い青年が送り込まれ、警察とともに激しい弾圧をおこなったために、住民のあいだに不満が高まっていた。住民側は四月三日に武装闘争にはいり、南朝鮮労働党の影響を受けた国防警備隊の一部も住民側についたため、アメリカ軍政庁は本土から警備隊を増派して全面的な軍事衝突が始まった(四・三蜂起)。衝突は大韓民国建国後も続き、五万人以上の死者をだして鎮圧された。

結局、五月十日にUNTOKの監視下で南朝鮮の単独選挙が実施され、済州島を除く全域で一九八名の国会議員が選出された。憲法制定議会は憲法を公布したあと、初代大統領に李承晩を選出した。そして、一九四八年八月十五日に大韓民国(韓国)の樹立が宣言された。李承晩の最大のライヴァルだった金九は、建国後の四九年六月に暗殺された。

朝鮮民主主義人民共和国の成立と分断国家の対立

朝鮮問題の国連への上程と、第二次米ソ共同委員会の決裂を受けて、北朝鮮でも単独国家樹立へ向けた動きがいちだんと進展した。一九四七年十二月には新しい貨幣が発行され、従来の朝鮮銀行券の使用は禁止されて、南朝鮮と異なる貨幣制度に移行した。四八年二月には、朝鮮人民軍が創設された。

そして一九四七年十一月には、朝鮮臨時憲法制定委員会が発足して憲法草案作成を開始し、四八年七月の人民会議で朝鮮民主主義人民共和国憲法の施行が決定された。これに基づいて国会にあたる最高人民会議が選出され、九月八日に憲法を正式に採択した。翌九月九日には朝鮮民主主義人民共和国(北朝鮮)の樹立が宣言され、金日成が首相となった。

一方韓国では、一九四八年十月に済州島の武装蜂起の鎮圧を命じられた麗水《ヨス》駐屯部隊が反乱を起こし、光州《クァンジュ》駐屯部隊や左翼勢力と合流して麗水、順天《スンチョン》を占領した。反乱軍は人民委員会を組織し、土地改革の実施や反動的な法令の廃止を要求した。政府は麗水、順天に戒厳令をしき、多数の死傷者をだしながら反乱を鎮圧した。そして首謀者八九名を死刑にしただけでなく、国軍内部の左翼勢力を排除するという名目で大規模なレッド・パージをおこなった。さらに四八年十二月には国家保安法が制定され、四九年十月には共産主義が非合法化されて、反政府運動への徹底的な取り締まりが始まった。

こうして朝鮮半島が分断されると、韓国も北朝鮮も自国の正当性を主張し、武力による南北統一を公言した。韓国はアメリカに軍事援助を要請したが、アメリカは独裁やインフレなどの不安定な情勢を憂慮し、攻撃用兵器を除く援助にとどめた。しかも、一九四九年六月に駐韓米軍が撤退し、残された兵器は、小火器を中心とするものにすぎなかった。四九年末になると、アメリカは中国革命などあらたな情勢に対処するため、アジアの同盟国への軍事援助をふたたび強化する方針を打ち出した。しかし韓国よりも、さしあたって内戦の続く南ベトナムなどへの援助が優先された。

一方ソ連軍も、すでに一九四八年末までに北朝鮮から撤退していた。しかし、四九年三月に北朝鮮はソ連、中国と軍事協定を結び、ソ連から戦車、戦闘機、艦艇などの軍事援助を受けるとともに、中国軍に所属して国共内戦を戦ってきた朝鮮人部隊が帰国して朝鮮人民軍に編入され、軍事力が増強された。

こうして朝鮮半島から米ソ両軍が撤退して力の空白が生まれるとともに、韓国に比べて北朝鮮の軍事力が圧倒的に優勢になった。そして韓国では各地でパルチザン闘争が展開され、一九五〇年五月の第二回国会議員選挙では、与党勢力が大敗した。

朝鮮戦争の勃発

このような不安定な情勢のなかで、一九五〇年六月二十五日に北朝鮮軍が南下を開始し、朝鮮戦争の火ぶたが切られた。

戦争勃発の報は、ただちにアメリカに伝えられ、トルーマン大統領は国連安全保障理事会の招集を要求した。安保理では、ソ連が欠席するなかで北朝鮮の行為を平和の破壊であると断定し、三八度線以北への撤退要求が決議された。

しかし、その後も戦争は拡大の一途をたどった。六月二十八日に北朝鮮軍がソウルを占領すると、これに対抗して七月一日にアメリカ軍が釜山《プサン》に上陸し、七月七日には安保理が国連軍の派遣を決議した。国連軍司令官にはアメリカ極東軍司令官マッカーサーが任命され、一六カ国が参加したが、主力となったのはアメリカ軍だった。そして、その前進基地となった日本では、アメリカ軍の資材や用役の調達で「特需景気」が起こった。

一方この間も進撃を続けた北朝鮮軍は、九月までに釜山、大邱《テグ》付近を除く韓国全域を制圧した。韓国政府は大《テ》

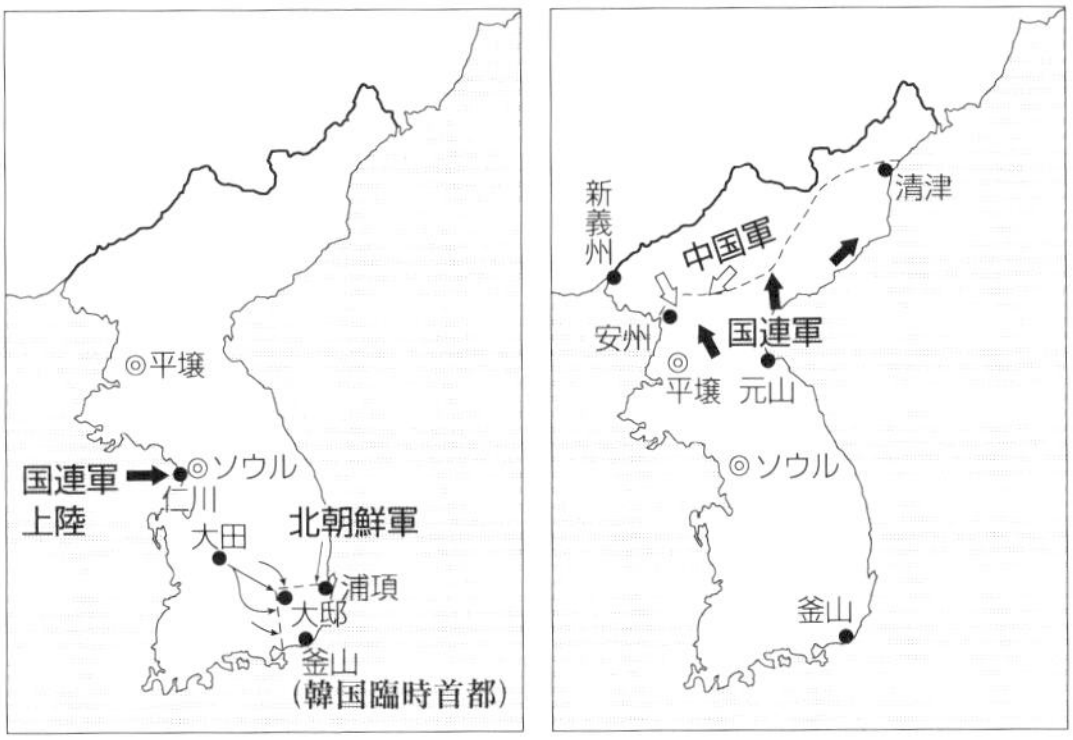

1950年9月15日　　1950年11月24日

朝鮮戦争の軍隊の動き　北朝鮮軍の南下で韓国の首都は釜山に移ったが，国連軍の介入で逆に平壌が韓国・国連側に占領され，さらに中国軍の介入によって38度線付近でにらみ合いとなった。

田《ジョン》、大邱をへて、八月十八日に釜山を臨時首都とした。しかし、ここで戦局は逆転し、九月十五日に国連軍が仁川《インチョン》上陸作戦を敢行して、二十八日にソウルを奪回した。勢いにのったアメリカは、当初の目的を逸脱して三八度線以北への侵攻を求め、国連は十月七日に北進を認めて南北統一政府の樹立を決議した。国連軍は十月二十日に平壌を占領し、さらに中国国境の鴨緑江《アムノッカンおうりょくこう》流域に迫った。このため十月二十五日、中国人民志願軍がはじめて韓国軍と戦火をまじえ、一〇〇万の大軍を参戦させて南下した。

十二月には北朝鮮軍によって平壌が奪還され、翌五一年一月四日にはふたたびソウルが北朝鮮軍に占領された。国連軍司令官マッカーサーは中国への原爆攻撃を進言したが、戦争拡大を恐れたトルーマン米大統領によって五一年四月に解任され、リッジウェイが後任の司令官となった。この間、三月にソウルがふたたび国連軍によって奪還された。

休戦協定と分断の固定化

このように激しい戦闘ののち、両勢力は三八度線をはさんで膠着《こうちゃく》状態に陥った。ソ連のマリク国連大使は、一九五一年六月に休戦を提案し、国連軍司令官リッジウェイも、休戦交渉開始に同意した。北朝鮮軍総司令官金日成と、中国軍総司令官彭徳懐《ほうとくかい》も、放送を通じて休戦交渉に賛意を示した。そして五一年七月から休戦予備会談が開かれ、十月から本会談に引き継がれた。しかし、李承晩韓国大統領は休戦に反対したため、韓国代表はオブザーヴァーとして参加が認められただけだった。

休戦会談では、三八度線付近の現戦線を追認して軍事境界線とし、その両側に二キロずつ非武装地帯を設置することで合意が成立した。しかし、休戦監視や捕虜交換をめぐって意見が対立し、会談は休会を繰り返した。ようやく一九五三年にはいり、アメリカで休戦を公約に掲げたアイゼンハワー政権が誕生し、ソ連ではスターリンが死去するなど、休戦協定成立に向けて情勢の変化がみられた。中国も、北朝鮮への支援がしだいに負担になっていた。こうして、関係大国のイニシアティヴのもとで、休戦交渉が進展した。

その結果、一九五三年七月二十七日、三八度線の南の板門店《パンムンジョム》で、国連軍首席代表ハリソン中将と北朝鮮首席代表南日《ナミル》大将が休戦協定に調印し、クラーク（リッジウェイの後任）、金日成、彭徳懐の三司令官が署名して休戦が成立した。

韓国は、この間一貫して北進統一を主張し、休戦成立直前には北朝鮮軍捕虜のうち反共産主義思想をもつ者を一方的に解放するなど、独自の行動をとりつづけた。これにたいしてアメリカは、休戦後に韓米相互防衛条約を締結することなどを約束して、休戦への同意を求めた。韓国は休戦協定への調印は拒否したが、実質的には内容を承認した。こうして韓国が休戦協定の当事国にならなかったために、のちに北朝鮮が韓国の頭越しにアメリカとの直接交渉を要求する根拠を残すことになった。

戦争の正確な被害はいまだに不明だが、韓国側の史料によれば、韓国軍、北朝鮮軍、国連軍、中国軍の死亡者だけでも九〇万人近くに達し、民間人の死亡者を加えると二〇〇万人をこえるといわれている。朝鮮戦争はこのような莫大《ばくだい》な犠牲をもたらしただけでなく、同じ民族のあいだに不信と憎悪を生み、家族が南北へ離散するなどの悲劇をもたらし、軍事境界線を実質的な「国境」として分断を固定化させる結果を招いた。

朝鮮戦争後の東アジア情勢

朝鮮戦争は、戦場となった朝鮮半島だけでなく、東アジア情勢全体に大きな転換をもたらした。アメリカはトルーマン・ドクトリン以来の「封じ込め政策」をいちだんと強化し、アジアの同盟国との連携を深めた。朝鮮戦争にはフィリピンとタイが派兵し、日本本土と沖縄の基地が重要な役割をはたした。戦争中の一九五一年には日米安全保障条約が結ばれ、同年、アメリカの経済・軍事援助を一本化して、受入れ国に適格要件を課す相互安全保障法(ＭＳＡ)が制定された。さらに五三年に成立したアイゼンハワー政権は、社会主義革命がつぎつぎに隣国に波及するという「ドミノ理論」を掲げ、「巻き返し」政策の名のもとに同盟国への軍事援助を拡大した。一方、日本では五五年から経済の高度成長が始まり、韓国などアジア諸国に工業化のモデルを示すと同時に、援助や投資を通じて経済関係を深めた。

これに対抗してソ連も、インドネシアなどへ軍事援助をおこなったが、一九五六年のスターリン批判以降、北朝鮮や中国などアジア社会主義国との関係はしだいに疎遠になった。

こうした米ソの冷戦体制の強化のなかで、どちらの側にもくみせず第三の道を模索するアジア諸国もあらわれた。その始まりは、平和的共存や平等互恵など「平和五原則」を掲げた一九五四年の周恩来中国首相とネルー・インド首相の会談であり、さらに五五年には新興諸国を中心とする二九カ国が参加して、アジア・アフリカ会議が開かれた。しかし、当初は韓国、北朝鮮ともアジア・アフリカ会議には参加せず、この時点では朝鮮半島が冷戦の枠組みから抜け出すことはできなかった。

3　韓国の李承晩政権

李承晩体制の確立

大韓民国が建国されたあと、初代大統領李承晩は、独自の政治姿勢を強く打ち出して韓国民主党と対立を深めていった。

建国前から李承晩を支えていた韓国民主党は、保守的民族主義者に指導され、建国準備委員会や人民共和国に対抗するために結成された政党だった。その支持基盤には地主や旧植民地官僚などの親日勢力も含まれ、アメリカ帰りの李承晩とは系譜が異なっていた。

建国後の意見対立は、まず政治体制をめぐって始まった。もともと民主党は、憲法草案に議院内閣制を盛り込んだうえで、大統領を形式的な元首にとどめて党が実権を掌握する考えだった。しかし、大統領中心制を主張する李承晩に妥協し、草案修正に応じた。ところが李承晩は、組閣にあたって民主党以外の勢力を重用したため、これを不満とする民主党は他勢力を吸収して一九四九年に民主国民党を結成し、党勢を拡大したうえで五〇年一月に議院内閣制導入のための憲法改正を提案した(第一次改憲案)。

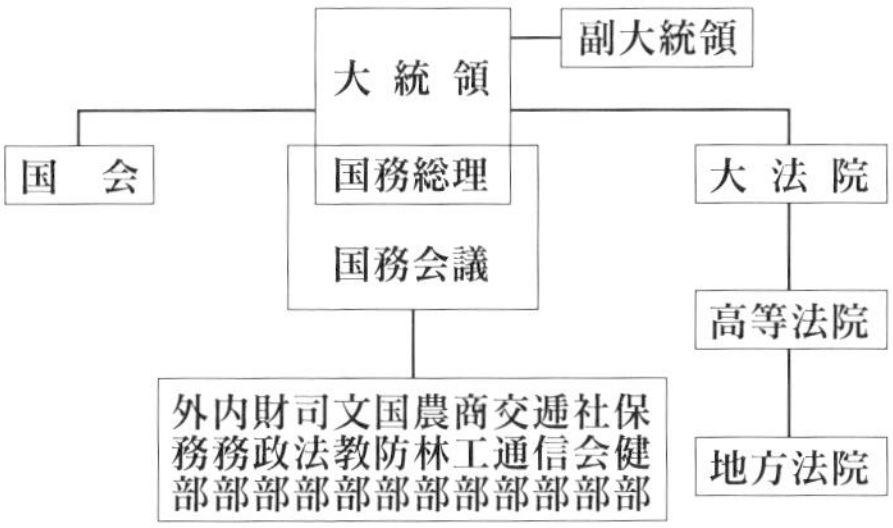

建国当時の韓国の国家機構

結局、憲法改正案は否決されたが、同年五月におこなわれた第二回国会議員選挙では、二一〇議席中、与党系は五七議席しか獲得できず、全体の三分の二を占める無所属議員を含めて反李承晩勢力が大勢を占めた。そこで李承晩は、大統領の選出方法を国会議員による間接選挙から国民の直接選挙に改正し、国会を二院制にして大統領が任命する上院を新設することを企図して、憲法改正を提案した(第二次改憲案)。同時に、あらたな与党として一九五一年十二月に国会の内外で自由党を結成した。しかし、大統領直接選挙制への改憲案は五二年一月に国会で否決され、国会内の自由党勢力も李承晩から離反した。

そこで李承晩は、いわゆる院外自由党などの民間団体を動員し、国会解散を要求する官製デモをおこなわせた。さらに一九五二年五月にはいって、慶尚南道と全羅南・北道で共産ゲリラの残党を掃討するという名目で、釜山ほか各地に非常戒厳令をしいた。そして、さまざまな罪名をかぶせてつぎつぎと国会議員を逮捕し、新聞の検閲を強行した。こうした暴政に抗議して、副大統領金性洙《キムソンス》は辞任した。

一方、憲法改正については、その後も議院内閣制、大統領直選制それぞれの立場から第三次、第四次の改憲案が提出されていたが、張沢相《チャンテクサン》内閣は双方の案を一部ずつ取り入れて妥協案をつくり(抜粋改憲案)、国会に上程した。民主国民党など議院内閣派は審議をボイコットしたが、政府は警察を動員して議員を国会に連行し、警官隊が包囲するなかで一九五二年七月に憲法改正を可決した。妥協案といっても、李承晩が企図していた大統領直選制と二院制はそのまま実現されることになった。新憲法が公布されると、非常戒厳令は解除され、逮捕されていた国会議員もつぎつぎと特赦を受けた。

並行して五二年一月に李承晩ラインを設け、越境した日本漁船を拿捕《だほ》するなど、対日強硬策も目立った。

李承晩独裁の強化

改正された憲法に基づいて、一九五二年八月に、初の直接選挙による大統領選が実施された。大統領には四名が立候補し、李承晩が七〇三万票のうち五二三万票を獲得して当選した。しかし、無所属候補の曺《チョ》奉岩《ボンガム》が、李承晩の独裁を批判しながら立候補し、こののち李の最大の政敵となった。また、李承晩は与党自由党の副大統領候補李範奭《イボムソク りはんせき》を支持せず、無所属の咸台永《ハムテヨン かんだいえい》を当選させるために警察を動員して選挙干渉をおこなった。このような不正選挙は、その後も李承晩政権の常套《じょうとう》手段になっていった。

第二代大統領に就任した李承晩は、自由党から李範奭系の勢力を排除し、さらに大統領終身制への改憲のために国会の三分の二以上の議席獲得をめざした。一九五四年五月の第三回国会議員選挙では、自由党公認候補から改憲賛成の誓約書をとり、警察や地方官僚を動員して公認候補の当選をはかった。この選挙では、不正に入手した投票用紙で特定候補への一括投票がおこなわれたり、不在者や死亡者の名義で投票されたり、投票箱がすり替えられるなど、あらゆる不正な手段がとられ、選挙後には訴訟が続発した。

選挙結果は、二〇三議席中、自由党一一三議席（選挙後入党者を含む）、民主国民党一五議席で、自由党が圧勝したが改憲必要議席にはわずかに届かなかった。このため自由党は当選者の入党工作を続け、六月までに三分の二の一三六議席を確保した。しかし、十一月に改憲案が採決されたとき、賛成は一三五票にとどまり、議長は否決を宣言した。

これにたいして自由党は、二〇三議席の三分の二は一三五・三だから、四捨五入して一三五議席と考えるべきだという「四捨五入改憲」の論理をもちだし、野党議員が国会を退場するなかで改憲案を可決した。野党勢力はこれに対抗して新党結成をめざしたが、統一には失敗し、一九五五年にまず民主党（申翼熙《シンイッキ》《しんよくき》代表）が発足し、ここから排除された勢力が五六年に進歩党（曺奉岩委員長）を結成した。

アメリカの経済援助と韓国経済

朝鮮戦争中の生産停滞と通貨増発によって、韓国経済は激しいインフレーションにみまわれた。アメリカの強い要請を受けた韓国政府は、一九五〇年に経済安定政策を発表し、朝鮮銀行を韓国銀行と改称して中央銀行としての機能を強化した。そして、五三年二月に通貨単位を円《ウォン》《えん》から圜《ファン》《かん》に変更し、同時に従来の一〇〇円を一圜とするデノミネーション（通貨単位の名称変更）を実施した。

休戦協定後、一九五三年十二月に韓国はアメリカと合同経済委員会協約を締結し、戦後の経済運営の方針が定められた。しかし、軍事力の強化と社会の安定を重視するアメリカの意向と、援助に依存しない自立経済の構築をめざす韓国の希望は食い違った。

結局、韓国の戦後復興は援助に大きく依存することになった。援助のおもな項目は、国連韓国再建団（ＵＮＫＲＡ）による一・二億ドル、アメリカの相互安全保障法（ＭＳＡ）に基づく一七・四億ドル、公法四八〇号（ＰＬ四八〇）に基づく二億ドルなどであった。このうちＵＮＫＲＡの援助は韓国側の希望をいれて資本財が中心となったが、ほかは原資材と農産物が中心だった。ＭＳＡとＰＬ四八〇による援助物資は韓国内で売却され、代金は見返り資金として国家予算に組み込まれ、その比率は一般会計の三割から五割に達した。

援助物資は政権と癒着《ゆちゃく》した企業に優先的に売却された。とくに、小麦、原糖、原綿を加工する製粉業、製糖業、紡織業は「三白工業」と呼ばれ、これらの産業を基礎として財閥と呼ばれる企業グループが形成された。しかし、製造業の比率は九・〇％（一九五三年）から一三・八％（六〇年）に増加しただけで、全体として工業部門は消費財を中心とする輸入代替《だいたい》生産にとどまった。この時期に生まれた財閥も六一年の五・一六クーデタを機に、消滅するか大幅な構造転換を強いられた。したがって、のちに高度成長をもたらした輸出志向型工業化への方向はいまだ確立されていなかった。

一方、朝鮮戦争の直前に農地改革法が成立し、戦争中に地主から三三万ヘクタールの土地が買い上げられ、同一価格で小作人に売却された。小作や賃貸は禁止され、農地所有は三町歩《ちょうぶ》を上限とすることになった。地主への土地代金は地価証券で交付され、これを日本人から接収した帰属財産の払い下げに充当することが奨励された。

この農地改革は、社会主義国を除けば、日本、台湾についで徹底したものだった。しかし三町歩以下の地主の所有地が残されたうえ、自作農の規模は零細だった。そこに援助物資としてアメリカの余剰《よじょう》農産物が流れ込んだため、農産物価格は暴落し、多くの農家が没落して農村からの人口流出が続いた。それは、結果的に工業化のための大量の低賃金労働力の供給源となった。

また、地価証券を受け取った地主に帰属財産を払い下げることで、農業部門から工業部門へ資本を移転することが企図された。しかし、生活に困窮した地主は都市商人などに地価証券を売却し、それを使って実際に払い下げを受けた者の多くは工場経営の能力や意欲をもたなかったため、設備がスクラップとして売却されるなど稼働率は高くなかった。また、朝鮮戦争によって破壊された工場も多かった。したがって、一部の大工場を除いて、日本人の残した設備は韓国工業化の十分な土台をつくることはできなかった。

李政権への批判と反対勢力の弾圧

このような経済的困難のなかで、「抜粋改憲」「四捨五入改憲」によって大統領三選への道を開いた自由党は、一九五六年五月の第三代大統領選挙に向けて、李承晩を大統領候補、李起鵬《イギブン》を副大統領候補に指名した。一方、野党の民主党は申翼熙と張勉《チャンミョン》、進歩党創立準備委員会は曺奉岩と朴己出《パクキチュル》を、それぞれ大統領、副大統領候補としたほか、ほかにも候補が乱立した。

選挙戦は実質的に与党自由党と野党民主党の対決となった。しかし選挙運動中に民主党の申翼熙が突然病死するというハプニングがあり、政府の激しい選挙干渉のもとで、民主党は大統領候補を欠いたまま選挙戦を続けることになった。こうした野党側に不利な条件のもとでも、国民の李承晩政権にたいする反発は強く、大統領には李承晩が三選されたものの得票は五〇四万票余りにとどまった。これにたいして、進歩党の曺奉岩の二一六万票と白票の一〇〇万票をあわせた批判票は、李承晩の得票の六割をこえた。しかも副大統領には民主党の張勉が当選し、正副大統領が与野党に分れるという異常な事態があらわれた。

これに危機感をもった政府と自由党は、大統領選直後の八月におこなわれた地方選挙で、さらに激しい選挙干渉と不正行為をおこなった。その手段は、軽微な罪状による野党候補者の逮捕拘留《こうりゅう》や、投票箱を警護する警察官による票のすり替えなど、官憲を動員した露骨なものだった。また、九月には張勉副大統領が拳銃《けんじゅう》で狙撃《そげき》されるという、暗殺未遂事件が起こった。この事件の黒幕として、のちに李承晩が退陣したあとにおこなわれた裁判で、当時の内務長官と治安局長が有罪の判決を受けた。

さらに、李承晩政権による弾圧の対象は、第三代大統領選挙で善戦した曺奉岩の率いる進歩党に向けられた。曺奉岩はモスクワ大学を卒業し、朝鮮共産党の創立メンバーでもあったが、解放後に朴憲永《パクホニョン》と対立して共産党を除名され、韓国建国後は農林部長官や国会副議長を務めるなど有力政治家として活躍した。第二代、第三代大統領選にも立候補し、李承晩の最大の政敵の一人だった。彼が中心となって一九五六年十一月に結成された進歩党は、「共産主義独裁」と「資本家と腐敗分子の独裁」をともに排して、「真正なる民主主義体制を確立して責任ある革新政治の実現を期する」という綱領を掲げていた。

ところが一九五八年一月、警察は曺奉岩ら進歩党幹部を国家保安法違反容疑で逮捕し、政府は進歩党の政党登録を抹消して非合法化した。非合法化の理由として、進歩党が北朝鮮やソ連の主張する中立国監視下の南北統一選挙の実現を政策として掲げたことと、幹部が北朝鮮のスパイと接触したことがあげられた。五九年七月、曺奉岩の有罪が確定して死刑が執行された。総選挙や大統領選を前にした逮捕・処刑のタイミングから、この事件は李承晩政権による政敵の抹殺であると受けとめられた。

国家保安法改正と第四代大統領選挙

一九五八年五月に実施された第四回国会議員選挙でも、それまで以上に不正手段が横行し、選挙後に一二件の無効判決がだされた。さらに選挙後の国会で、自由党は国家保安法と地方自治法の改正案を提出した。

国家保安法改正案は、その適用範囲を北朝鮮の指令を受けた団体から国家動乱を目的とする団体にまで拡大したほか、憲法で設置された機関にたいする名誉毀損罪を設けるなど、結社や言論の自由を著しく制限する内容をもっていた。また、地方自治法改正案は、市・邑・面長を公選制から任命制に改め、政府の息のかかった首長をおくことを目的としていた。

したがって、とくに国家保安法改正案はジャーナリズムなどから激しい批判を受け、法案採決を阻止するために野党議員は国会議事堂で無期限籠城《ろうじょう》闘争にはいった。これにたいして自由党は、全国から選抜した屈強の警察官を国会警衛《けいえい》に仕立て、野党議員を力ずくで議場外に排除したあと、自由党議員だけで本会議を開いて二法案の改正を可決した。

このような議会制民主主義のルールを無視した国会運営は内外の批判を巻き起こし、同盟国アメリカも国家保安法を悪用しないよう警告した大統領親書を手渡した。しかし政府は、さらにアメリカ軍政時代の法令を適用して、一九五九年四月に野党系の新聞を廃刊(のち無期停刊)にするという強硬手段にでた。対象となったのはカトリック財団が経営する『京郷新聞』で、かつて民主党の張勉副大統領が経営にたずさわったことがあった。このほか、同じく軍政時代の法令を適用して政治集会を許可制とするなど、あらゆる手段で反政府的な言論や集会を弾圧しようとした。

さらに、正副大統領を自派で固めて政権基盤を強化しようと考えた自由党は、第四代大統領選挙の実施

不正選挙に抗議して大統領官邸へ押しよせるデモ隊を捕える警官（4月8日）　警察は各地で発砲したが，軍は静観の構えをみせた。

を慣例より二カ月早め、一九六〇年三月を投票日として公示した。野党の民主党は、このとき新派と旧派という二派に分かれて派閥争いを続けており、候補選考が難航したうえ、大統領候補の趙炳玉《チョビョンオク》が胃の手術のため渡米してしまった。しかも、公示後に趙炳玉《ちょうへいぎょく》が急死したため、李承晩の当選はほぼ確実となった。このため自由党は自派の副大統領候補の当選に全力をあげ、野党は李承晩の得票を有権者の三分の一以下にとどめて再選挙にもちこむ戦術をとった。

こうして選挙戦中は李承晩政権の常套《じょうとう》手段となった不正が横行したが、とくに今回は地方自治法改正によって政府系で固めた地方首長以下の公務員が、自由党のために徹底的に動員された。のちに「三・一五不正選挙」と呼ばれたこの第四代大統領選挙は、政権基盤を固めるどころか、国民からの批判を巻き起こし、李承晩退陣をもたらした四月革命の引き金となっていった。

四月革命

李承晩政権を退陣に追い込んだ四月革命は、大統領選挙の当日に発端が開かれた。この日、馬山《マサン》では投票所から野党民主党の立会人が退去させられたため、不正選挙を糾弾する市民のデモが起こり、これに警官隊が発砲して八名の死者がでた。このほかにも多数の行方不明者がでたが、そのうちの一人の高校生が目に催涙弾《さいるいだん》を打ち込まれて死体で発見されたため、四月にはいってデモはさらに拡大した。

この馬山事件に抗議するデモは全国に波及し、四月十八日には高麗《コリョ》大学の学生が国会前で座り込みをおこなった。その帰途、大統領側近の意を受けたといわれる暴徒が学生たちを襲い、多数の負傷者がでた。翌十九日にはソウルの各大学や高校から集まった数万人の学生がデモに立ち上がり、大統領官邸を包囲し、副大統領李起鵬の自宅を占拠した。これにたいして、大統領官邸を警備していた警官隊が一斉射撃を開始し、七名の死者と多数の負傷者がでた。デモはさらに拡大し、ソウル市内の派出所や政府系のソウル新聞社を襲撃した。

同日、釜山など全国の都市でもデモが起こり、死者一八六名、負傷者は六〇二六名にのぼった。政府は十九日夕にソウル、釜山、大邱、光州、大田に非常戒厳令を布告した。しかし、出動した戒厳部隊はデモの鎮圧にあたらず静観する構えをみせた。韓国軍の指揮権を握る国連軍司令官も、アメリカ政府の意向を受けて軍の中立を要請した。一方、二十五日にはソウル大学に全国から二五九名の大学教授団が集まり、大統領、国会議員、大法官の辞任を求める時局宣言文を発表した。夜になって四〇〇名余りにふえた教授団は、死亡した学生の慰霊と検挙された学生の釈放を要求しながら街頭デモをおこなった。

教授団のデモの翌二十六日、ふたたび政府退陣を求める学生の大規模なデモが起こり、市民も参加して

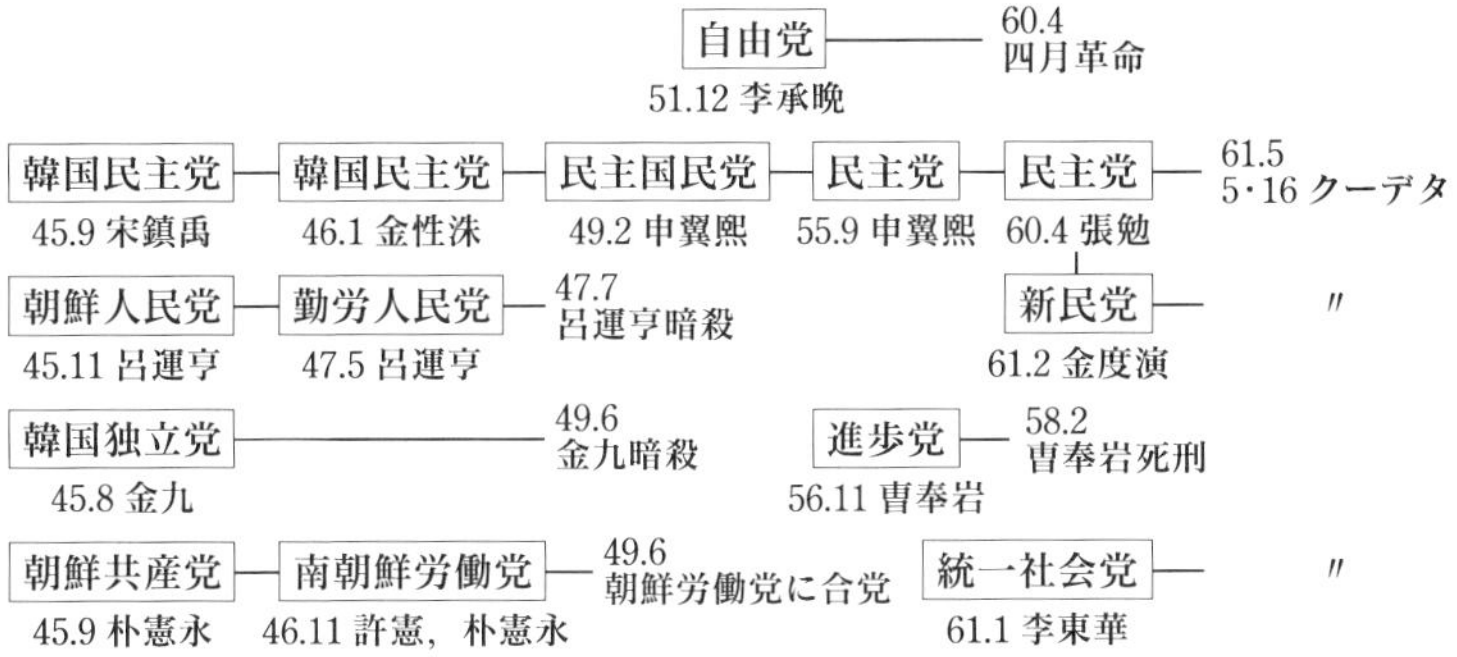

韓国の政党(1945〜61年)

ソウル市内は騒乱状態となった。事態を重くみた戒厳司令官は、李承晩大統領にデモ隊代表者との会見を進言し、大学生、高校生、市民の代表一四名が大統領官邸をおとずれて大統領に辞任を勧告した。国会も、この日午後の緊急本会議で大統領辞任と再選挙、議院内閣制への改憲などを要求する決議案を満場一致で可決した。また、アメリカも駐韓大使を通じて大統領辞任への圧力を加えた。

こうして四面楚歌となった李承晩は、四月二十七日に大統領辞任を発表し、五月二十九日にアメリカに亡命した。副大統領の李起鵬は、四月二十八日に家族とともに自殺した。

民主党政権と政治的動揺

四月革命のあと、李承晩政権の外相だった許政《ホジョン》が暫定《ざんてい》内閣を組織した。アメリカはただちにこれを支持し、安保闘争で日本訪問を断念したアイゼンハワー大統領は、六月に韓国を訪問した。その直前に、議院内閣制や公選による二院制などを柱とする憲法改正が可決され、新憲法のもとで第二共和制が発足することになった。

第二共和制の政権を担当したのは、李承晩時代の野党、民主党の張勉内閣だった。七月におこなわれた第五回民議院(下院)選挙と初の参議院(上院)選挙の結果、どちらも民主党が過半数の議席を獲得した。李承晩時代のような不正選挙は影をひそめ、投票率も八割をこえた。選挙後の国会では、大統領に尹潽善《ユンボソン》《いんふぜん》、国務総理に張勉が選出された。

民主党内には以前から新派と旧派の派閥対立があったが、旧派が入閣を拒否したため、総理をはじめ閣僚はほとんど新派によって占められた。旧派は十一月に民主党から分れて、一九六一年二月新民党を結成した。このほか、七月の国会選挙に先立って多くの政党が誕生したが、このなかには社会大衆党など、穏健な社会主義や北朝鮮との交流を掲げる革新政党が目立った。革新政党は結局ほとんど議席をえられず、選挙後に分裂・統合を繰り返したが、その存在は第二共和制の時期に限られた特徴であった。

国民が張勉内閣に期待した課題は、三・一五不正選挙をはじめとする李承晩政権の反民主的行為にたいする処罰であった。国会は、遡及《そきゅう》処罰を禁止した憲法の条文を改正し、前政権下の行為についてあらたな立法によって処罰できる例外規定を設けた。これに基づいて国会は革命立法を可決し、不正選挙、反民主行為、不正蓄財を裁くために、特別検察部と特別裁判所を設置した。

しかし、李政権下で与党の手先となっていた警察の中立化を目的とする法案の成立には失敗し、軍部にたいする統制も十分ではなかった。その一方で、それまで禁止されていた教員労働組合が結成され、学生運動も活発になるなど、革新勢力が力を伸ばした。政府の提案した集会および示威にかんする法案と反共特別法案は「二大悪法」と呼ばれ、全国で学生や労組による反対デモが起こって廃案となった。

また、張勉内閣は、国連監視下で韓国憲法に基づく南北統一選挙を実施することを公約した。さらに一九六一年四月にはアメリカが北朝鮮を国連に招請することを提案して採択され、北朝鮮はこれを拒否したが、その存在は国連でも認められるようになった。こうした情勢下で、民族統一全国学生連盟は板門店で南北学生会談を開くことを決議し、革新政党もこれを支持した。

このような韓国の民主化と革新勢力の拡大、さらに北朝鮮との融和政策にたいして、軍部はしだいに不満をつのらせるようになった。張勉内閣が李承晩政権下で腐敗した高級軍人を処罰せず、逆に軍の改革を進言した若手将校が排斥されるなどの傾向が、不満を一層拡大させた。軍内には、やがて一九六一年の五・一六クーデタを生み出す土壌が形成されていった。

4　北朝鮮の社会主義建設

金日成体制の確立

朝鮮戦争を契機として、北朝鮮では労働党と人民軍の立て直しがはかられ、金日成首相への権力集中が進んだ。労働党の幹部は、朴憲永《パクホニョン》ら植民地下の朝鮮で地下活動を続けていた者(元の南朝鮮労働党)、金日成ら中国東北の抗日パルチザン出身者、金枓奉《キムドゥボン》ら中国共産党指導下にいた延安派、許嘉誼《ホカウィ》《きょかぎ》らソ連国籍をとったソ連派などのグループに分れていた。しかも植民地下の朝鮮共産党は、総督府の弾圧によって組織活動や大衆運動が困難だったため、労働党員の大部分は解放後にあらたに入党した人々で占められていた。

解放後、まず国内活動の実績がある朴憲永らが朝鮮共産党を再建し、朝鮮人民共和国への参加などを通

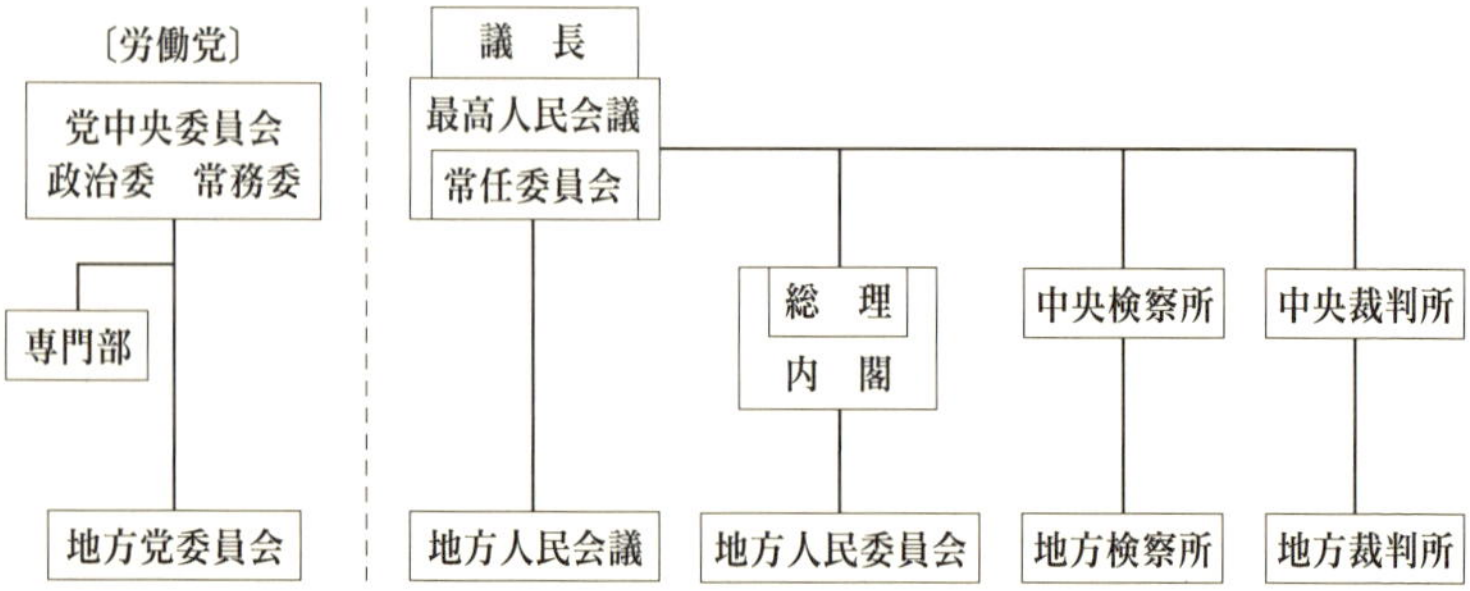

建国当時の北朝鮮の国家機構

じて南朝鮮における運動の主導権を握った。これにたいし、ソ連とともに北朝鮮にはいった金日成らは共産党北部朝鮮分局を結成して朴憲永と主導権を争った。結局、朴憲永らはアメリカ軍政下の弾圧を逃れて北朝鮮へ移り、一九四九年には南北の党が合併して朝鮮労働党が発足したが、その後も南朝鮮の社会主義化をめぐる方針は対立していた。

このような情勢のなかで朝鮮戦争が始まると、金日成はただちに軍事委員会委員長に就任し、戦時下の権力を掌握した。そして、延安派で八路軍の作戦課長まで務めた首都防衛司令官の武亭《ムジョン》と、ソ連派の重鎮で党の組織担当者の許嘉誼を解任した。さらに戦争が膠着《こうちゃく》状態になった一九五二年には、全党員の点検を実施し、南朝鮮労働党系の古参幹部が一掃された。なかでも朴憲永副首相らは、アメリカのスパイという罪状でのちに死刑となった。

こうして、朝鮮戦争の目的であった「南朝鮮の解放」には失敗したものの、金日成は対立する派閥の有力者を一掃し、労働党内での権力基盤を固めることに成功した。しかし、戦争後もソ連派や延安派の金日成批判は続いた。スターリン死後のソ連が軽工業重視路線に転換したのを受けて、ソ連派は延安派とともに金日成の重工業重視路線を批判した。また、スターリン批判の影響で、北朝鮮でも金日成にたいする個人崇拝を非難する声がでた。そして一九五六年八月に開かれた金日成のソ連・東欧訪問報告のための党全員会議で、ソ連派と延安派は金日成を公然と批判した。

これにたいして金日成らパルチザン派は巻き返しをはかり、ソ連派と延安派の中心人物を逮捕・除名したため、延安派のなかには中国に亡命する者もでた。さらに一九五六年末から党員証交換事業などを通じてソ連派、延安派、南朝鮮労働党派を労働党内から一掃し、五八年一月には金日成が勝利宣言をだした。こうして六〇年代初頭までに、政権の中枢部は金日成のパルチザン時代の同志と若手幹部で固められた。

農業・工業の社会主義化の進展

政治面における金日成の主導権確立と並行して、経済面では生産手段(土地、設備など)の社会化(国有化、協同化)が進められた。

まず農業部門では、建国前の一九四六年三月に土地改革が実施され、地主の土地や旧日本人所有地など九八万町歩の耕地が没収され、農民に分配された。地主は土地ばかりでなく家屋、家畜など主要財産を没収され、自作農として農業を続ける場合にも他郡に移住させられた。したがって、南朝鮮に逃れた地主も多く、この時点で地主制は一掃された。

このあと自作農による個人経営の時代が始まったが、朝鮮戦争が終わると、今度は農業の協同化が開始された。戦争で耕地面積の四分の一の所有者が死亡したり行方不明になったが、この土地を再分配すると

(単位：%)

経済計画	目標	工業総生産額増加率 公表値	工業総生産額増加率 推計値
戦後復旧三カ年計画 (1954～56年)	朝鮮戦争からの復興	41.7	
第1次五カ年計画 (1957～60年)	社会主義工業化の基礎建設，農業協同化	36.6	29.2
第1次七カ年計画 (1961～70年)	全面的な技術改良と文化革命	12.8	11.4
六カ年計画 (1971～75年)	三大革命の推進，プラント輸入	16.5	10.2
第2次七カ年計画 (1978～84年)	経済の主体化，現代化，科学化	11.9	
第3次七カ年計画 (1987～93年)	経済の主体化，現代化，科学化	9.6	

北朝鮮の経済計画と実績

あらたな不公平が生じるため、土地を共有化して協同組合を設立したのである。協同化は停戦後の一九五三年から開始され、五八年八月には完了が発表された。同時に、協同組合は広域化されて里を単位とするようになり、土地だけでなく農機具なども共同所有となって、収穫は労働量に応じて分配されることになった。この協同組合は六四年に協同農場と改称され、その後も北朝鮮農業の基礎的組織となった。

また、大企業や鉱山、銀行、さらに運輸・通信などのインフラストラクチャーは、一九四六年に国有化されていた。そして五八年には、中小商工業の協同化も完了が発表された。こうして、所有形態からいえば、各部門とも五〇年代末までに社会主義化が完了した。

一方、朝鮮戦争後の経済発展復旧三カ年計画(一九五四～五六年)に続いて、五カ年計画(五七～六〇年)が開始され、本格的な社会主義経済の建設が始まった。とくに工業部門では、ソ連や中国の援助で重工業優先の経済政策が推進された。

しかし、戦争の再発に備えた軍備拡張政策の負担が、民生部門を圧迫した。これに対処するため、伝説上の天馬の名をとった千里馬《チョルリマ》運動が一九五六年から始まり、五九年からは千里馬作業班運動として本格的に展開された。この運動は、のちに中ソ対立のなかで自主路線をよぎなくされる北朝鮮が、自力更生と労働強化による増産政策を強化する出発点となった。

以上のような北朝鮮の社会主義路線は、初期の生産財部門建設には一定の効果をあげたとみられ、五カ年計画は一九六〇年に繰り上げ達成が発表された。

中ソ対立と七カ年計画の挫折

戦災からの復興と社会主義経済への転換が一段落すると、一九六〇年ころから中ソ対立が表面化するようになり、さらにアメリカとソ連のあいだで緊張緩和が進んだ。このような国際情勢の変化のなかで、北朝鮮は中ソ双方から等距離をとる外交路線を選び、六一年にそれぞれの国と友好協力相互援助条約を締結した。しかし、六二年ころから北朝鮮が親中国路線を強めたため、ソ連は経済援助を中断した。さらに、六六年から中国で文化大革命が始まると、今度は中国との対立が深まり、北朝鮮は石油などを求めてふたたびソ連に接近した。

こうした周辺諸国の情勢変化によって一九六〇年代の経済援助受け入れは困難になり、受取額の実績は四五年から六〇年までの合計が一八億四五〇〇万ドルに達したと推計されるのにたいし、六一年から七〇年のあいだには三億七八〇〇万ドルへと激減した。

この困難のなかで進められたのが、一九六一年に始まる国民経済発展七カ年計画である。すでに前の時期に、大企業の国有化、中小企業や農業の協同化によって、社会主義的生産関係への改編は終了していた。そこで、この計画では技術改良と文化革命を遂行し、社会主義的工業化を実現することがうたわれていた。また、住宅建設など国民生活の向上を重視した点も、七カ年計画の特徴だった。

このため、農業、工業両面における独特の管理体系が提唱された。まず農業では、一九六〇年に青山《チョンサル》里《リ》方法が提唱された。これは金日成首相が現地指導した青山里農場で始まったもので、「上部が下部を助け、大衆の意見を重んじ、政治活動、人々にたいする活動を先行させて、大衆の自覚的熱意を呼び起こす偉大な青山里精神、青山里方法」(七二年憲法第一二条)とのちに定式化された。さらに六一年には平安道粛《スッ》川《チョン》郡における現地指導に基づき、郡単位で協同農場委員会を創設してこれを中央政府と道の直接指導下におき、各協同農場にたいする指導管理機関とした。

一方、工業では一九六一年に金日成首相が現地指導した大安《テアン》電機工場で大安体系が提唱され、「生産者大衆の集団的力に依拠して経済を科学的、合理的に管理運営する先進的な社会主義経済管理形態である大安の活動体系」(七二年憲法第三〇条)とのちに規定された。これは具体的には、工場の党委員会が工場の最高指導機関となるという方法だった。

こうして、労働党の指導に基づく農業、工業の生産管理体制が樹立され、上部からの政治工作によって下部の大衆動員をはかるという方法が確立された。また、これらの管理方法の名は金日成首相が現地指導した農場や工場にちなんでおり、指導者による現地指導という独特の方式も定型化されていった。

しかし、消費財や先端技術部門を含めた本格的な工業化を軌道にのせることはむずかしく、一九六六年には計画の三年間の延長が決定された。その理由として金一《キムイル》副首相は、自然災害による農業部門の不振と、社会主義陣営の統一と団結の弱まりを指摘した。また、このころから各種の経済指標の発表が断片的になったのも、深刻な経済不振のあらわれとみられる。その一方で、国防費は激増し、六〇年代後半には国家予算の三〇%前後に達した。

計画挫折の背景には、農業の不振、石油など資源の欠如、外資導入の困難など、こののち北朝鮮が直面する問題点の端緒がみられた。そして、これを克服するために北朝鮮がとった政策は、全国民を労働党と金日成の一元的指導と管理のもとにおき、集団労働によって生産力の増大を追求するという方向であった。

第八章　経済建設と国際化の進展

1　朴正熙政権と韓国のNIES化

五・一六クーデタと朴正熙《パクチョンヒ／ぼくせいき》政権

四月革命で李承晩政権が倒れたあと、張勉を首相とする新政権が誕生したが、弱体な政治基盤と経済の悪化で混乱が続いた。このような情勢と軍の腐敗に不満をもった若手将校は、一九六一年五月十六日にクーデタを決行した。クーデタ部隊は、釜山軍需基地司令官の閑職にあった朴正熙少将を最高指揮官とし、金鍾泌《キムジョンピル／きんしょうひつ》中佐ら陸軍士官学校八期の将校に率いられていた。クーデタ部隊は、憲兵隊と若干の銃撃戦を交えただけで、ほぼ無血のまま未明までにソウルの重要拠点を占拠した。

クーデタを指揮した朴正熙は、植民地期に師範学校をでて教師となったあと、日本支配下の「満洲国」軍官学校を卒業し、解放のときは「満洲国軍」中尉となっていた。解放後はアメリカ軍政下で警備士官学校を卒業し、建国後に韓国軍将校として勤務したが、すでに軍の主流派からはずれていた。

クーデタ勢力は、自らの行動を「軍事革命」だと宣言し、ただちに陸軍参謀総長張都暎《チャンドヨン》《ちょうとえい》を議長とする軍事革命委員会を組織した。そして、反共体制の整備、腐敗・不正の一掃、民衆の救済など六項目の革命公約を発表した。さらに全国に非常戒厳令をしき、国会と地方議会を解散し、政党・社会団体の活動をすべて禁止した。身を隠していた張勉首相は軍事革命委員会に政権を委譲して辞任したが、尹潽善《ユンボソン》《いんふぜん》大統領はその地位にとどめられた。

5・16クーデタ直後の朴正熙少将(中央)

朝鮮戦争以来、韓国軍の作戦指揮権は駐韓米軍司令官が握っていた。マグルーダー司令官はクーデタ反対を声明し、韓国軍とアメリカ軍を動員して鎮圧しようとした。しかし、すでに尹大統領が流血の事態を避けるよう指示しており、韓国軍は動かなかった。しかも、この年一月に発足したばかりのアメリカのケネディ政権は、クーデタから三日後に支持声明を発表した。

ケネディ大統領は、前任のアイゼンハワー政権が発展途上国に膨大な経済援助を与えたにもかかわらず、社会主義の拡大を防げなかったことに危機感をいだいていた。また、援助などを通じて海外に流出したドルが、供給過剰となって価値下落の危機に瀕《ひん》しており、この点でも援助政策を見直す必要があった。ケネディ政権のブレーンとなった経済史学者ロストウは、独自の近代化理論を唱え、腐敗した独裁政権をみすてて開発を志向する有能な政権を求める必要を提唱した。一九六〇年代にアジア各国で生まれた開発志向の政権は、このロストウ路線にそうもので、朴政権もそのひとつだった。

軍事政権の発足

一九六一年五月十九日、革命委員会が改組され、最高統治機関として国家再建最高会議が設置された。議長には張都暎が就任したが、七月に朴正熙に交替し、さらに六二年に尹大統領が辞任したあとは大統領権限も代行することになった。最高会議が発足すると、すべての政党、社会団体は解散させられ、新聞・雑誌への統制も強化された。また、国家再建非常措置法が制定され、国会の権限は最高会議に委譲され、行政権、司法権も最高会議が掌握した。

こうして発足した軍事政権は、李承晩を批判するという点は張勉政権の方針を引き継いだ。張政権下の特別裁判所と特別検察部にかえて、一九六一年七月から六二年五月まで軍人の指揮する革命裁判所と革命検察部が設置され、李承晩時代の反民主行為や不正行為を裁いた。しかし、革命裁判所の担当事件はこれにとどまらず、六一年六月に公布された特殊犯罪処罰にかんする特別法に違反した事件も裁かれた。この特別法には、反国家団体を組織して容共《ようきょう》思想を宣伝することを禁じる条文があり、これを根拠として張政権時代に活発になった革新政党や学生団体、教員労組などの構成員がつぎつぎと逮捕された。

さらに、一九六一年六月に中央情報部(ＫＣＩＡ)が正式に発足し、朴正熙の片腕である金鍾泌が部長となった。金鍾泌は、朴正熙の姪と結婚しており、軍人でありながら政治的手腕にも優れ、首相などを歴任しながら九〇年代まで政治の中枢で活躍した。ＫＣＩＡは、八〇年に国家安全企画部へ改組されるまで、長期間にわたり朴政権のために諜報《ちょうほう》活動や政治工作をおこない、反政府運動を弾圧した。

第一次五カ年計画の開始

革命公約に腐敗・不正の一掃や民衆の救済を掲げた軍事政権は、クーデタ直後に農漁村高利債整理法と不正蓄財処理法を制定した。高利債整理法は農民や漁民のかかえる高利の借金を、農協が肩がわりするというものだった。また、不正蓄財処理法によって、李承晩時代の財閥企業家などが逮捕された。しかし、企業家たちが財産を国家に献納する意向を示すと、逮捕者は釈放され、追及は不十分に終わった。

そして、一九六二年から開始された第一次五カ年計画は、李政権末期の経済政策を引き継ぐ面をもっていた。原型となったのは、五九年に作成された経済開発三カ年計画で、援助依存型の経済構造から脱却して自立経済の建設を目標に掲げ、その手段として輸入代替型工業化を志向していた。しかし、国内資本だけで計画を支えることはできず、資金の三割近くは外資の導入を予定していた。

だが、予想に反して国内貯蓄率は計画を大きく下回り、欧米諸国からの資本導入も進まなかった。しかも一九六二年六月の通貨改革が国内経済に混乱をもたらした。通貨改革は、クーデタ後に増発された通貨を回収し、退蔵資金を市場に還流させるために実施された。通貨呼称は圜《ファン》から《かん》ウォンに変更され、同時に一〇圜を一ウォンとするデノミネーションがおこなわれた。新紙幣への交換は一人五〇〇ウォンに限られ、残りは強制預金させられた。しかし退蔵資金の還流は進まず、むしろ強制預金による資金凍結が投資の拡大を阻害した。

外資の導入にかんしても、アメリカ、西ドイツ、イタリアなどの政府と借款《しゃっかん》供与の交渉をおこない、民間投資拡大のために一九六〇年に制定された外資導入促進法を改正するなど、国内法の整備につとめた。しかし、これまで最大の援助供与国であったアメリカは、ドル危機に対処するため援助の削減をはかっており、借款も大幅に減額された。

したがって、五カ年計画は三年目から目標の下方修正をよぎなくされた。この計画修正の過程で商工部が輸出振興総合施策を発表し、韓国貿易振興公社(KOTRA)が設立されるなど、しだいに輸入代替型から輸出志向型への転換がはかられた。また、日本と国交を樹立して資金の導入をはかるために、日韓基本条約締結への必然性が生まれてきた。さらに、一九六一年に設置された経済企画院が、経済計画の立案と遂行に大きな役割をはたした。

第三共和制の成立と朴正熙政権

朴正熙は、最高会議議長就任後の一九六一年八月に民政移行にかんして声明を発表した。そして、六三年までに新憲法を制定し、政治活動を解禁して国会議員選挙や大統領選挙をおこなうことを公約した。その声明どおり、六二年七月に憲法審議委員会が設置され、十一月に第五次憲法改正の草案が発表された。新憲法は大統領に権力を集中させ、国会は一院制に戻された。また、国会議員選挙の立候補者は必ず政党の公認を受け、定員の一部に比例代表制が導入されるなど、政党の位置づけが強化された。この憲法草案

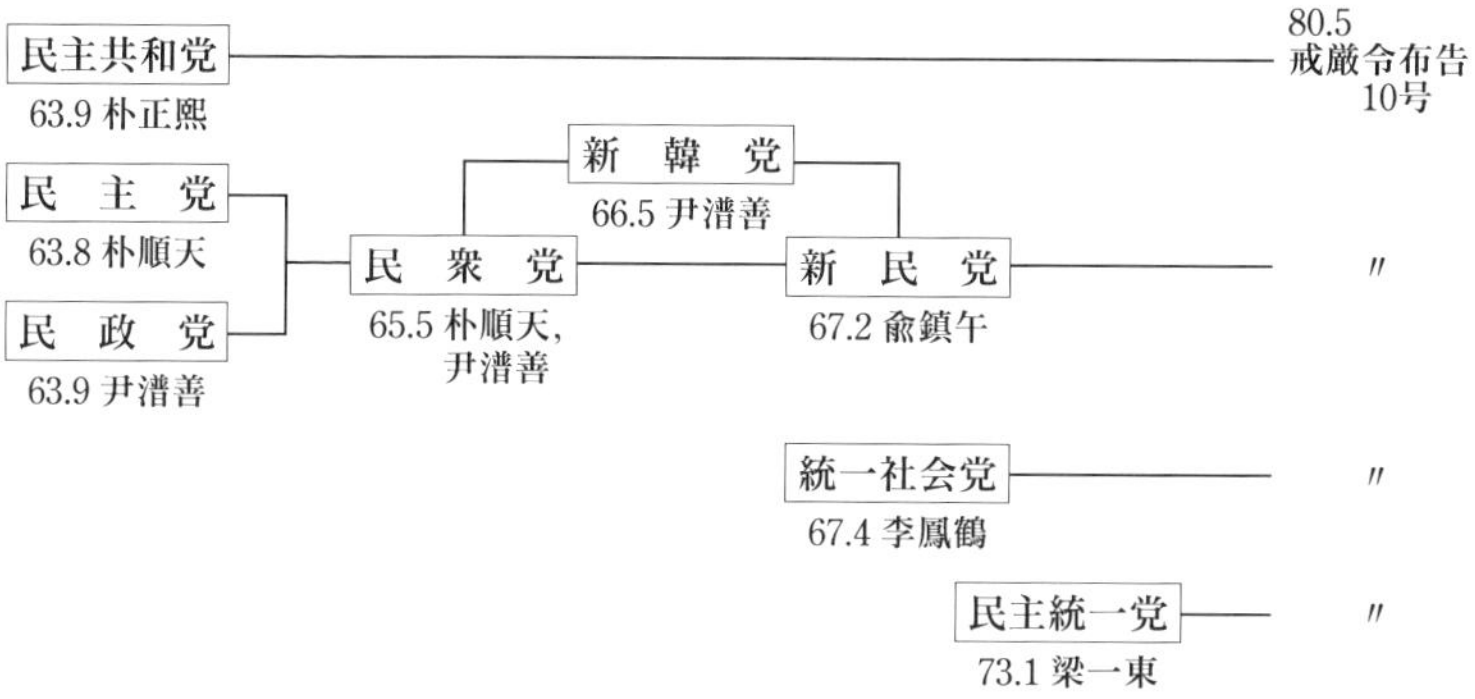

韓国の政党(1963～80年)

は国民投票にかけられ、投票者の七九％の賛成をえて、十二月に公布された。

さらに、一九六三年一月から政党の活動が解禁された。まず、クーデタに参加した軍人たちが、その理念を継承して民主共和党を結成した。しかし、結党を前にして株式市場の乱高下、アメリカ軍保養施設の工事資金横領、パチンコ台や自動車の不正輸入などの疑惑事件がつぎつぎに発生した。これらの事件は、すべて民主共和党の政治資金に絡《から》んでいるとみられたため、結党準備委員長の金鍾泌が公職を辞任して海外に逃れる事態になった。

また、朴正熙が民主共和党の大統領候補に選ばれると、野党は現役軍人の立候補は民政移行の公約に反すると批判した。これにたいして朴は立候補を撤回したが、三月に軍内部の反乱未遂事件が摘発されると、今度は軍政延長のために国民投票をおこなうと発表した。これにたいしてふたたび野党の批判が高まり、アメリカも不快感を表明した。結局、七月に朴が年内の民政移行を声明し、予備役に退役して民主共和党総裁となり、大統領候補に再度推薦された。

一方、野党勢力は、張勉時代に民主党旧派の結成した新民党と、李承晩時代の与党だった自由党に、張勉の与党民主党の一部などが加わって最大野党の民政党を結成し、尹潽善を大統領候補とした。しかし、それ以上の在野勢力の連合には失敗し、民政党のほかに張勉時代の与党勢力が結成した民主党、民主共和党の内紛に際して準与党として結成された自由民主党など、多くの弱小野党が生まれた。

こうして与野党が出そろったところで、一九六三年十月に第五代大統領選挙がおこなわれた。乱立した野党候補から立候補辞退をする者がでたため、選挙戦は軍事政権を引き継ぐ朴正熙と、政党政治家を代表する尹潽善の一騎討ちとなった。投票の結果は朴正熙約四七〇万票にたいして、尹潽善が約四五五万票と接戦になった。しかし、続いて十一月におこなわれた第六回国会議員選挙では、民主共和党が一七五議席中一一〇議席を獲得し、圧勝した。

日韓基本条約の締結

日本と国交を樹立し、財産請求権や漁業問題、在日韓国人の地位などの懸案事項を協議するための日韓会談は、李承晩時代の一九五二年に開始された。その後、李政権と日本とのあいだで四次にわたる交渉が続いたが、双方の歩み寄りがみられないまま六〇年の四月革命で中断した。

状況がやや変化したのは、一九六〇年十月から張勉政権が開始した第五次日韓会談だった。それ以前から、アメリカは対外援助、海外投資、輸出不振などによる、ドルの海外流出に悩まされていた。これを放置すれば、戦後の国際通貨体制の基軸であったドルの価値下落を招く恐れがあり、ドル危機を防止するためにほかの先進国に援助を肩がわりさせる必要があった。アジアでは、五五年から経済の高度成長を開始していた日本が、アメリカにかわる有力な援助供与国として期待された。一方、日本の政府や財界も、高度成長を支える輸出市場を確保するため、韓国との国交樹立を求めていた。

このような背景のもとで、張勉政権も財産請求権という名目で日本からの資金供与を期待し、交渉に積極的な姿勢をみせた。しかし、李承晩ライン以来の漁業問題の解決を求める日本側と意見があわないまま、五・一六クーデタで第五次会談も中断してしまった。

続いて、朴正熙政権とのあいだで一九六一年十月から第六次会談が開始され、これが日韓基本条約の締結に結びつくことになった。朴政権は六二年から第一次五カ年計画を開始したが、予定した資金を確保できず、とくに欧米からの外資導入の見通しが立たなかった。そこで日本との国交樹立を急ぎ、経済援助や外資の導入をはかる必要があった。

一方、一九六〇年に就任した日本の池田勇人首相は、五・一六クーデタ直後の日米首脳会談で、韓国の政治的安定のために経済援助を強化すべきだと主張した。同様の主張は、六一年十一月に訪日した朴正熙議長との会談でも繰り返され、日本は国内で経済の高度成長を追求するだけでなく、対アジア政策でも経済問題を重視する姿勢を示した。

とくに、経済援助に直結する請求権資金は、一九六二年十一月のいわゆる「金・大平メモ」で事実上の決着がつけられていた。請求権とは、もともと植民地支配下で日本人が韓国からもちだした金品の返還を求める権利のことだった。しかし、しだいに本来の内容から離れ、あいまいな算出根拠のまま、実質的に経済援助資金に変化してしまった。そして、訪日した金鍾泌中央情報部長と大平正芳外相との会談で、唐突に無償経済協力三億ドル、政府借款二億ドルなどを供与するという合意が成立した。

一方、アメリカはアジアにおける親米政権の弱体化を憂慮していた。とくに、南ベトナムでゴ・ディン・ディエム政権に多額の援助を注ぎ込んだにもかかわらず、南ベトナム解放民族戦線の勢力拡大を防ぐことができず、このうえ韓国でも親米政権支援に失敗すればアメリカの威信が失われると考えていた。さらに、一九六四年に中国が核実験に成功し、フランスと国交を樹立するなど存在感を強めたため、これに対抗して日韓の関係強化をはかることは焦眉《しょうび》の急となった。

こうして、一九六五年六月に日韓基本条約が調印され、両国の国交が樹立された。この条約で日本は韓国を朝鮮半島唯一の合法政府と認め、無償経済協力三億ドル、政府借款二億ドル、商業借款三億ドルなどを供与し、在日韓国人の永住権の承認などが取り決められた。

日韓条約反対闘争の展開

日韓会談の進展が伝えられると、これに反対する野党議員は、一九六四年三月に対日屈辱外交反対汎《はん》国民闘争委員会を結成した。反対の論拠は、請求権資金の金額の低さと、李承晩ライン撤廃による漁業権侵害への危惧だった。反対運動は地方遊説を通じて大衆的な拡がりをみせ、ソウルでは大学生のデモが警官隊と衝突した。

さらに五月にはいると、デモのスローガンは朴政権の退陣へと拡大された。六月には、一万五〇〇〇人の学生がソウル市内にバリケードを築き、群衆も加わって警察署などを襲撃した。これにたいして政府はソウルに非常戒厳令を公布し、軍隊が出動してデモの鎮圧にあたった。これによって、いったん反対闘争は鎮静化し、戒厳令も七月に解除された。

しかし、日韓条約調印を目前にした一九六五年四月になると、ふたたび学生デモが開始された。夏休みが明けると学生デモはさらに拡大し、八月にはソウルに衛戍《えいじゅ》令が公布され、軍隊が出動してデモ隊と衝突した。同時に、デモの拠点となった大学にたいして文教部が休学を命じ、反政府的とみなされた大学教員は解雇された。

新聞などのマスメディアは、反対運動を支持する論陣を張った。これにたいして政府は一九六四年八月に言論統制のための言論倫理委員会法を制定し、同法に反対した新聞社には銀行融資や新聞用紙配給を中止するよう圧力をかけた。このような強攻策にたいし、野党ばかりか与党内にも批判の声があがったため、朴大統領は同法に反対する知識人と交渉し、新聞論調の自主規制を前提として同法施行を保留するという妥協案を受け入れざるをえなくなった。

こうして、四月革命以来の拡がりをみせた日韓条約反対闘争は収束した。運動の高まりの背景には、日本に対抗するナショナリズムばかりでなく、日韓両国政府の姿勢への批判があった。国交樹立にあたって解決すべきだった植民地支配への批判や反省は、対日請求権というあいまいなかたちで棚上げされた。日本と北朝鮮との関係改善も、まったく考慮されなかった。これらの残された課題は、やがて一九九〇年代に再燃することになる。

一方、日韓条約反対闘争を契機として野党の統合が進められ、一九六七年に新民党が結成された。六七年五月の第六代大統領選挙は、前回と同じく現職の朴正熙と新民党の尹潽善の対戦となった。野党側は、日韓条約やベトナム派兵など政権批判の材料を十分に生かすことができず、前回と異なり一一六万票の大差をつけられて朴正熙に敗れた。続く六月の第七回国会議員選挙でも、与党の民主共和党が一七五議席中一三〇議席を獲得して圧勝した。

ベトナム戦争と韓国

日韓基本条約締結と同じ一九六五年、韓国はアメリカの要請を受けてベトナム戦争への派兵を開始した。その代償として、多額のベトナム特需が外貨不足に悩む韓国経済を助けることになった。

アメリカは、この年二月から北ベトナム爆撃を開始し、三月からは地上軍を投入していた。韓国軍は一九七五年までに最大規模で五万人、延べ三一万人が参戦し、戦死者は五〇〇〇人以上にのぼった。これは、アメリカ軍を除けば最大の兵力であり、中部の激戦地に投入された韓国軍の帰還兵のなかには、枯葉剤《かれはざい》の後遺症や精神障害に悩まされる者も少なくなかった。また、軍隊の用役に応じるために技術者や労働者も派遣され、その数は技術者だけでも最大一万六〇〇〇人、延べ六万五〇〇〇人以上にのぼった。

韓国のベトナム参戦は、経済面でも大きな成果をもたらした。一九六六年三月にブラウン駐韓大使と交わした覚書では、派兵の見返りとしてアメリカが軍事・経済援助を供与し、軍需品の一部を調達することが約束された。その結果、六五年から七二年までのあいだに、商品輸出や物品軍納による貿易収支の受取額が二億八〇〇〇万ドル、用役や送金などによる貿易外収支の受取額は七億四〇〇〇万ドルに達した。日韓条約における無償資金と借款の合計額八億ドルと比較しても、一〇億二〇〇〇万ドルにのぼるベトナム特需の意味は大きかった。

特需に加えて、アメリカ向けの輸出が急増したことも見逃せない。当時アメリカは、ドル防衛のために輸入を抑制していたが、やむをえず輸入する場合の相手国はベトナム参戦国が優先された。このため繊維、合板、靴、電子など韓国製品の対米輸出が急増し、対日輸出額を上回るようになった。一方、輸出品の原材料は日本に依存しており、のちまで韓国の経済成長を支えた韓・米・日の分業関係が形成されていった。

一方、アメリカからの借款供与も巨額にのぼった。一九六五年から七二年までのあいだにアメリカから供与された借款は一三億ドルで、韓国の借款受取額の四割以上に達していた。とくに長期・低利で条件のよい公共借款が、半分以上を占めていた。

また、軍用物資の荷役《にやく》や兵舎建設などを請け負うために、韓国企業のベトナム進出が始まった。その総数は八〇社にのぼったが、このなかには輸送部門の韓進《ハンジン》財閥や建設部門の現代《ヒョンデ》財閥などが含まれ、これらの財閥が拡大する契機のひとつとなった。さらに、大量の労働者や技術者の派遣は、一九七〇年代に始まる中東への「人力輸出」の先がけとなった。

第二次五カ年計画と輸出志向型工業化

日韓基本条約の締結とベトナム派兵によって、第一次五カ年計画の隘路《あいろ》であった外資導入へのめどがつ

（単位：％）

経済計画	目　標	経済成長率 計画	実績	投資原資 国内	海外
第一次計画（1962～66年）	自立経済の育成	7.1	8.5	6.1	8.8
第二次計画（1967～71年）	輸出志向型工業化	7.0	9.7	13.1	12.9
第三次計画（1972～76年）	重化学工業化，輸出増大，農漁村開発	8.6	10.1	18.2	9.8
第四次計画（1977～81年）	投資財源自力調達，国際収支均衡，産業構造高度化	9.2	5.5	23.9	11.2
第五次計画（1982～86年）	先進国型工業化指向	7.6	9.8	28.6	2.5
第六次計画（1987～91年）	経済の先進国化，国民福祉の増進	7.3	10.0	36.3	▲2.7
第七次計画（1992～97年）	先進経済圏参入と統一準備	6.9	中止	—	—
新経済計画（1993～98年）	成長潜在力強化，国際市場拡充，国民生活改善				

注：投資原資は，総投資率＝総投資額÷国民総生産の内訳で，国内貯蓄率＝国内貯蓄額÷国民総生産と海外貯蓄率＝海外貯蓄額÷国民総生産。実績値で，▲はマイナス。

韓国の経済計画と実績

いた。一九六四年に輸出産業工業団地開発造成法、六五年に外資導入法が制定され、法的にも輸出志向、外資導入による工業化の条件が整えられた。

一九六七年から開始された第二次経済開発五カ年計画は、朴政権がはじめて立案段階から構想し、輸出志向型工業化の方針を確立した。この時期の輸出産業は、安価で豊富な労働力を利用した繊維、雑貨など、労働集約的な軽工業の発展に支えられていた。とくに七〇年代初頭に輸出額の二割以上を占めるようになった繊維産業では、二つの構造変化が起こっていた。ひとつは、木綿などの天然繊維に加えて、先進国、とくに日本からの技術導入によって化学繊維産業が確立したことである。もうひとつは、世界的なアパレル市場の拡大によって、衣服やニット製品など加工品の輸出が始まったことである。これを担ったのは、ソウルなどに集中する低賃金の零細工場や、低所得世帯の内職であった。

一方、遅れていた社会資本や基幹産業の整備にも着手された。社会資本では、鉄道にかわって新しい時代の動脈となる道路網の建設が重視され、この計画期間中に京釜《キョンブ》(ソウル—釜山《プサン》)・京仁《キョンイン》(ソウル—仁川《インチョン》)高速道路が開通したほか、湖南《ホナム》(大田《テジョン》—全州《チョンジュ》)・嶺東《ヨンドン》(ソウル—江陵《カンヌン》)高速道路の建設も開始された。

また、石油精製、化学繊維、セメントなど基幹産業の大工場が建設されたが、とくに注目すべきなのは、産業の基盤となる総合製鉄所の建設が始まったことである。総合製鉄所は第一次計画当時から構想され、一九六六年に韓国総合製鉄会社設立借款団が結成された。しかし、借款団の中心となったアメリカやドイツが採算性を問題として手を引き、計画は挫折しかけた。そこで日本との協力が浮上し、新日本製鉄を中心とする技術供与と借款供与によって、七〇年から浦項《ポハン》総合製鉄所の建設が始まった。

アジアの緊張緩和と南北対話

一九七〇年二月、ニクソン米大統領が外交教書のなかで、同盟国の防衛などにたいする支援を減らし、同盟国自身に負担させる方針を宣言した。このニクソン・ドクトリンに従い、アジアにおけるアメリカ地上軍の不投入が決定され、韓国など各地でアメリカ軍の削減が始まった。また七一年には、キッシンジャー補佐官の訪中で米中交渉が開始され、中国の国連加盟が実現した。七二年には、ベトナムからの米軍撤退が開始された。

こうしたアジアの緊張緩和の進展のなかで、朴大統領が解放二五周年をむかえた一九七〇年に「八・一五宣言」を発表し、条件つきながら、南北間の人為的障壁を段階的に除去する用意があると表明した。七一年になると北朝鮮が平和統一にかんする八項目提案をおこない、金日成《キムイルソン》首相が韓国の政党、大衆団体や個人と接触する用意があることを表明した。同年、韓国赤十字社は、南北の離散家族を再会させる運動を北朝鮮赤十字社に呼びかけた。

こうして、朝鮮戦争以来とだえていた南北対話が再開された。南北の接触は、一九七一年九月の南北赤十字代表による予備会談で始まった。翌七二年には赤十字本会談が平壌《ピョンヤン》とソウルで開催され、どちらも市民の熱狂的な歓迎を受けた。これと並行して七二年五月に、李厚洛《イフラク》韓国中央情報部長と朴成哲《パクソンチョル》北朝鮮第二副首相が秘密裏に相互訪問し、両国首脳と会談した。これを受けて七月四日、朝鮮の自主的平和統一をうたった南北共同声明(七・四声明)が発表された。そして十月には、共同声明に基づいて、統一問題の解決を目的とする南北調節委員会が開かれ、南北交流の拡大と緊張緩和の進展が期待された。

しかし実際に対話が始まると、たがいの体制への非難の応酬《おうしゅう》が続いた。また、一九七二年末には南北同時に憲法が改正され、両国とも元首への権力集中が進むなど国内統制が強化された。南北関係の将来にかんしても、七三年六月に朴韓国大統領が南北の国連同時加盟を容認すると、すぐに金北朝鮮主席が単一の国号による南北連邦制を提案し、双方の主張には大きな隔たりが生まれた。

さらに、一九七三年八月に韓国の元大統領候補金大中《キムデジュン》が中央情報部によって東京で拉致《らち》されると、中央情報部長の李厚洛が南北調節委員会共同委員長を兼任していたため、北朝鮮は非難声明をだして李との対話の中断を通告した。一方、韓国でも七四年八月に朴大統領をねらった狙撃事件で夫人が死亡し、韓国政府は狙撃犯が在日本朝鮮人総連合会(朝鮮総連)の指令を受けていたと発表して非難した。こうして南北関係は七・四声明以前の状態にまで冷却し、そのあと赤十字実務者会談など対話の場は残されたものの、具体的な進展はみられなかった。

経済成長の矛盾と非常事態宣言

一九七〇年代初めに韓国を取り巻く国際環境は緊張緩和へと向かったが、国内では六〇年代の急成長の矛盾を象徴するような事件が続いた。

まず一九七一年四月におこなわれた第七代大統領選挙では、野党の新民党から四十代の若手の金大中が立候補し、現職の朴正熙に九四万票差で敗れたものの、与党の票田である慶尚道を除くと逆に四〇万票もリードして善戦した。慶尚道以外の地域は開発から取り残され、ソウルでも経済成長の矛盾が集中して朴政権への不満が高まっていた。続く五月の第八回国会議員選挙では、野党新民党に内紛があったにもかかわらず、二〇四議席中八九議席と議席を倍増させた。

さらに選挙後の一九七一年七月、ソウル地方法院の判事にたいして逮捕令状が請求されたが、これを公安事件無罪判決への報復とみた裁判所側から抗議の声があがり、司法権の独立の保障を求めて全国の判事の三分の一以上が辞表を提出した。続いて八月には、仁川沖の島に配属されていた空軍特殊部隊二四名が、待遇への不満から反乱を起こし、ソウルにはいって銃撃戦を展開した。これらの事件は、朴政権の強権体制や内外情勢の流動化が、政権を支えるべき立場の人々にまで動揺をもたらしていることを示していた。

また、一九七一年八月に、ソウルの南にある広州《クァンジュ》大団地で、土地払下げ価格をめぐって住民五万人が暴動を起こした。この広州大団地は、ソウル市内で強制撤去された無許可居住地の貧困層の移転先として造成されたもので、高度成長で急激に膨張した都市問題を象徴していた。続いて九月には、ベトナム進出で利益をあげた韓進商事にたいして、ベトナム派遣労働者が未払い賃金の支払いを要求し、本社のある大韓航空ビルを占拠して放火する事件が起きた。このほかにも、六〇年代に急成長した大企業では労働争議が目立った。輸出を支えた中小の繊維産業でも、低賃金など劣悪な労働条件への不満が高まり、七〇年十一月には零細縫製工場の集まるソウルの平和《ピョンファ》市場で労働者が抗議の焼身自殺をして衝撃を与えた。

こうした国内情勢の流動化のなかで、一九七一年十二月、朴大統領は突然、国家非常事態宣言を発表した。宣言では、中国の国連加盟など国際情勢の急変と、北朝鮮の南侵準備を理由として、安全保障を最優先する姿勢が示された。しかし、当時のアジアでは緊張緩和が進み、北朝鮮との対話も進展していた。したがって、この宣言はもっぱら国内の社会不安や政府批判をおさえるための引き締めを意図していた。続いて制定された国家保衛にかんする特別措置法では、大統領に非常大権を与えて、言論や経済活動を統制する権限を認めた。

第四共和制と「維新体制」

国家非常事態宣言に続いて一九七二年十月、朴大統領は突如として非常戒厳令を公布し、特別宣言を発表した。特別宣言は、現体制が「東西両極体制下の冷戦時代」の産物であり、南北対話などの新局面に対応するには「一大維新的改革」が必要だが、「正常な方法で改革を試みるならば、混乱のみ一層甚だしく

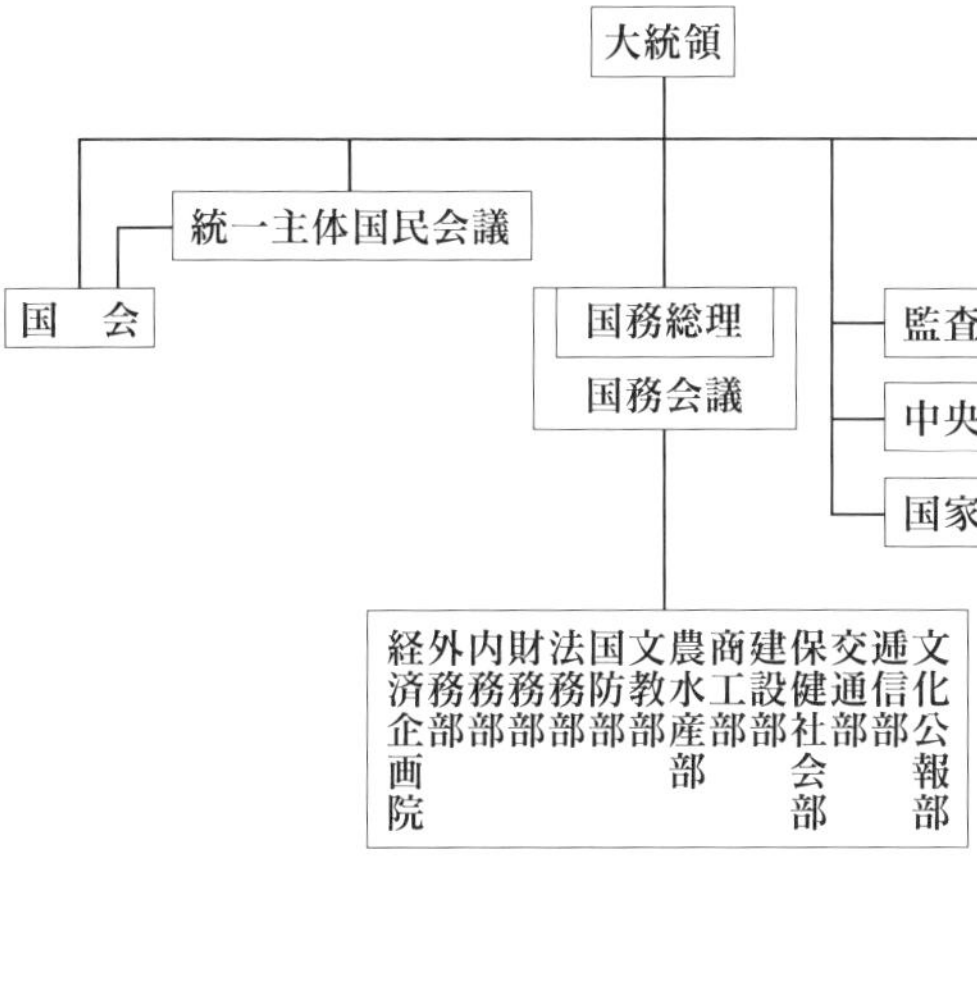

「維新体制」(第四共和制)下の韓国の国家機構

なる」ので、「非常措置を以《もっ》て」「わが実情に適合した体制改革を断行しなければならない」と述べていた。

その非常措置とは、国会を解散して政党活動を中止し、南北の平和統一を目標とする新憲法を制定することだった。のちに政府自ら「十月維新」と名づけたこの政治変動は、国際情勢の流動化を理由としながら、朴大統領への権力集中と永久政権への道を開くものだった。憲法草案は、国会の権限を代行することになった非常国務会議(閣議)で作成され、その賛否にかんする運動を一切禁止したうえで、立会人ぬきで国民投票にかけられた。その結果、投票率、賛成率とも九割をこえて承認されたと発表された。

維新憲法と呼ばれたこの憲法では、「国民の主権的受任機関」として統一主体国民会議が新設され、大統領は同会議によって選出され、統一政策にかんして同会議の過半数が賛成すれば「国民の総意」とみなされることになった。大統領の任期は四年から六年に延長され、再選を禁じる規定はなかった。大統領には従来の権限に加えて、基本的人権の停止を可能にするなど緊急措置権が拡大され、国会の解散権が与えられた。

統一主体国民会議の選挙は十二月に実施されたが、野党の候補者は登録妨害を受けてほとんど立候補できず、個別の選挙運動も禁止されるなかで、二三五九名の代議員が選出された。ただちに開かれた第一回会議では、朴正熙ひとりが大統領に立候補し、二三五九票のうち二三五七票(無効二票)を獲得して第八代大統領に選出された。大統領就任とともに維新憲法が公布され、いわゆる維新体制が発足した。

同時に政党活動の禁止が解除され、一九七三年二月に第九回国会議員選挙がおこなわれた。投票結果は、民主共和党七三議席、新民党五二議席、民主統一党二議席、無所属一九議席となり、民主共和党の得票率はわずか三九%にとどまった。しかし、国会議員の三分の一は大統領の推薦名簿に基づいて統一主体国民会議が選出するという新規定によって、ほかに七三名の与党系国会議員が選出され、あらたな政治団体として維新政友会が結成された。

重化学工業化の進展

一九七二年から開始された第三次五カ年計画では、農漁村経済の革新的開発、輸出の画期的な増大、重化学工業の建設という三つの重点目標が掲げられた。このうち、もっとも重視されたのが、重化学工業の建設だった。七三年には経済企画院が八一年までの経済長期展望を発表し、製造業における重化学工業の比率を三五%から五一%に高め、一人当り国民総生産(GNP)を三〇二ドルから九八三ドルに高めるという目標を設定した。さらに、大統領のもとに重化学工業推進委員会が設置された。

重化学工業化の象徴は、一九七三年に竣工《しゅんこう》した浦項総合製鉄、七四年に進水した現代造船の二六万トン級タンカー、七五年に現代自動車が生産を開始した初の国産乗用車ポニーだった。重化学工業への投資を支えたのは順調な輸出の伸びで、この時期には日本や欧米だけでなく、中東市場にも進出して第一次石油ショックの難局を切り抜けた。しかし、輸入原材料価格が上昇したため、国内物価の上昇と企業収益の悪化がもたらされた。そのうえ、六〇年代から続いた借款の導入によって、対外債務負担がしだいに累積されていった。

続いて一九七七年から始まった第四次五カ年計画は、成長・能率・衡平《こうへい》の理念のもとに、自力成長の実現のために、投資財源の自力調達、国際収支の均衡、産業構造の高度化を目標に掲げた。そして、これまで一貫して成長目標より実績のほうが上回ったという自信に裏づけられて、年平均九・二%という、かつてない高い成長率を設定し

1983年当時の浦項総合製鉄　70年から始まった製鉄所建設は，73年に第一期工事が竣工し，83年完工までに24億5000万ドルの借款が導入された。

た。

しかし、第三年度以降の成長率は計画を大きく下回り、一九八〇年には第一次計画以来はじめてのマイナス成長となって、期間中の成長率は五・五％にとどまった。不振の原因は、初期の段階で急速な重化学工業投資などでインフレが加速されたため、七九年から総需要抑制政策がとられたことだった。ちょうどこの年、第二次石油ショックが起こって輸出と投資が打撃を受け、しかも朴大統領暗殺による政治的混乱も加わって、景気は一気に冷え込んでしまった。そのうえ、物価上昇と対外債務の累積はいぜんとして続いていた。

このように、一九七〇年代末に一時的に深刻な経済停滞に陥ったものの、七〇年代を通じてみると、一人当りGNP一〇〇〇ドルという目標を七八年に達成し、輸出一〇〇億ドルも七七年に達成した。また、いぜんとして外資への依存は続いたが、一方で投資財源の三分の二は国内貯蓄でまかなえる構造が確立した。

しかし、良好な実績にもかかわらず、韓国経済にはさまざまな不均衡が生まれていた。輸出拡大や重化学工業化の担い手として台頭した三星《サムソン》、現代、ラッキー金星《クムソン》(現LG)、大宇《デウ》などの財閥は、寡占体制を強めた。一方、設備や原材料を海外に求めたため、国内に下請け企業が育たず、多くの中小企業は経済成長から取り残された。また、借款などの利権をあさるだけで、正常に稼働していない「不実企業」が目立つようになった。輸出が伸びるにつれて設備や原材料の輸入もふえ、貿易収支は構造的な赤字となった。

都市への人口流出とセマウル運動の展開

　高度成長にともなうもうひとつの不均衡は、農業と工業、農村と都市の格差の拡大だった。これに対処して稲作を安定させるため、一九六八年から米の政府買上げ価格が引き上げられ、六九年からは二重価格制が導入されて、売渡し価格より買上げ価格を高く設定した。並行して、七二年ころから多収穫品種の「統一」(ＩＲ六六七)の集団栽培を拡大し、米の増産をはかった。その結果、七〇年代初めに都市勤労者所得の六割程度だった農家所得が、七〇年代なかばには都市と肩を並べる水準になった。七七年・七八年の二年間は米の輸入がゼロになり、いったん自給が達成された。

　しかし、化学肥料や農薬などの営農費用は増大し、生活水準の向上にともなって家電などの耐久消費財や教育費への支出も拡大して、農家は多額の負債をかかえることになった。さらに、米の需給安定によって高米価政策もゆるみ、一九八〇年には大凶作にみまわれるなど農家を取り巻く状況は厳しく、農村から都市への人口移動が激しくなった。

　農村からの人口流入で膨張した都市では、日雇い労働者や露天商などの不安定就業層が増大した。彼らの住居は国有地などに建てられて無許可居住地を形成し、屋内に風呂や便所のない不良住宅も多かった。さらに、都市開発のために無許可居住地の強制撤去が始まると、居住権を守るための運動が起こって大きな社会問題となった。

　一方、一九七〇年から農村振興のためにセマウル(新しい村)運動が始まり、七二年に全国組織がつくられた。セマウル運動は、勤勉・自助・協同をスローガンとして、農民の自発的な活動によって生活水準と生活環境を向上させるという目標を掲げていた。たしかに農家の改築や道路の舗装が進み、農村の景観は一変したが、肝心の農業基盤の強化は不十分で、所得の増大や負債の解消には効果をあげることはできなかった。むしろ、しだいに官製の精神運動の色彩を強め、都市セマウル運動や工場セマウル運動などへ運動が拡散すると、農村振興という最初の目的はあいまいになった。

維新体制への批判と緊急措置令による弾圧

維新体制が成立すると、これを批判する運動が広がったため、政府は厳しい弾圧を加えた。まず一九七三年に朴政権批判の運動で東京に滞在していた元大統領候補の金大中が、中央情報部(ＫＣＩＡ)の手で拉《ら》致《ち》され、五日後にソウルの自宅付近で発見された。中央情報部は海上で金大中を殺害する計画だったが、事件を察知したアメリカの介入によって殺害をあきらめて解放したといわれている。

この金大中事件のあと、事件の真相解明や独裁政権打倒を求める学生や知識人・宗教家の運動が盛り上がったが、一九七四年になると朴大統領はたび重なる緊急措置令の公布によってこれを弾圧した。緊急措置令第一・二号では維新憲法批判を禁止し、第三号では低所得者の経済的負担軽減などの政策が示された。第四号では、突然表面化した全国民主青年学生総連盟(民青学連)への関与が禁止され、違反者への最高刑は死刑とされた。

その直後、中央情報部は、民青学連が共産主義団体の人民革命党と朝鮮総連、日本共産党などの共同謀議で結成され、政府転覆を計画する組織であると発表し、日本人二人を含む多数の人々を逮捕した。しかし人民革命党は、かつて一九六四年に党員が逮捕されたときに公安部検事が起訴を拒否した前例がある実体のあいまいな組織だった。こうした疑問が残るにもかかわらず、翌年八名に死刑が執行された。のちに二〇〇五年になって、国家情報院（中央情報部の後身）は、この事件が拷問による捏造《ねつぞう》だと認めた。

さらに一九七四年八月には、光復節記念式典で演説中の朴大統領が狙撃され、大統領は逃れたが、夫人が死亡するという事件が起きた。狙撃犯は在日韓国人で、拳銃は日本の交番から盗まれており、韓国政府の発表では朝鮮総連の秘密指令で計画された事件だとされた。この事件も不可解な点が多かったが、年内に死刑判決がくだされ、ただちに執行された。

大統領狙撃事件のあと、緊急措置令第五・六号によって、第一・三・四号が解除され、逮捕者の多くは翌年の特赦で釈放された。一九七四年十一月には、人権抑圧をめぐって関係が冷却化していたアメリカからフォード大統領がおとずれ、駐韓米軍の現状維持や韓国の防衛産業への支援などを約束した。こうした一連の融和政策を背景に、七五年二月に維新憲法への賛否と朴大統領の信任を問う国民投票が実施され、投票率八〇％で賛成が七三％を占めたと発表された。

しかし、一九七四年八月に新民党の総裁となった金泳三《キムヨンサム》は、維新憲法の改正や中央情報部の解体を要求し、十二月には政治家・宗教家・文化人などが民主回復国民会議を発足させた。七五年の国民投票でも、ソウルでは投票率六〇％、維新憲法への賛成五八％にとどまり、全有権者に占める賛成者の割合は三五％にすぎなかった。さらに学生デモが七五年にはいっていちだんと拡大したため、四月に緊急措置令第七号がだされ、拠点となった高麗大学の休校措置と校内集会・デモの禁止が通告され、軍隊が出動して集会を弾圧した。

一九七五年五月にだされた緊急措置令第九号では、これまでの緊急措置令が集大成されて違反者を令状なしで逮捕できるようになり、軍隊の出動も認められた。翌七六年、独裁を批判して民主救国宣言を発表した尹潽善、金大中、文益煥《ムンイックァン》《ぶんえきかん》ら在野活動家二〇人が、政府転覆を企てたとして緊急措置令第九号違反で逮捕され、懲役刑がいい渡された。

内外情勢の流動化と朴大統領暗殺

反政府運動にたいする弾圧政策は、国内だけでなく国際的にも強い批判を生んだ。とくにアメリカでは、人権外交を掲げるカーター大統領が一九七七年に就任し、韓国の独裁体制にたいして強い姿勢をとるようになった。

カーター大統領は一九七七年三月に在韓米地上軍を四、五年以内に完全撤退させると発表した。朝鮮戦争以来駐留していた国連軍からしだいに各国の軍隊が撤退し、七二年からアメリカ軍だけが残されたため、七五年に国連旗をおろして駐韓米軍になっていた。しかし、この政策はアメリカ軍部の同意なしに発表されたため、異議を唱えた駐韓米軍参謀長が解任されるなどの軋轢《あつれき》を生み、七九年に撤回されることになった。

さらに、在米韓国人実業家の朴東宣《パクトンソン》が、韓国政府の意向を受けてアメリカ議会への秘密ロビー活動をおこなったとして、一九七七年に起訴された。事件はアメリカ議会でも追及され、ニクソン大統領を辞任に追い込んだウォーター・ゲート事件になぞらえて、コリア・ゲート事件と呼ばれた。朴東宣のアメリカへの召還をめぐって両国政府は対立したが、刑事免責を条件に七九年にアメリカ下院と法廷での証言が実現し、下院議員三人の収賄が明らかにされた。

一方、国内では維新体制の二期目にあたる一九七八年、統一主体国民会議、第九代大統領、第一〇回国会議員の三つの選挙がおこなわれた。しかし、政党員は統一主体国民会議に立候補できず、反政府勢力は選挙ボイコットを呼びかけた。同会議の選出後、無効票一票を除く全会一致で、朴大統領が再選された。国会議員選挙だけは、定数二名の選挙区に与党が一名しか立候補しない方針をとったため、民主共和党六八議席にたいして、新民党が六一議席、民主統一党が三議席を獲得し、得票率では新民党が民主共和党を上回った。しかし、統一主体国民会議の選出する七七議席は、すべて維新政友会の候補が独占した。

このような閉塞的な政治状況のなかで、キリスト教系の都市産業宣教会が、産業社会の福音運動として労働運動にかかわるなど、広い層が社会問題への取り組みをみせるようになった。とくに中小企業や雑業の不安定就業層の待遇は劣悪で、一九七九年にはＹＨ貿易事件が起こった。経営が悪化したＹＨ貿易では、廃業に抗議して従業員が新民党本部に籠城し、突入した警官隊と乱闘中に女子労働者が投身自殺した。この労働争議は国会でも取り上げられ、政府の強圧的な対応が批判された。

さらに、ＹＨ貿易事件を批判し、「アメリカは朴政権に圧力をかけてほしい」と発言した金泳三新民党総裁にたいし、与党主導の国会が議員除名決議をおこなった。これに抗議して野党の国会議員全員が辞表を提出し、金泳三の出身地釜山ではデモが拡大して暴動状態となった。暴動はとなりの馬山にも波及し、政府は釜山に非常戒厳令、馬山・昌原《チャンウォン》に衛戍令《えいじゅ》を発動した。

このように朴政権への批判が拡大するなかで、一九七九年十月、中央情報部長の金載圭《キムジェギュ》が朴正熙と腹心の車智澈《チャジチョル》大統領警護室長を、会食中に射殺した。当時、政権内部では釜山・馬山の事態への対処をめぐって強硬論と懐柔論が対立し、穏健派の金載圭は焦燥感を感じて暗殺をはかったといわれている。事件後、金載圭は部下とともに逮捕され、ただちに崔圭夏《チェギュハ》《さいけいか》首相が大統領代行となり、済州島を除く全土に非常戒厳令が布告された。

2 主体《チュチェ》思想の確立と三大革命の推進

主体思想の登場

一九六〇年代の前半に、中ソ対立のはざまで近隣の社会主義大国への依存が不可能になった北朝鮮では、一国社会主義の建設を正当化するイデオロギーを必要としていた。また、労働党内部のソ連派や中国派との闘争を経験した金日成にとって、既存のモデルをもたない朝鮮式社会主義を確立することは、自らの権力基盤を固めるうえでも重要な意味をもっていた。

そこで一九六〇年代なかばころから強調されたのが、朝鮮式社会主義のイデオロギーとしての主体思想である。六五年四月にインドネシアでおこなった講演で、金日成《キムイルソン》首相は「思想における主体、政治における自主、経済における自立、国防における自衛」を確立する必要性を述べた。この年、韓国は日韓基本条約を締結し、ベトナムへの派兵を開始して日米との関係を強化していた。

一九六〇年代のアジア諸国のなかには、韓国のように輸出志向・外資導入によって対外開放を進めた国々と、北朝鮮のように独自のイデオロギーに基づいて閉鎖型の自主独立志向を強めた国々の、二つの方向が生まれていた。自主独立型の国は、六六年から文化大革命を開始した中国をはじめ、六二年に軍部が革命評議会を樹立して仏教社会主義を掲げたビルマ、民族主義・イスラーム教・共産主義のナサコム体制を基盤として六五年に国連を脱退したインドネシアなど、いずれも独自の民族主義的な思想を掲げていた。

北朝鮮で主体思想の位置づけが明確にされたのは、一九六七年ころだった。この年に開かれたいくつかの会議で、労働党の「唯一思想体系」の確立が提起され、金日成が「首領」として権威づけられた。そして十二月に発表された政府政綱で、「党の主体思想は革命と建設を遂行するためのもっとも正確なマルクス・レーニン主義的指導思想」とされた。さらに、七〇年の労働党規約では、「マルクス・レーニン主義およびマルクス・レーニン主義をわが国の現実に創造的に適用した金日成同志の偉大な主体思想を活動の指導的指針とする」と規定された。

六〇年代の外交政策

一方、一九六〇年代後半には、対外的な強硬路線が目立つようになった。そのひとつが、韓国への武装ゲリラ派遣である。六〇年代の北朝鮮の対南政策では、韓国における革命党に地域革命としての「南朝鮮革命」を遂行させ、これと北の社会主義勢力が結合して朝鮮半島を統一すべきだと考えられていた。このため、六八年一月にソウルで三一名のゲリラが大統領官邸襲撃に失敗して射殺・逮捕された事件も、北朝鮮は韓国の革命勢力による武装蜂起だと主張した。しかし、韓国側の発表や国際社会の評価は、彼らが北朝鮮軍の特殊部隊員であるという見解で一致していた。同様の武装ゲリラ事件は、六八年十一月にも再発した。

また、アメリカとのあいだでは、一九六八年一月に情報収集艦プエブロ号を拿捕《だほ》する事件が起きた。アメリカはプエブロ号が公海上で活動していたと抗議したが、北朝鮮は軍事挑発と侵略行為であると非難し、乗組員の送還を拒否した。アメリカは原子力空母エンタープライズを元山《ウォンサン》沖に派遣するなど軍事的圧力を加えたが、北朝鮮は屈せず、十二月になってアメリカ側がスパイ活動を謝罪して、ようやく乗組員が解放された。さらに六九年四月には、アメリカのEC一二一型偵察機を、北朝鮮が領空侵犯の名目で撃墜した。

しかし、韓国とアメリカにたいして強硬政策をとる一方で、北朝鮮は非同盟諸国と活発な外交を展開した。第二次世界大戦後に独立したアジア、アフリカ、ラテン・アメリカの新興諸国は、一九六一年に非同盟諸国首脳会議を創設し、米ソの冷戦のはざまで独自の外交路線を掲げていた。

南北対話と積極外交

一九六〇年代を通じて一国社会主義建設と対外強硬路線を選択した北朝鮮は、七一年になって突然、韓国との対話を呼びかけた。この年四月、許淡《ホダム》外相が平和統一にかんする八項目提案をおこない、八月には金日成首相が、カンボジアのシアヌーク民族統一戦線議長を歓迎する集会で演説し、朴政権を非難しながらも、韓国の与党を含むすべての政党、大衆団体や個人と接触する用意があることを表明した。

この一九七一年には、キッシンジャー米大統領補佐官の訪中で米中国交樹立への道が開かれ、アメリカ上院が九カ月以内のベトナム撤兵案を可決するなど、アジアの緊張緩和が進展していた。北朝鮮は米中接近に反対せず、むしろアメリカが中国に屈服した成果として位置づけ、肯定的に評価した。これによって中国との関係を良好に保つと同時に、アメリカや日本との交渉を進める余地を残した。七一年から北朝鮮ではあらたな六カ年計画が始まっており、これを成功裏に推進するためにも、周辺諸国との関係改善は不可欠であった。

そののち南北対話が開始され、一九七二年の七・四声明へ結実する過程は、韓国の項目ですでにふれた。そして、北朝鮮は南北対話を契機として、ほかの国々とも積極的な外交を展開していった。七二年一月には朝鮮国際貿易促進会と日朝友好促進議員連盟とのあいだで、貿易促進にかんする合意書が調印された。また七三年には、これまでの非同盟諸国との外交に加えて、北欧諸国など広い範囲の国々と国交を樹立し、五月には国連オブザーヴァーの地位を獲得した。

しかし、このあと韓国が国連への南北同時加盟を提案すると、北朝鮮は分断の永久化につながるとして激しく反発した。そして一九七三年六月に、「高麗連邦共和国」という国号で南北の連邦制を実施するという新提案をおこない、単一国家として国連に加盟すべきだと主張した。しかし八月に起こった金大中事件を契機として、北朝鮮は韓国を非難しただけでなく、その背後にいるアメリカや日本への批判も強め、

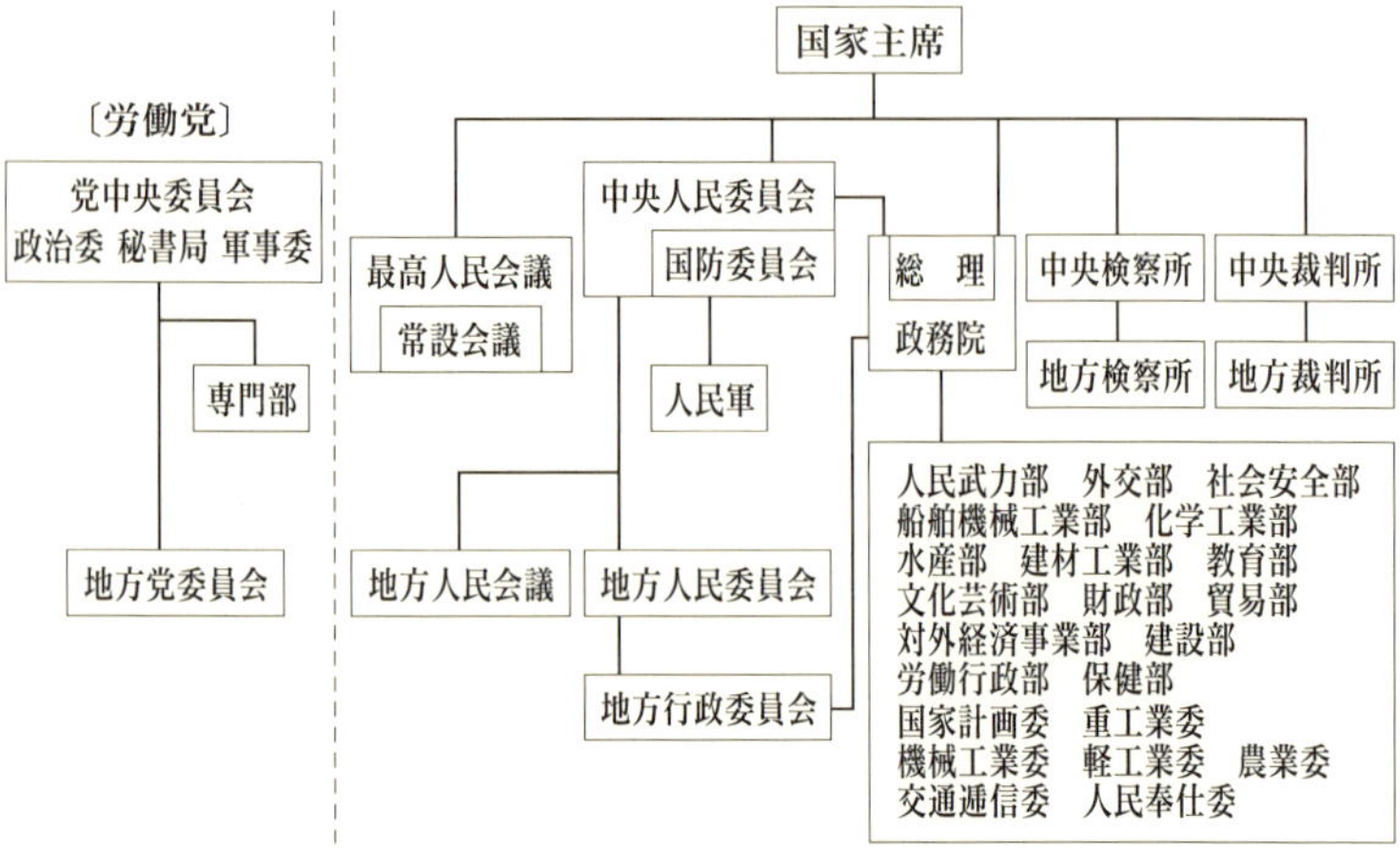

1972年に改正された社会主義憲法による北朝鮮の国家機構

ふたたび交渉の道は閉ざされた。

七二年憲法の制定

南北対話の始まった一九七二年の十二月に、韓国では憲法改正によって維新体制が発足したが、北朝鮮でも同月に憲法が改正された。それまでの北朝鮮憲法は四八年に制定されたものが改正されながら施行されており、全面的な改正はこのときがはじめてだった。新憲法は「社会主義憲法」と呼ばれ、国家主席を新設するなど権力機構を大幅に改め、主体思想が憲法に明記された。

まず、国家の基本的な課題として、第五条で「北半部で社会主義の完全勝利を達成し、全国的範囲で外部勢力を退け、民主主義的基礎のうえで祖国を平和的に統一し」と述べられ、首都は四八年憲法のソウルから平壌に変更された。すなわち、朝鮮半島における唯一の合法国家という原則を維持しながら、当面は北半部の社会主義建設を最優先するという方針が示された。

国家機関にかんして、四八年憲法では最高人民会議を最高主権機関とするソ連型の組織だったのにたいして、新憲法では最高人民会議の上に、国家主席と中央人民委員会を新設した。国家主席は元首であると同時に、最高指導機関である中央人民委員会を直接指導し、これを通じて行政権や司法権を指導し、立法権を監督することになった。また、主席は人民軍の最高司令官で、国防委員会委員長でもあった。したがって、国家主席制の本質は「国家にたいする首領の唯一的領導」を保証することを目的としていた。国家主席は最高人民会議によって選挙され、任期は四年で、金日成が選出された。

さらに新憲法の第四条には、「朝鮮民主主義人民共和国は、マルクス・レーニン主義をわが国の現実に創造的に適用した朝鮮労働党の主体思想をその活動の指導指針とする」と規定され、主体思想の位置づけが明文化された。ほかの条文にも、「自主的な社会主義国家」「自立的民族経済」「自衛的軍事路線」などのことばをみいだすことができる。

こうして新憲法は主席に権力を集中させ、これを主体思想のイデオロギーで裏づけ、ソ連や中国などほかの社会主義国とは異なる独自の国家機構を制度化することになった。

三大革命と金正日の台頭

七二年憲法で金日成が国家主席に就任すると、そのもとで息子の金正日《キムジョンイル》が若手党員を組織し、一九七三年から思想・技術・文化の「三大革命」を推進した。この運動を通じて、主体思想は、唯物論をこえて人間の能動性を重視した「金日成主義」として前面に打ち出された。

金正日は、一九四二年に金日成のソ連滞在中に生まれたとするのが通説だが、北朝鮮の公式見解では白頭山の密営《みつえい》が誕生の地だとされている。解放後、北朝鮮に帰って金日成総合大学を卒業し、労働党中央委員会宣伝扇動部や組織指導部に勤務した。

金正日が台頭したのは、主体思想が「唯一思想体系」として確立された一九六七年で、これ以降、彼は主体思想の解釈者として地位を固めていった。七三年には三大革命小組を組織してリーダーとなり、七四年に正式に金日成の後継者に指名された。三大革命という用語は六四年の農村問題にかんするテーゼではじめて明確にされ、七〇年の第五回労働党大会で全社会に拡大することが提起された。

思想・技術・文化の三大革命のうち、特徴的なのは思想革命である。その目標は、全社会成員が主体思想によって武装し、「組織の指導と統制」のもとで「革命的な法規と規定」にあわせて生活することだとされた。つまり、一九七一年に開始された六カ年計画の目標を達成するために、労働党による統制を一層強化して国民を動員するためのスローガンとして適したものだった。

三大革命の推進と並行して、金正日は一九七四年に全社会の金日成主義化を提唱した。この時点で主体思想と、それに基づく革命理論・指導方法は、マルクス・レーニン主義と並び立つ「金日成主義」となった。のちに公表された七六年執筆とされる論文で、金正日は金日成主義について、「マルクス・レーニン主義の枠内では解釈できない独創的な思想」だと述べている。しかし、「マルクス・レーニン主義との継承性の否定を意味するものではありません」とも述べられ、継承性と独創性の両面が強調されていた。

いずれにしても、金日成主義が「その構成体系と内容においてマルクス・レーニン主義と区別」されるとすれば、既存の社会主義理論でそれを解釈することはできない。そこで、このイデオロギーにかんする解釈権を独占した金正日の地位はゆるぎないものとなった。さらに、このころから金日成とその一族の「神格化」が、さまざまなレヴェルで進められていった。並行して、指導層のなかでも古参幹部から若手への世代交代が起こっていた。

二次にわたる六カ年計画と経済停滞

一九六一年に開始された国民経済発展七カ年計画は、六六年に三カ年の延長が決定されたが、完成年度の七〇年になっても基本的な目標を達成できず、重視された消費財生産の拡大にも成功しなかったとみられる。そこで、七一年からあらたに人民経済六カ年計画が開始されることになった。

新しい六カ年計画は、これまでの七カ年計画に比べて成長率がやや低めに設定され、かわりに技術革命の推進や農業の集約化による、経済の質的向上が目標とされた。しかし、技術水準の向上のためには自力更生だけでは限界があり、海外からのプラント輸入によって産業の高度化をはかる必要があった。

計画の初年度には、「百日戦闘」などのスローガンのもとで、労働強化による目標の超過達成が称揚されたが、翌年には挫折した。一方、一九七二年には日本との貿易合意書が成立し、商品貿易ばかりでなくプラント導入の商談も始まった。プラント導入計画は、西欧諸国とのあいだでも開始された。しかし、対外開放の方針は一年余りで転換され、七四年ころからふたたび「速度戦」「電撃戦」などの戦闘的スローガンが目立つようになり、七五年には六カ年計画の一年繰り上げが至上目標とされた。その過程で、金正

粛川郡倉洞協同農場のコンバインによる収穫風景

日の率いる三大革命小組が、精神主義的な国民動員に大きな役割を担うようになった。

一方、三大革命のひとつとして技術革命を推進する必要性が強調されたが、具体的な成果の報告は断片的なものにすぎなかった。むしろ、公式報告でしばしば強調されたのは、輸送、電力、地下資源など原料・資材や社会資本が不足していることだった。

結局、六カ年計画は一年四カ月繰り上げられ、一九七五年八月に目標を達成したと発表された。しかし、この前後の公表数値には矛盾が多く、外部からは目標達成は疑問視された。むしろ、石油ショックによる世界経済の停滞のなかで輸出が伸び悩み、七五年ころから対外債務の支払いがとどこおる事態を生んだ。とくに七六年にはいると、プラントの輸入先である日・仏・独・英への代金支払いの見通しが立たないことが明らかになった。また、七六年には北欧諸国の北朝鮮大使館員が、密輸に関与した疑いでつぎつぎに国外退去処分となったが、その背景には厳しい外貨事情があることをうかがわせた。

このため、一九七六年、七七年はあらたな経済計画を決定することができず、七六年に任期の切れた中央人民委員会の改選も実施することができなかった。ようやくあらたな第二次七カ年計画を開始することができたのは、七八年にはいってからのことだった。

主体思想と文化

北朝鮮では文化もまた主体思想によって裏づけられ、文学や歌劇などが主体思想を教育・普及するための重要な手段とされた。とくに金正日の台頭とともに、文化革命は三大革命のひとつとして重視され、映画や演劇などを彼が直接指導することが目立つようになった。

文学では、作家同盟が四・一五文学創作団という組織をつくり、一五編のシリーズで『不滅の歴史』(一九七三〜八六年)を出版した。四・一五というのは金日成の誕生日で、最初にでた『一九三二年』をはじめとして、金日成らのパルチザン闘争を主題とする小説を、年代順に分担して執筆したものである。

また、金日成らが抗日闘争中に創作したといわれる演劇を原作としながら、一九七一年に歌劇『血の海』、七三年に歌劇『花を売る乙女』が初演された。『血の海』は貧しい農村女性が植民地支配下で夫や子供を奪われて革命運動に目覚め、民族受難の血の海を革命の血の海に変えていくという話であり、『花を売る乙女』は病身の母のために花を売り歩く小作農の娘が、一家離散の悲劇にあいながら革命の道を捜しあてるという話である。これらの作品は革命歌劇と呼ばれ、節歌《チョルガ》や傍唱《パンチャン》といった伝統歌謡の形式を取り入れ、伴奏も伽倻琴《カヤグム》などの民族楽器を主体に構成された。踊りにも民族舞踊が取り入れられ、舞台装置は朝鮮画の手法が使われた。革命歌劇はピパダ歌劇団や万寿台《マンスデ》芸術団、牡丹峰《モランボン》芸術団など専門に育成された劇団によって上演され、海外公演もたびたびおこなわれた。

映画も重視され、金正日の指導のもとで一九七〇年代に『血の海』や『花を売る乙女』が映画化された。このほか、革命運動の指導者としての金日成の業績を描いた連作『朝鮮の星』や、労働党指導下の北朝鮮の生活を描いた『リンゴのとり入れどき』『港の娘たち』『圧延工』などが制作された。

マスメディアの役割も、労働党の方針を広く普及させることに重点がおかれた。新聞は労働党機関紙『労働新聞』や政府機関紙『民主朝鮮』、雑誌は労働党理論誌『勤労者』が圧倒的な部数をもち、ほかに『千里馬』のような大衆雑誌や、『朝鮮文学』『朝鮮映画』など分野別の専門誌が発行されている。テレビ放送は、一九六九年の朝鮮中央テレビ開局によって始まった。

3 韓国の民主化と経済構造の転換

粛軍クーデタと光州事件

朴正熙《パクチョンヒ》の暗殺後、一九七九年十二月の統一主体国民会議で崔圭夏《チェギュハ》大統領代行が大統領に選出された。崔大統領は、維新体制下の治安立法を集大成した緊急措置令第九号を、ただちに解除した。その直後、戒厳司令官の鄭昇和《チョンスンファ》参謀総長が、銃撃戦のうちに逮捕された。逮捕を命じたのは、戒厳司令部合同捜査本部長の全斗煥《チョンドゥファン》《ぜんとかん》少将で、逮捕理由は、大統領暗殺による内乱を幇助《ほうじょ》した容疑だったが、根拠は薄弱だった。

この「粛軍」を名目としたクーデタで、全斗煥が軍の実権を握った。彼は慶尚南道の貧農に生まれ、陸軍士官学校に一一期生として入学した。それ以前の士官学校生はアメリカ軍から教育を受けていたため、韓国軍の士官学校としては彼らが一期生にあたる。したがって一一期生の団結は固く、軍内に一心会《ハナフェ》という私的グループを形成し、粛軍クーデタや光州事件鎮圧でもその人脈が動いたといわれている。全斗煥は、ベトナム派遣軍の隊長など実戦経験を積みながら、一心会のリーダーを務め、つねに軍の中枢部にいた。

一方、崔圭夏大統領は一九八〇年の年頭記者会見で、改憲を発議して国民投票に付す方針を発表した。二月には朴政権下で弾圧されていた尹潽善《ユンボソン》、金大中《キムデジュン》ら六八七人の公民権回復が発表された。このような維新体制否定の雰囲気のなかで、朴政権時代に抑圧されていた民主化要求は一気に盛り上がり、学生デモや労働争議が頻発した。四月には江原道舍北《サブク》邑の炭鉱で労働争議が紛糾し、三〇〇〇人が暴動を起こして邑内を占拠した。五月にはいると戒厳令解除などを要求する学生デモが拡大し、全国四五大学から一〇万人の学生がデモに参加した。

これにたいして、四月に崔大統領が特別談話で学生に自制を呼びかけ、全斗煥保安司令官が中央情報部長代理を兼任することが発表された。一〇万人の学生デモの直後に、軍部は主要指揮官会議で強硬措置の必要を決議し、これを受けて政府は非常戒厳令の全国への拡大と政治活動の中止、大学の休校を布告した。同時に、金大中を戒厳令違反で逮捕し、金鍾泌《キムジョンピル》、李厚洛《イフラク》ら朴政権の要人を不正蓄財の容疑で逮捕した。

さらに、金大中の地盤で民主化運動の拠点だった全羅南道光州市に、最精鋭の空挺《くうてい》部隊が投入されてデモの鎮圧が始まった。これと衝突した学生・市民は、武器を奪取し、放送局を占拠するなど騒乱状態となり、戒厳軍と銃撃戦が起こって多くの死傷者(のちの公式発表で死者一六五・不明六五)がでた。この光州事件の首謀者として一七名の市民が死刑・無期懲役となり、扇動者として金大中に死刑が宣告された。しかし、のちに彼らは特赦・刑執行停止となり、一九九三年には金泳三政権が光州事件を「民主化運動」として再評価した。逆に、鎮圧の責任者だった全斗煥は、九七年の特別立法で無期懲役(のち特赦)となった。

第五共和制と全斗煥政権の成立

光州事件のあと、軍部の政治関与はいちだんと進んだ。一九八〇年五月に発足した国家保衛非常対策委員会は、大統領を議長として国政全般を統制する機能をもったが、二四名の委員のうち一四名は軍人だった。常任委員長には全斗煥が任命され、国軍保安司令官、中央情報部長代理とあわせて戒厳令下の要職を独占した。

国家保衛委員会は、金大中らを軍法会議に送り、政府を批判した雑誌を廃刊とするなど民主化運動への弾圧を強めた。同時に社会改革を掲げて公務員の綱紀粛正、暴力団の検挙、予備校・家庭教師の禁止などの政策を打ち出した。しかし、とくに力をいれたのは、金鍾泌や李厚洛ら朴政権の有力政治家一〇名を、不正蓄財で告発したことだった。

粛軍クーデタと光州事件鎮圧で権力基盤を固め、不正蓄財告発で朴政権の残党を一掃した全斗煥は、一九八〇年八月に崔圭夏大統領が辞任したあと、統一主体国民会議で大統領に選出され、九月に第一一代大統領に就任した。

全大統領の就任後、憲法改正案が公示され、十月の国民投票で投票率九六%、賛成率九二%で承認をえ

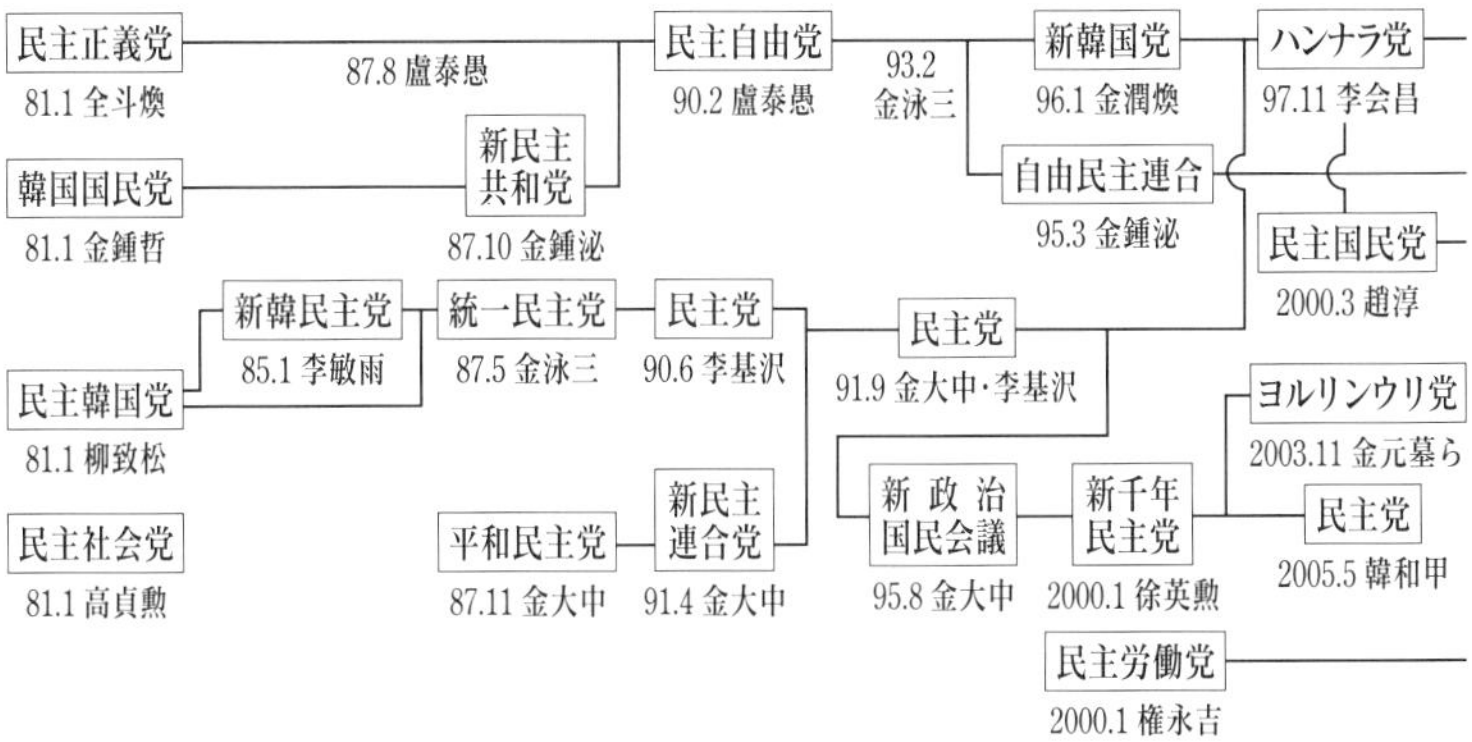

韓国の政党（1981～2005年）

て、維新体制にかわる第五共和制が発足した。新憲法では大統領は選挙人団による間接選挙で選ばれ、任期は六年から七年に延長されたが再選は認められなくなった。大統領の非常措置権の発動は制限され、国会議員推薦権は廃止された。こうして大統領の権限を抑制する一方、国会の国政調査権を復活させ、主要公務員にたいする弾劾決議権を認め、司法権の独立を保障した。また、内閣の任免権は大統領がもつが、実質的には国会決議を前提としており、議院内閣制的要素が加味されていた。

しかし、新憲法が公布されても強権的措置が終わったわけではなかった。十一月にはマスメディアの統廃合が決定され、地方新聞は一道一紙に、放送は韓国放送公社（ＫＢＳ）と文化放送（ＭＢＣ）、基督教中央放送（ＣＢＳ）の三局に、通信社は連合通信に、それぞれ統合された。さらに、十一月の政治風土刷新特別措置法で、与野党の政治家五六七人が政治活動を八年間禁止され、政界の世代交代がうながされた。一方、新憲法公布と同時に、維新体制を支えた統一主体国民会議は廃止され、国会は解散され、国家保衛委員会の機能は国家保衛立法会議に引き継がれた。

こうして第五共和制の基盤を固めたうえで、十一月から政治活動が解禁され、翌八一年初めにかけて新政党の結成があいついだ。まず与党として民主正義党が結成され、旧民主共和党系の韓国国民党も準与党となった。野党は旧新民党系の民主韓国党が中心勢力となり、あらたに社会主義政党として民主社会党などが結成された。一九八一年一月には、非常戒厳令がようやく解除された。

第五共和制初の大統領選挙は、一九八一年二月に間接選挙でおこなわれ、全斗煥が選挙人団五二七八人のうち四七五五票を獲得して第一二代大統領に当選した。全大統領は就任演説で、戦争の脅威、貧困、政治的弾圧と権力の乱用という三つの苦痛から国民を解放すると宣言し、将来の平和的政権交代を約束した。さらに三月の第一一回国会議員選挙では、民主正義党が二七六議席のうち一五一議席を獲得し、以下、民主韓国党八一議席、韓国国民党二五議席が続いた。とくに、これまで野党の基盤だった都市部でも、民主正義党の善戦が目立った。

政治経済の不正と反政府運動の多様化

全斗煥政権は維新体制と決別する姿勢を示すために、「民主福祉社会」の建設を掲げるとともに、公務員の不正腐敗の粛正を進めた。しかし、これに逆行するような手形詐欺事件が、一九八二年五月に明るみにでた。

事件の主犯は前中央情報部次長の李哲熙《イチョリ》と妻の張玲子《チャンヨンジャ》で、彼らは大企業に有利な条件で融資をもちかけ、担保として巨額の手形を振り出させ、これを市中で現金化して一部を約束の融資にあて、残りを着服していた。このような単純な手口が可能だったのは、彼らが要職にあり、背後にも有力者がいるように装ったためだった。大企業は、有力者の紹介する私債という非制度的金融を日常的に利用していた。また、七一一億ウォンという巨額の資金の使途は不明で、政治資金への流用などの憶測を呼んで国民の政治不信を深めた。

続いて一九八三年には、銀行員と結託して私債を不正使用した明星《ミョンソン》グループ事件や、同じく銀行員が不正保証をした永東《ヨンドン》開発振興事件が起こった。八四年にも、与党の丁来赫《チョンネヒョク》《ていらいかく》代表委員が、不動産投機で巨額の蓄財をしたと告発された。こうした事件の頻発にたいして、最高刑を死刑とする特定経済犯罪加重処罰法が八三年に制定された。

このような不正腐敗のなかで、反政府運動は従来の民主化要求に加えて、経済成長から取り残された下層労働者や都市貧困層との連帯を模索し始めた。学生活動家が身分を偽って「偽装労働者」となり、労働運動を指導する事例も目立つようになった。また、光州事件を容認したとして、アメリカにたいする批判が強まった。一九八二年に釜山アメリカ文化センターが学生に放火され、八三年には大邱アメリカ文化センターが爆破された。八五年には、ソウルと光州のアメリカ文化センターが学生に占拠された。一方、八六年には新韓民主党の改憲運動から決別した五〇〇〇人の学生・労働者が、仁川市街を占拠した。

一九八三年ころから「和合」を唱えて学生運動への懐柔策をとっていた政府は、運動の先鋭化にたいしてしだいに強硬策に戻った。しかし、八七年一月に警察で取り調べを受けていたソウル大生が拷問で死亡し、社会的な批判をあびた。

一方、既成政党にもあらたな動きが生まれ、一九八五年に政治活動禁止の解除を目前にした金大中、金泳三らが、新韓民主党を結成した。八五年二月の第一二回国会議員選挙では、与党民主正義党が二七六議席のうち一四八議席を確保したが、新韓民主党も六七議席をえて第二党に躍進した。しかし八六年末ごろから、新韓民主党の李敏雨《イミヌ》総裁と金泳三・金大中の対立が表面化し、両金氏は離党して八七年五月に統一民主党を結成した。

海外における怪事件の頻発

一九八〇年代には、海外で北朝鮮によるテロとみられる事件など、真相が十分に明らかでない事件が多発した。

まず一九八三年九月に、ニューヨークからソウルに向かっていた大韓航空機が、サハリン上空でソ連の戦闘機に撃墜され、二六九名が死亡した。この付近はソ連の軍事的要衝で、民間機は飛行を避けていた空域だったが、大韓航空機は予定の航路を大きくそれてここを飛行し、ソ連戦闘機も国際慣行に反して民間機を撃墜した。ソ連は大韓航空機がスパイ行為をおこなっていたと非難したが、韓国とアメリカはこれを否定した。

続いて一九八三年十月には、ビルマを訪問中の全斗煥大統領一行をねらった爆弾テロ事件が起こった。爆弾は、最初の公式日程でおとずれる予定のア・ウン・サン廟にしかけられ、大統領は予定時刻に遅れたため無事だったが、副総理や外相など随行員一七名が死亡、一四名が負傷した。ビルマ政府の発表によれば、犯人は北朝鮮軍の工作員三名で、このうち一名は追跡中に死亡、二名は逮捕されて死刑になった。ビルマは北朝鮮と断交し、国際社会では北朝鮮を非難する論調が拡がった。

さらに一九八七年十一月、バグダッドからソウルに向かっていた大韓航空機がビルマ沖で爆破され、一一五名が死亡した。その二日後に、バハレーンで犯人とみられる男女が拘束された。韓国政府は、この男女は北朝鮮の工作員で、日本人を装って大韓航空機を爆破したと発表した。しかし、犯人を速やかに逮捕できるほどの情報をつかみながら、なぜ未然にテロを阻止できなかったかなど、多くの疑問が残された。この間、八五年に朝鮮戦争以来の離散家族の相互訪問が実現したが、本格的な交流にはいたらなかった。

「三低景気」と経済構造転換の課題

全斗煥政権のもとで一九八二年に開始された第五次経済開発五カ年計画は、前期の低成長への反省から、過剰投資をおさえて物価安定をはかるなどひかえめな目標を設定した。しかし、初年度から輸出目標の下方修正や、新規プロジェクトの延期・縮小など計画の変更があいついだ。

一九八〇年代の韓国経済は、安定成長へ軌道修正しながら産業構造の高度化をはかり、国際収支の不均衡や累積債務、インフレや所得格差など、さまざまな不均衡を克服する必要に迫られていた。しかし構造転換が進まなかったにもかかわらず、八〇年代後半にはウォン安、原油安、金利安に支えられた「三低景気」で順調な経済成長がもたらされた。

一九八五年の国際通貨基金(ＩＭＦ)のプラザ合意でドル安への誘導が決まると、ドルと連動していたウォンの為替レートも下落した。同時に日本円は上昇したため、韓国の輸出競争力が回復し、発展途上国からの追い上げもかわすことができた。また、需給緩和による原油価格の下落は、外貨支払いの増大を防ぎ、国内物価の上昇をおさえた。さらに世界的な金利の低下は、対外債務にともなう利子負担を軽減した。このため、八六年以降の三年間は二桁の成長率となり、国際収支も改善された。

このような好条件のもとで、一九八七年に始まった第六次経済開発五カ年計画は、経済の先進国化と国民福祉の増進を目標とし、内需拡大と国際収支均衡、産業の競争力強化と高付加価値化、地域経済の活性化と社会保障の充実など、意欲的な政策を掲げた。しかし、好景気は賃金と物価の上昇をもたらし、輸出増大は欧米からのウォン切上げ要求や市場開放の圧力を招き、あらたな成長要因をつくりだす努力をおこたったまま改革は先送りされた。

大衆社会の文化状況

一九六〇年代以来続いてきた経済の高度成長によって、韓国でも大衆社会化が進展し、あらたな文化が形成された。

文化の大衆化を支えたのは、マスメディアの発達である。新聞は、植民地期以来の歴史をもつ『東亜日報』『朝鮮日報』のほか、『中央日報』『韓国日報』を含めた四大紙が、一九八〇年代になるとそれぞれ一〇〇万部以上の発行部数を競うようになった。韓国の新聞は、歴代政権によって休刊・廃刊処分や新聞社の統廃合などの弾圧を受けながらも、民主化を要求する世論の形成に影響を与えた。民主化闘争で解雇された記者たちが創刊した『ハンギョレ新聞』も、全国紙として学生や知識人を中心に読者を獲得した。同じ活字メディアである雑誌も、五三年創刊の『思想界』や六六年創刊の『創作と批評』などが、政治や文化に批判的な目を向けた。

一方、社会の変化が新聞に影響をおよぼす側面もみられた。読者の多様なニーズに応えるため、『韓国経済新聞』『毎日経済新聞』『日刊スポーツ』『スポーツソウル』など、経済やスポーツなどの専門紙がつぎつぎと誕生した。一般紙も、ニュース報道だけでなく、文化欄や家庭欄、レジャー欄など多彩な内容でページ数をふやした。組版は漢字ハングル混じりの縦組という伝統的な形式をやめ、一九九〇年代までに、ほとんどの新聞がハングルだけで書かれた横組の紙面を採用するようになった。これも、書籍などほかの活字メディアの動向にあわせたものだった。

新聞以上に大衆社会をリードしたのが、テレビだった。テレビ放送は一九五六年に開始されたが、受像機が高価で普及せず、アメリカ軍放送を除けば放送局は一社にとどまった。しかし、六〇年代にはいると国営の韓国放送公社（ＫＢＳ）に加えて六四年に東洋放送（ＴＢＣ）、六九年に文化放送（ＭＢＣ）が開局して三チャンネルとなり、世帯当りの受像機普及率も七〇年の六・四％から八〇年の九七・六％へと急伸した。番組はニュースのほかドラマ、クイズ、歌謡ショーなど多彩な内容となり、ホームドラマに登場するしゃれたインテリアの豪邸が視聴者の欲望をあおるなど、社会的な影響力を強めていった。

テレビの普及と反比例するように、一九七〇年代から衰退を始めたのが映画である。かつて映画は大衆娯楽の王者だったが、観客の減少と粗製乱造による質の低下が衰退への悪循環をもたらした。八〇年代になると、土俗的な文化を主題とする林権沢《イムグォンテク》など国際的な監督も目立つようになったが、観客動員数の回復をはかることはできなかった。

その一方で、一九八〇年代からレーザーディスクやビデオなどあらたなメディアが普及し、町にはレンタルビデオ店が林立した。また、大衆娯楽としてノレバン(カラオケ店)も急増した。

もうひとつ、高度成長時代の文化を象徴するのが成人向け漫画の流行である。それまで新聞の連載や児童向けに限られていた漫画が、一九八〇年代にはいるとストーリー性のある劇画などを登場させて、おとなの読者を獲得するようになった。八五年には、成人漫画の月刊誌『漫画広場』が創刊された。

こうした文化の大衆化が国際化のなかで進展したため、しだいに無国籍的な文化が広がっていった。その反面、民族性を強調する文化が再生産される現象も目立った。進歩的であるはずの民主化運動のビラに檀君紀元《タングンだんくん》が使われ、学生運動の集会では農楽《のうがく》が演じられ、都市では民具をインテリアに使いながら伝統酒を飲ませる「民俗酒場」が人気を呼んだ。政府も国民統合のために伝統文化を強調する政策をとることがあり、朴正煕政権が慶州《キョンジュ》などの遺跡を発掘整備したり、金泳三《キムヨンサム》政権が旧総督府庁舎を撤去するなどの事例がみられた。逆に、金大中政権は一九九八年から日本文化流入の段階的解禁を進め、それまで禁止されていた日本の映画や歌謡曲などの上演が可能になった。

経済の高度成長と文学

経済の成長と強権的な政治が並行して進んだ一九七〇年代以降の時代の雰囲気は、文学の傾向も大きく変化させた。

解放後の韓国文学が本格的な高揚をみせたのは、朝鮮戦争後の一九五〇年代にはいってからだった。この時代には戦争の挫折感と西洋から導入された実存主義の影響を受け、虚無的で閉鎖的な作品が多く生み出された。たとえば李範宣《イボムソン》『誤発弾』(五九年)は北朝鮮からソウルにきた避難民の出口のない生活を描き、孫昌渉《ソンチャンソプ》『剰余人間』(五八年)はするべきことをみいだせない三人の男を主人公とし、金声翰《キムソンハン》『かえる』(五五年)はイソップ寓話を観念的に読み替えている。

一九六〇年代の文学にも朝鮮戦争が影を落としていた。崔仁勲《チェイヌン》『広場』(六〇年)は南から北へ移住した主人公が戦争で軍人として南下して捕虜になり、最後には自殺するという話で、南延賢《ナムジョンヒョン》『糞地』(六五年)は北から南にきた避難民がアメリカ軍人の妻を連れ出して強姦し、南山で軍隊に包囲されるという筋立てだった。さらに、純粋文学か参与文学かをめぐる論争があり、文学の社会参与を説く白楽晴《ペクナッチョン》らの文芸評論家が登場した。

やがて一九七〇年代にはいると、経済成長と強権政治のなかで、ようやくテーマや手法が多様化していった。金芝河《キムジハ》の詩『五賊』(七〇年)は、外国と癒着して不正をはたらく財閥、議員、官僚、軍人、大臣を風刺する内容を、パンソリのような伝統的なリズム感によって表現したが、掲載した『思想界』は朴政権の弾圧で廃刊となった。黄晳暎《ファンソギョン》《こうせつえい》『客地』(七一年)はリアリズムの手法で労働や貧困の問題を取り上げた民衆文学の代表作であり、同『張吉山《チャンギルサン》』(七四〜八四年)は芸人出身の盗賊の戦いを伝統的な風習や歌などをいかしながら一〇年がかりで描いた大河小説である。趙世熙《チョセヒ》『小人が打ち上げた小さなボール』(七七年)

は、ソウルの再開発で強制撤去される貧困層という高度成長の影の部分を主題としながら、生硬な政治小説にならず、叙情的ともいえるような技巧をもつ連作小説にまとめあげた。崔仁浩《チェイノ》『馬鹿たちの行進』(七五年)は、自分を格好よくみせようとする新しい時代の若者たちの姿を、軽快なユーモアをこめて描き、政治的な主題をもつ小説とは別の面で高度成長の結末をみすえている。

さらに一九八〇年代になると、それ以前の政治状況のなかでタブーとされていた題材が表面にでてきた。李泰《イテ》『南部軍』(八八年)、趙廷来《チョジョンネ》『太白《テベク》山脈』(八三～八九年)、李炳注《イビョンジュ》『智異山《チリサン》』(七九年)は、すべて解放直後から朝鮮戦争にかけて南部で活動したパルチザンを主題とした小説である。李文烈《イムニョル》『英雄時代』(八四年)は、父がパルチザンとして北へいったあと、取り残された作家自身の一家の苦難を描いた。また、この時代の社会変化を扱ったのが梁貴子《ヤンクィジャ》『遠美洞の人々』(八六年)で、ソウル近郊の架空の新興住宅地を舞台としながら、八〇年代の風俗をユーモラスに描き出した。女性作家がふえていくのも、この時代以降の特徴である。

民主化の進展と盧泰愚《ノテウ》政権の誕生

全斗煥政権は、累積債務をかかえながら「三低景気」に支えられて経済成長を維持したが、強権的な政治とのギャップが国民の不満を呼び、学生や労働組合だけでなく「中産層」と呼ばれる富裕な市民まで政権批判を強めていった。これを打開するため、全斗煥の盟友で民主正義党代表の盧泰愚が、一九八七年六月に六・二九民主化宣言を発表した。

盧泰愚は、慶尚北道出身で、陸軍士官学校に全斗煥と同期で入学、陸軍大学を卒業してベトナムにも派遣され、一九七九年には第九師団長として粛軍クーデタを支えた。八一年に陸軍大将で退役してからは体育相、オリンピック組織委員会委員長としてソウル・オリンピックを成功させ、八五年から国会議員となっていた。

この民主化宣言は八項目にわたり、大統領直接選挙制などの憲法改正、公正な選挙の保障、金大中ら政治犯の復権、基本的人権の尊重など、野党の主張にたいして大幅に譲歩した内容が含まれていた。全大統領は七月にこれを受け入れ、改憲のために、与野党四名ずつの委員がでて対立点を調整し、九月に改正案を国会に提出した。十月の国民投票では、投票率七八％、賛成九三％で新憲法が承認された。

新憲法では大統領は国民の直接選挙で選ばれ、任期は五年で再任は禁止された。大統領の国会解散権は廃止され、非常措置権も制限された。国会には国政調査権のほかに国政監査権が与えられ、大法院裁判官の任命への同意権も追加されて権限が強化された。また、あらたに憲法裁判所が設けられ、従来の憲法委員会の権限を引き継いだほか、国民が違憲立法審査を申し立てることができるようになった。

新憲法下の大統領選挙に向けて、与党の民主正義党はすでに六月に盧泰愚を候補に指名していた。しかし、野党の統一民主党は金泳三と金大中の対立によって候補一本化に失敗し、金大中は十一月に離党して平和民主党を結成した。一方、朴正熙政権を支えた金鍾泌も政界復帰を宣言し、十月に新民主共和党を創立した。こうして大統領選挙は、「一盧三金」といわれた四人の候補の戦いとなった。

四人の候補は政見の違いだけでなく、地盤である出身地が異なり、盧泰愚は慶尚北道、金泳三は慶尚南道、金大中は全羅南北道、金鍾泌は忠清南道でそれぞれ圧倒的な支持をえていた。しかも朴政権以来、経済開発の進んだ慶尚道と、取り残された全羅道とのあいだに「地域感情」といわれる深刻な対立が生まれていた。このため、各候補が地域感情の克服を呼びかけたにもかかわらず、対立地域への遊説の際に投石を受けるなど、激しい選挙戦が展開された。十二月の選挙では、盧泰愚が八二八万票をえて当選したが、得票率は三七%にとどまり、金泳三の二八%、金大中の二七%をあわせた得票率を大きく下回る結果となった。

第六共和制と政界の再編成

建国以来はじめて、政変によらず選挙で政権が交代し、一九八八年二月に盧泰愚が第一三代大統領に就任して第六共和制が発足した。そしてソウル・オリンピック開催、社会主義国との「北方外交」など、反共・反民主の強権的なイメージを払拭するための政策が進められたが、国内政治にはあらたな波乱が生じることになった。

一九八八年四月の第一三回国会議員選挙は、選挙法の改正で第一党に有利な全国区の制度が改められ、地方区の比重が増した。このため「地域感情」が反映され、各野党が地方区で票を伸ばした。その結果、民主正義党は二九九議席のうち一二五議席と過半数を割り、野党の平和民主党が七〇議席、統一民主党が五九議席、民主共和党が三六議席を獲得した。

野党優位の国会では、光州事件の真相解明や、全斗煥の不正の追及に重点がおかれた。国会は新憲法に基づいて国政監査権を行使し、特別委員会に証人を喚問した。すでに一九八八年三月に、全斗煥の弟が横領や利権介入の容疑で逮捕されていたが、このほかにも全政権の不正が浮かび上がってきた。政府与党は、全政権を支えた盧泰愚大統領が追及されることを恐れ、全斗煥に譲歩を迫った。ついに八八年十一月、全斗煥は在任中の不正にたいする謝罪文を発表し、夫人とともに江原道の山寺にはいって隠遁生活を送ることになった。

こうした野党優位の政局にたいして、盧泰愚政権は一九九〇年一月、民主正義党と統一民主党、民主共和党の合同という衝撃的な手段で巻き返しにでた。三党合同で生まれた民主自由党は、国会で二九九議席のうち二一七議席を占める巨大与党となったが、国民の支持率は低迷した。さらに、議院内閣制移行のための憲法改正の密約が暴露され、賛否をめぐって民主自由党は分裂の危機をむかえた。一方、野党の平和民主党も国会ボイコット以外に有効な戦術をだせず、九〇年十一月にはあらたに在野の反体制活動家が民衆党を結成した。

このような混迷のなかで、一九九一年三月と六月に地方議会選挙がおこなわれた。朴正熙政権が地方自治を停止して以来、久しぶりの地方選挙だったが、投票率は三月が五五%、六月が五九%とふるわず、結果は与党系候補の圧勝に終わった。野党の平和民主党は、九一年四月に在野勢力の新民主連合と合同して新民主連合党を結成したが、さらに選挙の敗北を受けて九月に統一民主党と合同し、金大中、李基沢《イギテク》を共同議長とする民主党を発足させた。

目まぐるしい政党再編成のなかで、一九九二年の大統領選挙の候補者は乱立した。盧泰愚大統領は一月の年頭会見で、民主自由党の候補者は党大会で選出する方針を明らかにした。五月の党大会では、金泳三が大統領候補に選出された。敗れた軍人出身の李鍾賛《イジョンチャン》は、十一月に新韓国党を結成して立候補したが、のちにとりやめた。さらに、金泳三との確執から、盧泰愚が十月に民主自由党を離党するなど、大物党員の離脱があいついだ。一方、二月には現代《ヒョンデ》財閥名誉会長の鄭周永《チョンジュヨン》が統一国民党を結成して、大統領選に立候補した。こうして有力候補は金泳三、鄭周永と、民主党の金大中の三人にしぼられていった。

大統領選挙に先立つ一九九二年三月の第一四回国会議員選挙では、いちだんと地方区の比重が高まり、与党の民主自由党は一九四から一四九へ議席を減らし、無所属の入党でようやく過半数を確保した。これにたいして民主党は九七議席、統一国民党は三一議席と健闘した。ところが十二月の第一四代大統領選挙では、金泳三が四二％の九九八万票を獲得し、金大中八〇四万票、鄭周永三八八万票を大きく離して当選した。しかし、これは金泳三への積極的支持というより、政府の手で急進派イメージをつくられた金大中や、新顔の鄭周永への不安感の表れだといわれた。敗れた金大中と鄭周永は、翌年一月に政界引退を表明した。

国際的地位の確立

一方、盧泰愚政権の時代には韓国の国際的地位の向上が目立つようになった。一九八八年九月に開かれたソウル・オリンピックには一六〇カ国が参加し、久しぶりに出場をボイコットする国もなく、成功裏に運営した韓国の力量への評価が高まった。また、社会主義圏との「北方外交」が展開され、八九年のハンガリーを皮切りに九〇年のソ連にいたるまで、国交や貿易関係の樹立があいついだ。九二年にはアジア社会主義国の中国、ベトナムとも国交が開かれた。

　経済面では一九八八年にＩＭＦ八条国に移行して国際収支改善のための為替管理が認められなくなり、八九年にはＧＡＴＴ(関税貿易一般協定)一一条国に移行して同じく貿易制限が認められなくなるなど、発展途上国としての優遇措置を返上する動きが続いた。

南北首相会談(1990年)　握手する盧在鳳韓国首相(右)と延亨黙北朝鮮首相。

　北朝鮮との交流も、在野勢力の秘密訪朝によって活発化した。一九八八年には平和民主党の徐敬元《ソギョンウォン》国会議員、八九年には反政府運動指導者の文益煥《ムンイックアン》牧師がそれぞれ平壌で金日成と会見し、八九年に平壌で開かれた世界青年学生祭にも全国大学生代表協議会の代表が派遣された。しかし政府は、大韓航空機テロ事件で冷えきった対北朝鮮関係を修復できず、ソウル・オリンピックへの北朝鮮の参加も実現しなかった。

　やがて東欧の社会主義体制が崩壊し、東西ドイツの統一が実現するなど国際情勢が大きく変化すると、一九九〇年にはじめての南北首相会談が開かれた。会談では双方の対立点が目立ったが、並行して南北のサッカー試合がおこなわれるなど多方面で交流が進んだ。そして九一年に国連への南北同時加盟が実現した。さらに九一年末には、和解と不可侵および交流協力にかんする合意書、非核化にかんする共同宣言が成立し、一時的に南北の和解が進展した。

民主化と労働運動の高揚

一九八七年の六・二九民主化宣言のあと、わずか三カ月間に、政府発表だけでも三三五六件の労働争議が起こった。とくに従業員一〇〇〇人以上の大企業では六五％で争議が発生した。八月には大宇《デウ》造船所の労働者が警官の催涙弾の直撃で死亡し、九月には現代重工業の労働者が蔚山《ウルサン》市庁を占拠するなど、争議はエスカレートしていった。

労働者の要求は、大幅な賃上げのほか、退職金や諸手当の改善、既存の組合幹部の退陣など多岐にわたっていた。一九六〇年代以来、急速な高度成長で企業収益は増加したのに、労働者への成果の分配は不十分だった。とくに企業規模、学歴、職種などによる賃金格差は大きく、大企業でも現業労働者の待遇は劣悪だった。そのうえ労務管理は前近代的で、なかには従業員の髪型まで規制して軍隊式管理をおこなう大企業もあった。厳しい規制のもとで、既存の労働組合はこうした現状を打開する運動を展開することができなかった。

このような鬱積《うっせき》した労働者の不満が、民主化と好景気のなかで一気に噴き出したのが一九八七年の労働争議だった。争議は八八年、八九年にも頻発し、長期化する傾向をみせた。従来の労使協調路線を批判する労働組合は、全国労働組合総連盟(労総)とならぶ第二のナショナルセンターとして、九〇年に全国労働組合協議会(全労協)を結成した。しかし、争議の長期化や賃金の上昇は輸出の停滞を招いたため、財界は八九年に労使交渉の窓口として経済団体協議会を発足させ、政府も警察力の動員などで規制を強化する動きをみせた。

一方、「三D(difficult, dirty, dangerous)」と呼ばれる劣悪な労働条件の職場では深刻な労働力不足に悩まされ、一九九〇年前後には中国の延辺朝鮮族自治州や東南アジアから非合法の外国人労働者の流入が目立つようになった。

金泳三政権と政党政治の混迷

一九九三年二月、三二年ぶりに文民出身の金泳三が第一四代大統領として就任した。金泳三は、慶尚南道巨済島《コジェド》で生まれ、ソウル大学を卒業したあと二十六歳で国会議員に当選し、初め自由党に属したが離党して民主党の結成に参加、そのあと新民党、統一民主党など一貫して野党のリーダーとして活躍し、全斗煥時代にも断食闘争など政府批判を続けて自宅軟禁を強いられた。

新政権は野党政治家や知識人、在野運動家に人材を求め、軍人や官僚の出身者が減った。安全企画部長と大統領警護室長にも、はじめて文民が任命された。金泳三は不正腐敗の根絶、経済の活性化、国家の綱紀粛正を掲げ、「新韓国創造」の必要を説いた。そして政治家や高級官僚の財産を公開し、疑惑が表面化して辞職する者が続出した。一九九三年には、盧泰愚政権が実現できなかった金融実名制を実施し、架空名義や他人名義の金融口座を禁止した。九四年には政治改革三法を成立させ、金権選挙や政治資金の不正を防止した。

また、文民で野党政治家という経歴を強調するため、歴史の再評価を進めた。金泳三は四月革命や光州事件を民主化運動として積極的に位置づけ、上海臨時政府の独立運動家の遺体を中国から返還させ、ソウルの旧朝鮮総督府庁舎や旧総督官邸を撤去した。

そして、歴史再評価の仕上げとなったのは、一九九五年に全斗煥と盧泰愚を逮捕したことだった。文民大統領として新機軸を打ち出した金泳三も、前任者の不正を糾弾して自己の正当化をはかるという手法を継承してしまった。盧泰愚は収賄容疑で、全斗煥は粛軍クーデタの反乱首謀者容疑で逮捕されたが、世論の要求した内乱罪は時効で適用できなかった。そこで逮捕後に特別法を制定し、大統領在任中の時効を停止して光州事件の責任を裁くことになった。九七年に全は無期懲役、盧は懲役一七年となり、収賄への追徴金が言い渡された。しかし、すぐに大統領特赦によって残余刑期の執行は免除された。

一方、一九九五年の地方選挙をきっかけに、ふたたび政党の流動化が始まった。まず、選挙に先立つ一月、金鍾泌が民主自由党の代表から更迭《こうてつ》されたため、三月に自由民主連合を結成した。六月の地方選挙の結果、民主自由党は六大市長と九道知事のうち五首長、その他の基礎自治体二三〇のうち七一首長、地方議会八七五議席のうち二八七議席しか獲得できず、いずれも三分の一以下で大敗した。大統領選敗北を機に政界引退を表明していた金大中は、地方選挙支援のために政治活動を再開し、九月に新政治国民会議を結成した。一方、敗北した民主自由党は十二月に党名を新韓国党に変更した。

再編された各政党が挑んだ一九九六年の第一五回国会議員選挙の結果は、前回の九二年と同様、有権者の関心の低さと与党の低迷が目立った。投票率は前回の七二％をさらに下回って、六四％と史上最低を更新し、与党の新韓国党は二九九議席のうち一三九議席と今回も過半数に達しなかった。野党も、新政治国民会議(金大中)が七九議席で金大中は落選、自由民主連合(金鍾泌)が五〇議席、民主党(李基沢)が一五議席で議席半減など、予想に反して伸び悩んだ。九〇年代にはいって、経済成長がもたらした社会的安定のなかで、かつての熱狂的な投票行動はみられなくなり、政治的無関心と多党化が進展した。

このような各政党の混迷は、一九九七年の第一五代大統領選挙に向けて頂点に達した。与党の新韓国党は、七月の党大会で六人の候補者が立ち、判事出身の李会昌《イフェチァン》が大統領候補となった。敗れた前京畿道知事の李仁斉《イインジェ》は離党して、十月に国民新党を結成した。勝った李会昌も金泳三と対立し、民主党の趙淳《チョスン》ソウル市長と連合して、十一月にハンナラ党を発足させた。一方、野党の新政治国民会議は五月に金大中を候補に選出し、さらに自由民主連合の金鍾泌に当選後の首相の地位を約束し、立候補をとりやめさせることに成功した。

このような与野党入り乱れた候補の乱立・辞退と新党結成は、「独裁か民主化か」といった明快な対立軸を失った韓国の政治状況の混迷を反映していた。さらに、各候補者が政治資金スキャンダルで足を引っ張り合い、並行して金大統領の息子が韓宝《ハンボ》財閥からの収賄容疑で逮捕されるなど、政治不信を強める事件が続いた。一九九七年十二月の大統領選の結果は、金大中が次点の李会昌にわずか三九万票の差をつけて当選した。

1990年代のソウル特別市

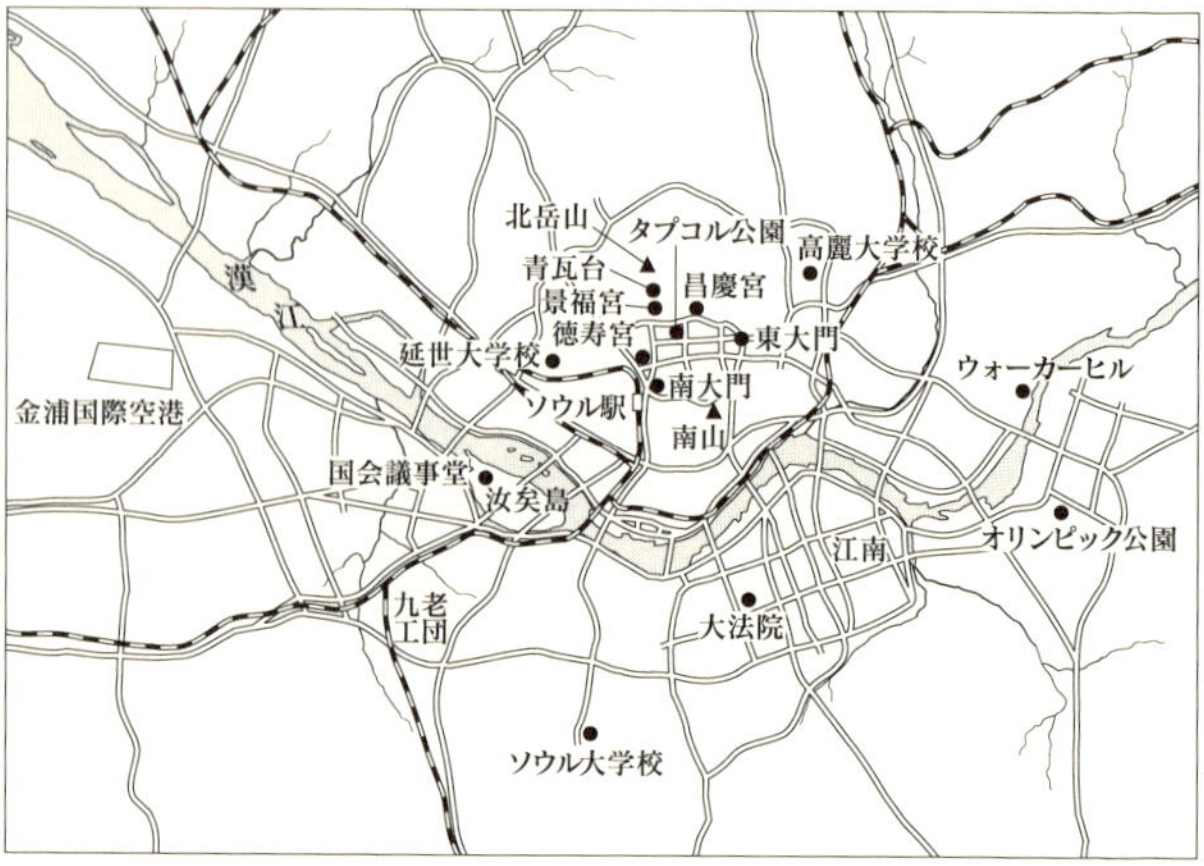

NIES《ニーズ》から「先進国経済」への困難な歩み

一九九〇年代の韓国経済の課題は、NIES（新興工業経済地域）型の急成長から、成熟した先進国型の経済構造への転換をはかることだった。そのために、金泳三政権は九二年から始まっていた第七次経済社会発展五カ年計画を中止し、あらたに九三年から新経済五カ年計画を策定して、成長潜在力の強化、国際市場の拡充、国民生活の改善をめざした。さらに、この五カ年計画の終了後には、政府主導の五カ年計画に終止符を打ち、ゆるやかな長期計画に切り替える方針が示された。

このような方針転換のなかで、一九九〇年代にはいっても安定した経済成長が続いたが、その要因はいぜんとしてウォン安と貿易相手国の多角化に支えられた輸出の増大だった。しかし、輸出の増大は原材料や資本財、中間財の輸入を増大させ、貿易赤字は解消しなかった。成長のもうひとつの原因は、「過消費」といわれたほどの消費拡大だった。「中間層」と呼ばれる富裕な都市勤労者によるマイカーや高級家具などの消費が伸びただけでなく、家電製品などの耐久消費財はあらゆる階層に普及し、大型百貨店の開業があいついだ。

しかし、企業の競争力強化に結びつく設備投資は低調だった。むしろ目立つのは、国境をこえた資本移動の拡大だった。財閥系企業は、貿易摩擦への対応策として欧米での現地生産を拡大する一方、先端産業などにたいするM&A(合併・買収)を展開した。また、賃金上昇による競争力低下に対処して、東南アジアや中国への工場進出を拡大した。政府も一九九五年に海外直接投資自由化および堅実化法を制定し、八七年から始まった投資自由化政策を一気に加速させた。一方、海外から韓国への直接投資にたいする規制緩和も進み、欧米や日本からの企業進出が拡大の兆しをみせた。しかし、ほかのアジア諸国に比べると低賃金や規制緩和などの魅力に乏しく、本格的な投資拡大の流れを生むことはできなかった。反面、市場開放に向けた対外的な圧力は強まり、GATT《ガット》のウルグアイ・ラウンド最終議定書に基づくコメ輸入の拡大などが韓国農業に危機感を与えた。

このように一九九〇年代なかばまで、財閥再編や金融自由化など根本的な改革を打ち出せないまま当面の成長が続き、九五年には一人当りGNPが一万ドルを突破した。そして九六年には、「先進国クラブ」といわれるOECD(経済協力開発機構)への加盟が実現した。その一方で、九四年に漢江《ハンガン》にかかる聖水《ソンス》大橋が落下し、九五年には三豊《サムプン》デパートが崩壊するなど、手抜き工事で多数の犠牲者がでて、韓国経済の体質の弱点が露になった。

経済危機とIMFの支援

一九九七年にはいると、韓国経済を土台からゆるがすような経済危機が発生した。危機の発端は、財閥の倒産だった。まず一月に、韓宝財閥の中核企業である韓宝鉄鋼が法定管理(日本の会社更生法適用にあたる)を申請し、三月には三美《サムミ》財閥の三美総合特殊鋼と三美も法定管理を申請した。これらの財閥に無担保で融資をしていた一部の銀行には不良債権が発生し、韓国銀行が緊急融資をおこなった。さらに銀行協会は不渡り防止協定を結び、経営危機に陥った企業にたいする融資の返済期限を二カ月間延長し、そのあいだ手形や小切手の処理を停止して不渡りの表面化を防ぐことになった。四月には韓国を代表する焼酎メーカーの真露《チルロ》にこの協定が適用され、五月には老舗の美都波《ミドパ》百貨店をもつ大農《テノン》も適用を受けた。

このような情勢をみたノンバンクが貸付けの回収を急いだため、七月には起亜《キア》自動車を中核とする大手の起亜財閥が倒産した。その過程で、三星、現代などの大手財閥にも問題が生じていることが明るみにでた。財閥不振の短期的要因は、円安・ウォン高や労働争議による国際競争力の低下、半導体など輸出品の価格低迷だった。さらに構造的な要因をあげれば、総合財閥をめざして不採算部門に過剰投資をおこない、その赤字を借入金や黒字部門の利益で埋めたため、グループ全体の財務基盤や採算性が悪化していた。

そこで一九九八年一月に金大中次期大統領が四大財閥の会長と会談し、自主的な構造改革を提案した。これを受けて全国経済人連合会は、連結財務諸表の作成や自己資本比率の向上などを内容とする改革案を発表し、とくに目玉となる事業整理にかんしては半導体など七業種の事業交換をする案が示された。このあと、主要財閥は事業交換や不採算部門の整理によって構造改革を推進したが、改革に消極的だった大宇財閥は九九年に倒産した。

一方、経済危機のもうひとつの側面は一九九七年末から始まった通貨危機だった。財閥の経営危機で不良債権をかかえた銀行にたいし、外国の金融機関は融資の引締めや金利の上乗せを実施し、海外からの資金調達が困難になった。政府は金融支援をおこなうと同時に、八月に銀行の債務にたいして政府保証をおこなう方針を発表したが、これが逆に海外からの不信を強めてウォンの下落が始まった。政府はウォンの買い支えをはかったが、すでに外貨準備は乏しく、十一月には対外支払いが不可能になってＩＭＦに支援融資を要請した。ＩＭＦは五五〇億ドルの融資に応じるかわりに、韓国政府に金融自由化や財閥改革、労働者の整理解雇制(レイオフ)など構造調整政策の実施を要求した。

金大中政権の発足と経済危機への対応

一九九八年二月に第一五代大統領として金大中が就任した。金大中は金泳三と同じく一貫して野党政治家として活躍し、朴政権のもとでは東京から拉致されて殺害されかかり、全政権時代には死刑判決を受けた。しかし、一方でアメリカとの関係は良好で、日本にも知人が多かった。

金大統領は就任以前から、経済危機に対応する政策形成に関与していたが、二月に新政権が発足すると、公安・軍事部門の責任者を入れ替えて自らの地盤とする全羅道出身者で固めた。さらに、前政権の安全企画部長らが、北朝鮮と共謀して金大中の落選をはかったとして逮捕された。安全企画部はのちに改組され、国家情報院となった。また、国会では国民新党を吸収合併するなど多数派工作をおこない、自由民主連合

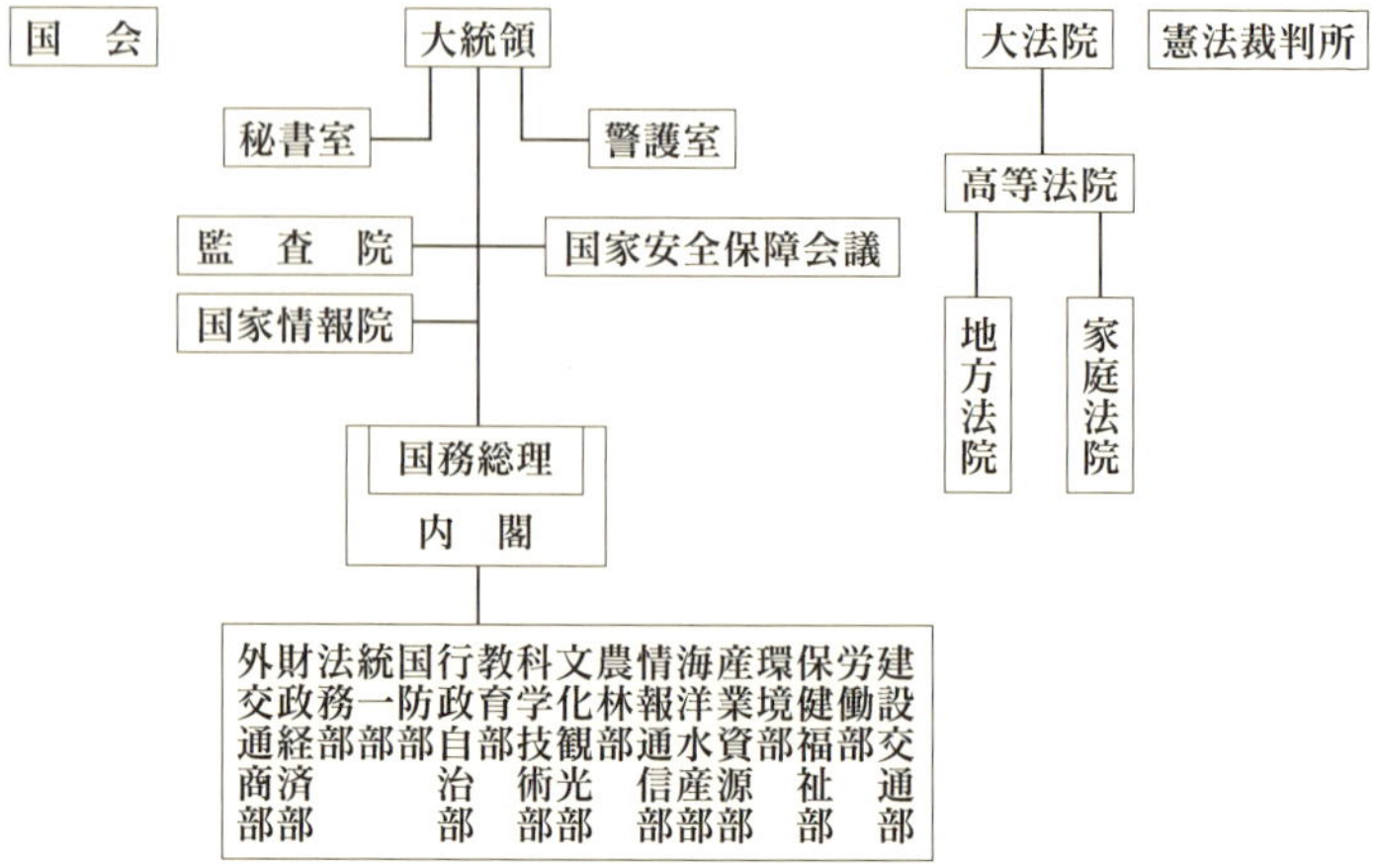

金大中政権下の韓国の国家機構

と連立して過半数を確保した。しかし、自由民主連合名誉総裁金鍾泌の首相任命は、野党ハンナラ党の猛烈な反対で実現できず、国会の承認を必要としない首相代理就任にとどまった。

政策面では最大の課題である経済危機に対処するため、財閥改革を進め、大宇は消滅し、現代も解体された。そして、構造改革を進めた三星・LGは、電子部門を中心として復活した。金融機関の改革では、合併や自己資本比率の向上で銀行の体質を強化し、高度成長時代に外資導入などで活躍した総合金融会社を整理するなど強力な政策を進めた。もうひとつのIMFとの合意である整理解雇制(レイオフ)にかんしては、一一月に法改正を実現したが、政権の支持基盤であった労働組合から激しい反発を受け、小規模な解雇にとどまって労使政三者の痛み分けに終わった。

同時に、IMFとの合意に基づいて資本自由化による外資導入が進展し、日本や欧米からの直接投資が増加した。さらに、ベンチャー企業のために九六年に創設された店頭株市場(コスダック)が九九年から急成長するなど、景気回復とともに個人投資も増大した。

こうして、九〇年代いっぱいで、九七年経済危機はほぼ克服された。もうひとつ金大中政権の特色となったのは、対外政策だった。北朝鮮にたいしてはイソップの「北風と太陽」にたとえた太陽政策(包容政策)を掲げ、和解と協力による対話の姿勢を堅持して、二〇〇〇年六月には南北首脳会談を実現させた。こうした対北朝鮮政策が評価され、金大統領はノーベル平和賞を受賞した。また、九八年十月に日本を訪問して「二十一世紀に向けたあらたな日韓パートナーシップのための行動計画」を作成し、日本からの投融資促進をはかった。さらに、日本の大衆文化流入を段階的に認める方針を示し、二〇〇二年のサッカー・ワールドカップ共催ともあいまって、日韓関係にあらたな局面を開いた。

しかし、九九年には政府高官夫人が財閥から金品を受け取ったという「高級服ロビー疑惑」で逮捕者をだすなど、これまでの政権同様の腐敗も露呈し、二〇〇二年には金大統領の息子も収賄容疑で逮捕された。二〇〇〇年になると、国会選挙に小選挙区比例代表並立制を導入する与野党合意にたいして市民運動が反発し、支持基盤がゆらいだ。そこで二〇〇〇年四月の第一六回国会議員選挙を目前にした一月に、新政治国民会議を改組し、新千年民主党を発足させてイメージの刷新をはかった。これにたいして連立与党の自由民主連合は、二月に政権を離脱した。そして四月の選挙の結果は、新千年民主党が改選前より議席数をふやしたものの一一五議席にとどまり、野党のハンナラ党が一三三議席で第一党の座を維持した。

盧武鉉政権の新たな政治手法と李明博政権への交代

二〇〇二年十二月に新千年民主党の盧武鉉《ノムヒョン》候補が、五七万票の僅差で第一六代大統領に選出された。盧大統領は第二次大戦後生まれで、選挙ではインターネットを通じて若い世代に支持を広げ、苦学しながら民主化運動の弁護士となった経歴もあり、清潔さと世代交代を期待されながら政権に就いた。

ところが、政権発足直後から、側近や親族の政治資金不正疑惑がつぎつぎと表面化した。また、民主党から離党した大統領派の議員が、〇三年十一月にヨルリン・ウリ党(開かれたわが党)を結成し、与党が分裂した。こうした混乱のなかで、〇四年三月に野党提案の大統領弾劾訴追案が可決されたが、国民の猛反発を受け、四月の国会議員選挙ではウリ党が圧勝した。五月には憲法裁判所が弾劾訴追案を棄却したが、国民の支持は一時的で、〇六年にかけておこなわれた地方選挙や国会議員補選では、ウリ党が惨敗した。

盧武鉉政権は、保守的な旧勢力への対抗を強調した。これを象徴するのが、〇四年一〇月の四大改革法案で、北朝鮮を意識した国家保安法の廃止、財団経営を排除する私立学校法改正、植民地時代や独裁政権時代の過去史真相糾明法、大新聞社の弱体化をねらった新聞法改正などである。また、大田《テジョン》・燕岐《ヨンギ》に行政中心複合都市を建設するという事実上の首都移転計画も、既得権益との決別をはかるものだった。しかし、これらの政策は必ずしも国民や野党の理解をえることができず、〇七年十二月の大統領選挙では、ハンナラ党の李明博《イミョンバク》が当選した。

一方、経済は内需の不振を輸出の伸びが補って一定の成長率を確保したが、不安定就業者の増大と若年層の失業、一部富裕層による不動産投機などが国民の不満を生み、「両極化」が叫ばれるようになった。

4　北朝鮮の金正日《キムジョンイル》政権への移行と経済の停滞

労働党第六回大会と金正日の公式擁立

一九八〇年十月、朝鮮労働党第六回大会が開かれ、金正日が党中央委員会政治局常務委員、書記局書記、軍事委員会委員に選出された。さらに党規約が改正され、党中央委員会のもとでこれら三機関が大きな権力をもつようになった。この時点で三機関すべてに名を連ねていたのは金日成と金正日だけで、七四年に後継者として指名された金正日の地位が、公式に確立されたことを意味していた。

しかし、この大会ではほかに目新しい政策は打ち出されず、「全社会の主体《チュチェ》思想化」と三大革命の推進という従来からの方針が確認されただけだった。わずかに、経済建設の十大展望目標が掲げられたが、基本的項目の到達目標を羅列するにとどまった。

このあと、一九八二年から八三年にかけて、金正日は主体思想の意義を解説した三つの論文を発表し、『労働新聞』などにこれを称揚する論説が掲載された。また、八六年には「人民大衆は、党の指導のもと首領を中心に組織的、思想的に結集することにより、不滅の自主的な生命力をもつひとつの社会政治的生命体をなします」という主旨の論文を発表し、金日成を首領として国民の強固な団結を求める「社会政治的生命体」論を体系化した。こうして金正日は、北朝鮮のイデオロギーの解釈者としての役割を強めていったが、国家の表舞台に立つ地位に就任することはなく、公的な場への登場の機会も限られていた。

二次にわたる七カ年計画の不振

一九七一年から開始された六カ年計画が対外支払いの遅延などの問題点を残して終了したあと、緩衝《かんしょう》期をおいて七八年から第二次七カ年計画が始まった。

その基本課題は、「人民経済の主体化、現代化、科学化」にあるとされた。つまり、技術水準などの近代化を志向しながら、それを前の六カ年計画のように、貿易やプラント導入などの対外開放政策によって実現するのではなく、あくまで「主体化」を前提として推進するという決意を示したものであろう。しかし、その決め手となる国内条件の整備は不十分で、成果が公表されない年度も多く、公表された数字も整合性に欠ける部分が目立つようになった。その一方で、一九八〇年の第六回党大会で提起された十大展望目標の数字が、七カ年計画とは無関係にたびたび強調された。

一九八二年になると、「八〇年代速度」の創造運動が提唱されたが、七〇年代の「速度戦」キャンペーンに比べて期間や目標の限定がなく、いわば日常的、継続的に大衆動員をおこなう体制が呼びかけられた。しかし、七カ年計画終了の翌八五年の金日成主席の新年の辞では、計画達成について言及がなく、のちに数値の公表はあったものの、次期計画に移ることはできずに八五年と八六年は調整の年とされた。

一九八七年になってようやく開始された第三次七カ年計画では、引き続き「人民経済の主体化、現代化、科学化」が基本課題とされたが、同時に「社会主義経済建設の十大展望目標」の実現も盛り込まれた。前の第二次七カ年計画では、計画の目標値と、あとから第六回党大会で示された十大展望目標の食い違いが目立ったが、今回は計画に明記することで一本化がはかられた。しかし、展望目標の鉄鋼生産目標が一五〇〇万トンから一〇〇〇〇万トンに引き下げられるなど、目標値自体に変更が加えられた。

　こうして掲げられた第三次七カ年計画の達成方法は、第二次と同様、具体的に示されることはなかった。しかし、第二次計画終了前後からの政策をみると、ふたたび対外関係を強化することで経済のゆきづまりを打開しようとする意図がうかがわれた。ひとつは社会主義諸国との関係改善の努力で、一九八四年に四七日間にわたって金日成主席一行がソ連・東欧をおとずれるなど、ソ連や中国とのあいだで有力者の相互訪問が目立つようになった。一方、八四年に外国企業との合弁のための合営法が制定され、九一年には豆《トゥ》満江《マンガン》河口の羅津《ナジン》・先鋒《ソンボン》地区を自由経済貿易地帯に指定するなど、先進資本主義国の外資を導入するための条件整備も進められた。また、八四年には最高人民会議が「南南協力と対外経済事業を強化し貿易を一層発展させるために」という決議を採択し、非同盟諸国や発展途上国との関係も重視された。

　こうした努力の結果、一九八〇年代なかばからソ連との貿易が増加し、八九年には韓国の現代財閥と金《クム》剛山《ガンサン》開発の協議が始まるなど、一定の成果がみられた。しかし、八三年のラングーン事件や八七年の大韓航空機事件によって北朝鮮への風当りは強まり、資本主義国との経済関係の強化は進まなかった。その一方で、第二次計画中から平壌で記念碑的建造物の建設が進められ、八二年に主体思想塔、凱旋門、人民大学習堂、金日成競技場が完成し、さらに八九年に開催された世界青年学生祭に向けて平壌首都建設事業が進められた。こうした国威発揚のための建設事業は、疲弊した北朝鮮経済に大きな負担となった。

　結局、第三次七カ年計画は完成年度の一九九三年になっても成果への言及がなく、九四年から九六年までは次期計画のための緩衝期とされ、その後も次期計画の発表がないまま九〇年代が終わった。

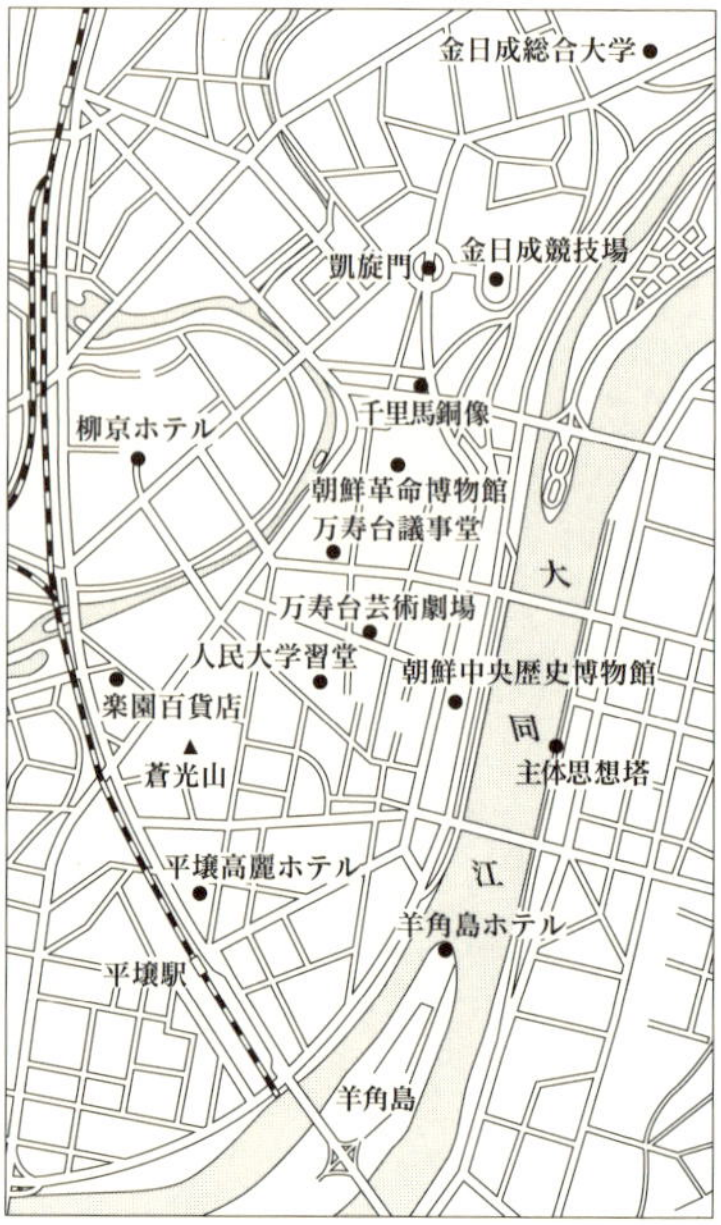

1990年代の平壌市

ソ連・東欧圏の崩壊と朝鮮式社会主義の強調

一九八〇年代末から東欧諸国・ソ連が韓国とあいついで国交を結び、さらにそれらの国々が社会主義体制を放棄するなど、国際情勢は大きく変化した。これに対応するため、九〇年代にはいると北朝鮮では「我々式《ウリシク》」すなわち朝鮮式社会主義の強調と対外経済開放への模索が始まった。

ソ連が崩壊した一九九一年に、金正日書記は「人民大衆中心の我々式社会主義は必勝不敗である」という談話を発表し、翌九二年にも労働党の路線について論じた。これらのなかで金正日は、ソ連・東欧諸国では先行理論にたいする教条主義的理解が体制崩壊を招いたと指摘し、マルクス・レーニン主義の教条から離れ、独自の「社会政治的生命体」に基礎をおいたと自負する朝鮮式社会主義の優位性を示唆した。一方、多党制などの政治的多元主義導入には反対し、当面は体制変革の意図のないことを確認した。

さらに、一九九二年には憲法が改正され、主体思想の定義が「マルクス・レーニン主義を継承し創造的に現実に適用した」ものから、「人間中心の世界観であり、人民大衆の自主性を実現するための革命思想」へと変更された。これは、ソ連・東欧で崩壊したマルクス・レーニン主義から朝鮮式社会主義を切り離すことによって、社会主義圏崩壊の影響を食い止めようとする意図を示したものであろう。また、従来は中央人民委員会の下にあった国防委員会が「国家主権の最高軍事指導機関」に格上げされ、憲法に「国防」という章を独立させるなど、軍事面を重視する姿勢も目立った。

一方、外国人の権利を保障し、合弁や合作を奨励する規定が設けられ、対外経済関係強化の方針が憲法にも明確に示された。そして一九九二年に外国人投資法、合作法、外国人企業法、九三年に自由経済貿易地帯法、外国投資企業および外国人税金法、外貨管理法、九五年に対外経済契約法、対外民事関係法などが制定され、八四年の合営法に続いてひさびさに外資導入への法的基盤の整備が進んだ。さらに、九一年に自由経済貿易地帯に指定された羅津・先鋒地区では、道路、鉄道、ホテルなどのインフラ整備が進み、九六年には国連開発計画(UNDP)、国連工業開発機関(UNIDO)と共催で国際投資フォーラムが開かれるなど、豆満江河口開発への企業誘致が本格化した。

また、このころから北朝鮮の民族的正統性を示すような特異な歴史認識が強調されるようになった。まず、四世紀から七世紀の三国時代にかんして、南にあった新羅《シルラ》は唐とくんだ外勢依存の国だと批判し、北の高句麗《コグリョ》の正統性を強調して、一九九二年に高句麗の始祖・東明《トンミョン》王陵の改築が進められた。また、一般に古朝鮮の伝説上の始祖にすぎないとされる檀君《タングン》《だんくん》が、実在の人物だったと主張する論文が九三年に発表され、九四年には檀君陵だといわれる陵墓の改修が完成した。

核開発疑惑から四カ国協議へ

一九八四年から対外経済関係強化の方針が明確になり、九〇年代にはいって関係法令やインフラの整備が進んだが、アメリカや日本との交流の拡大は順調に進まなかった。

アメリカとの交渉は北朝鮮の核開発疑惑を契機として活発になった。アメリカは北朝鮮の核兵器開発を防ぐために、従来から核関連施設への査察の受入れを要求していた。これにたいして北朝鮮は一九九二年一月に声明を発表し、核拡散防止条約(NPT)の保障措置協定を批准し、国際原子力機関(IAEA)による査察を受け入れる方針を示した。協定に基づいてIAEAは九二年から九三年にかけて査察を実施したが、さらに寧辺《ヨンビョン》付近の施設にたいする特別査察を要求したため、北朝鮮は態度を硬化させて九三年三月にNPT脱退を宣言した。IAEAはこの問題を国連安全保障理事会に付託し、安保理は五月に査察受入れを要請する決議をおこなった。こうした圧力のなかでアメリカと北朝鮮の交渉が続いたが、九四年六月に北朝鮮はIAEAも脱退すると発表した。

このように国連やIAEAの北朝鮮への圧力と、これに反発する北朝鮮のNPTやIAEAからの離脱宣言というかけひきが続くなかで、一九九四年十月に朝米基本合意が成立した。その骨子は、北朝鮮の原子炉を従来の黒鉛減速炉から、核燃料の管理がしやすい軽水炉に転換することをアメリカが支援し、軽水炉完成までの代替エネルギーとして重油を提供することだった。軽水炉供与のために、九五年にアメリカ・韓国・日本が朝鮮半島エネルギー開発機構(KEDO)を設立し、九七年から建設工事に着工した。

こうした核開発疑惑解消への交渉が進展するなかで、アメリカと韓国は一九九六年四月、北朝鮮・中国を含めた四カ国協議で朝鮮半島の恒久的な平和体制を討議することを提案した。北朝鮮もこれに応じて、九七年から四カ国協議が開始された。

一方、日本とのあいだでは、一九九〇年に自民党・社会党の代表団にたいして金日成主席が国交正常化の提案をおこなった。その後、九二年に国交交渉が中断し、九五年に自民党・社会党・さきがけの連立与党代表団の訪朝によって打開がはかられたが進展はみられなかった。当初は日本の植民地支配にたいする賠償と、これを四〇年以上放置した責任を問う戦後賠償の解釈をめぐる日朝間の対立があり、さらに北朝鮮の工作員が日本人を拉致したという疑惑の解明が日本側から提起されるなど、双方の見解の相違は大きかった。九九年にも自民党・社民党代表団が訪朝して交渉再開への糸口をつかもうとしたが、日朝国交樹立は二十一世紀に残された課題となった。

金日成の死去と食糧問題の深刻化

一九九四年七月、北朝鮮における建国以来の指導者だった金日成主席が死去した。政権は既定方針どおり息子の金正日が継承したが、服喪を理由として、あらたに公的な地位に就任することはなかった。三年間の喪が明けたあとも、金正日は労働党総書記に就任しただけで、元首である国家主席は空席のままとなり、新しい体制の全貌は不明確だった。そして九八年には憲法が改正され、七二年憲法で国家機関の中心にすえられた主席と中央人民委員会が廃止されてしまった。この改正によって、憲法上の元首の規定はなくなったが、七二年憲法で廃止された最高人民会議常任委員会委員長のポストがこの九八年の改正で復活

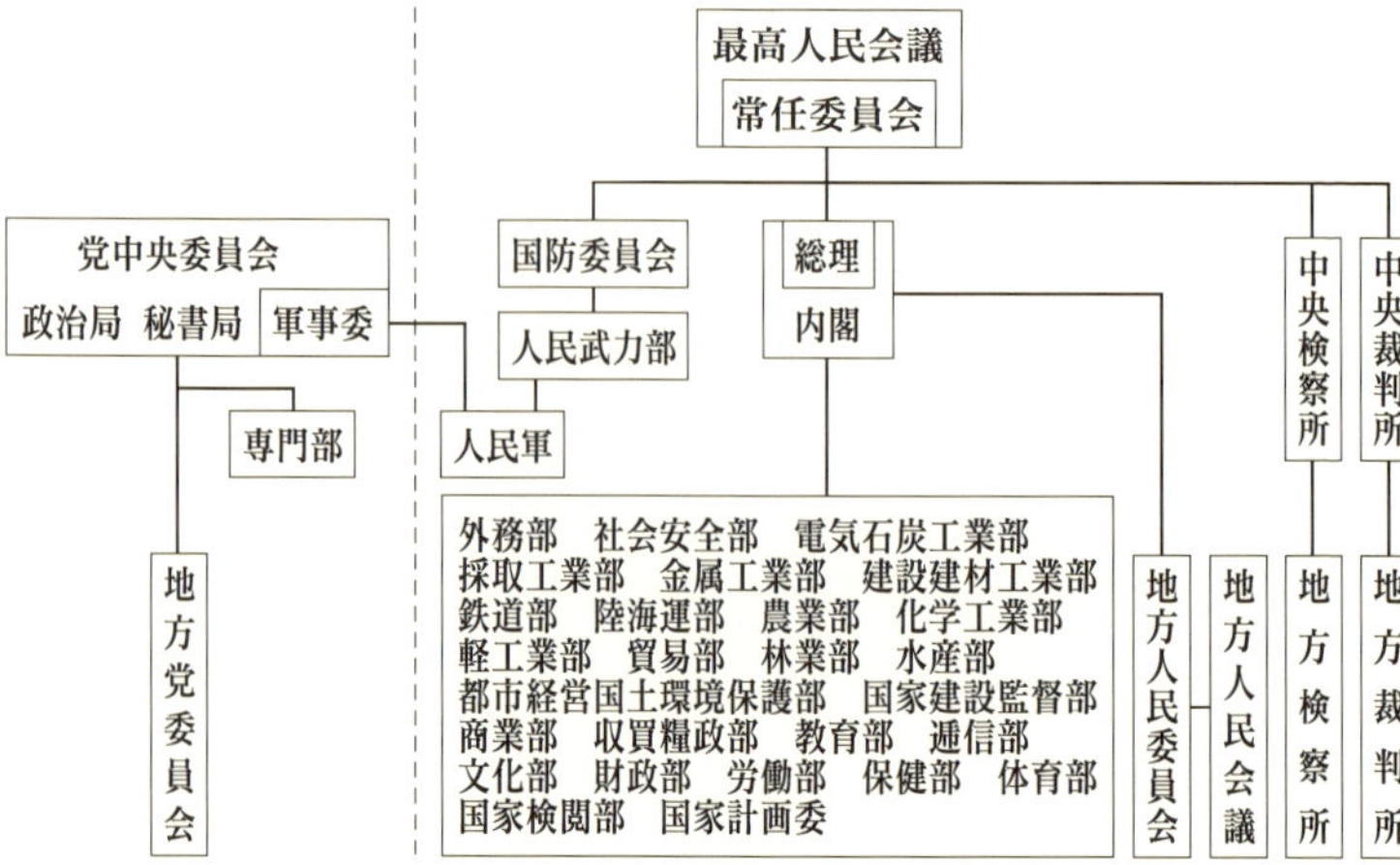

1998年に改正された憲法による北朝鮮の国家機構

し、外国大使の信任状接受など対外的な元首の職務をおこなうことになった。

その一方で、金正日が国防委員会委員長に「推戴」されて再任し、この地位が「国家の最高職責」であると説明されて、元首ではないものの国家機関の最高位にあることが明らかになった。国防委員会は、一九九二年の憲法改正で「国家主権の最高軍事指導機関」として新設された機関である。

こうした軍事重視の国家体制を象徴するように、憲法改正直前の一九九八年八月、人工衛星「光明星《クァンミョンソン》一号」の打ち上げを名目として三段式ロケットが発射された。アメリカや日本はこのロケット打ち上げを、実質的には弾道ミサイル「テポドン」の発射実験であるとみなし、警戒を強めた。

このように金日成死後の政治体制が不明確ななかで、経済面では食糧問題が深刻化していった。食糧問題が表面化したのは一九九五年で、夏の水害で耕地に大きな被害がでたことが明らかにされた。さらに九七年には、高温、旱魃《かんばつ》と高潮によって、穀物生産量が食糧需要量の半分強にすぎない二六八万五〇〇〇トンに減少したという政府発表があった。国連食糧農業機関（FAO）や世界食糧計画（WFP）などの国際機関も同様の推計を発表し、各国に北朝鮮への食糧支援を呼びかけた。しかし、翌年以降も食糧問題の大幅な改善はみられず、国際的な食糧援助が続いた。

北朝鮮の食糧問題の原因は異常気象だけでなく、もともと気候が稲作に不向きなうえに、トウモロコシなどの密植や連作による地力低下、傾斜地の開墾による表土流出など、長年にわたる農業政策の失敗が構造的な要因をもたらしたとみられている。また、社会主義圏の崩壊によって友好国からの原油輸入がとまり、農業機械の稼働や化学肥料の供給の障害となった。

政治・経済両面で将来展望が不明確な北朝鮮の状況を象徴するように、主体思想の体系化に寄与したといわれる労働党の黄長燁《ファンジャンヨプ》《こうちょうよう》書記が一九九七年に韓国に亡命するなど、九〇年代後半から亡命者の増加が目立つようになった。さらに二〇〇〇年代にはいると、中国経由で韓国に亡命する一般国民も増加した。

南北首脳会談と共同宣言

二〇〇〇年六月、韓国の金大中大統領が北朝鮮を訪問し、平壌で歴史的な南北首脳会談が実現した。会談で合意をみた「南北共同宣言」の内容は、⑴統一問題の自主的解決、⑵韓国の「南北連合案」と北朝鮮の「連邦制案」の共通性を認識して統一を追求、⑶離散家族の相互訪問など人道問題の解決、⑷経済交流など各分野の交流活性化、⑸合意事項の実行のための当局間対話の開始、という五項目だった。

しかし、統一問題の自主的解決はすでに七二年の南北共同声明でうたわれており、離散家族の相互訪問も八五年から実施され、統一方法も既存の提案の共通性を確認したにとどまる。南北の交流拡大だけがわずかに実現され、開城工業団地の建設などが進められた。その一方で、首脳会談に先立って金大中政権と現代峨山が北朝鮮に五億ドルを送金した事件が起訴され、鄭夢憲《チョンモンホン》現代峨山会長が自殺した。

核兵器開発宣言と日本人拉致問題

二〇〇三年四月、北朝鮮は使用済み核燃料の再処理を認め、核兵器の開発能力を示唆した。これにたいして、八月から朝・韓・米・中・露・日の六カ国協議が開始され、参加国は核開発計画の全面放棄を要求した。しかし、北朝鮮は〇五年二月に核兵器保有を宣言し、〇六年七月にはテポドン二号を含む弾道ミサイルの発射実験を行うなど、対決姿勢を強めた。その背景には、北朝鮮をイラン・イラクと並べて「悪の枢軸」と呼ぶアメリカのブッシュ政権との外交的駆け引きの意図があると考えられる。

一方、二〇〇二年九月と〇四年五月に日本の小泉純一郎首相が訪朝し、金正日国防委員長と会談した。この席上で北朝鮮側は日本人拉致を認めて謝罪し、五人の被害者と家族が日本に帰国した。しかし、日本の世論は北朝鮮非難を強め、北朝鮮の期待した国交樹立交渉の進展は困難になった。

懸案の食糧生産は、肥料援助などによって順調に拡大して一九九五年の水害以前の水準を回復し、国連にたいして二〇〇六年からの食糧援助打切りを申し入れるほどになった。しかし〇六年夏に再び深刻な水害被害があるなど、工業を含む経済活動全体は低水準にとどまっている。

大韓民国
京畿道
江原道
忠清北道
忠清南道
慶尚北道
慶尚南道
全羅北道
全羅南道
済州道
開城
長端
汶山
議政府
春川
江華
金浦
ソウル
仁川
江華湾
漢江
広州
利川
驪州
水原
安城
原州
江陵
東海
三陟
旌善
鬱陵島
堤川
丹陽
奉化
蔚珍
忠州
天安
瑞山
温陽
鳥致院
清州
聞慶
栄州
加恩
店村
安東
報恩
錦江
公州
大田
沃川
扶餘
論山
尚州
善山
洛東江
義城
永同
金泉
浦項
群山
裡里
全州
倭舘
大邱
永川
金堤
高霊
慶山
慶州
居昌
井州
陜川
南原
蔚山
昌寧
密陽
梁山
栄山江
光州
蟾津江
晋州
伽倻
昌原
金海
羅州
河東
泗川
馬山
鎮海
東莱
釜山
順天
固城
三千浦
木浦
霊厳
麗水
統営
巨済島
康津
珍島
済州
済州島
対馬海峡
黄海
日本海
日本
124°
126°
128°
130°
132°
34°
36°
38°

新版《しんぱん》 世界各国史《せかいかっこくし》 2
朝鮮史《ちょうせんし》

2000年8月25日　1版1刷　発行
2014年12月20日　1版6刷　発行

編　者　武田幸男《たけだゆきお》
発行者　野澤伸平
発行所　株式会社　山川出版社
〒101-0047　東京都千代田区内神田 1-13-13
電話　03(3293)8131(営業)　8134(編集)
振替　00120-9-43993
http://www.yamakawa.co.jp/
印刷所　図書印刷株式会社
製本所　株式会社ブロケード
装　幀　菊地信義

ISBN 978-4-634-41320-7

執筆者紹介(執筆順)

武田 幸男 たけだ ゆきお
1934年生まれ。東京大学大学院人文科学研究科博士課程単位取得退学
東京大学名誉教授
主要著書・論文：『高句麗史と東アジア』(岩波書店 1989)，『隋唐帝国と古代朝鮮』(共著，世界の歴史6，中央公論社 1997)，「三韓社会における辰王と臣智」(『朝鮮文化研究』第2・3号 1995・96)

田中 俊明 たなか としあき
1952年生まれ。京都大学大学院文学研究科博士課程修了
現在，滋賀県立大学人間文化学部教授
主要著書：『大加耶連盟の興亡と「任那」』(吉川弘文館 1992)，『韓国の古代遺跡』1・2(共著，中央公論社 1988・89)，『高句麗の歴史と遺跡』(共著，中央公論社 1995)

李 成市 り そんし
1952年生まれ。早稲田大学大学院文学研究科博士課程修了
現在，早稲田大学文学学術院教授
主要著書：『朝鮮の歴史』(共著，三省堂 1996)，『東アジアの王権と交易』(青木書店 1997)，『古代東アジアの民族と国家』(岩波書店 1998)，『東アジア文化圏の形成』(世界史リブレット7 山川出版社 2000)

山内 弘一 やまうち こういち
1952年生まれ。東京大学大学院人文科学研究科博士課程単位取得退学
現在，上智大学文学部教授
主要著書・論文：『アジア論IV 朝鮮の歴史』(共著，日本放送出版協会 1990)，「李朝後期の戸籍編成について――特に地方の場合を中心に」(『朝鮮後期の慶尚道丹城県における社会動態の研究(II)』学習院大学東洋文化研究所調査研究報告No. 33 1997)，「京城・貴族の誇り――丁若鏞に於ける貴賤と華夷」(『上智史学』第44号 1999)

糟谷 憲一 かすや けんいち
1949年生まれ。東京大学大学院人文科学研究科博士課程単位取得退学
現在，一橋大学大学院社会学研究科教授
主要著書・論文：『朝鮮の近代』(世界史リブレット43 山川出版社 1996)，「初期義兵運動について」(『朝鮮史研究会論文集』第14集 1977)，「閔氏政権後半期の権力構造」(『朝鮮文化研究』第2号 1995)

橋谷 弘 はしや ひろし
1955年生まれ。東京都立大学大学院人文科学研究科博士課程修了
現在，東京経済大学経済学部教授
主要著書・論文：『帝国日本と植民地都市』(吉川弘文館 2004)，「1930・40年代の朝鮮社会の性格をめぐって」(『朝鮮史研究会論文集』第27集 1990)，「NIES都市ソウルの形成」(『朝鮮史研究会論文集』第30集 1992)

付　　録

■索　引

※原則として日本語の発音によって配列した。

人名索引

●アーオ

阿華王　55, 65
?-405(位392-405)
明石元二郎　262, 264
1864-1919
足利義満　182
1358-1408
閼智　73
65-?
阿道　59
4世紀
新井白石　196
1657-1725
アレクセーエフ　251
Alexeev, Karl.A.　19世紀
安驥泳　231
1818-83
安原王　57
?-545(位531-545)
安珦(安裕)　160, 162, 165, 187
1243-1306
安圭洪　266
1879-1909
安駉寿　245, 247, 251
1853-1900
安堅　191
15世紀
安弘　80
6世紀
安光泉　295
20世紀
安国善　271
1878-1926
安在鴻　295, 327
1891-1965
安重根　263, 280
1879-1910
安勝(報徳王)　92, 93, 95
?-684
安昌浩　268, 300, 319
1878-1938
安臧王　57
?-531(位519-531)
安宗洙　269
1859-96
安中植　323
1861-1919
安鼎福　218
1712-91
安平大君　174, 191
1418-53
アンベール　217
Imbert, Laurent-Joseph-Marie　1797-1839
安明根　280
1879-?
伊夷模　51, 52
2-3世紀(位197-227)
異次頓　77
6世紀
惟政　189
1544-1610
一然(普覚国尊)　26, 163
1206-89
乙支文徳　87
7世紀
伊藤博文　235, 259-261, 263
1841-1909
井上馨　226, 235, 244
1835-1915
尹瓘　132, 137
?-1111
尹鑴　207, 208
1617-80
尹元衡　186
?-1565
尹志　210
1688-1755
尹滋承　226
1815-?
尹持忠　211, 212
1759-91
尹集　198

1606-37
尹拯　185, 208
1629-1714
尹任　186
1487-1545
尹心悳　323
1897-1926
尹善道　191, 207
1587-1671
尹致昊　229, 251, 267, 280, 313
1864-1945
尹白南　323
1888-1954
尹潽善　354, 363, 368, 372, 386
1897-1990
ウィルソン　282
Wilson, Thomas Woodrow　1856-1924
禹夏永　218
1741-1812
宇垣一成　302-304
1868-1956
禹性伝　185, 187
1542-93
于勒　84
6 世紀
雲聰　60
6-7世紀
恵恭王　101
位765-780
永昌大君　197
1606-14
英祖　200, 208-210, 212
1694-1776(位1724-76)
睿宗(高麗)　137
1079-1122(位1105-22)
睿宗(朝鮮)　174, 176, 183, 184
1441-69(位1468-69)
衛満　30, 32, 33
前 3-2 世紀
永楽帝　168
1360-1424(位1402-24)
栄留王　60, 88
位618-642
慧灌　60
7 世紀
慧顕　71
7 世紀
慧慈　60, 88
?-624
慧聰　71
6 世紀
慧超　106
704-?
淵(泉)蓋蘇文(イリ・カスミ)　88, 89, 91, 92, 271
?-665
円光　81
?-630
燕山君　184-186
1476-1506(位1494-1506)
円測　106
613-696
延礽君昑 ──→ 英祖も見よ　209
1694-1776
淵浄土　91
7 世紀
袁世凱　233, 236, 242
1859-1916
王盱　39
1 世紀
王規　120
?-945
王建 ──→ 太祖(高麗)も見よ　103, 104
877-943(位918-943)
王光　39
1 世紀
王閎　36
1 世紀
王孝廉　113
渤海後期
王式廉　116, 120
?-949
王仁　71
4-5世紀
王調　36
1 世紀
大石正巳　238
1855-1935
大鳥圭介　242
1833-1911
岡田啓介　308
1868-1952
温祚　61, 62

?-28(位前18-後28)

●カーコ

解仇 66
?-478
蓋蘇文 ⟶ 淵(泉)蓋蘇文
蓋鹵王 57, 65
?-475(位455-475)
赫居世 72, 73
前64-後4
郭再祐 193
1552-1617
覚徳 80
6世紀
加藤清正 193
1562-1611
韓濩 191
1543-1605
毌丘倹 52
?-255
元暁 106
617-686
韓圭卨 260
?-1930
韓元震 219
1682-1751
韓恂 144
13世紀
韓雪野 323
1900-?
咸台永 345
1873-1964
韓泰東 185, 207
1646-87
韓致奫 218
1765-1814
韓澄 322
1887-1944
韓鎮書 218
18-19世紀
韓百謙 218
1552-1615
韓明澮 174, 175, 184, 185
1415-87
韓龍雲 283
1879-1944
観勒 71
6-7世紀
義淵 60
6 世紀
箕子 27, 29, 30
前12世紀
義慈王 89, 91
?-660(位641-660)
義湘 106
625-702
亀城君 184
?-1479
義信 80
6 世紀
奇正鎮 225
1798-1876
毅宗 138
1127-73(位1146-70)
吉再 160, 162, 184
1353-1419
吉善宙 283
1869-1935
奇轍 156, 158
?-1356
義天(大覚国師) 134
1055-1101
弓裔 103, 116, 122
?-918
仇亥 83
位521-532
休静 189, 193
1520-1604
許筠 220
1569-1618
魚允中 229, 232, 234, 240, 241, 245, 248
1848-96
姜邯賛 124
948-1031
姜希顔 191
1417-64
姜希孟 191
1424-83
姜沆 194
1567-1618
姜弘立 197, 198
1560-1627
恭譲王 161, 162, 166, 167
1345-94(位1389-92)

姜必履　218
1713-?
恭愍王　153, 157-159, 160, 165, 166
1330-74(位1351-74)
許嘉誼　355, 356
20世紀
許堅　207
?-1680
許憲　297, 298, 327, 328
1885-1951
魚叔権　190
15-16世紀
許浚　172
?-1615
許政　353
1896-1988
許積　207
1610-80
許貞淑　294
1908-91
許穆　206, 207
1595-1682
金堉　202
1580-1658
金一鏡　209
1662-1724
金允植　229, 232, 234, 236, 245
1835-1922
金殷傅　132
?-1017
金泳三　385, 387, 404, 414, 417
1927-
金永郎　323
1903-50
金益勳　207, 208
1619-89
金嘉鎮　245
1846-1922
金寛毅　162
12世紀
金漢耉　210
?-1769
金観鎬　323
1890-?
金綺秀　228
1832-?
金基鎮　322
1903-85
金九　320, 328, 329, 336, 337
1876-1949
金絿　191
1488-1534
近仇首王　64
?-384(位375-384)
金玉均　229, 230, 234, 235
1851-94
金訓　139
?-1015
金憲昌　102
?-822
金奎植　282, 328, 330, 336
1881-1950
金孝元　185, 186
1532-90
金弘集　228-231, 232-234, 243, 245-248
1842-96
金弘道　221
1745-?
金宏弼　184-186
1454-1504
金在鳳　294
1890-1944
金佐鎮　299
1889-1930
金沙彌　143
12世紀
金芝河　409
1941-
金時習　174, 190
1435-93
金馹孫　184, 185
1464-98
金自點　200
?-1651
金秀敏　266
?-1909
金寿長　220
1690-?
金俊　141, 147
?-1258
金春秋 ──→ 武烈王も見よ　89
金昌業　199
1658-1721
金尚憲　198, 200

1570-1652
近肖古王　64, 71
?-375(位346-375)
金昌集　209
1648-1722
金正日　393, 394, 426, 433, 435
1942-
金鍾泌　362, 364, 367, 370, 400, 418, 424
1926-
金誠一　193
1538-93
金正喜　218, 220, 221
1786-1856
金正浩　218
?-1868
金性洙　292, 295, 329, 344
1891-1955
金錫冑　185, 207
1634-84
金千鎰　193
1537-93
金宗瑞　172, 174, 183
1390-1453
金宗直　184, 185
1431-92
金素月　322
1902-34
金祖淳　215
1765-1831
金大建　217
1822-46
金大中　376, 377, 384, 386, 400, 404, 411, 418, 423, 435
1925-
金長淳　218
18-19世紀
金長生　213
1548-1631
金通精　148
13世紀
金悌男　197
1562-1613
金哲勲　293
20世紀
金天沢　220
18世紀
金陶山　323
1891-1922
金東仁　322
1900-51
忻篤(忻都)　148, 150, 151
13世紀
欽突　99
?-681
金枓奉　320, 333, 336, 355
1890-?
金日成　308, 320, 332, 333, 336, 337, 355, 356, 360, 388, 433
1912-94
金範禹　212
?-1787
金傅(敬順王)　117
?-978(位927-935)
金富軾　132, 134, 138, 163
1075-1151
金炳淵(金笠)　221
1807-63
金炳魯　298
1887-1964
金方慶　148-151
1212-1300
金輔鉉　232
1826-82
金甫当　139, 142
?-1173
金万重　220
1637-92
金佑明　207
1619-75
金庾信　91
595-673
金鏞　158
14世紀
金墍　197
1571-1648
具致寛　184
1406-70
黒田清隆　226
1840-1900
恵宗　120
?-945(位943-945)
景宗(高麗)　121, 126
955-981(位975-981)
景宗(朝鮮)　208, 209

1688-1724(位1720-24)
慶大升　139
1154-83
玄㯖　271
1860-?
権近　160, 162, 168, 189
1352-1409
甄萱　103, 115, 117, 119
?-936
玄采　271
1856-1925
玄済明　323
1902-60
顕宗(高麗)　124
992-1031(位1009-31)
顕宗(朝鮮)　206, 207
1641-74(位1659-74)
憲宗　215, 217
1827-49(位1834-49)
元宗　147
1219-74(位1259-74)
玄鎮健　322
1900-43
権東鎮　283
1861-1947
景徳王　101
?-765(位742-765)
鉗牟岑　92
7世紀
小磯国昭　313
1880-1950
黄允吉　193
1536-?
洪英植　229, 234, 235
1855-84
光海君　186, 196-198, 202
1575-1641
洪海星　323
1893-1957
広開土王　51, 54-57, 60, 65, 74, 82
374-412(位391-412)
高羲東　323
1886-1965
洪啓薫　242, 248
?-1895
高敬命　193
1533-92
洪景来　216
1780-1812
高興　71
4世紀
洪国栄　211
1748-81
洪在鶴　231
?-1881
洪茶丘　148-151
13世紀
黄嗣永　212
1775-1801
洪重喜　156
14世紀
黄遵憲　229
1848-1905
黄真伊　190, 191
15-16世紀
黄晳暎　409
1943-
興宣大院君昰応　216, 222, 223, 225, 231, 232, 235, 236, 243, 244
1820-98
高祖(唐)　61
565-635(位618-626)
高宗(唐)　90
628-683(位649-683)
高宗(朝鮮)　222, 225, 229, 230, 232-237, 244, 248-250, 252, 253, 255, 256, 259, 261, 262, 267, 273, 283
1852-1919(位1863-1907)
光宗　118, 121
925-975(位949-975)
孝宗　198, 200, 206, 208
1619-59(位1649-59)
洪大容　218, 220
1731-83
康兆　124
?-1010
洪範図　266, 282, 299
1868-1943
洪福源　144
13世紀
高福寿　323
1911-72
洪武帝(朱元璋)　157, 158, 200
1328-98(位1368-98)

洪文系　147
13世紀
洪鳳漢　210
1713-78
皇甫仁　174
?-1453
洪万選　218
1643-1715
洪命憙　323
1888-1968
孝明世子(翼宗)　215
1809-30
洪翼漢　198
1586-1637
洪蘭坡　323
1897-1941
洪良浩　218
1724-1802
顧炎武　219
1613-82
呉慶錫　229
1831-79
故国原王　54, 64
?-371(位331-371)
故国壌王　54
?-391?(位384-391?)
呉俊泳　238
1829-94
呉祥根　293
1881-?
呉世昌　283
1864-1953
呉達済　198
1609-37
呉長慶　232
1833-84
忽敦　149
13世紀
小西行長　192, 193
1558-1600
権諰　208
1604-72
権擥　174
1416-65
権慄　193
1537-99

●サーソ

崔瑀(怡)　140, 145, 164
?-1249
崔瑩　161, 166
1319-88
崔益鉉　225, 227, 266
1833-1906
崔恒　175
1409-74
崔漢綺　218
1803-75
崔竩　141
?-1258
崔圭夏　388
1919-
崔鉉培　322
1894-1970
崔沆　140, 141, 164
?-1257
崔済愚　223, 240
1824-64
崔時亨　240, 244
1827-98
蔡寿　220
1449-1515
崔濡　158
14世紀
崔潤徳　183
1376-1445
崔昌益　320
1896-1957?
崔承老　125
927-989
崔曙海　322
1901-32
崔仁勲　409
1936-
崔仁浩　410
1945-
蔡済恭　211, 212
1720-99
崔錫恒　209
1654-1724
崔坦　144
13世紀
崔冲　132, 133

984-1068
崔忠献　140, 141
1149-1219
斎藤実　287, 300
1858-1936
崔南善　283
1890-1957
崔鳴吉　197, 198
1586-1647
崔茂宣　164
?-1395
崔麟　283, 295
1878-?
鏅　45
前1-後1世紀
三斤王　66
465-479(位477-479)
撒礼塔　145
13世紀
慈懿大妃(荘烈王后)　206
1624-88
慈蔵　81
7世紀
自超(無学)　162
1327-1405
支遁　59
314-366
斯麻王──→武寧王
車羅大　146
13世紀
周時経　270, 321
1876-1914
周世鵬　187
1495-1554
周文謨　212
?-1801
朱耀翰　319, 322
1900-79
粛宗(高麗)　132
1054-1105(位1095-1105)
粛宗(朝鮮)　200, 207-210
1661-1720(位1674-1720)
朱元璋 ──→ 洪武帝
朱子　165, 187-190
1130-1200
シューフェルト(薛斐爾)　230
Schufeldt, Robert Wilson　1822-
95
朱蒙(東明王)　29, 49-51, 61, 62
?-後19(位前37-後19)
朱理　57
?-557
首露王　82
?-199(位42-199)
準　30
前3-前2世紀
純元王后　215
1789-1857
純祖　210, 212, 215
1790-1834(位1800-34)
純宗　261, 273, 295
1874-1926(位1907-10)
順宗　132
1047-83(位1083)
順道　54, 59
4世紀
徐一　282
1881-1921
蔣英実　172
15世紀
蔣介石　320
1887-1975
承化侯温　148
13世紀
昭顕世子　198, 206, 211
1612-45
小獣林王　54, 59, 60
?-384(位371-384)
蔣伯祥　156
14世紀
徐熙　123
942-998
徐居正　171, 172, 190
1420-88
徐敬徳　190
1489-1546
徐光範　229, 234, 235, 244
1859-96
徐載弼　251
1860-1951
徐寿朋　250
?-1901
徐有榘　218
1764-1845

申維翰　196
1681-?
瀋王暠　155
14世紀
沈義謙　185-187
1535-87
辛禑　160, 165, 166
?-1388(位1378-88)
申景濬　218
1712-81
申櫶　226, 230
1810-88
仁顕王后　208
1667-1701
真興王　77, 78, 80
534-576(位540-576)
申采浩　271, 282, 321
1880-1936
申在孝　221
1812-84
申師任堂　191
1504-51
申叔舟　172, 174, 182, 184
1417-75
沈舜沢　235
1824-1906
申潤福　221
1758-?
辛昌　161, 166
1380-89(位1388-89)
仁宣王后　207
1618-74
仁祖　187, 197, 198, 206
1595-1649(位1623-49)
仁宗(高麗)　126, 132, 137
1109-46(位1122-46)
仁宗(朝鮮)　186
1515-45(位1544-45)
申溭　218
1600-61
神貞王后　222, 225, 237
1808-90
真徳女王　90
?-654(位647-654)
申乭石　266
1879-1908
辛旽(偏照)　160
?-1371
神文王　99
?-692(位681-692)
真平王　79
?-632(位597-632)
仁穆王后　197
1584-1632
申翼熙　346, 348
1892-1956
申砬　192
1546-92
崇禎帝　200
1610-44(位1628-44)
スチーブンス(須知分)　258
Stevens, Durham White　1853-1908
スペイヤー(士貝耶)　251
de Speyer, Alexei　19世紀
聖王　66, 67, 69, 71, 84
?-554(位523-554)
成希顔　185
1461-1513
成俔　190
1439-1504
成渾　187
1535-98
成三問　171, 174
1418-56
世祖　171, 173-175, 183, 184, 189
1417-68(位1455-68)
正祖　200, 210-212
1752-1800(位1776-1800)
世宗　171-176, 178, 181-183, 189
1398-1450(位1418-50)
成宗(高麗)　125
960-997(位982-997)
成宗(朝鮮)　176, 178, 184-186, 191
1457-94(位1469-94)
聖宗(遼)　123, 124
971-1031(位982-1031)
セスペデス　211
Céspedes, Gregorio de　1551-1661
宣王(大仁秀)　110
?-831(位818-830)
宣祖　186, 192, 197
1552-1608(位1567-1608)
宣宗　132

1049-94(位1083-94)
全斗煥　398-400, 413, 418
1931-
善徳女王　90
?-647(位632-647)
全琫準　240, 241, 244
1854-95
雙冀　121
10世紀
宋希璟　182
1376-1446
荘献世子(思悼世子)　210, 211, 220
1735-62
宋錫夏　321
1904-48
宋秀万　259
1857-?
宋浚吉　200
1606-72
宋象賢　192
1551-92
宋松礼　147
13世紀
曹植　187
1501-72
宋時烈　185, 198, 200, 206-208, 219
1607-89
曹晩植　292
1882-1950?
宋秉畯　259
1858-1925
曹奉岩　345, 346, 348, 349
1888-1959
蘇定方　91
7世紀
蘇馬諟　45
1世紀
孫基禎　309
1912-
孫昌渉　409
1922-
孫晋泰　321
1900-?
孫秉熙　283
1861-1922
孫牧人　323
1913-

●ター卜

大院君 ──→ 興宣大院君昰応
太古(普愚)　162
1301-82
大光顕　117
10世紀
大正天皇　286
1879-1926(位1912-26)
太祖(高麗)　116, 117, 119, 120
877-943(位918-943)
太祖(朝鮮)　167-171, 181-183, 189, 208
1335-1408(位1392-98)
太宗(朝鮮)　166, 168, 170, 171, 175, 181, 189
1367-1422(位1400-18)
太宗(後金，清)　198
1592-1643(位1626-43)
大祚栄(高王)　108, 110
?-719
拓俊京　137
?-1126
竹添進一郎　234, 235
1842-1917
脱解王　73
位57-80
檀君　26-28, 51, 163
端宗　173, 174
1441-57(位1452-55)
池錫永　269
1855-1935
智証王(智証麻立干)　76
437-514(位500-514)
知訥(牧牛子)　134
1158-1210
忠恵王　152, 155, 156
1315-44(位1330-32/1339-44)
忠粛王　152, 155, 156
1294-1339(位1313-30/1332-39)
忠宣王　154
1275-1325(位1298/1308-13)
中宗　186
1488-1544(位1506-44)
忠定王　152
1338-52(位1348-51)
忠穆王　152
1337-48(位1344-48)

忠烈王　149-154
1236-1308(位1274-98/1298-1308)
趙位寵　142
?-1176
趙永絲　144
13世紀
張学良　307
1901-
趙暉　144, 148
13世紀
趙羲淵　245, 247, 248
1856-1915
趙憲　193
1544-92
趙光祖　186, 188
1482-1519
張作霖　300
1875-1928
張志淵　271
1864-1921
趙錫晋　323
1853-1920
長寿王　55-57, 65
394-491(位413?-491)
趙浚　162, 165, 166, 168
1346-1405
趙準永　229
1833-86
趙世熙　409
1942-
趙泰耉　209
1660-1723
趙泰采　209
1660-1722
張徳秀　293
1895-1947
趙寧夏　225, 233, 235
1845-84
張博　247, 248
1848-?
趙秉甲　241
19世紀
趙秉式　238, 240, 252
1832-1907
趙秉稷　229, 243
1833-1901
趙秉世　260
1827-1905
張勉　348, 350, 355, 363
1899-1966
張保皐　102
?-841
趙万永　215
1776-1846
趙明熙　323
20世紀
ちんぎけん(沈義謙) ⟶ しんぎけん
枕流王　64
?-385(位384-385)
鄭寅普　321
1892-?
丁夏祥　217
1795-1839
貞熹王后　183, 184
1418-83
貞恵公主　113
738-777
貞顕王后　186
1462-1530
鄭元老　207
?-17世紀
丁若鐘　212, 217
1760-1801
丁若銓　218
1758-1816
丁若鏞　212, 218, 220
1762-1832
貞純王后　210, 212
1745-1805
鄭芝溶　323
1903-?
鄭招　172
?-1434
鄭尚驥　218
1678-1752
鄭汝昌　184, 185
1450-1504
鄭汝立　187
?-1589
鄭仁弘　193, 197
1535-1623
鄭斉斗　219
1649-1736
鄭歚　221

1676-1759
定宗(高麗)　120, 121
923-949(位945-949)
定宗(朝鮮)　169, 170
1357-1419(位1398-1400)
鄭知常　138
?-1135
鄭仲夫　139
1106-79
鄭澈　187
1536-93
鄭道伝　160, 162, 165, 166, 168, 169, 189
?-1398
鄭撥　192
1553-92
鄭秉夏　269
1849-96
鄭苯　174
?-1454
鄭夢周　160, 162, 166
1337-92
鄭麟趾　171, 172, 174
1396-1478
哲宗　216, 222
1831-63(位1849-63)
寺内正毅　263, 264, 272, 280
1852-1919
腆支王　65
?-420(位405-420)
東城王　66
?-501(位479-501)
道詵　121, 135
新羅末期
東川王(位宮)　52
?-248(位227-248)
道臧　71
7世紀
徳川家康　196
1542-1616
徳興君　158
14世紀
徳宗　128
1016-34(位1031-34)
豊臣秀吉　192, 194, 196
1537-98
曇徴　60
6-7世紀

●ナ―ノ

奈勿王　74
?-402(位356-402)
南延賢　409
1933-
南解王　73
?-24(位4-24)
南九万　208
1629-1711
南孝温　184, 185
1454-92
任士洪　185
1445-1506
任聖周　219
1711-88
ヌルハチ　197
1559-1626

●ハ―ホ

裴璆　113
9-10世紀
裴仲孫　148
13世紀
裴頲　113
9世紀
白頤正　160, 162
13-14世紀
白楽莘　216
19世紀
伯固　51
2世紀
白寿翰　138
?-1135
パークス(巴夏礼)　230
Parkes, Harry Smith　1828-85
白南雲　321, 333
1894-1979
白楽晴　409
1938-
馬建常　233
1840-1939
馬建忠　230, 232, 233
1845-99
花房義質　232
1842-1917
波若　60

6-7世紀
林権助　260
1860-1939
林銑十郎　302
1876-1943
万暦帝　200
1563-1620(位1572-1620)
否　30
前3世紀
美川王　53
?-331(位300-331)
毗曇　90
?-647
畢賢甫　144
13世紀
閔黯　208
1636-94
閔維重　208
1630-87
閔泳煥　236, 260
1861-1905
閔泳駿　242
1852-1935
閔泳穆　235
1826-84
閔泳翊　236
1860-1914
閔応植　236
1844-1903
閔謙鎬　231, 232
1838-82
閔肯鎬　267
?-1908
閔氏(王妃)　225, 235, 236, 244, 245, 247, 248
1851-95
閔漬　162
1248-1326
閔種黙　229
1835-1916
閔升鎬　225
1830-74
閔宗植　265
1861-1917
閔台鎬　234, 235
1834-84
閔鎮遠　209
1664-1736
閔鼎重　208
1628-92
閔龍鎬　249
1865-1922
武王　69
?-641(位600-641)
武王(大武芸)　108, 109
?-737(位719-737)
福昌君　207
?-1680
福信　91
7世紀
福善君　207
?-1680
福平君　207
?-1680
藤原惺窩　194
1561-1619
プチャータ　249
Putiata, D. V.　19世紀
沸流　61, 62
前1世紀
武亭　320, 356
1905-52
武寧王(斯麻王)　66, 67, 70
462-523(位501-523)
フビライ(元世祖)　147, 149, 150-154
1215-94(位1260-94)
扶餘隆　92, 93
615-682
ブラウン(柏卓安)　255
Brown, John McLeavy　1839-?
武烈王　89-91, 98, 99, 101
?-661(位654-661)
文益漸　164, 182
1329-98
文王(大欽茂)　90, 109, 110
?-794(位737-793)
文咨明王　57, 60
?-519(位492-519)
文周王　65, 66
?-477?(位475-477?)
文宗(高麗)　128
1019-83(位1046-83)
文宗(朝鮮)　173, 174
1414-52(位1450-52)

文帝(隋)　87
541-604(位581-604)
文武王　91, 99, 104
626-681(位661-681)
ベセル(裴説)　268
Bethell, Ernest Thomas　1872-1909
亡伊・亡所伊　142
12世紀
法王　69
?-600(位599-600)
法興王　76, 77, 80, 90
?-540(位514-540)
豊璋　91
7世紀
宝臧王　61, 89, 92
?-682(位642-668)
朴殷植　271, 282, 285, 321
1859-1925
朴英熙　319, 323
1901-?
朴泳孝　229, 234, 235, 244, 246, 247, 253
1861-1939
朴珪寿　217, 224, 226, 229
1807-76
朴憲永　319, 332, 355, 356
1900-55
朴元宗　185
1467-1510
睦虎龍　209
1684-1724
朴趾源　218, 220, 221
1735-1805
朴勝彬　322
1880-1943
朴斉家　218, 220
1750-1804
朴正熙　362, 366-368, 372
1917-79
朴斉純　260, 261
1858-?
朴世采　208
1631-95
朴世堂　218
1629-1703
朴堧　191
1378-1458
穆宗　124, 128
980-1009(位997-1009)
朴泰遠　322
1901-86
朴定陽　229, 237, 246, 252
1841-1905
朴苞　170
?-1400
慕容皝　54
297-348(位333-48)
堀本礼造　229, 232
?-1882

●マ—モ

摩羅難陀　71
4世紀
丸山重俊　258
1854-1911
萬積　143
?-1198
三浦梧楼　247, 248
1846-1926
味鄒王　73
?-284(位262-284)
南次郎　309, 315
1874-1955
明観　80
6世紀
妙清　138
?-1135
無学　170
1327-1405
明治天皇　259, 279, 309
1852-1912(位1867-1912)
明宗(高麗)　139
1131-1202(位1170-97)
明宗(朝鮮)　186, 188
1534-67(位1545-67)
目賀田種太郎　258, 264
1853-1926
メレンドルフ(穆麟徳)　233-236
von Moellendorf, Paul Georg
1848-1901
毛文龍　198
1576-1629
森山茂　226
1842-1919

●ヤ―ヨ

右渠　32, 33
?-前108
兪吉濬　229, 245, 247, 248, 270
1848-96
陽原王　57
?-559(位545-559)
揚子彦　191
1517-84
煬帝　87
569-618(位604-618)
翼宗　215
1809-30

●ラ―ロ

羅雲奎　324
1902-37
羅蕙錫　323
1896-1949?
懶翁(恵勤)　162
1320-76
李瑋鍾　262
1887-?
李頤命　209
1658-1722
李允宰　322
1888-1943
李允用　247, 248
1854-1939
李海朝　271
1869-1927
李适　197, 198, 203
1587-1624
李浣　200
1602-74
李完用　247, 248, 251, 260, 261, 264
1858-1926
李貴　197
1557-1633
李箕永　323
1895-1984
李熙昇　322
1896-1989
李義徵　208
?-1695
李義旼　140, 141
?-1196
李起鵬　348, 353
1896-1960
李義方　139
?-1174
李義鳳　218
1733-1801
李圭景　218
1788-?
李奎報　163
1168-1241
李彦迪　190
1491-1553
李健命　209
1663-1722
李元翼　202
1547-1634
李滉(退渓)　187, 190, 195
1501-70
李光佐　209
1674-1740
李光洙　295, 319, 322, 323
1892-1950
李鴻章　228, 230, 233, 235, 236
1823-1901
李耕稙　240, 248
1851-95
李孝石　323
1907-42
李肯翊　218
1736-1806
李厚洛　376, 400
1924-
李恒老　225, 231, 249
1792-1868
李克墩　185
1435-1503
李克魯　322
1893-1978
李最応　232
1815-82
李睟光　218
1563-1628
李載先　231
?-1881
李山海　185
1538-1609

李参平　194
?-1653
李珥　187, 190
1536-84
李始栄　281
1868-1953
李子淵　132
?-1086
李資謙　137
?-1126
李子春　165, 166
?-1361
李爾瞻　185, 197
1560-1623
李重煥　218
1690-?
李種徽　218
1731-97
李儁　262
1859-1907
李舜臣　193, 194, 270
1545-98
李箱　323
1901-37
李昇薫　280, 283
1864-1930
李承薫　212
1756-1801
李商在　251, 252, 292, 296
1850-1927
李相卨　261
1870-1917
李承晩　282, 300, 328, 335-337, 343-345, 353
1875-1965
李相和　322
1901-43
李如松　193
?-1598
李震相　219
1818-86
李人稙　271
1862-1916
李仁任　160
?-1388
李崇仁　162
1349-92
李施愛　175, 184
?-1467
李成桂 ──→ 太祖も見よ　161, 162, 165-167, 178
1335-1408
李斉賢　160, 162, 163, 165
1287-1367
李穡　160, 162, 165, 166
1328-96
李泰俊　323
1904-?
李澄玉　174, 175
?-1453
李哲　323
1904-44
李蕆　183
1376-1451
李東輝　293, 300
1873-1935
李東仁　229
?-1881?
李徳懋　218
1741-93
李蘗　212
1754-86
李範晋　247, 248
1853-1911
李潑　185, 187
1544-89
李晩永　218
1712-81
李丙燾　321
1896-1989
李芳遠 ──→ 太宗も見よ　166, 169, 170
1367-1444
李芳果 ──→ 定宗も見よ　169
1357-1419
李芳幹　170
?-1421
李芳碩　169
?-1398
李芳蕃　169
?-1398
李夢鶴　194
?-1596
李明雨　324
1901-?

柳永慶　185, 197
1550-1608
柳寛順　285
1904-20
柳僖　218
1773-1837
柳馨遠　218, 220
1622-73
李裕元　228
1814-88
劉鴻基　229
1831-?
柳子光　185
?-1512
柳寿垣　218
1694-1755
柳清臣　156
?-1326
柳成龍　185, 197
1542-1607
柳致真　323
1905-74
柳得恭　218
1749-?
柳麟錫　249, 282
1841-1915
梁起鐸　280
1871-1938
梁吉　103, 115, 116
9世紀
梁啓超　270, 271
1873-1929
李容泰　241
1854-?
李容翊　256
1854-1907
呂運亨　282, 319, 325, 327, 328, 330, 333
1885-1947
李瀷　220
1681-1763
呂大臨　188
1046-92
李蘭影　323
1916-65
李麟栄　266
1867-1909
李麟佐　209
?-1728
林惟茂　141, 147
?-1270
林衍　141
?-1270
臨海君　197
1574-1606
林巨正(林巪正)　180, 323
?-1562
林慶業　200
1594-1646
魯山君 ──→ 端宗も見よ　173, 174
林聖九　323
1887-1921
林和　323
1908-55?
廉想渉　322
1897-1963
ロー　224
Low, Frederick Ferdinand　1828-94
盧応奎　249
1861-1907
盧泰愚　410, 418
1932-
ロジャーズ　224
Rodgers, John　1812-82
ローズ　224
Roze, Pierre-Gustave　19世紀

事項索引

●アーオ

●カーコ

●サ－ソ

●タート

●ナ―ノ

●ハ―ホ

●マ―モ

●ヤ―ヨ

●ラ―ロ

●ワ

■ 年　表

［南］：大韓民国　［北］：朝鮮民主主義人民共和国
※1893年までの月日は陰暦，94年以降は陽暦。

年代	事　　項
20万年前	朝鮮で旧石器時代始まる
前8000頃	朝鮮で土器の製作が始まる（済州島）
前5000頃	櫛目文土器の製作が始まる
前4000頃	朝鮮で農耕が始まる
前1000頃	朝鮮で無文土器時代が始まり，青銅器が使用される
前800頃	朝鮮で水田耕作が始まる
前400頃	中国で，朝鮮の政治勢力の存在が知られる
前300頃	朝鮮で鉄器の使用が始まる
前195頃	衛氏朝鮮が成立する
前180	漢，衛氏朝鮮征討を議す
前128	漢，蒼海郡を設置
前109	漢，衛氏朝鮮を攻撃する
前108	漢，衛氏朝鮮を滅ぼし，楽浪・真番・臨屯３郡を設置
前107	漢，玄菟郡を設置
前82	漢，真番・臨屯２郡を廃止す
	この頃，高句麗興起す
前75	漢，玄菟郡を西方に移す
前57	伝説上で新羅建国す
前18	伝説上で百済建国す
12	王莽，高句麗王の騶を殺し，国号を下句麗と改める
	この頃，辰韓の廉斯鑡，楽浪に降る
	この頃，楽浪郡の王調，自立す
30	後漢，楽浪郡の混乱をおさえる
	後漢，東部都尉を廃し，楽浪郡の領東７県を放棄す
47	高句麗の蚕支落の大加戴升ら，楽浪に降る
105	後漢，玄菟郡をさらに西方に移す
	この頃，高句麗，沃沮・穢を支配下に置く
204	この頃，遼東の公孫氏，帯方郡を設置
209	この頃，高句麗，卒本から国内城（丸都城）に遷都
238	魏，遼東の公孫氏を滅ぼし，楽浪・帯方などを回収
242	高句麗，魏の攻撃により打撃をこうむる
244	魏，高句麗を攻撃し，王都を陥落
246	韓の数十国，帯方郡に対して蹶起。帯方太守，戦死す
278	馬韓の諸国ら，しばしば西晋に通交
313	高句麗，この頃，楽浪・帯方郡を滅ぼす（中国郡県支配の終了）
342	前燕，高句麗の国内城を攻略する
369	百済の近仇首，高句麗を迎撃
371	百済と高句麗，平壌で戦い高句麗の故国原王戦死。百済，漢山城に都を移すという

372	百済の近肖古王，東晋に朝貢し冊封を受ける。この頃，百済，倭に七支刀を贈る。
	高句麗，前秦から仏像経文を入れ(高句麗仏教の始まり)，太学を建てる
373	高句麗，はじめて律令を定めるという
	百済の高興，『書記』を編纂するという
377	新羅，高句麗とともに前秦に朝貢する
382	新羅の楼寒(奈勿王)，前秦に使いを出す
384	胡僧・摩羅難陀，百済に仏教を伝える
391	高句麗，広開土王即位
396	高句麗，百済の北部を領有
397	百済，倭と結好
400	高句麗，半島南部に出兵して倭を討つ
408	百済の佐平制が始まるという
414	高句麗，『広開土王碑』建立
424	高句麗，南宋(南朝)に朝貢し冊封を受ける
427	高句麗，平壌城に遷都
435	高句麗，北魏に朝貢し冊封を受ける
472	百済，北魏に使者を遣わす
475	高句麗，百済の漢城を攻略し百済蓋鹵王を殺す。百済文周王立ち，熊津城に遷都
479	加羅(大加耶)王荷知，南斉(南朝)に朝貢し冊封を受ける
	この頃，新羅，王の居所を月城に定める
503	新羅，『迎日冷水碑』を建立
512	この頃，百済，半島西南部を占領
514	新羅の法興王即位(「中古」の開始)
520	新羅，律令を制定
521	百済，新羅をともなって梁(南朝)に遣使
524	新羅，『蔚珍鳳坪碑』を建立
527	新羅，仏教を公認
531	新羅，上大等を設置
532	新羅，金官加耶国をあわせる
538	百済，泗沘城に遷都し，国号を南扶餘とする
551	百済，高句麗から漢山城地域を奪回
552	新羅，百済から漢山城地域を奪取し，新州を置く
554	百済聖王(聖明王)，新羅と管山城で戦って敗死
561	新羅，『昌寧碑』を建立
562	新羅，大加耶国を滅ぼす(加耶諸国の滅亡，三国鼎立の開始)
564	新羅，北斉(北朝)に遣使
566	新羅，皇龍寺なる
568	新羅，陳(南朝)に遣使。新羅，『磨雲嶺碑』『黄草嶺碑』を建立(真興王の巡狩碑)
586	高句麗，長安城(平壌)に遷都
598	高句麗，遼西に侵攻
600	高句麗の李文真，『留記』を約して『新集』を撰修
611	隋の煬帝，第 1 次高句麗遠征(第 2 次613，第 3 次614)
619	高句麗，唐に朝貢
624	高句麗・百済・新羅，唐に朝貢し冊封を受ける

634	新羅の芬皇寺なる
642	百済の義慈王，新羅西部を奪取。高句麗の淵(泉)蓋蘇文，権力を掌握。新羅，高句麗に百済出兵を請い拒絶される
644	唐の太宗，高句麗を攻撃(第2次647，第3次648)
646	新羅，皇龍寺九層木塔を建立
647	新羅，毗曇の反乱おき，善徳女王死す
649	新羅，唐の衣冠制を採用
650	新羅，唐の年号「永徽」を採用
651	新羅，執事部を設け，官制を整備
654	新羅の武烈王即位する(「中代」の開始)。新羅，「理方府格」を定める
655	唐，高句麗を攻撃(658，659連年攻撃)
660	新羅，唐と連合して百済を滅ぼす
663	唐・新羅軍，白江(白村江)で百済復興軍・倭軍を破る
665	新羅，百済と会盟
668	新羅，唐と連合して高句麗を滅ぼす
670	新羅，安勝を高句麗王に封じる
671	新羅，百済旧都の泗沘城を占拠し所夫里郡を置く。唐と軍事対立(～676)
674	新羅，唐と対立。新羅，月池を造営。新羅，外位を廃止
676	新羅と唐との武力抗争が止む。唐，熊津都督府・安東都護府を撤収(新羅の旧百済・高句麗領獲得)
682	新羅，国学と位和府を設置
684	新羅，益山の報徳国を滅ぼす(新羅統一の完成)
685	新羅，五京を完備し，六停軍団が成立
687	新羅の郡県制(九州五京制)確立。文武官僚田を支給
689	新羅，禄邑を廃止し，租の支給を始める
698	大祚栄，震(振)国王を自称(渤海の建国)
713	大祚栄，唐から渤海郡王に封じられる
721	新羅，東北境に長城を築く
722	新羅，日本の侵入を防ぐため関門(毛伐郡城)を築く。百姓に丁田を支給
727	渤海，日本へはじめての遣使
732	渤海，唐の登州を襲撃(～733)。新羅，唐の要請を受けて出兵
735	唐，新羅の浿江(大同江)以南の領有を認める
747	新羅，大谷城など14郡県を置く
751	新羅の仏国寺・石窟庵創建
757	新羅，郡県名を唐式に改める。禄邑を再び支給
759	新羅，官庁・官職名を唐式に改める
762	渤海の大欽茂(文王)，唐から渤海国王に封じられる
768	新羅で大乱が起こる(以後，反乱続発)
780	新羅，恵恭王殺され，宣徳王即位(「下代」の開始)
788	新羅，読書三品科を設ける
790	新羅，渤海に遣使
792	渤海『貞孝公主墓誌』
812	新羅，渤海に遣使
822	新羅，金憲昌の乱起こる

826	新羅，浿江長城を築く
841	新羅，清海鎮大使の弓福(張保皐)を殺す
889	新羅，元宗らの乱起こる
892	甄萱，武珍に後百済を建てる
896	王建，弓裔に帰服し，彼の武将となる
900	甄萱，完山で後百済王を称する
904	弓裔，鉄円に摩震を建て，百官を設ける(後三国時代始まる)
911	弓裔，国号を泰封に改める
918	王建，弓裔を倒し，高麗を建て，年号「天授」を創める。八関会を催す
919	高麗，国都を開城に定める。渤海，日本に最後の使節を送る
923	高麗，この頃はじめて五代(後梁)に通交する
926	渤海，契丹に滅ぼされる。この前後，渤海人が高麗に多数亡命する
933	高麗，五代(後唐)の冊封を受け，はじめて中国年号に従う
934	渤海世子の大光顕，高麗に亡命する
935	甄萱，高麗に来投する。新羅敬順王，高麗に投降する(新羅の滅亡)
936	高麗，後百済を滅ぼす(高麗による後三国の統一)
945	王規，高麗王位をめぐって騒乱起こす(王規の内乱)
958	光宗，中国式の科挙制度を始める
960	光宗，官僚の公服制度を定める
962	高麗，はじめて宋に遣使する(963，冊封を受ける)
976	景宗，はじめて田柴科を定める
982	成宗，はじめて中央官制の本格的な整備を開始する
983	成宗，三省・六曹・七寺を定める。はじめて地方官制を本格的に整備し，十二牧に地方官を派遣し，郷吏の職名を改める
993	契丹の第1次高麗侵入。徐熙，契丹との講和に活躍する
994	高麗，契丹に朝貢し(996年，冊封を受ける)，宋との国交を断つ
995	成宗，開城府を設ける。官僚の初期官階を廃し，「文散階」だけを与える
998	穆宗，田柴科を改定する
1009	康兆，穆宗を殺して，顕宗を擁立する。この頃，東北女真の海賊行為が始まる
1010	契丹の第2次高麗侵入(～11。開城，廃墟と化す)
1016	この頃，はじめて都兵馬使みえる
1018	顕宗，地方官制を整備し，郷吏の定員・公服を定める(高麗郡県制度の完成)。契丹の第3次高麗侵入(～19)。姜邯賛ら契丹に反撃する
1020	高麗，契丹に降伏する(22年，冊封を受ける)。この頃，『高麗版大蔵経』の初雕始まる(～87)
1033	徳宗，契丹・女真の南下に備え，「千里の長城」を築造する
1034	徳宗，田柴科を改定する
1044	靖宗，東北界に三関城を築く(金と接壌する)
1049	文宗，功蔭田柴法を定める
1069	文宗，量田尺度・田税額を定める
1076	文宗，田柴科を更定し，官制・班次を改め，禄俸制を定める(高麗官僚制の確立)
1091	この頃，義天，『続蔵経』を刊行し始める
1102	粛宗，銅貨「海東通宝」を鋳造する
1106	睿宗，はじめて監務を派遣する(流亡民の発生，地方制度の手直し)

1107	尹瓘，長城以北に九城を築く。東北女真に反撃され撤退する(～09)
1126	李資謙，乱を起こして鎮圧される(慶源・李氏の没落)。高麗，金に臣事する(28，仁宗が冊封を受ける)
1135	妙清ら，仁宗に西京遷都を拒否され，反乱を起こす(～36)
1145	金富軾，『三国史記』50巻を編纂する
1170	李義方・鄭仲夫ら武臣，クーデタを起こし，毅宗を追放して政権を奪取(庚寅の乱)。これより，武臣間の権力闘争によって政情不安続く
1173	金甫当，毅宗復位をはかって挙兵する。武臣政権の第２次クーデタ(癸巳の乱)
1174	趙位寵，反武臣政権を唱え，反乱を起こす。西北界の民衆，呼応する(～79)。これ以後，全国各地で民衆反乱が激発する
1196	武臣の崔忠献，政権を掌握する(崔氏政権の成立，～1258)
1231	モンゴルの第１次高麗侵略(以後断続的に続く，～59)
1232	武臣の崔瑀，高宗に迫り，江華島に遷都する(～70)。この頃，『高麗大蔵経』初雕板木，モンゴルの兵火で焼失する
1236	崔瑀，モンゴル退散のため，『八萬大蔵経』を再雕する(～51)
1258	武臣の金俊ら，崔竩を倒す(崔氏政権の崩壊)。モンゴル，永興に雙城総管府を置き，東北界を割取する(～1356)
1259	高宗，モンゴルに降伏する。高宗，急死する
1260	高麗，はじめてモンゴル年号「中統」をおこなう
1266	モンゴル，日本と通交のため，はじめて使者を派遣する
1270	モンゴル，西京(平壌)に東寧府を置き，西北界を割取する(～90)。武臣の林惟茂，誅殺される(武臣政権の崩壊)。三別抄，江華島で反乱を起こし，珍島・耽羅(済州島)に移る(～73)
1271	元宗，禄科田を開始する。モンゴル，国号を「元」と改める
1273	元・高麗軍，三別抄を平定する。元，耽羅(済州島)を領有する(～94)
1274	高麗世子，はじめて元帝の娘と結婚して駙馬となる(のちの忠烈王)。元・高麗連合軍の第１次日本征討(文永の役)
1280	元，はじめて高麗に征東行省を設立する(前期征東行省)
1281	元・高麗連合軍の第２次日本征討(弘安の役)
1287	元，高麗に征東行省を設立し(後期征東行省)，高麗王を長官に任命する(「国王・丞相」)
1290	高麗の安珦，朱子学を導入する。この頃，一然，『三国遺事』を撰述する
1308	元，忠宣王に「瀋王」号を与える。「立省」問題，はじめて提起される(断続的，～43)
1321	この前後，瀋王の暠，高麗王位を狙う
1350	倭寇，これより猖獗をきわめる
1356	恭愍王，反元運動を開始し，親元勢力の処刑，征東行省理問所の廃止，雙城総管府の回復などを実行する
1359	紅巾賊，高麗に侵入する(～61)
1363	この頃，文益漸が元から木綿種を招来し，栽培する
1366	辛旽，田民弁正都監を置く。辛旽の政治改革始まる(～71)
1369	明，高麗に国号「明」，年号「洪武」を通告する。高麗，元との国交を断つ
1380	李成桂，倭寇をおおいに撃破する
1387	明，高麗の管轄地域は「鉄嶺の南」と通告する

1388	辛禑，崔瑩・李成桂らに遼東攻撃を命じる。李成桂，威化島から回軍し，辛禑・崔瑩らを追放する
1391	李成桂，三軍都総制府を創設し，長官に就任して，全権を掌握する。科田法を制定して，国家体制の経済的基盤を固める
1392	李成桂即位(～1408)(王氏高麗王朝の滅亡)
1393	国号を「朝鮮」と定める
1394	漢陽(現ソウル)に遷都，漢城と改称
1400	私兵を廃止し，官制を改革
1403	鋳字所設置，金属活字を大量に鋳造
1406	寺院の整理廃合と所有土地・奴婢数の限定を行う(24年には36寺に整理)
1419	対馬を征討(己亥東征〈応永の外寇〉)
1429	鄭招ら，『農事直説』を撰述(翌年刊行)
1443	日本(対馬の宗氏)と癸亥条約を締結
1446	ハングルを創製し，「訓民正音」として頒布
1453	李澄玉の乱
1467	李施愛の乱
1469	『経国大典』の撰進(施行は1485年から)
1498	金馹孫の史草に関する誣告から，士林派への弾圧行われる(戊午の士禍)。以後1504年(甲子の士禍)，1519年(己卯の士禍)，1545年(乙巳の士禍)と続く
1510	庚午三浦倭乱
1522	備辺司設置
1543	白雲洞書院設立(50，「紹修書院」の額を下賜)
1559	林巨正の乱
1575	東人・西人の分党対立(91年，東人，南人・北人に分党)
1592	日本軍の侵入(壬辰倭乱〈文禄の役〉)。李舜臣，水軍を率いて制海権を握る
1597	日本軍の第2次入寇，李舜臣奮戦中戦死(丁酉倭乱〈慶長の役〉)
1607	回答兼刷還使呂祐吉一行を日本へ派遣
1608	光海君即位(～23)。宣恵庁設置，京畿に大同法実施
1609	日本(対馬の宗氏)と己酉約条を締結
1614	永昌大君殺される
1619	明救援のために遼東へ出兵した朝鮮軍，後金に降る
1623	仁祖反正。江原・忠清・全羅三道に大同法実施
1624	摠戎庁設置
1625	忠清・全羅両道の大同法廃止
1626	守禦庁設置
1627	後金軍の侵入(丁卯胡乱)
1635	三南の量田を実施
1636	清軍の第2次入寇(～37，丙子胡乱)。清への朝貢を認めさせられる
1651	忠清道に大同法を実施
1652	御営庁設置
1654	時憲暦を用いる
1658	全羅道の沿海に大同法実施
1660	己亥礼訟
1663	全羅道の山郡に大同法実施

1669	奴良妻所生従母役法を実施
1674	甲寅礼訟起こり，西人敗れ，南人政権成立。粛宗即位(～1720)
1678	常平通宝を鋳造。慶尚道に大同法実施
1680	庚申大黜陟，南人敗れ西人政権成立
1683	西人，老論・少論に分党
1689	己巳換局，世子冊立問題起こり西人政権倒れ，南人政権成立
1694	甲戌換局，西人政権成立
1708	黄海道に詳定法実施
1720	景宗即位(～24)
1721	王世弟(のちの英祖)代理聴政問題をめぐり，老論・少論の対立激化
1722	壬寅獄事，金昌集ら老論の大臣処刑される
1724	英祖即位(～76)
1725	乙巳処分，老論政権成立
1727	丁未換局，少論政権成立
1728	戊申の乱
1729	英祖，蕩平策を本格的に推進
1744	『続大典』なる
1750	均役法を実施
1762	荘献世子に賜死
1770	宮婢の身貢全廃。柳馨遠の『磻渓随録』刊行(著書の完成は1670年)
1775	王世孫(のちの正祖)代理聴政，時派・僻派の対立激化
1776	正祖即位(～1800)。奎章閣設置
1783	李承薫，北京で天主教の洗礼を受ける
1791	珍山の変(辛亥邪獄)，洋書の所蔵を禁止
1800	純祖即位(～34)，大王大妃(貞純王后)の垂簾政治(～04)
1801	辛酉邪獄
1802	金祖淳の女，純祖の王妃となる(純元王后)
1811	通信使易地聘礼。洪景来の乱(～12)
1818	丁若鏞の『牧民心書』なる
1819	趙万栄の女，孝明世子の嬪となる(神貞王后)
1832	イギリス船ロード＝アーマスト号来航し，通商を求める
1833	漢城で米騒動
1839	己亥邪獄
1846	フランス軍艦来航し，天主教弾圧を詰問
1847	趙秉鉉・亀夏父子流配，安東金氏の勢道政治確立
1849	哲宗即位(～63)，大王大妃(純元王后)の垂簾政治
1851	金汶根の女，哲宗の王妃となる(哲仁王后)
1860	崔済愚，東学を創始
1862	壬戌民乱
1863	***12-13***　高宗即位。大王大妃(神貞王后)の垂簾政治(～66.***2-13***)。大院君政権成立
1864	***3-2***　崔済愚処刑
1865	***3-28***　備辺司を議政府に合併。***4-3***　景福宮再建を決定(***4-5***　願納銭の徴収を決定)。***11-30***『大典会通』なる
1866	***1-9***　丙寅邪獄始まる。***3-20***　閔致禄の娘を王妃とする(明成王后)。***7-24***　平

		壌の軍民，シャーマン号を焼き沈める。8 フランス艦隊，江華島沖に侵攻(9 再侵攻)。 10-3 鼎足山城の戦い(10-12 フランス艦隊退去)。 11-6 当百銭の鋳造を決定
1867	2-30	漢城城門の通過税賦課を始める(73.10-10 廃止)
1868	3-23	三軍府を復設。7-2 景福宮の再建なる。12 対馬藩，日本の王政復古を伝える書契をもたらす
1871	3-20	賜額書院47カ所を残し，それ以外の書院を撤廃。3-25 班戸奴名収布法を定める。4-14 アメリカ艦隊，江華島の広城堡砲台を攻撃(5-26 江華島沖から退去)。4 斥和碑を建てる
1873	11	大院君政権倒れ，閔氏政権が成立。願納銭を廃止
1874	6-20	武衛所を設置
1875	8-21	江華島事件
1876	2-3	日朝修好条規調印。7-6 日朝修好条規附録・貿易規則調印
1878	9-3	釜山豆毛鎮に関を設けて，徴税開始(12-9 日本の圧力で中止を決定)
1879	7-9	李鴻章，李裕元に書簡を送り，対欧米開国を勧告
1880	3-23	元山開港。5-28 修信使金弘集一行，出発(8-28 復命)。12-22 統理機務衙門を設置
1881	1	辛巳斥邪上疏運動起こる。4-10 日本視察団，釜山を出港(8～9 復命)。4-23 別技軍の設置を決定。8-29 李載先擁立の陰謀，発覚。9-26 領選使金允植一行，出発。12-25 訓練都監など6営を武衛営・壮禦営に統合改編
1882	4-6	朝米修好通商条約調印。4-21 朝英修好通商条約調印。5-15 朝独修好通商条約調印。6-9 壬午軍乱起こる(6-10 第2次大院君政権成立)。7-13 清軍，大院君を逮捕して中国に連行。7-17 済物浦条約・日朝修好条規続約調印。8-5 開国・開化の教を下す。9-12 中朝商民水陸貿易章程，成立。11-17 統理衙門，統理内衙門を設置(12-4 それぞれ，統理交渉通商事務衙門，統理軍国事務衙門と改称)。11-23(陽暦1883.1-1)仁川開港
1883	5-5	当五銭の通用を開始。6-22 日朝通商章程調印。7-5 典圜局を設置。10-1『漢城旬報』創刊。10-27 朝英・朝独改訂条約調印
1884	2-19	中朝商民水陸貿易章程改訂(清商人に全国への内地通商を認める)。4-30 朝鮮駐屯清軍の半数が帰国。閏 5-4 朝伊修好通商条約調印。閏 5-15 朝露修好通商条約調印。7-22 親軍4営が完成。10-17 甲申政変起こる(～10-19)。11-24 日本と漢城条約に調印
1885	3-1	イギリス東洋艦隊，巨文島を占領。3-4 日清天津条約調印(6-20 日清両国軍，朝鮮から撤退)。5-25 内務府を設置。6-16 協弁交渉通商事務メレンドルフを解任(第1次朝露秘密協定問題)。8-25 大院君帰国。10-11 清の駐箚朝鮮交渉通商事宜袁世凱着任。12-21『漢城周報』創刊
1886	5-3	朝仏修好通商条約調印。7 第2次朝露秘密協定問題起きる。8-26 育英公院開校
1887	2-7	イギリス艦隊，巨文島を撤退。7 公使派遣をめぐる清との紛争起こる(～91)
1888	2-29	錬武公院のアメリカ人教官着任。4-19 親軍6営を統衛・壮衛・摠禦の3営に統合改編
1889	10-1	咸鏡道観察使趙秉式，防穀令を実施(10-15 日本代理公使近藤真鋤，撤

		回要求)
1890	1	漢城商人，日清両国商人の退去を求めて閉店ストライキ(漢城撤桟)。2 黄海道観察使呉俊泳，防穀令を実施。8 神貞王后弔勅使問題(～9)
1892	5-29	朝墺修好通商条約調印。11 東学教徒の公州集会(12 参礼集会)
1893	2	東学教徒の伏閤上疏(3～4 報恩集会)。3-19 日本公使大石正巳，防穀令賠償問題で最後通牒を発す(4-3 交渉妥結)
1894	4	甲午農民戦争始まる。5-31 農民軍，全州を占領。6-3 清に出兵を求める(6-8 清軍，牙山に上陸開始)。6-10 農民軍，全州和約を結んで撤退。6-13 日本の第9混成旅団先発隊，漢城に入る。7-23 日本軍，景福宮などを占領。7-25 清に中朝商民水陸貿易章程など3章程の廃棄を通告。豊島沖の海戦(日清戦争始まる)。7-27 金弘集政権成立。軍国機務処設置(甲午改革始まる)。8-21 日朝暫定合同条款調印(8-22 大日本大朝鮮両国盟約調印)。10 甲午農民戦争の第2次蜂起始まる。10-25 日本公使井上馨着任。12-17 金弘集・朴泳孝連立政権成立。王室の尊称を改定
1895	2-2	教育に関する詔勅を発布。3-30 日本から300万円の借款契約調印。4-17 下関条約調印。4-23 全琫準を処刑。4-24 議政府を内閣に改編。会計法施行。5-31 朴定陽内閣成立。6-23 地方制度改革を実施(23府制実施)。7-6 朴泳孝，日本へ亡命。8-24 金弘集内閣成立。9-7 小学校令公布(11-15 漢城に最初の小学校設立)。10-7 王后殺害事件(～10-8)。12-30 断髪令施行
1896	1-1	太陽暦を採用。建陽の元号を使用。1 義兵運動起こる(～10)。2-11 露館播遷，金弘集内閣倒れ，親露派内閣成立。4-7『独立新聞』創刊。5-14 小村・ウェーバー覚書調印。6-9 山県・ロバノフ協定調印。7-2 独立協会創立。8-4 地方制度改正(13道制)。9-24 内閣を廃し，議政府を復す。10-25 ロシア人軍事教官プチャータ大佐一行来る。11-21 独立門起工式(97.11-11 竣工)
1897	2-20	高宗，慶運宮に入る。8-16 光武と改元。8-29 独立協会，第1回討論会を開く。10-11 国号を大韓と改める。10-12 高宗，皇帝に即位。10-25 ロシア人アレクセーエフを財政顧問に任命
1898	2	独立協会，反露闘争を起こす(～3)。3-11 政府，ロシア人軍事教官・財政顧問を継続雇用しないと決定。4-25 西・ローゼン協定調印。7-6 量地衙門設置(99.7 量田を開始)。9-5『皇城新聞』創刊。10-15 独立協会，政府に中枢院改編を要求。10-28 独立協会，官民共同会を開催(～11-2)。11-2 中枢院官制改正，議官の半数を独立協会から選出することとなる。11-4 匿名書事件，李商在ら独立協会幹部を逮捕。11-5 独立協会，万民共同会を開き，弾圧抗議・改革実施要求の運動(11-26 皇帝親諭により解散)。12-16 中枢院会議，大臣とすべき人材を選出。12-23 軍隊が出動し，万民共同会を解散させる
1899	8-17	大韓国国制公布。9-11 韓清通商条約調印
1900	4-6	宮内府に鉄道院を設置。9-3 宮内府に西北鉄道局を設置。11-12 京仁鉄道開通式
1901	2-12	貨幣条例公布，金本位制を採用。8-20 京釜鉄道，永登浦で北部起工式
1902	1-25	日英同盟調印。5-8 漢城—開城間鉄道起工式。5-21 日本の第一銀行韓

		国内支店，銀行券発行を開始
1903	3-24	中央銀行条例公布
1904	1-21	日露開戦時の局外中立を宣言。2-8 日本軍，仁川に上陸(2-9 日露戦争始まる)。2-23 日韓議定書調印。4-3 日本，韓国駐箚軍司令部を設置。5-18 日本の要求に従い，ロシアとの条約・協定を廃棄。7-13 宋秀万ら輔民会を結成。7-18 『大韓毎日申報』創刊。8-22 第1次日韓協約調印。10-14 目賀田種太郎を財務顧問に傭聘
1905	2-3	丸山重俊を警務顧問に傭聘。4-1 日韓通信機関協定調印。4-8 日本政府，「韓国保護権確立の件」を閣議決定。5-25 京釜鉄道開通式。7-1 貨幣整理開始。7-29 桂・タフト協定成立。8-12 第2回日英同盟調印。9-5 ポーツマス条約調印。11-17 乙巳保護条約(第2次日韓協約)調印。12-21 日本，統監府及理事庁官制公布
1906	2-1	統監府設置。3-21 農工銀行条例公布。4-3 京義鉄道全通。4-4 大韓自強会創立。5-19 閔宗植の義兵，洪州を占領(5-31 陥落)。9-24 管税官官制公布(税務監・税務官・税務主事を置く)。10-26 土地家屋証明規則公布(12-1 施行)
1907	1	国債報償運動起こる。4 新民会結成。5-13 地方委員会規則公布。5-30 地方金融組合規則公布。6-14 議政府を内閣に改編。6-25 李相卨ら，ハーグに到着，ハーグ密使事件起こる。7-20 日本の圧力で高宗退位，純宗が即位。7-24 丁未七条約(第3次日韓協約)調印。新聞紙法公布。7-27 保安法公布。8-1 軍隊解散。8-2 隆熙と改元。8-9 日本人次官を任命(次官政治始まる)。11-17 大韓協会創立
1908	1-1	財務監督局・財務署設置。1-11 西北学会創立。1-21 森林法公布。6-11 憲兵補助員を募集。8-1 大審院以下の裁判所開庁，大審院長・検事総長以下の判検事に日本人採用。8-26 私立学校令・学会令公布(10-1 施行)。12-28 東洋拓殖株式会社設立
1909	2-23	出版法公布。3-4 民籍法公布(4-1 施行。戸籍制度の整備をはかる)。7-6 日本政府，適当な時機に韓国を併合する方針を閣議決定。7-12 韓国司法及び監獄事務委託に関する日韓覚書調印(11-1 実施)。9-1「南韓大討伐作戦」(～10-31)。9-4 間島に関する日清協約調印。10-26 安重根，ハルビン駅で伊藤博文を殺す。10-29 韓国銀行創立。12-4 一進会，合邦声明書を発表
1910	3-14	土地調査局官制公布。5-30 寺内正毅，第3代統監に就任。6-24 警察事務委託に関する日韓覚書調印。7-1 憲兵警察制度発足。8-22 韓国併合に関する条約調印。8-23 土地調査法公布。8-24 政治集会及び屋外多衆集会を禁止。8-29 韓国併合，国号を朝鮮と改める。朝鮮総督府設置。9-12 大韓協会・一進会など解散させられる。10-1 朝鮮総督府官制・朝鮮総督府地方官官制施行。寺内正毅，初代総督となる。12-15 犯罪即決例公布(11.1-1 施行)。12-29 会社令公布(11.1-1 施行)
1911	3-29	朝鮮銀行法公布(8-15 施行，韓国銀行を朝鮮銀行と改称)。6-20 森林令公布。7-22 安明根ら30余名，安岳事件で起訴される。8-24 朝鮮教育令公布(11-1 施行)。10-20 私立学校規則発布(11-1 施行)。11-1 鴨緑江鉄橋竣工。朝鮮鉄道と南満洲鉄道の直通運転を開始
1912	3-18	朝鮮民事令・朝鮮刑事令・朝鮮笞刑令・朝鮮監獄令公布(4-1施行)。朝

		鮮不動産登記令公布(4-1より地域を指定して施行)。3-25 警察犯処罰規則発布(4-1 施行)。6-20 墓地・火葬場・埋葬及火葬取締規則発布。6-25 尹致昊ら123名,「寺内総督暗殺未遂事件」で起訴される(105人事件)。8-13 土地調査令公布施行
1913	4-9	法律「朝鮮に産出する米及籾移入税廃止に関する件」公布(7-1 施行)。6-13 拓殖局官制廃止により,朝鮮に関する事項は内務省の所管に移る。10-30 府制・学校組合令公布(14.4-1 施行)
1914	1-11	湖南線(大田—木浦)全通。3-1 府・郡・面の統廃合を実施。3-16 地税令・市街地税令公布。5-22 農工銀行令・地方金融組合規則公布(9-1 施行)。9-16 京元線(京城—元山)全通
1915	3-20	民籍法を改正し,戸籍事務を府尹・面長に移す。3-24 私立学校規則改正(統制強化,4-1 施行)。8-16 神社寺院規則・布教規則発布(10-1 施行)。12-1 朝鮮総督府博物館を景福宮内に開館。12-24 朝鮮鉱業令公布(16.4-1 施行)
1916	7-4	古蹟及遺物保存規則制定,古蹟調査委員会を設置
1917	3-22	神祠に関する件発布。6-9 面制公布(10-1 施行)。7-17 朝鮮水利組合令公布(10-1 施行)。7-31 拓殖局官制公布。朝鮮に関する事項は拓殖局の所管となる。朝鮮国有鉄道の経営を満鉄に委託。11-25 咸鏡線清津—会寧間開通
1918	2-21	書堂規則制定。 4-17 共通法公布(6-1 施行)。5-1 朝鮮林野調査令公布施行。6-26 李東輝ら,ハバロフスクで韓人社会党を結成。8 呂運亨ら,上海で新韓青年党を結成。10-1 朝鮮殖産銀行設立。11-2 土地調査事業終了式
1919	1-21	高宗死去。3-1 三・一運動起こる。4-11 上海で大韓民国臨時政府樹立。4-15 政治に関する犯罪処罰の件公布。8-12 斎藤実,第3代総督となる。8-20 朝鮮総督府官制・朝鮮総督府地方官官制改正。総督武官制を廃し,憲兵警察制度を普通警察制度に転換。10-5 金性洙ら,京城紡織株式会社を設立
1920	3-5	『朝鮮日報』創刊。3-31 朝鮮笞刑令廃止。4-1『東亜日報』創刊。会社令廃止。4-11 朝鮮労働共済会創立。6-25 月刊総合誌『開闢』創刊。7-29 府制・面制改正,朝鮮道地方費令公布(10-1 施行)。地方諮問機関設置。10 日本軍,北間島に侵攻し,朝鮮人を虐殺。12-27 産米増殖計画樹立。12-31 旧韓国貨幣の流通を禁止(25年末限りで通貨との引換停止)
1921	4-1	朝鮮煙草専売令公布(7-1 実施)。9-15 産業調査委員会を開催(9-20)。9-26 釜山埠頭労働者のストライキ(~9-30)。12-3 金允経ら,朝鮮語研究会を結成
1922	2-6	朝鮮教育令改正(第2次教育令。4-1 施行)。12-18 朝鮮戸籍令発布(23.7-1 施行)
1923	1-21	朝鮮物産奨励会創立。4-1 李商在ら,朝鮮民立大学期成会を創立。4-25 姜相鎬ら,晋州で衡平社を創立。9-1 日本で関東大震災,朝鮮人虐殺事件が起こる
1924	3	全羅南道の岩泰島で8カ月にわたる小作争議起こる。4-17 朝鮮労農総同盟創立。5-2 京城帝国大学予科開校

1925	***2-22***	在日本朝鮮労働総同盟創立。***4-1*** 鉄道局を復活，国有鉄道を直営に戻す。***4-17*** 朝鮮共産党創立。 ***5-12*** 治安維持法を朝鮮に施行。 ***6-8*** 朝鮮史編修会官制公布施行。***6-11*** 朝鮮人独立運動の取締に関する朝鮮総督府・奉天省協定成立。***9-29*** 金俊淵ら，朝鮮農民社を創立。***10-15*** 朝鮮神宮鎮座祭
1926	***1-8***	総督府，景福宮内新庁舎への移転完了。***1-25*** 朝鮮農会令公布(***3-1*** 施行，27.***3-14*** 朝鮮農会設立)。***4-1*** 京城帝国大学医学部・法文学部設立。***4-25*** 純宗死去。***6-10*** 六・十万歳運動起こる。***9*** 羅雲奎監督・主演の映画『アリラン』上映。
1927	***2-15***	新幹会創立。***2-16*** 京城放送局放送開始。***5-2*** 野口遵，朝鮮窒素肥料株式会社設立(***6-15*** 興南工場起工)。***5-26*** 総督府に土地改良部を設置，産米増殖計画を推進。***5-27*** 槿友会創立。***12-28*** 朝鮮土地改良令公布(28.***7-1*** 施行)
1928	***9-1***	咸鏡線全通(元山―会寧)
1929	***1-14***	元山労働者ゼネスト(〜***4-6***)。***1-25*** 一面一校計画の通牒を発す。***4-1*** 京城飛行場(汝矣島)開場式。***6-10*** 拓務省官制公布。朝鮮に関する事項は拓務省の所管となる。***10-1*** 青年訓練所規程発布施行。***10*** 平安北道龍川郡不二農場の小作争議。***11-3*** 光州学生運動起こる(〜30.***3***)
1930	***5-30***	間島五・三十蜂起。***10-1*** 国勢調査を実施，朝鮮の総人口2105万7969人。***12-1*** 府制改正，邑面制・道制公布。道・府・邑に議決機関を設け，面協議会も公選制に改める
1931	***2-1***	咸鏡南道定平農民組合員125名検挙される。***4-1*** 改正府制・邑面制施行(***5-21*** 府邑面総選挙実施)。***5-16*** 新幹会解散。***7-2*** 万宝山事件起こる(中国吉林省万宝山で朝鮮人・中国人農民衝突)。***7***『東亜日報』，学生の夏期休暇を利用してヴ・ナロード運動開始(〜34)。***9-18*** 満洲事変起こる
1932	***1-21***	国旗掲揚方励行に関する政務総監通牒を発す。***4-15***「北鮮開拓計画」樹立。***4-29*** 尹奉吉，上海の「天長節」式場で白川義則大将らを殺傷。***7-27*** 総督府土地改良部廃止，産米増殖計画縮小。***12-10*** 朝鮮小作調停令公布(33.***8-1*** 施行)
1933	***3-7***	政務総監通牒をもって農山漁村振興計画を発す(農村振興運動開始)。***4-1*** 道制施行(***5-10*** 道会議員選挙実施)。***4-26*** 京城放送局，日本語・朝鮮語の二重放送を開始。***5-22*** 蓄音器「レコード」取締規則発布(***6-15*** 施行)。 ***7-15*** ソウル・東京間直通電話開始。***10-1*** 京図線全通にともない，清津以北の国有鉄道を満鉄の委託経営に移す(***10-15*** 清津―新京間直通列車運転開始)。***10-5*** 羅津築港起工式。***11-4*** 朝鮮語学会，ハングル綴字法統一案を発表
1934	***3-29***	緬羊奨励計画発表。***4-11*** 朝鮮農地令公布(***10-20*** 施行)。***5-11*** 李丙燾ら，震檀学会を創立。***5-30*** 産米増殖計画による土地改良計画を中止。***11-1*** 釜山―新京間直通列車運転開始
1935	***1-11***	臨時道知事会議を開催し，「更正指導部落拡充計画」を発表。***4-16*** 総督府，国体明徴に関する訓令を発す。***5-28*** カップ解散させられる
1936	***5-5***	在満韓人祖国光復会結成。***8-11*** 神社規則発布施行(この月，神社制度を改正)。***8-27***『東亜日報』，日章旗抹消事件で無期停刊に処される

		(〜37.6-2)。9-1 鮮満拓殖株式会社創立。10-4 初のトーキー映画『春香伝』封切。10 朝鮮産業経済調査会を開催。12-12 朝鮮思想犯保護観察令公布(-21 施行)
1937	3-10	重要産業統制法を朝鮮に施行。6-4 金日成部隊，普天堡に進攻。6-6 修養同友会事件起こる。7-7 日中戦争勃発。9-7 産金五カ年計画を樹立し，朝鮮産金令を公布(9-15 施行)。10-1 皇国臣民の誓詞を制定
1938	2-23	陸軍特別志願兵令公布(4-3 施行)。3-4 朝鮮教育令改正公布(4-1 施行)。3-31 神社参拝拒否で平壌の崇実学校・崇義女学校廃校。5-10 国家総動員法を朝鮮に施行。5-12 朝鮮重要鉱産物増産令公布(6-10 施行)。7-7 国民精神総動員朝鮮連盟結成。9 朝鮮時局対策調査会を開催
1939	6-1	国民職業能力申告令を朝鮮に施行。8-11 毎月1日を興亜奉公日とする。9-28 満浦線(順川—満浦鎮)全通。10-1 国民徴用令，朝鮮に施行。10-27 賃金統制令を朝鮮に施行。12-27 朝鮮米穀配給調整令公布
1940	2-11	創氏改名を実施。8-10『東亜日報』『朝鮮日報』強制廃刊される。9-17 大韓民国臨時政府，重慶に韓国光復軍総司令部を設置。10-1 国勢調査を実施，朝鮮の総人口2,432万6,327人。10-16 国民精神総動員連盟を国民総力朝鮮連盟に改組
1941	2-12	朝鮮思想犯予防拘禁令公布(3-10 施行)。2-20 臨時農地管理令を朝鮮に施行。3-31 国民学校規程公布(4-1 施行)。10-1 金属回収令を朝鮮に施行。10-30 朝鮮国民貯蓄令公布(11-1 施行)。11-22 国民勤労報国協力令公布(12-1 施行)。12-8 太平洋戦争開始。12-26 朝鮮臨時保安令公布施行
1942	3-13	中央線(清涼里—慶州)全通。5-8 日本政府，朝鮮での徴兵制実施(44〜)を閣議決定。7 金枓奉ら，延安で朝鮮独立同盟結成。10-1 治安維持法違反容疑で朝鮮語学会員の検挙開始(朝鮮語学会事件)。朝鮮青年特別錬成令公布(11-3 施行)。11-1 拓務省廃止にともない，朝鮮に関する事項は内務省の所管に移る
1943	3-2	兵役法改正公布(8-1 施行。朝鮮に徴兵制実施のため)。3-9 朝鮮教育令改正(4-1施行，大学予科・中学校・実業学校の修業年限を1年短縮)。7-28 海軍特別志願兵令公布(8-1 施行)。10-20 朝鮮人学徒志願兵制度実施
1944	4-28	総督府，訓令「学徒勤労動員体制ノ整備ニ関スル件」を発す。8-10 呂運亨ら，建国同盟を結成
1945	4-1	衆議院議員選挙法・貴族院令改正，朝鮮・台湾居住者に国政参政権を付与。国民勤労動員令を朝鮮に施行。5-22 戦時教育令公布施行。8-8 ソ連，対日宣戦布告し，朝鮮東北部の日本軍への攻撃開始。8-15 朝鮮建国準備委員会結成。8-16 米ソが38度線を占領境界と確認。9-6 朝鮮人民共和国樹立宣言。9-20 米軍政庁設立。11-19 北朝鮮五道行政局設立。12-27 モスクワ外相会議で信託統治案決定
1946	2-8	北朝鮮臨時人民委員会設立。3-20 米ソ共同委員会開始。3-30 北朝鮮で土地改革完了。7-25 左右合作委員会発足。8-28 北朝鮮労働党結成。10-1 大邱で暴動(十月抗争)。11-23 南朝鮮労働党結成
1947	2-22	北朝鮮人民委員会結成。6-3 南朝鮮過渡政府発足。7-19 呂運亨暗殺。11-14 国連総会で総選挙実施を可決

1948	***2-8***	北朝鮮で朝鮮人民軍創設。***2-10*** 金九ら南北代表者会談呼びかけ。***2-26*** 国連総会が南朝鮮だけの単独選挙を可決。***4-3*** 済州島で住民蜂起。***5-10*** 南朝鮮で単独選挙実施。***7-10*** 北朝鮮人民会議が憲法施行決定。***8-15*** 大韓民国樹立。***9-5*** 韓国軍創設。***9-9*** 朝鮮民主主義人民共和国樹立。***10-20***［南］麗水・順天で軍隊反乱。***12-1***［南］国家保安法公布。***12-26***［北］ソ連軍撤退完了
1949	***2-10***	［南］民主国民党結成。***6-21***［南］農地改革法公布。***6-26***［南］金九暗殺。***6-29***［南］米軍撤退完了。***6-30***［北］朝鮮労働党結成
1950	***1-26***	［南］韓米相互防衛援助協定調印。***4-10***［南］農地改革実施。***6-25*** 朝鮮戦争開戦。***6-27*** 国連安保理が北朝鮮制裁決議。***6-28*** 北朝鮮軍がソウル占領。***7-7*** 安保理が国連軍派遣決議。***8-18*** 韓国政府が釜山に移転。***9-15*** 国連軍が仁川上陸。***9-28*** 国連軍がソウル奪還。***10-7*** 国連軍38度線突破。***10-20*** 国連軍が平壌占領。***10-25*** 中国軍参戦。***12-5*** 北朝鮮軍が平壌奪還
1951	***1-4***	北朝鮮軍がソウル再入城。***3-14*** 韓国軍がソウル再奪還。***4-11*** マッカーサー解任。***7-10*** 休戦会談開始。***10-20***［南］日韓予備会談開始(～***12-4***)。***12-23***［南］自由党結成
1952	***1-18***	［南］李承晩ラインを宣言。***2-7***［北］最高人民会議が金日成に元帥の称号授与。***2-15***［南］第１次日韓会談(～***4-24***)。***5-25***［南］釜山などに戒厳令。***7-7***［南］抜粋改憲によって新憲法公布。***8-5***［南］第２代大統領に李承晩当選
1953	***2-15***	［南］通貨単位に圜を採用。***4-15***［南］第２次日韓会談(～***7-23***)。***7-27*** 休戦協定調印。***8-15***［南］ソウル還都。***10-1***［南］韓米相互防衛条約調印。***10-6***［南］第３次日韓会談(～***10-21***)。***12-14***［南］韓米合同経済委員会協約調印
1954	***1-18***	［南］独島(竹島)に領土標識設置。***11-29***［南］四捨五入改憲によって新憲法公布
1955	***1-17***	［南］韓米軍事協定調印。***5-25***［北］在日本朝鮮人総連合会結成。***8-26***［南］国際通貨基金と国際復興開発銀行に加盟。***9-18***［南］民主党結成。***12-20***［北］朴憲永処刑
1956	***5-22***	［南］第３代大統領に李承晩，副大統領に張勉当選。***9-28***［南］張勉狙撃事件。***11-10***［南］進歩党結成。***12-11***［北］千里馬運動実施を決議
1957	***1-11***	国連総会が国連監視下の南北総選挙実施決議
1958	***1-13***	［南］進歩党の曺奉岩ら国家保安法違反で逮捕。***1-29***［南］在韓米軍が核兵器配備発表。***4-15***［南］第４次日韓会談(～60.***4-25***)。***8-2***［北］農業協同化完了。***10-26***［北］中国人民志願軍撤退完了。***12-24***［南］国家保安法改正
1959	***4-30***	［南］『京郷新聞』廃刊。***7-31***［南］曺奉岩処刑。***12-9*** 国連総会が自由選挙による朝鮮統一決議。***12-14***［北］在日朝鮮人帰還開始
1960	***2-5***	［北］金日成が青山里で現地指導。***3-15***［南］第１次馬山事件。***3-18***［南］第４代大統領に李承晩当選。***4-19***［南］四月革命。***4-27***［南］李承晩大統領辞任。***5-6***［南］許政暫定内閣発足。***5-29***［南］李承晩アメリカに亡命。***6-15***［南］憲法改正公布(第二共和制)。***8-12***［南］国会が第４代大統領に尹潽善選出。*-23*［南］張勉内閣発足。***10-25***［南］

		第5次日韓会談(～61.**5-15**)
1961	**1-21**	［南］統一社会党結成。**5-16**［南］五・一六クーデタ。**5-19**［南］国家再建最高会議設置。**6-10**［南］中央情報部法公布。**7-4**［南］反共法公布。**7-6**［北］朝ソ友好協力相互援助条約調印。**7-11**［北］朝中友好協力相互援助条約調印。**7-22**［南］経済企画院設置。**10-20**［南］第6次日韓会談(～64.**4-6**)。**12-6**［北］大安体系確立
1962	**3-22**	［南］尹潽善大統領辞任(**-24** 朴正熙大統領代行就任)。**6-10**［南］圜をウォンに改称してデノミ実施。**11-12**［南］金・大平メモ作成。**12-26**［南］憲法改正公布(第三共和制)
1963	**2-21**	［南］民主共和党結成。**5-14**［南］民政党結成。**7-18**［南］民主党結成。**9-3**［南］自由民主党結成。**10-15**［南］第5代大統領に朴正熙当選。**10-28**［北］『労働新聞』ソ連を修正主義と批判
1964	**2-27**	［北］南朝鮮革命に対する三大革命力量論発表。**3-1**［南］対日屈辱外交反対汎国民闘争委員会結成。**6-3**［南］ソウルで大規模デモ，非常戒厳令布告。**8-2**［南］言論倫理委員会法可決(**9-9** 施行保留)。**9-11**［南］ベトナムに医務中隊派遣。**12-3**［南］第7次日韓会談
1965	**3-16**	［南］第1次ベトナム派遣部隊到着。**4-14**［北］金日成首相がインドネシアの講演で思想における主体などを強調。**6-22**［南］日韓基本条約調印。**7-3**［南］外資導入法制定
1966	**3-4**	［南］ベトナム増派合意(ブラウン覚書)。**3-30**［南］新韓党結成。**7-9**［南］韓米行政協定調印。**10-5**［北］七カ年計画の3年延長を発表
1967	**2-7**	［南］新民党結成。**5-6**［南］第6代大統領に朴正熙当選。**12-14**［北］主体思想を盛り込んだ十大政綱発表
1968	**1-21**	［南］ソウルに武装ゲリラ31名侵入。**1-23**［北］米軍艦プエブロを拿捕。**11-2**［南］蔚珍・三陟に約100名の武装ゲリラ侵入
1969	**10-17**	［南］大統領三選改憲国民投票可決
1970	**4-22**	［南］セマウル運動開始。**6-2**［南］「五賊」の作者金芝河を逮捕。**7-7**［南］京釜高速道路開通。**8-15**［南］統一に関する「八・一五宣言」発表。**11-2**［北］労働党第5回大会(～**11-13**)。**11-13**［南］平和市場で労働者が焼身自殺
1971	**4-12**	［北］平和統一に関する8項目提案。**4-29**［南］第7代大統領に朴正熙当選。**7-28**［南］ソウル地裁判事が集団辞任。**8-10**［南］広州団地で住民5万人暴動。**9-15**［南］ベトナム派遣労働者が韓進ビルに放火。**-20** 南北赤十字予備会談開始。**11-29**［南］経済企画院が重工業総合計画確定。**12-6**［南］国家非常事態宣言
1972	**1-23**	［北］日本との貿易促進に関する合意書調印。**7-4** 自主的平和統一をうたった南北共同声明発表。**8-30** 赤十字本会談開始。**10-17**［南］非常戒厳令布告で「十月維新」。**11-30** 南北調節委員会発足。**12-23**［南］統一主体国民会議が第8代大統領に朴正熙選出。**12-27**［南］「維新憲法」公布。**12-27**［北］「七二年憲法」公布。**12-28**［北］金日成を主席に推戴
1973	**2**	［北］三大革命小組が発足。**3-29**［北］北欧5カ国が北朝鮮承認で合意。**5-17**［北］WHOに加盟。**6-23**［南］国連同時加盟を提案。**6-23**［北］高麗連邦共和国構想を提案。**7-3**［南］浦項総合製鉄竣工。**8-8**［南］金大中事件発生。**9-5**［北］平壌に地下鉄開通。**10-1** 国連が南北

		代表をオブザーバーとして招請
1974	***1-8***	［南］大統領緊急措置令第１号(75.***5*** の第９号まで続く)。***2-13***［北］労働党中央委が金正日を金日成の後継者に指名。***2-19***［北］金正日が「全社会の金日成主義化」を提起。***4-25***［南］民青学連事件を発表。***8-15***［南］朴大統領狙撃事件で夫人が死亡。***8-15***［南］ソウルに地下鉄開通。***11-22***［南］フォード米大統領訪韓(～*23*)。***12-25***［南］民主回復国民会議創立
1975	***2-12***	［南］維新体制の可否を問う国民投票。***7-9***［南］社会安全法・民防衛基本法・防衛税法成立。***7-10***［南］韓日議員連盟創立。***8-26*** 非同盟諸国外相会議が北朝鮮の加盟承認，韓国の加盟否決。***9-15***［南］秋夕を中心に朝鮮総連系在日朝鮮人の訪韓が始まる。***10-9***［北］労働党創立30周年記念大会。***11-18*** 国連総会で南北それぞれに対する支持案を同時に可決
1976	***2-16***	［南］都市セマウル運動指針通達。***3-1***［南］金大中ら民主救国宣言を発表。***6-16***［南］現代建設がサウジアラビアの産業港建設受注。***7-1***［南］韓国輸出入銀行発足。***8-18***［北］板門店で米軍将校を殺害。***10-15***［南］米国紙が在米実業家朴東宣による政界工作を初報道(コリアゲート事件)。［北］この年から日本や西欧への対外支払い遅延
1977	***3-9***	［南］カーター米大統領が在韓米地上軍撤退と人権への憂慮を表明。***8-26***［南］米連邦大陪審が朴東宣を起訴。***12-21***［南］輸出100億ドル突破と発表
1978	***7-6***	［南］統一主体国民会議が第９代大統領に朴正熙選出。***7-20***［南］古里原子力発電所１号炉竣工。***9***［北］平壌―元山間高速道路開通。***9-9***［北］建国30周年記念慶祝大会。***11-7***［南］韓米連合軍司令部発足。***12-26***［北］地方予算制度創設
1979	***4-17***	［南］経済安定化総合対策発表。***6-29***［南］カーター米大統領訪韓(***7-***20 米地上軍撤退凍結)。***8-11***［南］YH 貿易事件発生。***8-28***［北］日朝貿易代金支払問題で合意書仮調印。***10-4***［南］国会が金泳三新民党総裁を除名。***10-16***［南］釜山で暴動。***10-17*** 釜山に戒厳令発令。***10-20***［南］馬山・昌原に衛戍令発令。***10-26***［南］朴大統領暗殺。***10-27***［南］済州島以外の全土に戒厳令発令。***12-6***［南］統一主体国民会議が崔圭夏を第10代大統領に選出。***12-12***［南］「粛軍」クーデタ発生
1980	***2-29***	［南］金大中ら687人の公民権回復を発表。***4-14***［南］崔大統領が学生運動自制を求める特別談話。***4-21***［南］東原炭鉱で３千人が暴動。***5-15***［南］全国で10万人の学生がデモ。***5-18***［南］光州事件(～27)。*-31*［南］国家保衛非常対策委設置。***8-27***［南］統一主体国民会議が第11代大統領に全斗煥選出。***10-27***［南］第五共和制憲法発効，国家保衛立法会議設置。***10-10***［北］労働党第６回大会(～14)。***11-3***［南］政治風土刷新特別措置法制定。***10-17***［南］新聞・放送などのマスメディア統廃合。***12-30***［南］1956年以来２度目のマイナス成長と発表。***12-31***［南］国家安全企画部法公布
1981	***1-15***	［南］民主正義党結成。***1-23***［南］大法院が金大中に内乱罪で死刑判決(閣議で無期に減刑)。***1-25***［南］戒厳令解除。***2-25***［南］第12代大統領に全斗煥当選。***3-5***［北］道・市・郡人民会議代議員選挙。***9-26***［北］

		平壌に人民大学習堂竣工
1982	1-5	［南］夜間通行禁止解除。3-18［南］釜山米文化センター放火。4-1［北］金主席が竣工した主体思想塔・凱旋門・金日成競技場など視察。5-7［南］手形詐欺事件で張玲子ら拘束と発表。7-9［北］「80年代速度」創造を呼びかけ
1983	5-5	［南］ハイジャックされた中国民航機が不時着し中国と初の直接交渉。8-7［南］中国戦闘機が亡命。-17［南］明星財閥会長ら横領容疑で拘束。9-1［南］ソ連機が大韓航空機撃墜。9-22［南］大邱米文化センター爆破。10-3［南］ソウルで列国議会同盟総会開催(～10-3)。10-9［南］ビルマ訪問中の全大統領一行に爆弾テロ
1984	2-23	［北］金正日が76年に執筆した金日成主義に関する論文を内外で発表。2-29［南］カラーテレビに米でダンピング判定(3-13 鉄鋼も)。5-16［北］金日成主席がソ連・東欧を歴訪(～7-1)。6-25［南］丁来赫民正党代表委員を蓄財の告発で解任。9-6［南］全大統領が元首として初訪日。9-8［北］合営法制定。9-29 韓国水害への救援物資を北朝鮮から輸送(～10-4)。10-11［北］金主席が新築された万寿台議事堂視察
1985	1-18	［南］新韓民主党結成。2-18［北］在日朝鮮人資本との合弁で楽園百貨店開店。2-21［南］国際財閥解体。2-26［北］フランスと合弁で46階建ての羊角島ホテル着工。3-6［南］3金氏らの政治活動解禁。5-23［南］ソウル米文化センター占拠(12-2 光州でも占拠)。8-9［北］45階建ての高麗ホテル竣工。9-20 南北双方の故郷訪問団がソウル・平壌を相互訪問(～9-23)
1986	5-3	［南］学生・労働者5千人が仁川市街を占拠。6-24［北］南浦(西海)閘門竣工。7-15［北］金正日が「社会政治的生命体」論を体系化。9-14［南］金浦空港で爆弾テロ。9-20［南］アジア競技大会開催(～10-6)
1987	1-14	［南］大学生が警察の拷問で死亡。5-1［南］統一民主党結成。6-9［北］南南協力に関する非同盟諸国特別会議開催。6-29［南］民主化宣言発表。10-28［南］大統領直選制へ憲法改正。10-30［南］新民主共和党結成。11-12［南］平和民主党結成。11-29［北］ビルマ沖で大韓航空機爆破。12-14［南］ハンガリーに貿易事務所開設。12-18［南］第13代大統領に盧泰愚当選
1988	2-20	［北］経済建設の「二百日戦闘」呼びかけ。8［北］韓国の徐敬元議員が金日成主席と秘密会見。9-17［南］ソウル・オリンピック開催(～10-2)。11-12［南］IMF 8条国へ移行。11-23［南］全斗煥が山寺に隠遁
1989	1-23	［北］鄭周永現代財閥会長が平壌訪問。2-1［南］ハンガリーと国交樹立。3-25［北］韓国の文益煥牧師が平壌訪問。5-3［南］東義大で警官6名死亡。7-1［北］平壌で世界青年学生祭開催，韓国の全大協が代表派遣(～7-8)。10-27［南］GATT11条国移行受諾
1990	1-22	［南］全国労働組合協議会結成。2-9［南］民主自由党結成。9-5 初の南北首相会談。9-27［北］日本との国交正常化提案。9-30［南］ソ連と国交樹立。10-13［南］盧大統領が暴力・犯罪との戦争宣言
1991	3-26	［南］30年ぶりの市・郡・区議会選挙(6-20 特別市・直轄市・道議会選挙)。4-9［南］平和民主党が新民主連合党に改称。4-26［南］デモの学生を警察が殺害。4-29［北］平壌で列国議会同盟総会開催(～5-4)。5-5

		［北］金正日が談話で朝鮮式社会主義の優位強調。***8-1***［南］治安本部を廃止し警察庁新設。***9-10***［南］新民党と民主党が合同。***9-17*** 国連に南北同時加盟。***12-13*** 南北間の和解と不可侵および交流協力に関する合意書調印。***12-24***［北］党中央委が金正日を人民軍最高司令官に推戴。***12-28***［北］羅津・先鋒地区を自由経済貿易地帯に指定
1992	***1-7***	［南］米韓合同軍事演習を初めて中止決定。***1-7***［北］核査察受入れを表明。***1-20*** 朝鮮半島の非核化に関する共同宣言調印。***2-8***［南］統一国民党結成。***4-8***［北］憲法改正。***4-29***［南］ロサンゼルスの暴動で韓国人商店に被害。***8-24***［南］中国と国交樹立。***11-17***［南］新韓国党結成。***12-11***［北］外国人投資法・合作法・外国人企業法制定。***12-19***［南］第14代大統領に金泳三当選
1993	***3-12***	［北］核拡散防止条約脱退。***4-8***［北］自由経済貿易地帯法制定。***4-9***［北］金正日を国防委員会委員長に推戴。***5-13***［南］粛軍クーデタ批判と光州事件評価を発表。***6-20***［南］公職者倫理法改正。***7-9***［北］檀君の実在を主張。***8-7***［南］大田万博開催(〜***11-7***)。***8-12***［南］金融実名制実施を命令。***10-15***［南］旧朝鮮総督公邸撤去開始
1994	***3-4***	［南］政治改革３法制定。***6-13***［北］国際原子力機関脱退。***7-8***［北］金日成死去。***10-21***［北］軽水炉供与の朝米基本合意成立。***10-21*** ソウルで聖水大橋落下
1995	***3-9***	［北］米・韓・日が朝鮮半島エネルギー開発機構(KEDO)設立。***3-30***［南］自由民主連合結成。***6-27***［南］35年ぶりに知事・市長選挙実施。***6-29***［南］ソウルでデパートが崩壊。***7-7***［北］この日から８月にかけて水害で大被害。***9-5***［南］新政治国民会議結成。***10-10***［南］海外直接投資自由化および堅実化法施行。***11-16***［南］盧泰愚を収賄罪で逮捕。***12-3***［南］全斗煥を反乱首謀罪で逮捕。***12-6***［南］民主自由党が新韓国党に名称変更。***12-19***［南］粛軍クーデタと光州事件関係者を処罰する特別法制定。［南］一人当たりGNP １万ドル突破
1996	***4-16***	［南］韓・米が北朝鮮・中国を含む四者会談提案で合意。***5-30***［南］2002年サッカー・ワールドカップの韓日共催決定。***9-13***［北］羅津・先鋒自由経済貿易地帯国際投資フォーラム開催(〜***9-15***)。***12-12***［南］OECD加盟
1997	***2-12***	［北］黄長燁労働党書記が韓国へ亡命申請。***4-17***［南］全斗煥・盧泰愚の有罪確定(のち特赦)。***5-17***［南］金大統領の次男を収賄罪で逮捕。***7-8***［北］金日成の喪明け宣言。***7-15***［南］起亜財閥事実上倒産。***8-19***［北］新浦にKEDOが原発着工。***9-9***［北］金日成の生年を元年とする主体年号使用開始。***10-8***［北］金正日を労働党総書記に推戴。***10-30***［南］国民新党結成。***11-21*** ウォン下落でIMFに支援要請。***11-21***［南］ハンナラ党結成。***12-8*** 韓国・北朝鮮・米・中の四者会談開始。***12-18***［南］第15代大統領に金大中当選
1998	***1-14***	［南］企業・金融構造改革促進方案発表。***1-15***［南］労使政委員会発足。***2-14***［南］勤労基準法改正で整理解雇制導入。***5-25***［南］外国人の株式投資自由化。***8-31***［北］人工衛星打上げを名目にロケット発射。***9-5***［北］憲法改正，金永南が最高人民会議常任委員長就任。***9-8***［南］全経連が財閥企業の業種交換案発表。***11-18***［北］現代財閥と合弁で金剛山

観光事業開始。***12-8***［南］全経連が財閥系列整理案発表

1999　***2-19***［北］主体農法転換を発表。***4-9***［北］人民経済計画法制定。***5-25***［北］ペリー米調整官訪朝(〜***5-28***)。***8-16***［南］債権金融団が大宇財閥解体決定。***10-26***［南］朴大統領20周年忌追悼式

2000　***1-4***［北］イタリアと国交樹立。***1-20***［南］新千年民主党結成。***1-30***［南］民主労働党結成。***2-24***［南］自由民主連合が連立政権から離脱。***3-8*** 民主国民党結成。***5-8***［北］オーストラリアと国交回復。***6-13*** 初の南北首脳会談(〜***6-15***)。***7-12***［北］フィリピンと国交樹立。***7-27***［北］ASEAN 地域フォーラムに初参加。***10-13***［南］金大中へのノーベル賞授与発表

2001　***1-15***［北］オランダと国交合意，以後，各国と国交樹立続く。***4-2***［南］ウリ金融持株会社発足。***6-29***［南］国税庁が全国紙 6 社を脱税容疑で告発。***7-30***［北］イギリス大使館開設

2002　***1-29***［北］ブッシュ米大統領が北朝鮮・イラン・イラクを悪の枢軸と非難。***5-18***［南］金大統領の三男が収賄容疑で逮捕(のち長男・次男も逮捕)。***6-30***［南］日韓共催のサッカー・ワールドカップ開幕。***7-1***［北］経済改革で賃金・物価引上げ。***9-17***［北］初の日朝首脳会談。***10-24***［南］チリと初の自由貿易協定妥結。***12-7***［南］中学生殺害の米兵無罪で全土で反米集会。***12-19***［南］第16代大統領に盧武鉉当選

2003　***4-18***［北］使用済み核燃料の再処理を公表。***4-30***［南］韓国軍イラクへ派遣開始。***6-25***［南］検察が金大中政権時代の北朝鮮不正送金を発表。***6-30***［北］開城工業団地着工式。***8-4***［南］鄭夢憲現代峨山会長が北朝鮮送金事件で自殺。***8-27***［北］核開発問題をめぐる 6 カ国協議開始。***11-11***［南］開かれたわが党(ヨルリン・ウリ党)結成大会

2004　***3-12***［南］盧大統領の弾劾訴追を可決。***4-1***［南］京釜高速鉄道（KTX）開業。***4-22***［北］平安北道龍川駅で列車爆発事故。***5-14***［南］憲法裁判所が大統領弾劾訴追を棄却。***5-20***［南］盧大統領がウリ党に入党。***5-22***［北］2 回目の日朝首脳会談。***7-21***［北］米下院で北朝鮮人権法を可決。***10-20***［南］ウリ党が 4 大改革法案を提出。***11-2***［南］国家情報院が過去の重大事件を再調査する委員会を設置。

2005　***2-10***［北］核保有を宣言。***3-2***［南］行政中心複合都市建設特別法を可決。***5-6***［南］新千年民主党が民主党に改名。***8-14***［南］自主・平和・統一のための ***8.15*** 民族大祝典。***10-1***［南］ソウル市，清渓川復元完了記念式開催。***11-21***［北］関係国が KEDO 解体と軽水炉建設中止を決定。

2006　***4-10***［南］ソウル大，黄禹錫教授の論文捏造を認める最終調査結果発表。***5-31***［南］統一地方選でウリ党惨敗。***7-5***［北］テポドン2号を含むミサイル発射実験

2007　***2-16***［北］韓国への脱北者が1万人を突破。***5-17*** 南北直通列車，試験運行。***6-30***［南］米韓自由貿易協定に調印。***10-2*** 7年ぶりの南北首脳会談(〜***10-4***)。***10-24***［南］国家情報院，金大中事件への KCIA 関与を認める報告書。***12-20***［南］第17代大統領に李明博当選

■ 参考文献

Ⅰ　朝鮮全体に関するもの

A　概説・通史

⑴　武田幸男・宮嶋博史・馬渕貞利『朝鮮』(地域からの世界史 1) 朝日新聞社　1993
⑵　朝鮮史研究会編『新版　朝鮮の歴史』三省堂　1995
⑶　武田幸男編『朝鮮の歴史と文化』放送大学教育振興会　1996
⑷　吉田光男編『朝鮮の歴史と社会』放送大学教育振興会　2000
⑸　韓沽劤，平木実訳『韓国通史』学生社　1976
⑹　李基白，武田幸男他訳『韓国史新論』(改訂新版) 学生社　1979
⑺　武田幸男編『朝鮮史』(世界各国史17) 山川出版社　1985
⑻　林泰輔『朝鮮通史』冨山房　1912
⑼　旗田巍『朝鮮史』岩波全書　1951
⑽　中村栄孝『朝鮮――風土・民族・伝統』吉川弘文館　1971
⑾　梶村秀樹『朝鮮史』講談社　1977
⑿　崔南善，相場清訳『朝鮮常識問答』宗高書房　1965
⒀　金思燁『朝鮮の風土と文化』六興出版　1974
⒁　姜在彦『増訂　朝鮮――その歴史と風土』法律文化社　1977
⒂　朝鮮大学校歴史学研究室編『朝鮮史』朝鮮青年社　1976
⒃　井上秀雄他編『セミナー　日本と朝鮮の歴史』東出版　1974
⒄　田中健夫編『前近代の日本と東アジア』吉川弘文館　1995
⒅　荒野泰典・石井正敏・村井章介編『アジアの中の日本史』全 6 巻　東京大学出版会　1992～93
⒆　西嶋定生『日本歴史の国際環境』東京大学出版会　1985
⒇　李成市『東アジア文化圏の形成』(世界史リブレット 7) 山川出版社　2000
(21)　三上次男・神田信夫編『東北アジアの歴史と民族』(民族の世界史 3) 山川出版社　1989

⑴⑵は，朝鮮歴史の基本的な展開をおさえるのに，手ごろな体裁をとった概説的通史であり，また⑶⑷もともに放送大学の印刷教材として編集さ

れているため，バランスのとれた平易な叙述で親しみやすい。一歩進んで，歴史過程をしっかり概観し，全体的な歴史像に取り組むには，現在最も頼りになるのは(5)(6)(7)であろう。(5)(6)は，やや刊行年代が古いが，原著者の韓㳓劤・李基白両氏は解放後の韓国歴史学界で指導的な役割をはたし，原著はいずれも国際的レベルを保って名著の誉れが高い。(7)はいわば本書の前身であるが，それ独自の叙述内容をもっていて，今後の参考に耐えるものである。

さてここで，通史叙述のうち特徴的な事例について，(8)〜(15)を通じて振り返っておけば，(8)は漢学者が書いた啓蒙的通史で版を重ね，初期における代表格であった。(9)は大戦後最初の本格的な通史であり，歴史学界に大きな影響を与えたが，その後著者の希望で絶版とされた。(10)(11)は，おのおの戦前・戦後を代表する老練・新進による啓蒙的叙述であり，当時の雰囲気が参考になる。それ以下は外国人の著述であって，(12)は著名な韓国の民族史学者による学識豊富な史的概論。(13)(14)は，在日ないし在日期間の長い著者による日本人向けの通史概説であり，(15)は北朝鮮独自の歴史観・政治意識が反映されている。つぎの(16)以下は，概説通史の理解に必須な国際関係などであるが，ただ朝鮮を主体とした通史的叙述は見当たらない。わずかに(16)が日本との関係を軸にして，朝鮮の国際関係を前近代・近現代にかけて通観するが，今ではいささか新味に乏しい。(17)は新しい成果を示しているが，前近代に限った論文集であり，(18)は対象を東アジア全般に広げ，広範な事項にわたって比較考察し，(19)は著者西嶋氏の創見になる東アジア冊封論の観点から前近代の国際環境に迫っているが，いずれも日本史を基軸とした論述である。(20)は中国中心の冊封論を含めて前近代東アジアの関係を概観し，(21)は朝鮮史を東北アジアに位置づけて概説している。ちなみに付言したいのは，朝鮮史の概説・通史に関連して論文のかたちをとった名論・卓説が少なくないので，各種の歴史講座・論文集などにも目配りすることである。その検索に関しては下記Bの動向・目録の項を参照されたい。

B　分野別概論，その他

(1)　金錫亨，末松保和他訳『朝鮮封建時代農民の階級構成』学習院東洋文化研究所　1960
(2)　鎌田茂雄『朝鮮仏教の寺と歴史』大法輪閣　1980
(3)　鎌田茂雄『朝鮮仏教史』東京大学出版会　1987
(4)　車柱環，三浦国雄訳『朝鮮の道教』人文書院　1990

⑸　村山智順『朝鮮の風水』朝鮮総督府　1931
⑹　崔吉成『韓国のシャーマニズム』弘文堂　1984
⑺　秋葉隆『朝鮮民俗誌』名著出版　1980(初版　1954)
⑻　李杜鉉他著，崔吉城訳『韓国民俗学概論』学生社　1977
⑼　三品彰英『三品彰英論文集』全6冊　平凡社　1970～74
⑽　池明観『韓国文化史』高麗書林　1979
⑾　朝鮮民主主義人民共和国社会科学院歴史研究所編，日本朝鮮研究所訳『朝鮮文化史』2冊　朝鮮文化史刊行会　1966
⑿　関野貞『朝鮮の建築と芸術』岩波書店　1941
⒀　藤島亥治郎『韓の建築文化』芸艸堂　1976
⒁　金元龍，西谷正訳『韓国美術史』名著出版　1976
⒂　全相運『韓国科学技術史』高麗書林　1978
⒃　小倉進平，河野六郎補注『増補補注　朝鮮語学史』刀江書院　1964
⒄　李基文，藤本幸夫訳『韓国語の歴史』大修館書店　1975
⒅　鮎貝房之進『雑攷』5冊　国書刊行会　1971～73(初版　1931～38)
⒆　金思燁『朝鮮文学史』金沢文庫　1973
⒇　金東旭『朝鮮文学史』日本放送出版協会　1974
(21)　李杜鉉『朝鮮芸能史』東京大学出版会　1990
(22)　朝鮮史研究会編『新　朝鮮史入門』龍溪書舎　1981
(23)　史学会編『日本歴史学界の回顧と展望　朝鮮(1949～85)』山川出版社　1988
(24)　末松保和編『朝鮮研究文献目録(1868～1945)』全7冊　東京大学東洋文化研究所　1970・72
(25)　朝鮮史研究会編『戦後日本における朝鮮史文献目録(1945～91)』緑蔭書房　1994
(26)　石井正敏・川越泰博編『日中・日朝関係研究文献目録』(増補改訂)　国書刊行会　1996
(27)　伊藤亜人・大村益夫・梶村秀樹・武田幸男監修『朝鮮を知る事典』平凡社　1986
(28)　木村誠他編『朝鮮人物事典』大和書房　1995
(29)　伊藤亜人『もっと知りたい韓国』2版（1・2）河出書房新社　1996

分野別の概論のうち，社会経済の分野では適当な通史的叙述は見当たらないが，⑴は時代区分論の一環として奴婢・良民の階級的性格を分析し，その構想の規模と着眼点に啓発される。思想・宗教分野のうち外来宗教の

仏教史は，比較的新しいものに(2)(3)があり，前者は朝鮮の寺院と歴史を平易に概説する。道教については(4)がある。ただし，その史的重要性を考えれば，新しい仏教通史の登場が待たれるが，これは儒教の通史的叙述についてもっとも切実なものがある。(5)は古くなったが，政治史的に注目される風水思想に関して，なお基本的な概論として有用である。民間信仰を代表するシャーマニズム(巫覡《かんなぎ》・ムーダン)については比較的新しい(6)をあげておくが，これについては調査・研究が多く多彩でもあって，後掲の目録などについて博捜されたい。また(7)は個別事例の古典的な研究成果であり，(8)は幅広い事象にわたって整理し概論していて，基本的な朝鮮民俗学の水準を示している。これに関連して，日本神話研究の名著として知られる(9)は，その必須の前提として朝鮮の神話・伝承を追究していて重要である。

つぎに文化史一般については，韓国学者の(10)があり，また北朝鮮学界肝《きも》煎《い》りの(11)が翻訳されているが，それぞれ文化観・歴史観がうかがわれる。とくに建築・美術の分野については，古典的な(12)(13)が見逃せない。これらは調査・研究の時期がかなり古いが，なお当時の実地・現物に基づいた確かな記述などは貴重である。一般的なところでは，バランスのとれた(14)が水準を保った通論として評価が高い。(15)は科学技術を扱う。言語・文学の分野のうち，(16)はいち早く語学史の体系を構想した小倉氏の原本に，河野氏が補注を加えて増補したもので，日本の朝鮮語学史の古典となった。これにたいして，韓国学者の(17)は解放後の成果を集成し，一つの到達点を示していて，すでに古典とみなされる。(18)は該博な知識をもとに言語生活・社会習俗に関する識見を披瀝《ひれき》し，史学にたいしても示唆するところが少なくない。(19)(20)は朝鮮文学史の標準的な概説・通論であり，(21)は朝鮮芸能の通史であって，日頃なじみがない読者には，接近する際の手がかりになる。

つぎは動向・目録・事典類であるが，たえず進展する研究動向は(22)(23)を参照されたい。(22)は大戦後・解放後の日・朝学界の動向を踏まえて，時代順・課題ごとの動向を整理する。(23)は大戦後の日本における年単位の研究動向を回顧・展望するが，1986年以後については毎年，『史学雑誌』第5号(回顧と展望)の「朝鮮史」が参考になる。目録については，(24)が朝鮮史に限らず，近代開始以後から，大戦終了以前におよぶ著書・論文を網羅しており，(25)はそれを受けて，1945年より以後の朝鮮史を対象に集成していて，両書あわせればほぼ一貫して検索可能である。とくに日朝関係については，(26)などもあって便利である。朝鮮史関連の事項はアジア史・中国史・日本史関係の事典にも多く含まれており，まめに参照すればおおいに

役立つが，朝鮮史の各種事項については(27)が，とくに史上の人物については(28)などが確実であり，要領よくまとまって便利である。歴史を現代社会につないで学ぶには，(29)なども参考になろう。

II　各章に関するもの

第1章　古朝鮮から三韓へ

(1)　金元龍他『韓国の考古学』講談社　1989
(2)　田村晃一・鈴木靖民編『アジアからみた古代日本』(新版古代の日本2）角川書店　1992
(3)　東潮・田中俊明『高句麗の歴史と遺跡』中央公論社　1994
(4)　王建新『東北アジアの青銅器文化』同成社　1999
(5)　東潮・田中俊明『韓国の古代遺跡』（1・2）中央公論社　1988・89
(6)　宮本一夫『中国古代北疆史の考古学的研究』中国書店　2000
(7)　秋山進午編『東北アジアの考古学的研究』同朋舎出版　1995
(8)　東北亜細亜考古学研究会編『東北アジアの考古　第二［槿域］』キップンセム　1996
(9)　東潮『高句麗考古学研究』吉川弘文館　1997
(10)　村上恭通編著『東夷世界の考古学』青木書店　2000
(11)　今西龍『朝鮮古史の研究』近澤書店　1940
(12)　在日本朝鮮歴史考古学協会編訳『朝鮮民族と国家の源流』雄山閣　1995
(13)　李丙燾『韓国古代史研究』学生社　1980
(14)　駒井和愛『楽浪』中公新書　1972
(15)　東潮『古代東アジアの鉄と倭』溪水社　1999
(16)　山尾幸久『新版魏志倭人伝』講談社新書　1986
(17)　三上次男『古代東北アジア史研究』吉川弘文館　1966
(18)　池内宏『満鮮史研究』(上世篇）吉川弘文館　1951
(19)　李成市『古代東アジアの民族と国家』岩波書店　1998

(1)は韓国の第一線考古学者による分野別の概観。考古学の研究は，発掘調査の進展にともなって日進月歩であり，今日では本書も古くなってしまったが，朝鮮語・韓国語を読めない読者にとっては今なお最適の書といえる。(2)はタイトルどおりの内容を考古・文献の諸研究者が分野別に論じており，研究の状況もうかがえる。最初の5編が本章と関わる。(3)は高句麗はもとより，高句麗以前の東北アジアを知るうえでも，新しい情報をもと

に整理されており，便利である。(4)は遼西・遼東を中心とする中国東北地方と朝鮮半島・日本の青銅器文化の遺跡・遺物の実状と系統関係を，自身の見解をもとに述べた研究書で，異論も多いがわかりやすい。(5)は本章と関わりがあるのは，先史時代の部分。その後の新羅・百済・加耶の前史として記されており，地域に分けた変遷も知ることができる。(6)は中国北部・東北部の領域・文化的広がりを，考古学資料を通して考察した研究書で，朝鮮半島との関わりについての言及も少なくない。(7)は日中共同研究の成果報告書で，遼寧省における実測調査などの一次資料も含んでおり，貴重である。(8)は東京にある同研究会の第二論集で，日本語であるが，韓国の出版社から刊行したもの。韓国へいくか，輸入書を扱っている書肆で購入しなければならないが，重要な論考が多い。(9)は高句麗と銘打った大部な研究書であるが，対象は高句麗のみではなく，東北アジアの全体にわたっており，高句麗以前について知るうえでも，有用である。(10)は２世紀以前の中国東北・ロシア沿海州および朝鮮半島の考古学に関する７編の論考を集めている。(11)は檀君・箕子の伝説・伝承に関する基本的な文献批判研究で，今なお有効な視点が多い。(12)は檀君陵および檀君の時代の遺跡をめぐる論集の翻訳で，北朝鮮の近年の動向を知るうえで必要。(13)は韓国古代史大家の著。本章では衛氏朝鮮や楽浪問題が関わる。韓国の古代史研究書は大量に出版されているが，最近日本語訳されたものはない。(14)は楽浪土城の発掘に携わった考古学者の楽浪郡に関する概説。簡便にみるのに便利である。(15)は鉄器を中心にして，中国・朝鮮・日本の交流関係をまとめた研究書であるが，資料の集成としても有用である。(16)は倭人伝の時代，３世紀の東北アジア諸民族についてもふれており，また『魏志』の史料的な問題を知るにも必要である。(17)は漢の楽浪支配および挹婁《ゆうろう》・穢《わい》の民族的な性格を考察した基本的な著書で重要。(18)は楽浪４郡や諸民族に関する文献的考察で，今や古典的な研究であるが，なお参照に値する。(19)は楽浪から渤海にいたるまでの14編からなる論集であるが，ここで関わるのは楽浪・穢および夫余と高句麗との関係に関する論考である。

第２章　三国の成立と新羅・渤海

(1)　礪波護・武田幸男『隋唐帝国と古代朝鮮』（世界の歴史６）中央公論社　1997

(2)　井上光貞・西嶋定生・甘粕健・武田幸男編『東アジアにおける日本古代史講座』全10巻　学生社　1980～86

⑶　武田幸男『高句麗史と東アジア——「広開土王碑」研究序説』岩波書店　1988
⑷　池内宏『満鮮史研究』(上世，一冊) 吉川弘文館　1979
⑸　李丙燾『韓国古代史研究』学生社　1980
⑹　李成市『古代東アジアの民族と国家』岩波書店　1998
⑺　東潮・田中俊明『高句麗の歴史と遺跡』中央公論社　1995
⑻　三上次男『高句麗と渤海』吉川弘文館　1990
⑼　朝鮮民主主義人民共和国社会科学院考古学研究所編，呂南喆・金洪圭訳『高句麗の文化』同朋社出版　1983
⑽　坂元義種『百済史の研究』塙書房　1978
⑾　東潮・田中俊明『韓国の古代遺跡』(2　百済・伽耶篇) 中央公論社　1989
⑿　末松保和『新羅の政治と社会』(上・下) 吉川弘文館　1995 (『新羅史の諸問題』1954)
⒀　池内宏『満鮮史研究』(上世，二冊) 吉川弘文館　1979復刻
⒁　井上秀雄『新羅史基礎研究』東出版　1974
⒂　李基白，武田幸男監訳『新羅政治社会史研究』学生社　1982
⒃　東潮・田中俊明『韓国の古代遺跡』(1　新羅篇) 中央公論社　1988
⒄　鈴木靖民他『伽耶はなぜほろんだか』(増補改訂版) 大和書房　1998
⒅　田中俊明『大加耶連盟の興亡と「任那」』吉川弘文館　1992
⒆　鳥山喜一『渤海史上の諸問題』風間書房　1968
⒇　朱栄憲，在日本朝鮮人科学者協会歴史部会訳『渤海文化』雄山閣　1979
(21)　朱国忱・魏国忠，佐伯有清・浜田耕策訳『渤海史』東方書店　1996
(22)　山尾幸久『古代の日朝関係』塙書房　1989
(23)　坂元義種『古代東アジアの日本と朝鮮』吉川弘文館　1978
(24)　鈴木靖民『古代対外関係史の研究』吉川弘文館　1985

⑴は最新の研究成果に基づく本格的な朝鮮古代の通史で，本章と関連する部分は少なくない。創見に富んでおり単なる概説ではない。⑵は先史より10世紀に至るまでの古代東アジア史上の諸問題を扱った講座であるが，各巻は古代朝鮮の政治・社会・文化にわたる主題を含み，それぞれが今なお基本文献として重要である。⑶は広開土王碑研究を中心とするものの扱っている主題は広範であり，高句麗史の諸問題を網羅し高句麗史研究の到達点を示す。⑷⑸⑹は特色ある朝鮮古代史の論文集であるが，それぞれが

高句麗建国初期の問題や中国との関係史を扱っている。(7)は高句麗故地における発掘成果に基づきながら，遺跡・遺物を解説しており，現状を把握するのに便利である。(8)は高句麗の遺跡や遺物を通して高句麗の社会・文化を，(9)は考古学資料に基づいて高句麗文化の全般にわたって論じている。百済史については，(10)が基本資料の分析と解釈をおこなっている。(5)にも百済史の基本問題についての論考が収められている。百済故地の遺跡・遺物については(11)によって，近年の発掘成果を知ることができる。(12)(13)は新羅史の古典的な研究。(14)(15)は新羅史の基礎的な諸問題を幅広く扱い，それぞれ戦後の日本と韓国における新羅史研究の出発点になった。(5)(6)にも新羅史の論考が収められている。(16)は新羅故地の発掘成果を駆使して遺跡・遺物を詳述し，考古学から見た新羅史となっている。(17)は戦後の加耶史研究の成果を文献と考古学の両面から検討したシンポジウムの記録。(18)は大加耶連盟の形成と滅亡の過程を論じ，それを通して加耶史の新たな一面を解き明かす。加耶地域の考古学上の成果については(11)に詳しい。渤海史については，(19)が文献研究の立場から基本的な諸問題を論じており，(8)にも渤海の遺跡や遺物について興味深い考察がみられる。渤海史は南北朝鮮，中国，ロシアなどで特色ある研究がなされているが，その見解は必ずしも一致しない。(20)(21)は北朝鮮，中国での渤海史研究のあり方を知る手がかりとなる。国際関係については，(22)が4世紀から7世紀に至るまでの国家形成期における倭と朝鮮諸国の関係史を体系的に論じ，(23)は5世紀における中国と朝鮮諸国・倭の国際関係を外交システムの観点から論究している。(24)と(6)は新羅・渤海と日本の外交を扱った論考を収めている。

第3章　高麗王朝の興亡と国際情勢

(1)　池内宏『満鮮史研究』(中世編，3冊）吉川弘文館　1979復刻(初版1951～　)
(2)　池内宏『満鮮史研究』(近世編，1冊）中央公論社美術出版　1972
(3)　周藤吉之『高麗朝官僚制の研究』法政大学出版局　1980
(4)　周藤吉之『宋・高麗制度史研究』汲古書院　1992
(5)　藤田亮策『朝鮮学論考』藤田先生記念事業会　1963
(6)　旗田巍『朝鮮中世社会史の研究』法政大学出版局　1972
(7)　浜中昇『古代朝鮮の経済と社会』法政大学出版局　1986
(8)　今西龍『高麗及李朝史研究』国書刊行会　1974(『高麗史』初版1944)

(9) 有井智徳『高麗・李朝史の研究』国書刊行会 1985
(10) 末松保和『高麗朝史と朝鮮朝史』(末松保和朝鮮史著作集 5) 吉川弘文館 1996
(11) 青山公亮『日麗交渉史の研究』明治大学文学部文学研究所 1955
(12) 中村栄孝『日鮮関係史の研究』(上) 吉川弘文館 1965
(13) 李領『倭寇と日麗関係史』東京大学出版会 1999
(14) 田中健夫『倭寇』教育社 1982
(15) 田中健夫『中世対外史』東京大学出版会 1975
(16) 村井章介『アジアのなかの中世日本』校倉書房 1988
(17) 村井章介『中世日本の内と外』筑摩書房 1999
(18) 池内宏『元寇の新研究』2冊 東洋文庫 1931
(19) 山口修『蒙古襲来』桃源社 1964
(20) 旗田巍『元寇』中公新書 1965
(21) 海津一朗『蒙古襲来』吉川弘文館 1998

参考文献を整理していて残念なのは，体系的な高麗史単独の概説・通史は諸般の事情から試みられたことがなく，関連著書の大部分は研究論文集のかたちをとっていることである。高麗史関係でもっとも注目される論文集は，池内宏の(1)(2)の 4 冊である。個別的な政治過程，契丹(遼)・女真(金)・モンゴル(蒙古)や明などとの国際関係，あるいは高麗大蔵経彫造など文化的な事象についても論究し，今もって新鮮さが感じられるのは驚きである。また，これらの研究を通じて近代的史学研究方法論を構築し，この意味からも評価が高い。高麗の政治制度を扱った(3)(4)は，著者専門の宋史研究の立場から中国の政治制度との異同を指摘した。(5)が高麗両班の門閥貴族の実態を解明し，その後の社会史研究に先鞭をつけた。旗田氏の(6)は独自の観点から高麗の郡県制度成立論，地方豪族論・身分論や公・私田問題などを解明し，内外学界に共通する論点を提起した。(7)はその関心動向を受け継いで，改めて社会経済的な課題を中心に追究した。(8)(9)(10)は，いずれも高麗・朝鮮の両王朝に関わる個別的問題を取り上げるが，比較的まとまっているのは(10)であって，両班・田柴科・軍政に着目して高麗史上の重要問題を検討し，また高麗末期の対明関係を明らかにした。高麗は日本との正式な交渉をもたなかったが，日本史側から多くの研究が生み出されている。(11)(12)は，高麗時代の両国関係をほぼカヴァーしながら大勢論を述べ，あるいは個別的に論述していて，この分野では基本的な文献である。(13)は韓国人学者の新しい研究であり，いわゆる倭寇にも関心を集めている

が，それについては従来においても⒁などをはじめとする文献がある。日本史側からの研究は盛んであり，たとえば比較的近年にまとめられたものに⒂⒃⒄などがあって，高麗史側から見落とせない指摘も少なくない。とくにモンゴルの日本襲来に関しては繰り返し記述の対象になるが，しっかりした構成の⒅の古典的な文献のほか，東洋史・高麗史の観点からする概論として，⒆⒇などが注目されてきたが，日本史側からの(21)は武家社会の状況を踏まえた最新の記述である。

第4章　朝鮮王朝の成立と両班支配体制

⑴　阿部吉雄『日本朱子学と朝鮮』東京大学出版会　1965
⑵　有井智徳『高麗李朝史の研究』国書刊行会　1985
⑶　安秉珆『朝鮮近代経済史研究』日本評論社　1975
⑷　今西龍，今西春秋編『高麗及李朝史研究』国書刊行会　1974
⑸　岸本美緒・宮嶋博史『明清と李朝の時代』（世界の歴史12）中央公論社　1998
⑹　四方博『朝鮮社会経済史研究』（上・中・下）国書刊行会　1976
⑺　末松保和『高麗朝史と朝鮮朝史』（末松保和朝鮮史著作集５）『朝鮮史と史料』（同６）　吉川弘文館　1996～97
⑻　須川英徳『李朝商業経済史研究――18・19世紀における公権力と商業』東京大学出版会　1994
⑼　田川孝三『李朝貢納制の研究』東洋文庫　1964
⑽　田代和生『近世日朝通交貿易史の研究』創文社　1981
⑾　田花為雄『朝鮮郷約教化史の研究　歴史篇』鳴鳳社　1972
⑿　長節子『中世日朝関係と対馬』吉川弘文館　1987
⒀　朝鮮総督府中枢院『李朝法典考』（麻生武亀）初版1936　第一書房復刻　1977／『李朝の財産相続法』（鬼頭兵一）初版1936　国書刊行会復刻　1983／『朝鮮の姓名氏族に関する研究調査』（今村鞆）初版1934　大空社復刻　1996／『朝鮮ノ小作慣行』（上・下）（善生永助）初版1932　龍溪書舎復刻　1977／『朝鮮の風水』（村山智順）初版1931　国書刊行会復刻　1972
⒁　鄭聖哲，崔允珍・権仁燮・金哲央訳『朝鮮実学思想の系譜』雄山閣　1982
⒂　中村栄孝『日朝関係史の研究』（上・中・下）吉川弘文館　1965～69
⒃　貫井正之『豊臣政権の海外侵略と朝鮮義兵研究』青木書店　1996

(17) 平木実『朝鮮社会文化史研究』国書刊行会　1982
(18) 藤塚鄰，藤塚明直編『清朝文化東傳の研究――嘉慶・道光學壇と李朝の金阮堂』国書刊行会　1975
(19) 渡部学『近世朝鮮教育史研究』雄山閣　1969
(20) 和田一郎『朝鮮ノ土地制度及地税制度調査報告書』（復刻）宗高書房　1967（初版は朝鮮総督府　1920）
(21) 李大熙『李朝時代の交通史に関する研究――特に道路・水路網を中心として』雄山閣　1991
(22) 李泰鎮，六反田豊訳『朝鮮王朝社会と儒教』（韓国の学術と文化２）法政大学出版局　2000
(23) 柳成竜，朴鐘鳴訳注『懲毖録』（東洋文庫357）平凡社　1979

(1)は戦前に京城帝国大学で，李滉（退渓）と山崎闇斎の思想的関係の究明につとめた著者が，戦後になって日本近世の朱子学の成立とその展開にたいする，朝鮮で刊行された図書や，姜沆，李滉といった朝鮮の学者から受けた影響の大きさを，丹念に資料を集めて実証した著作。(2)はおもに朝鮮王朝初期と高麗時代の身分史・役法史・土地制度史・対外関係史に関する著者の論文８編をまとめたもの。(3)は停滞論批判という基本的立場から，1884年の甲申政変を規定した朝鮮王朝後期・末期の社会的諸条件を，土地所有，商品貨幣経済，中間階層の面から分析した書物。(4)は戦前に京城帝国大学で朝鮮史研究に従事した著者の比較的短い論文を集めたもの。著者の広く深く，また厳密な学問の一端がうかがえる論集。(5)は一般向きに書かれた世界の歴史のなかの一冊であるが，表題に中国の明・清とならんで李朝の名が明記された注目すべき書。図版や具体的な事例に富み，歴史を身近に感じられる。(6)は京城帝国大学で社会経済史の研究を開拓した著者の代表的な論文を集めたもの。市場経済，戸籍，郷約，契などに関する，現在でも学術史上画期的な成果と評価される論文を上・中・下３巻に分けて収録。(7)は戦前は朝鮮史編修会，京城帝国大学，戦後は学習院大学で前近代の朝鮮史研究を深めた著者の著作集。第５巻には対明関係や議政府などに関する論考を，そして第６巻には歴史，仏教，語学，地誌などにわたる文献に関する研究成果をそれぞれ収録。(8)は18世紀の乱廛《らんてん》，19世紀の商業税，開港期の海関税などの分析を通じて，王朝国家と商業との関係を検討，究明した書。近年，質量ともに圧倒的な韓国の研究状況を踏まえ，独自の研究視角を提示する。(9)は大同法の実施にいたるまでの朝鮮王朝前半期の貢納制，徭役制について，その内容，性格，運営などを具体的実証的

に検討した著作。戦前の京城帝国大学で研究に着手し，戦後は東洋文庫を中心に活動した著者の朝鮮王朝史に関する蘊蓄《うんちく》が随所にちりばめられている。⑽は日朝関係を実務面で推進していた対馬藩宗家の膨大な量の古記録，古文書を活用しながら，17世紀から18世紀にかけての貿易体制の確立や，貿易経営の具体的内容について実証した著作。⑾は京城帝国大学赴任で朝鮮教育史研究に志した著者が，戦後改めて資料を収集して整理した労作。中宗から純祖までの各種の郷約を検討し，近年盛んな郷村社会史研究の基礎の一つとなっている。⑿は15，16世紀の日朝関係史の研究を深めるために，日朝関係史の展開と有機的に結びついていた宗家を中心とした対馬の歴史を実証的に考察した書。⒀は朝鮮総督府が植民地統治に役立てるため，朝鮮王朝の社会，制度，習俗などに関して数多くの調査研究報告書を編纂した成果のごく一例。近代主義的な立場から書かれている傾向は強いものの，貴重な資料や研究が含まれ，戦後になって復刻されたものもかなりある。⒁は共和国で1974年に出版された著作の翻訳。実学派として柳馨遠，李瀷，洪大容，朴趾源，朴斉家，丁若鏞，李圭景，崔漢綺を取り上げ，朝鮮人民の立場から分析し，歴史的性格とその限界について評価を加える。⒂は戦前に朝鮮史編修会に勤務して京城帝国大学などで朝鮮史を講じ，戦後は名古屋大学で研究に従事した著者の，日朝関係を中心とした高麗や朝鮮王朝に関する実証的で透徹した研究成果をまとめた大著。⒃は豊臣政権の朝鮮侵略における義兵に代表される朝鮮民衆の抗日運動を具体的に跡づけ，戦争の推移と日本軍の動向を整理，検討した書。⒄はソウル大学の博士学位論文を基にして，1982年に韓国で出版された『朝鮮後期奴婢制度研究』の翻訳と，著者のその後の研究テーマの一つである，儒教の支配倫理，教化教育のシステムである旌表《せいひょう》教化政策などに関する論考を集めた書物。⒅は戦前京城帝国大学で研究に従事した著者が，清朝の考証学や経学に関する豊富な学識をいかし，朝鮮の金石学者として知られた金正喜が，清朝の学術を積極的に導入し，それに精通した経学の大家であることを論じた著作。⒆は京城帝国大学で教育学研究に着手した著者の，朝鮮王朝の教育史に関する研究論文を集めた書。教育制度，教科書，教育理念など多岐にわたるその内容は，当時の知識人を理解するためにも重要。⒇は⒀と同様の朝鮮総督府による調査報告書。日本が朝鮮でおこなった，近代的な制度を確立するための「土地調査事業」の当事者でもあった著者が，古代から朝鮮王朝末期にいたる土地所有に関する諸制度を調査した書。㉑は朝鮮王朝の陸運，水運の特色について，行政軍事面，漕運制，鉱山，港口都市，

市場などの多様な観点から，実証的な検討を加えた書。(22)は農業技術や貨幣経済，そして党争などと儒教との関わりを論じた専門書の翻訳。従来，通史や言語，美術などの各分野の概説書の翻訳はかなりあったが，近年の韓国における研究の盛況ぶりにかんがみても，専門書の翻訳は不可欠であろう。(23)は壬辰倭乱時，宰相として乱に対応した柳成竜の著作の優れた訳注。東洋文庫のシリーズには，朝鮮の文化，紀行，習俗などに関する書物が含まれていて有用である。

第5章　朝鮮近代社会の形成と展開

(1)　安秉玲『朝鮮近代経済史研究』日本評論社　1975
(2)　安秉玲『朝鮮社会の構造と帝国主義』龍溪書舎　1977
(3)　海野福寿『韓国併合』岩波新書　1995
(4)　海野福寿編『日韓協約と韓国併合』明石書店　1995
(5)　梶村秀樹『朝鮮における資本主義の形成と展開』龍溪書舎　1977
(6)　梶村秀樹『近代朝鮮社会経済論』(梶村秀樹著作集第3巻) 明石書店　1993
(7)　姜在彦『新訂朝鮮近代史研究』日本評論社　1982
(8)　姜在彦『朝鮮の開化思想』岩波書店　1980
(9)　木村健二『在朝日本人の社会史』未來社　1989
(10)　須川英徳『李朝商業政策史研究』東京大学出版会　1994
(11)　高嶋雅明『朝鮮における植民地金融史の研究』大原新生社　1978
(12)　田保橋潔『近代日鮮関係の研究』(上・下)(復刻) 宗高書房　1972 (初版は朝鮮総督府中枢院　1940)
(13)　趙景達『異端の民衆反乱——東学と甲午農民戦争』岩波書店　1998
(14)　長田彰文『セオドア・ルーズベルトと韓国』未來社　1992
(15)　中塚明『日清戦争の研究』青木書店　1968
(16)　中塚明『近代日本と朝鮮』(第3版〈選書〉) 三省堂　1994(第1版は三省堂〈新書〉　1969)
(17)　中村哲・堀和生・安秉直・金泳鎬編『朝鮮近代の歴史像』日本評論社　1988
(18)　中村哲・梶村秀樹・安秉直・李大根編『朝鮮近代の経済構造』日本評論社　1990
(19)　朴宗根『日清戦争と朝鮮』青木書店　1982
(20)　羽鳥敬彦『朝鮮における植民地幣制の形成』未來社　1986

(21)　原田環『朝鮮の開国と近代化』溪水社　1997
(22)　森山茂徳『近代日韓関係史研究』東京大学出版会　1987
(23)　森山茂徳『日韓併合』吉川弘文館　1992
(24)　山辺健太郎『日本の韓国併合』太平出版　1966
(25)　尹健次『朝鮮近代教育の思想と運動』東京大学出版会　1982
(26)　渡部学編『朝鮮近代史』勁草書房　1968

(1)は朝鮮後期の経済構造と近代的変革コースとの関連について考察したもの。(2)は朝鮮朝後期から植民地期までの経済史の研究。(3)は韓国併合までの日本の朝鮮政策を概観している。(4)は乙巳保護条約無効論をめぐる日韓両国研究者の論文集。(5)は近・現代史の全時期を通じての朝鮮資本主義の形成と発展を解明しようとしている。(6)は朝鮮朝末期から植民地期までの経済史の論文集。(7)は開化派・衛正斥邪派・東学の思想とその運動を解明し，(8)は開化派の思想と運動の諸段階を考察している。(9)は韓国併合にいたる時期における朝鮮在留日本人の諸活動を解明したもの。(10)はその第２篇で開港後における朝鮮政府の商業政策を検討している。(11)は第一銀行を中軸とする日本による植民地金融機構の形成過程を詳しく解明したもの。(12)は日・朝・欧米にわたる豊富な資料に基づいた日清戦争前までの日朝関係史の研究。(13)は東学・甲午農民戦争に関する研究で，底辺民衆と民衆のナショナリズムに注目しているのが特徴。(14)は20世紀初頭，セオドア・ルーズベルト政権期の米韓日関係を解明したもの。(15)は日清戦争を専制天皇制の政治の延長としてとらえた研究であり，日清戦争期の朝鮮の対応にもふれた点が先駆的である。(16)は日本の朝鮮侵略政策・支配政策を軸に叙述された近代日朝関係の通史。(17)(18)は，朝鮮朝末期から植民地期の経済史の論文集であり，好論が多い。(19)は朝鮮からみた日清戦争の研究で，朝鮮人民の抵抗について詳しい。(20)は顧問政治・保護国期における貨幣整理，財政・金融制度改革を分析したもの。(21)は朝鮮の開国・近代化過程を，東アジアにおける冊封体制から近代国際法秩序への改編過程と関連づけて解明しようとしたもの。(22)は甲午改革から韓国併合までの日韓関係史を，欧米を含む東アジア国際関係のなかに位置づけた研究。(23)は(22)と同じ観点から開国以降の日韓関係史を解明したもの。(24)は韓国併合までの日本の対朝鮮侵略政策に関わる重要問題を検討した論文集。(25)は開国から1910年代までの教育史の研究。(26)は開国から植民地期までの通史。

第6章　植民地支配下の朝鮮

(1)　李圭洙『近代朝鮮における植民地地主制と農民運動』信山社　1996
(2)　大江志乃夫他編『岩波講座　近代日本と植民地』全8巻 岩波書店 1992～93
(3)　梶村秀樹『朝鮮近代の民衆運動』(梶村秀樹著作集第4巻) 明石書店 1993
(4)　河合和男『朝鮮における産米増殖計画』未來社　1986
(5)　河合和男・尹明憲『植民地下の朝鮮工業』未來社　1991
(6)　姜在彦編『朝鮮における日窒コンツェルン』不二出版　1985
(7)　姜徳相『関東大震災』中公新書　1975
(8)　姜徳相『朝鮮人学徒出陣――もう一つのわだつみのこえ』岩波書店 1997
(9)　姜東鎮『日本の朝鮮支配政策史研究』東京大学出版会　1979
(10)　小林英夫編『植民地への企業進出――朝鮮会社令の分析』柏書房 1994
(11)　慎英弘『近代朝鮮社会事業史研究――京城における方面委員制度の歴史的展開』緑蔭書房　1984
(12)　中村哲・安秉直編『近代朝鮮工業化の研究』日本評論社　1993
(13)　西成田豊『在日朝鮮人の「世界」と「帝国」国家』東京大学出版会 1997
(14)　朴慶植『朝鮮人強制連行の記録』未來社　1965
(15)　朴慶植『日本帝国主義の朝鮮支配』(上・下) 青木書店　1973
(16)　朴慶植『朝鮮三・一独立運動』平凡社　1976
(17)　朴慶植『在日朝鮮人運動史――8・15解放以前』三一書房　1979
(18)　韓晳曦『日本の朝鮮支配と宗教政策』未來社　1988
(19)　樋口雄一『協和会――戦時下朝鮮人統制組織の研究』社会評論社 1986
(20)　樋口雄一『戦時下朝鮮の農民生活誌　1939～1945』社会評論社　1998
(21)　飛田雄一『日帝下の農民運動――朝鮮農民社・赤色農民組合』未來社 1991
(22)　堀和生『朝鮮工業化の史的分析』有斐閣　1995
(23)　松本武祝『植民地朝鮮の水利組合事業』未來社　1991
(24)　松本武祝『植民地権力と朝鮮農民』社会評論社　1998
(25)　宮嶋博史『朝鮮土地調査事業史の研究』東京大学東洋文化研究所

1991
(26) 宮嶋博史・松本武祝・李栄薫・張矢遠『近代朝鮮水利組合の研究』日本評論社　1992
(27) 宮田節子『朝鮮民衆と「皇民化」政策』未來社　1985
(28) 宮田節子・金英達・梁泰昊『創氏改名』明石書店　1992
(29) むくげの会編『植民地下朝鮮・光州学生運動の研究』むくげの会　1990
(30) 和田春樹『金日成と満州抗日戦争』平凡社　1992

(1)は植民地地主(日本人農業会社)を既墾地型地主・未墾地型地主に区分し，その存在形態と農民運動の差異を検討している。(2)には植民地朝鮮に関する論文が含まれている。(3)は植民地期の民衆運動に関する論文集。(4)は産米増殖計画の研究であり，朝鮮人地主の育成という政策意図を指摘している。(5)は植民地期の工業の展開を朝鮮総督府の産業政策と関連づけて跡づけ，(6)は日窒の朝鮮進出にしぼって検討している。(7)は関東大震災時の朝鮮人虐殺事件の真相に迫っている。(8)は1943年10月の朝鮮人学徒志願兵制度の実施と志願勧誘・強制の運動の実態を究明した研究。(9)は斉藤実文書をもとに，1920年代の朝鮮支配政策の基調を解明している。(10)は会社令とその運用実態についての詳論。(11)は1927年京城府に設置された方面委員制度の検討を通じて，植民地朝鮮の社会事業の実態を解明している。(12)は植民地期の工業化について多面的に論じたもの。(13)は1910～45年の時期の在日朝鮮人の歴史について，労働力移動の形態および日本国家の政策の推移に焦点をあてて解明している。(14)はその後の朝鮮人強制連行に関する調査研究の出発点となった著作。(15)は筆者が丹念に収集した史料を生かして，日本の植民地支配とその実態を論じたもの。(16)は三・一運動を詳しく述べ，民族主義者の役割を強調している。(17)は第二次世界大戦前期の在日朝鮮人運動の通史。(18)は日本仏教・キリスト教の朝鮮布教，神社参拝の強要と抵抗について論じたもの。(19)は戦時期の在日朝鮮人統制団体「協和会」の研究であり，皇民化政策の実態と在日朝鮮人の抵抗を明らかにしている。(20)は戦時期の朝鮮農民の生活実態を，強制供出，衣食住，離村・流浪，子供の生活環境，皇民化政策と民衆の抵抗など多面的に明らかにした貴重な研究。(21)は1920年代後半～30年代前半の農民運動を扱う。(22)は植民地期工業化の諸側面を究明し，それが解放後朝鮮社会の前提をつくったと位置づけている。(23)は水利組合事業による朝鮮農業の変容を究明している。(24)は植民地権力と朝鮮農民との関係を規定したイデオロギー規範・村落秩

序とその変容を論じたもの。(25)は土地調査事業を朝鮮朝時代以来の土地制度・地税制度の歴史的展開のなかに位置づけ，事業内容を本格的に論じた労作。(26)は事例分析を含む水利組合についての総合的研究。(27)は皇民化政策研究の水準を引き上げた論文集。(28)は創氏改名に関する本格的研究。(29)は光州学生運動の諸側面を解明している。(30)は1930年代満洲の抗日武装闘争における金日成の役割を解明した研究。

第７章　解放と南北分断

(1)　神谷不二編『朝鮮問題戦後資料』全３巻　日本国際問題研究所　1976〜80

(2)　市川正明編『朝鮮半島近現代史年表・主要文書』原書房　1996

(3)　アジア経済研究所編『アジア動向年報』同研究所　1970〜

(4)　林建彦『増補新版　北朝鮮と南朝鮮』サイマル出版会　1986

(5)　森田芳夫『朝鮮終戦の記録――米ソ両軍の進駐と日本人の引揚』巌南堂書店　1964

(6)　森田芳夫・長田かな子編『朝鮮終戦の記録・資料編』全３巻 巌南堂書店　1979〜80

(7)　ブルース・カミングス，鄭敬謨・林哲・加地永都子訳『朝鮮戦争の起源』全２巻 シアレヒム社　1989〜91

(8)　宋建鎬他，青丘出版委員会訳『分断か統一か――韓国解放前後史の認識』影書房　1988

(9)　李景珉『朝鮮現代史の岐路――8･15から何処へ』平凡社　1996

(10)　小此木政夫『朝鮮戦争――米国の介入過程』中央公論社　1986

(11)　金学俊，鎌田光登訳『朝鮮戦争――痛恨の民族衝突』サイマル出版会　1991

(12)　金三洙『韓国資本主義国家の成立過程 1945〜53年――政治体制・労働運動・労働政策』東京大学出版会　1993

(13)　李鍾元『東アジア冷戦と韓米日関係』東京大学出版会　1996

(14)　閔寛植『韓国政治史――李承晩政権の実態』世界思想社　1967

(15)　尹景徹『分断後の韓国政治　1945〜1986年』木鐸社　1986

(16)　朴根好『韓国の経済発展とベトナム戦争』御茶の水書房　1993

(17)　韓国社会学会編，小林孝行訳『現代韓国社会学――韓国社会，どこへ向かっているのか』新泉社　1988

(18)　倉持和雄『現代韓国農業構造の変動』御茶の水書房　1994

⒆　金潤煥，中尾美知子訳『韓国労働運動史』柘植書房　1978
⒇　桜井浩編『解放と革命　朝鮮民主主義人民共和国の成立過程』アジア経済研究所　1990
(21)　木村光彦『北朝鮮の経済　起源・形成・崩壊』創文社　1999

⑴は1945～65年の朝鮮半島の内外情勢に関する基本的な資料が収録されている。⑵⑶は基本的な年表で，⑵は1876～1995年と収録する範囲が広く，⑶は各年の詳細な日誌と解説が有用で，どちらも資料が掲載されている。⑷は発行はやや古いが，南北とも扱ったコンパクトな通史は類書が少ない。⑸⑹は，外務省記録などの一次史料を中心にまとめられた通史と資料集で，実証的で詳細な内容をもつ基本書である。⑺⑻⑼は，いずれも解放直後の情勢を論じたもので，⑺は米国資料を駆使し，⑻は韓国における先駆的論文を集成している。朝鮮戦争については多数の研究があるが，⑽は国際関係のなかで実証的な分析をおこない，⑾は韓国で書かれた標準的な概説書である。⑿は解放から1953年までの労働政策と運動の動向を国家や経済の体制と関連させて論じている。⒀は米国資料を用いながら50年代の韓米日関係が実証的に描き出されている。⒁は李承晩政権期の政治史を叙述した代表的な著作である。⒂は韓国政治史上の事件を時代順に詳述したもので，事典や年表のような使い方ができる。⒃は1960年代のベトナム参戦によって生じた特需などの経済的影響が幅広く検討されている。⒄は 60・70年代に生じた韓国社会の変化に関するシンポジウムをもとにした論文集である。⒅は1960年代から80年代にかけて，韓国の農業と農村の変化が実証的に叙述されている。⒆は原著の発行が1970年で古いが，日本語で読める労働運動の通史は少ない。⒇は解放から北朝鮮建国までの過程を一次史料に基づいて実証した共同研究である。(21)は米軍捕獲文書を中心とした一次史料を用い，類書の少ない経済の実態分析をおこなっている。

第８章　経済建設と国際化の進展

⑴　森山茂徳『韓国現代政治』東京大学出版会　1998
⑵　崔章集，中村福治訳『現代韓国の政治変動――近代化と民主主義の歴史的条件』木鐸社　1997
⑶　田中誠一『韓国官僚制の研究――政治発展との関連において』大阪経済法科大学出版部　1997
⑷　服部民夫『韓国――ネットワークと政治文化』東京大学出版会　1992
⑸　李祥雨，藤高明・清田治史訳『朴正熙時代――その権力の内幕』朝日

新聞社　1988
(6)　李敬南，姜尚求訳『盧泰愚　壁を超えて――和合と前進』冬樹社　1988
(7)　尹昶重，平井久志訳『金泳三大統領と青瓦台の人々――韓国政治の構造』中央公論社　1995
(8)　服部民夫編『韓国の工業化――発展の構図』アジア経済研究所　1987
(9)　渡辺利夫編『概説韓国経済』有斐閣　1990
(10)　池明観『韓国――民主化への道』岩波書店　1995
(11)　滝沢秀樹『韓国の経済発展と社会構造』御茶の水書房　1992
(12)　法政大学大原社会問題研究所編『現代の韓国労使関係』御茶の水書房　1998
(13)　李庭植，小此木政夫・古田博司訳『戦後日韓関係史』中央公論社　1989
(14)　鐸木昌之・坂井隆・古田博司編『資料北朝鮮研究』全3巻 慶応義塾大学出版会　1998～
(15)　金学俊，李英訳『北朝鮮五十年史――「金日成王朝」の夢と現実』朝日新聞社　1997
(16)　鐸木昌之『北朝鮮――社会主義と伝統の共鳴』東京大学出版会　1992
(17)　和田春樹『北朝鮮――遊撃隊国家の現在』岩波書店　1998
(18)　徐大粛，古田博司訳『金日成と金正日――革命神話と主体思想』岩波書店　1996
(19)　趙甲済，黄民基訳『軍部！――語られざる韓国の暗部』JICC出版局　1990
(20)　ジョセフ・S・バーミューデス，高井三郎訳『北朝鮮軍――世界最大の特殊部隊』原書房　1989

(1)(2)は，日韓それぞれの標準的な韓国政治の概説書だが，歴史分析も重視されている。(3)は韓国の行政制度史についてのハンドブックとして有用である。(4)は人的ネットワークを軸とした構造分析で，歴史研究ではないが現代韓国の理解に役立つ。(5)(6)(7)は，韓国の3人の大統領に関するノンフィクションで，研究書ではないが時代の雰囲気をつかむことができる。(8)(9)は，97年の経済危機以前の韓国経済の歩みを概観するのに便利な概説書である。(10)は民主化運動の立場から韓国現代史が概説されている。(11)は60年代以降の経済成長が韓国の社会構造に与えた変化を，民衆の視点から叙述している。(12)は高度成長以降の労使関係の変化に着目した共同研究で

ある。⒀は韓国の現代史にとって重要な要素である日本との関係を，通史的に叙述している。⒁は政治・思想，経済・法律，外交・安保・統一の3巻に分けて，基本的な一次史料を翻訳収録している。⒂は北朝鮮についてのコンパクトな通史である。⒃は「首領制」，⒄は「遊撃隊国家」というキーワードを使って北朝鮮の政治構造を分析しているが，歴史叙述も参考になる。⒅は金日成・金正日父子の伝記を軸としながら，北朝鮮の現代史にもふれている。⒆⒇は，朝鮮半島の現代史を理解するうえで重要な，南北の軍の実態を概説している。

王朝系図

高句麗〔高 氏〕

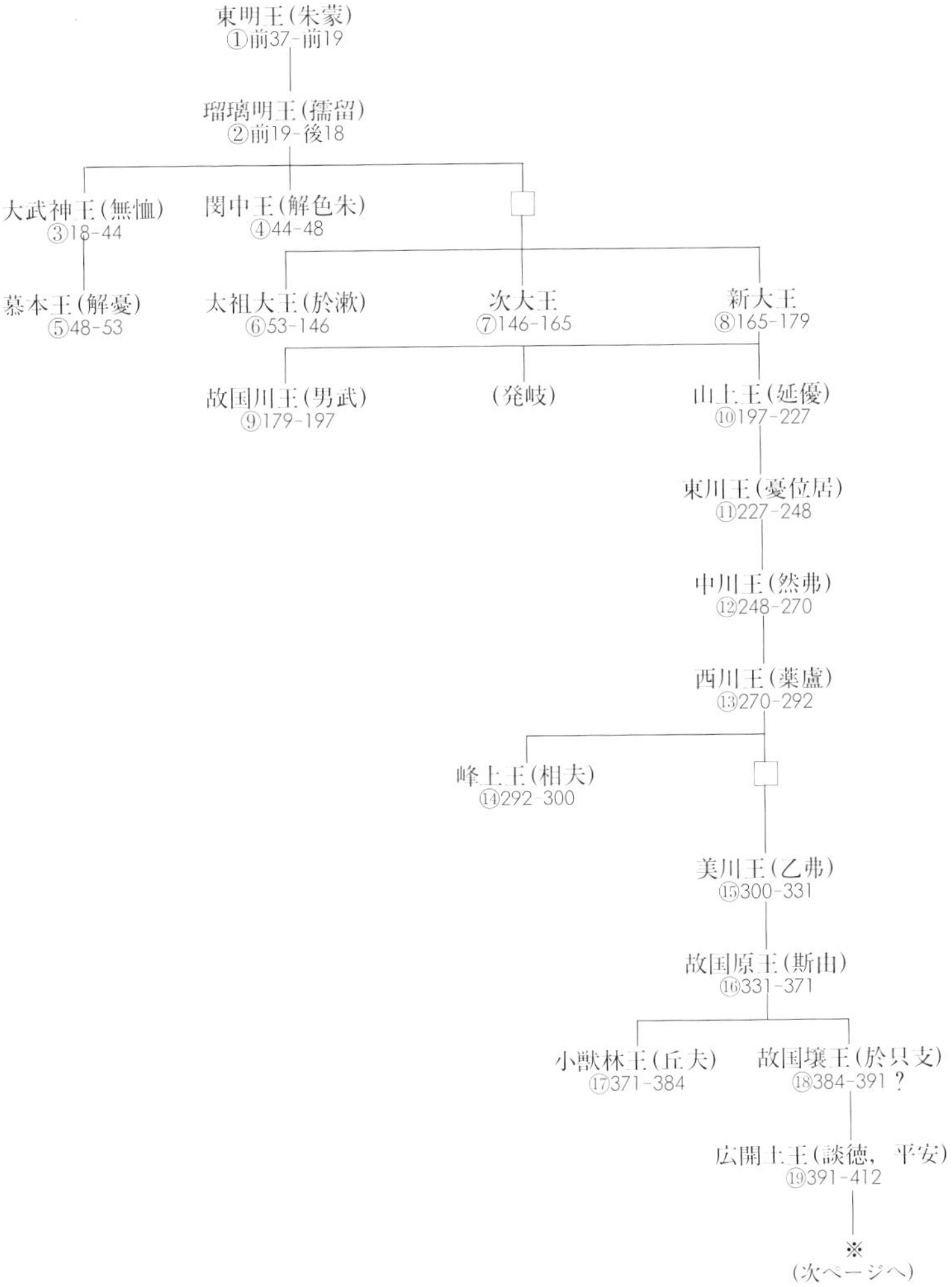
東明王(朱蒙)
①前37-前19
瑠璃明王(孺留)
②前19-後18
大武神王(無恤)
③18-44
閔中王(解色朱)
④44-48
慕本王(解憂)
⑤48-53
太祖大王(於漱)
⑥53-146
次大王
⑦146-165
新大王
⑧165-179
故国川王(男武)
⑨179-197
(発岐)
山上王(延優)
⑩197-227
東川王(憂位居)
⑪227-248
中川王(然弗)
⑫248-270
西川王(薬盧)
⑬270-292
峰上王(相夫)
⑭292-300
美川王(乙弗)
⑮300-331
故国原王(斯由)
⑯331-371
小獣林王(丘夫)
⑰371-384
故国壌王(於只支)
⑱384-391？
広開土王(談徳，平安)
⑲391-412
※
(次ページへ)

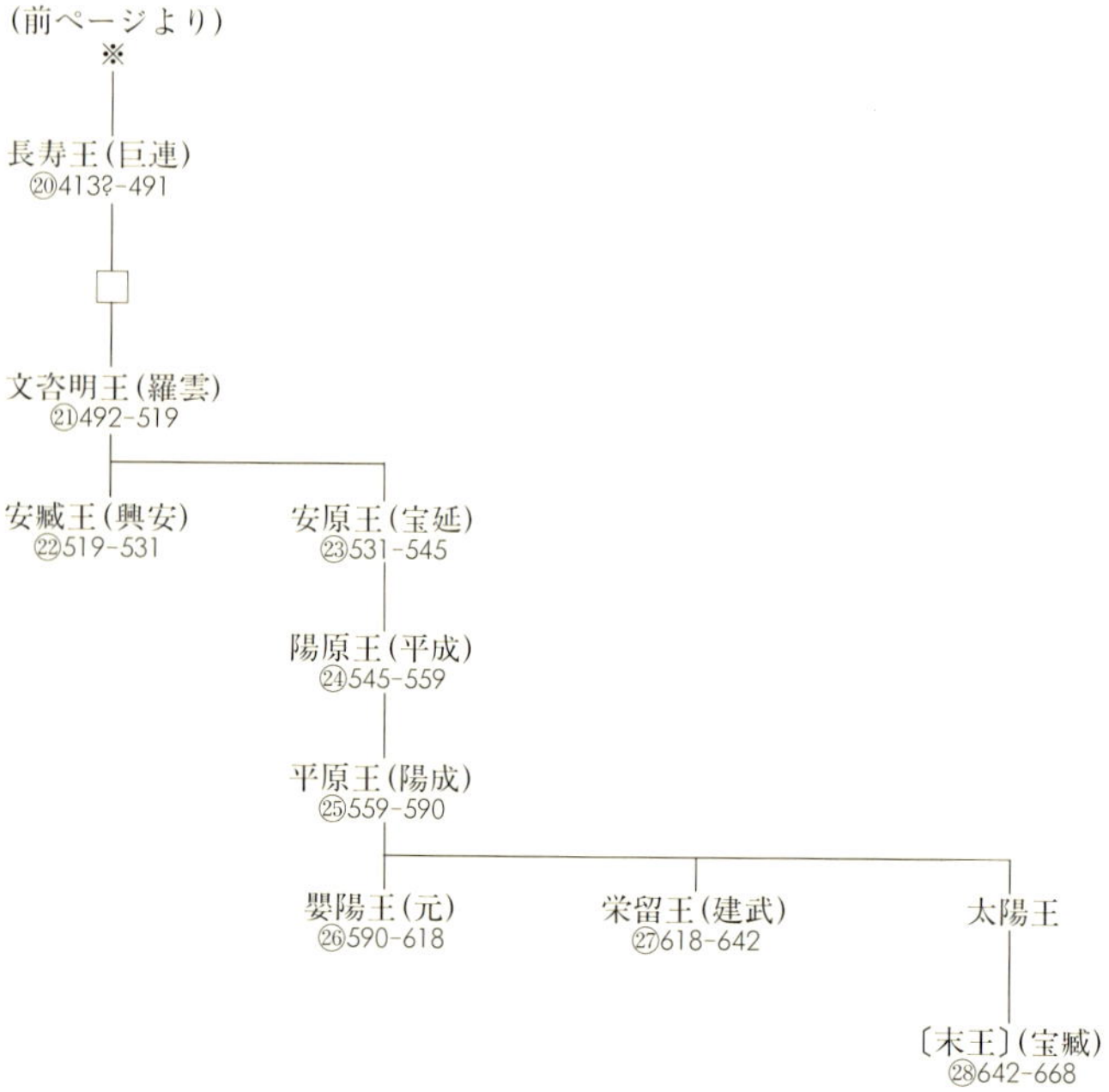
（前ページより）
※
長寿王（巨連）
⑳413?-491
文咨明王（羅雲）
㉑492-519
安臧王（興安）
㉒519-531
安原王（宝延）
㉓531-545
陽原王（平成）
㉔545-559
平原王（陽成）
㉕559-590
嬰陽王（元）
㉖590-618
栄留王（建武）
㉗618-642
太陽王
〔末王〕（宝臧）
㉘642-668

百　済〔扶餘氏〕

温祚王①前18-後28

多婁王②28-77

己婁王③77-127

蓋婁王④128-166

肖古王⑤166-214　　古尓王⑧234-286

仇首王⑥214-234　　責稽王⑨286-298

汾西王⑩298-304

契　王⑫344-346

沙伴王⑦〔234〕　　比流王⑪304-344

近肖古王⑬346-375

近仇首王⑭375-384

枕流王⑮384-385　　辰斯王⑯385-392

阿華王⑰392-405

腆支王⑱405-420

久尓辛王⑲420-427

毗有王⑳427-455

蓋鹵王㉑455-475

文周王㉒475-477？　　□

三斤王㉓477-479　　東城王(牟大)㉔479-501

武寧王(斯摩，隆)㉕501-523

聖　王(明濃)㉖523-554

威徳王(昌)㉗554-598　　恵　王(季)㉘598-599

法　王(宣)㉙599-600

武　王(璋)㉚600-641

〔末王〕(義慈)㉛641-660

南伽耶〔金官加羅〕

首露王 ①42-199
│
居登王 ②199-253
│
麻品王 ③253-291
│
居叱弥 ④291-346
│
伊尸品王 ⑤346-407
│
坐知王 ⑥407-421
│
吹希王 ⑦421-451
│
銍知王 ⑧451-492
│
鉗知王 ⑨492-521
│
仇衡王 ⑩521-532
│
武力
│
舒玄
│
庾信

大伽耶〔高霊加羅〕

悩窒朱日 ①
┆
異悩王 ⑨
│
月光太子
┆
道設知王 ⑯？-562

新　羅〔朴，昔，金氏〕

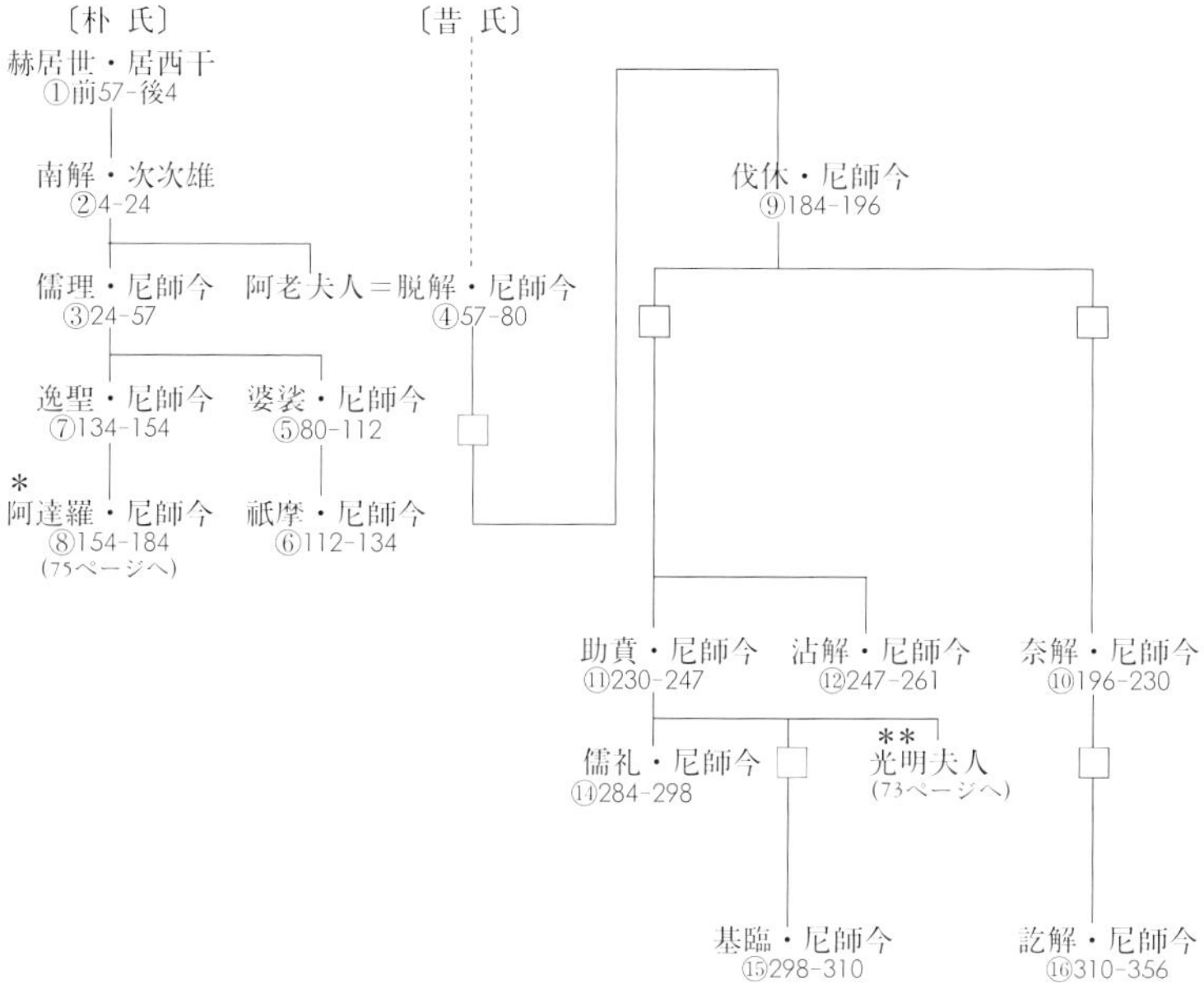
〔朴 氏〕
〔昔 氏〕
赫居世・居西干
①前57-後4
南解・次次雄
②4-24
儒理・尼師今
③24-57
阿老夫人＝脱解・尼師今
④57-80
逸聖・尼師今
⑦134-154
婆娑・尼師今
⑤80-112
*
阿達羅・尼師今
⑧154-184
(75ページへ)
祇摩・尼師今
⑥112-134
伐休・尼師今
⑨184-196
助賁・尼師今
⑪230-247
沾解・尼師今
⑫247-261
奈解・尼師今
⑩196-230
儒礼・尼師今
⑭284-298
**
光明夫人
(73ページへ)
基臨・尼師今
⑮298-310
訖解・尼師今
⑯310-356

〔金　氏〕

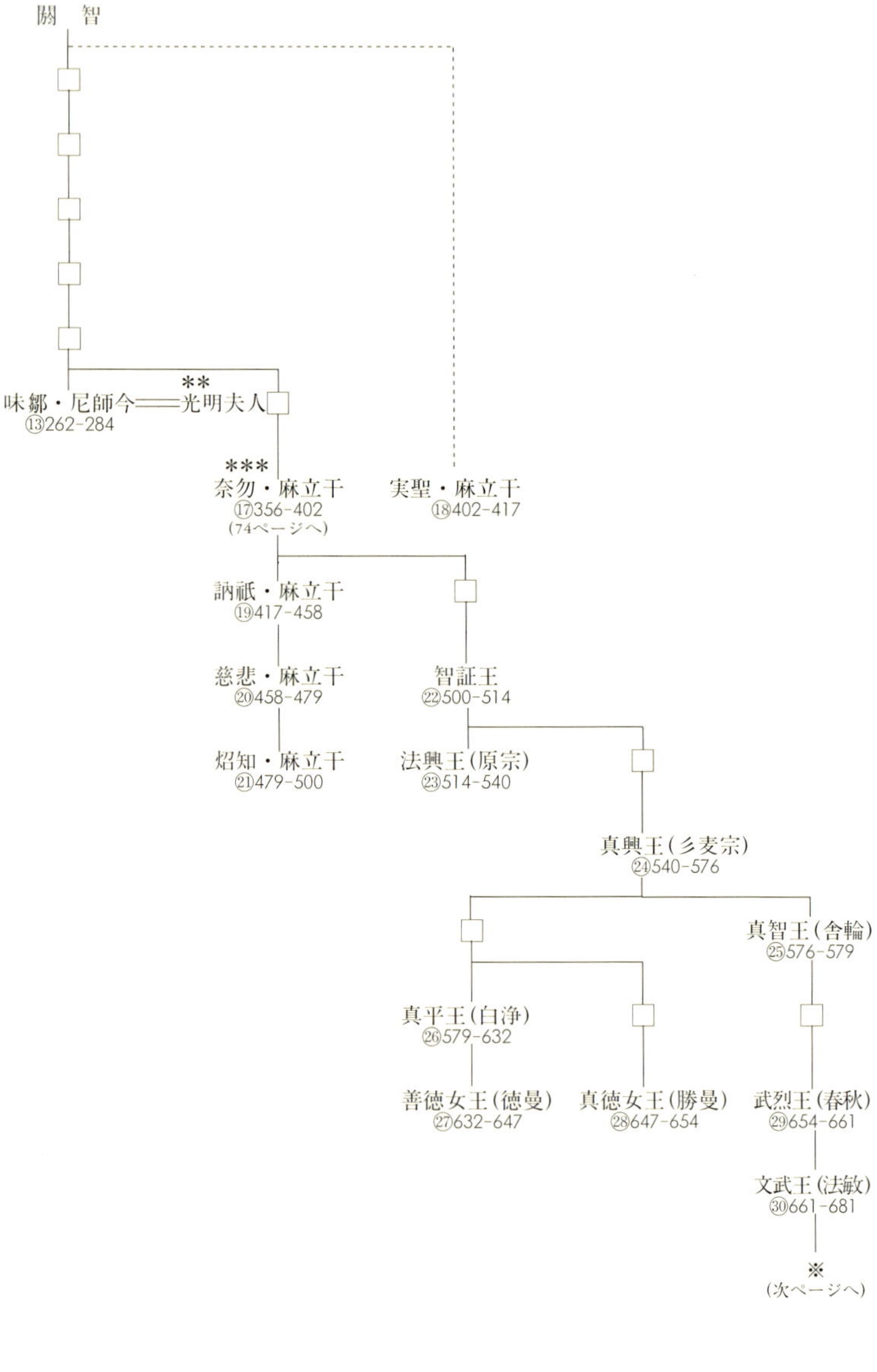
閼　智
味鄒・尼師今
⑬262-284
**
光明夫人
***
奈勿・麻立干
⑰356-402
(74ページへ)
実聖・麻立干
⑱402-417
訥祇・麻立干
⑲417-458
慈悲・麻立干
⑳458-479
炤知・麻立干
㉑479-500
智証王
㉒500-514
法興王(原宗)
㉓514-540
真興王(彡麦宗)
㉔540-576
真智王(舎輪)
㉕576-579
真平王(白浄)
㉖579-632
善徳女王(徳曼)
㉗632-647
真徳女王(勝曼)
㉘647-654
武烈王(春秋)
㉙654-661
文武王(法敏)
㉚661-681
※
(次ページへ)

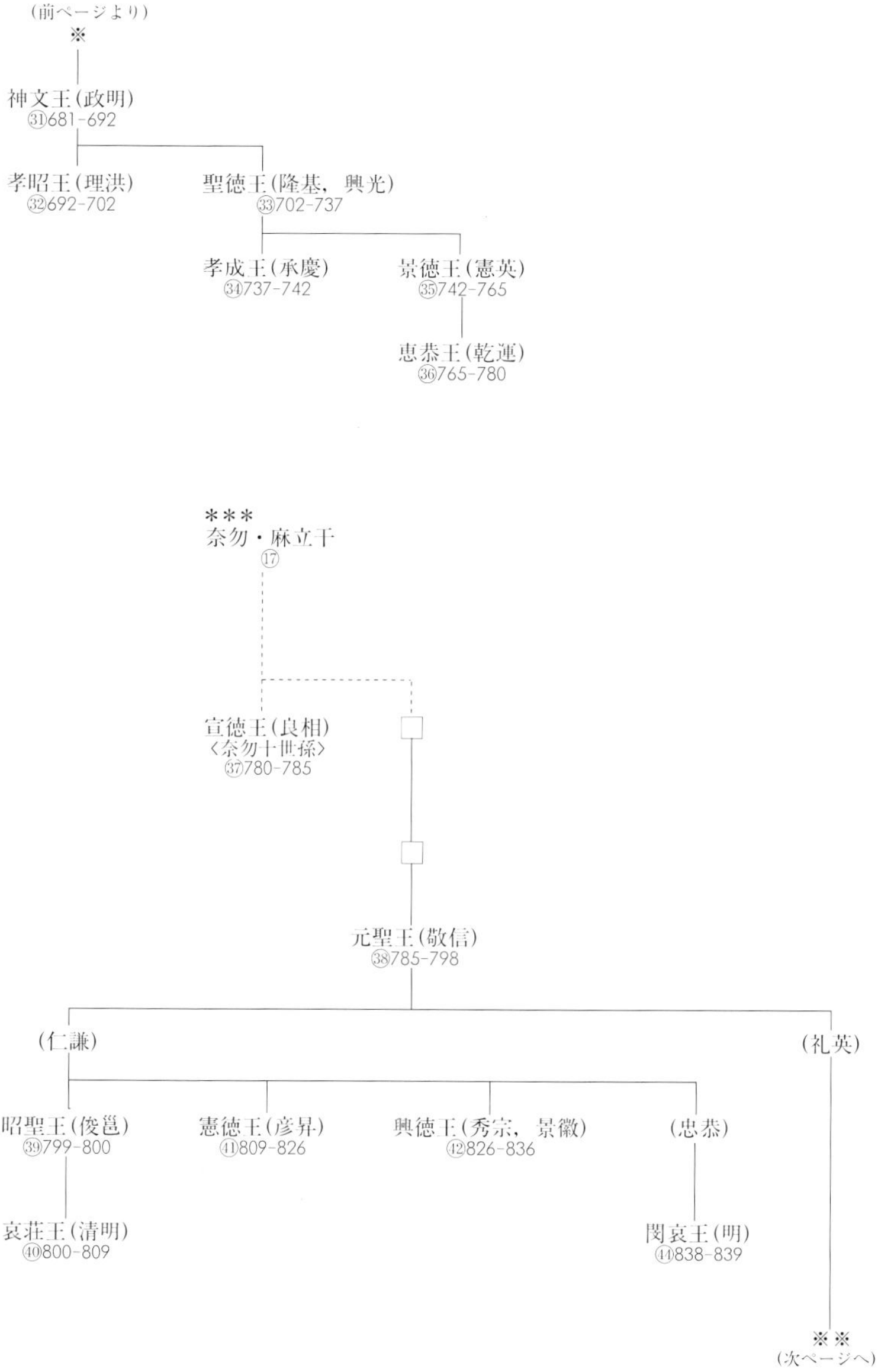
(前ページより)
※
神文王(政明)
㉛681-692
孝昭王(理洪)
㉜692-702
聖徳王(隆基，興光)
㉝702-737
孝成王(承慶)
㉞737-742
景徳王(憲英)
㉟742-765
恵恭王(乾運)
㊱765-780
＊＊＊
奈勿・麻立干
⑰
宣徳王(良相)
〈奈勿十世孫〉
㊲780-785
元聖王(敬信)
㊳785-798
(仁謙)
(礼英)
昭聖王(俊邕)
㊴799-800
憲徳王(彦昇)
㊶809-826
興徳王(秀宗，景徽)
㊷826-836
(忠恭)
哀荘王(清明)
㊵800-809
閔哀王(明)
㊹838-839
※※
(次ページへ)

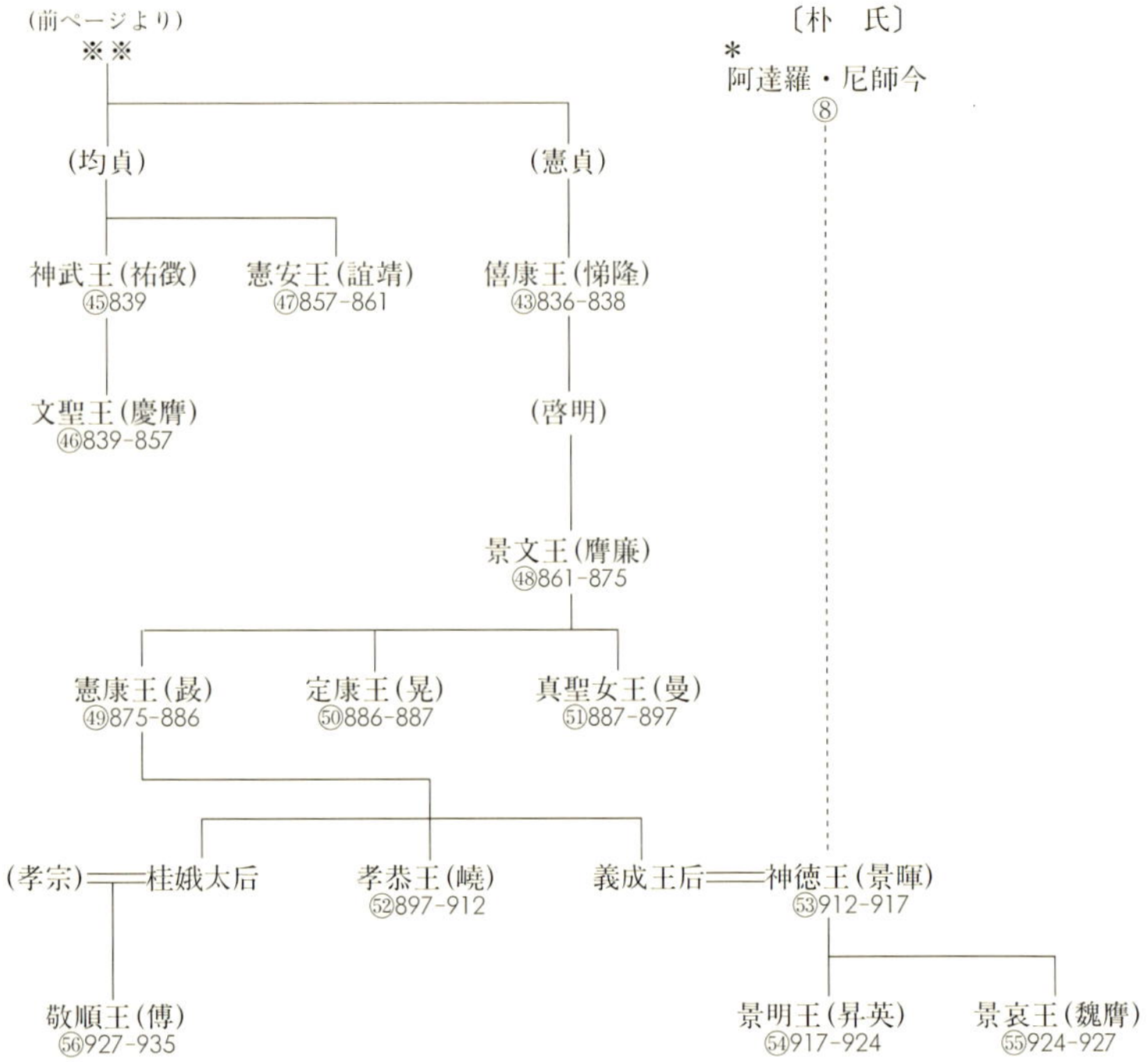
（前ページより）
※※
（均貞）
（憲貞）
神武王（祐徵）
㊺839
憲安王（誼靖）
㊼857-861
僖康王（悌隆）
㊸836-838
文聖王（慶膺）
㊻839-857
（啓明）
景文王（膺廉）
㊽861-875
憲康王（晸）
㊾875-886
定康王（晃）
㊿886-887
真聖女王（曼）
51887-897
（孝宗）
桂娥太后
孝恭王（嶢）
52897-912
義成王后
神徳王（景暉）
53912-917
敬順王（傅）
56927-935
景明王（昇英）
54917-924
景哀王（魏膺）
55924-927
〔朴　氏〕
＊
阿達羅・尼師今
⑧

渤海〔大氏〕

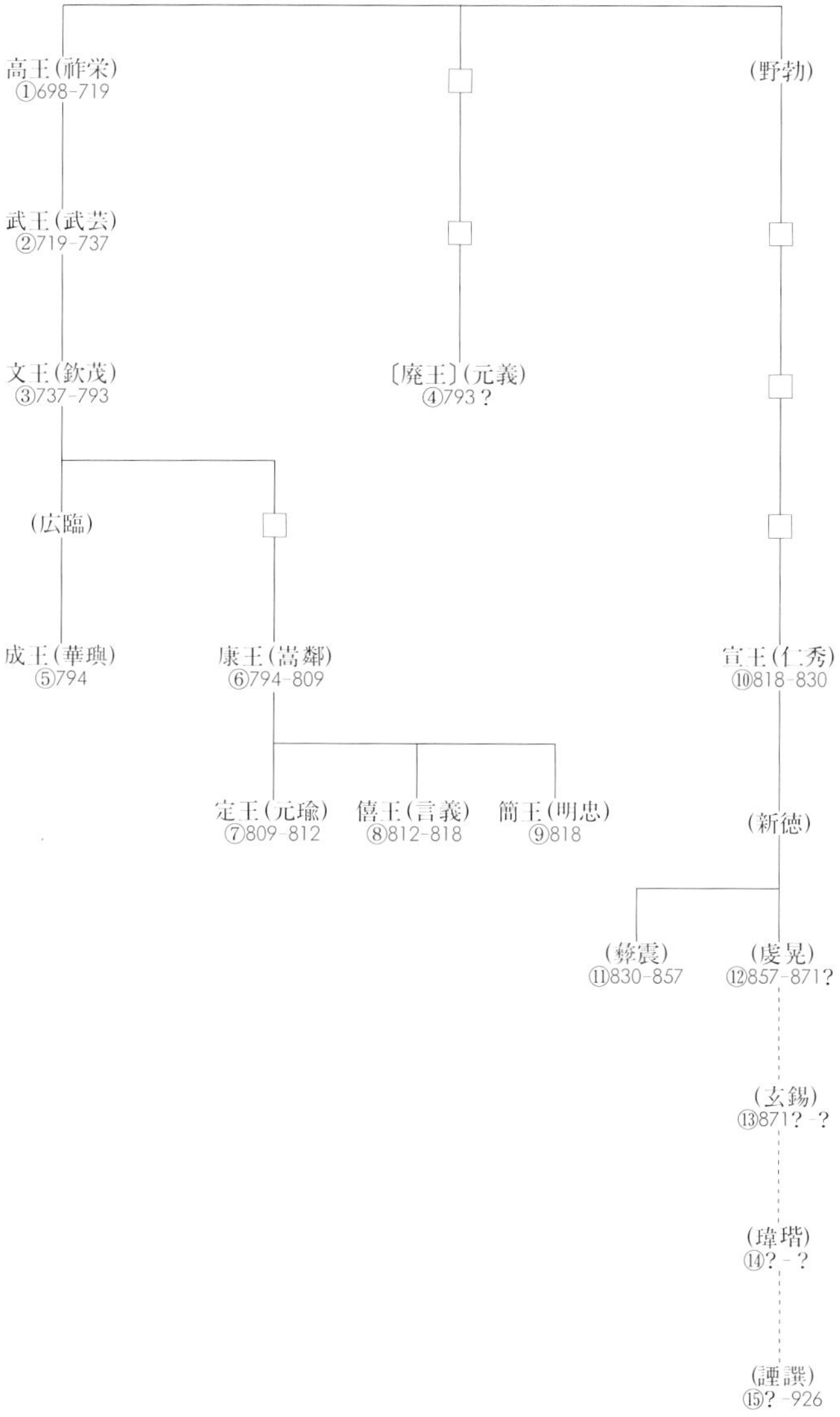

高王(祚栄)
①698-719
武王(武芸)
②719-737
文王(欽茂)
③737-793
(広臨)
成王(華璵)
⑤794
康王(嵩璘)
⑥794-809
定王(元瑜)
⑦809-812
僖王(言義)
⑧812-818
簡王(明忠)
⑨818
〔廃王〕(元義)
④793？
(野勃)
宣王(仁秀)
⑩818-830
(新徳)
(彝震)
⑪830-857
(虔晃)
⑫857-871?
(玄錫)
⑬871？-？
(瑋瑎)
⑭？-？
(諲譔)
⑮？-926

高　麗〔王氏〕

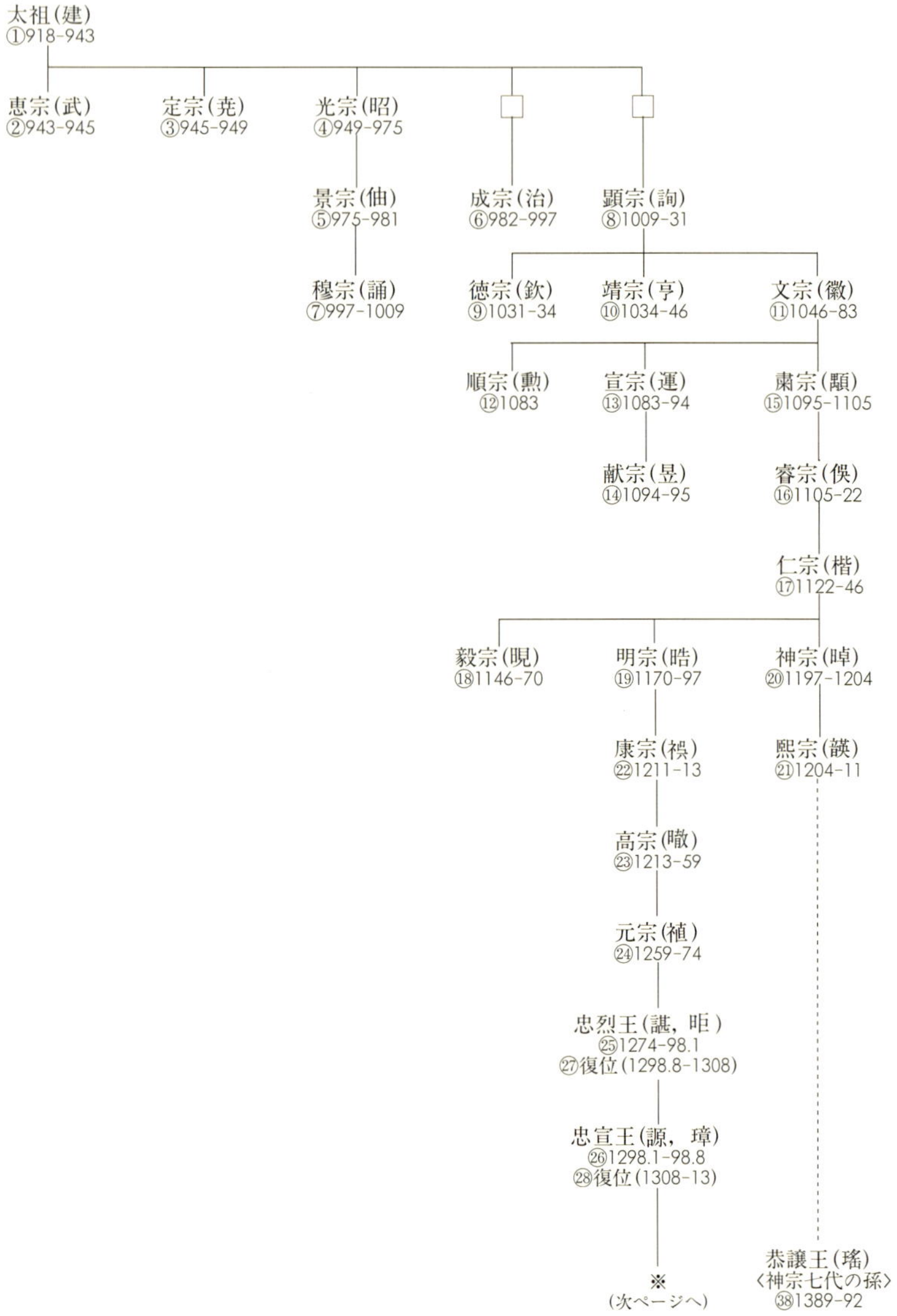
太祖(建)
①918-943
恵宗(武)
②943-945
定宗(尭)
③945-949
光宗(昭)
④949-975
景宗(伷)
⑤975-981
穆宗(誦)
⑦997-1009
成宗(治)
⑥982-997
顕宗(詢)
⑧1009-31
徳宗(欽)
⑨1031-34
靖宗(亨)
⑩1034-46
文宗(徽)
⑪1046-83
順宗(勳)
⑫1083
宣宗(運)
⑬1083-94
献宗(昱)
⑭1094-95
粛宗(顒)
⑮1095-1105
睿宗(俁)
⑯1105-22
仁宗(楷)
⑰1122-46
毅宗(晛)
⑱1146-70
明宗(晧)
⑲1170-97
神宗(晫)
⑳1197-1204
康宗(祦)
㉒1211-13
熙宗(韺)
㉑1204-11
高宗(瞮)
㉓1213-59
元宗(禃)
㉔1259-74
忠烈王(諶, 昛)
㉕1274-98.1
㉗復位(1298.8-1308)
忠宣王(謜, 璋)
㉖1298.1-98.8
㉘復位(1308-13)
※
(次ページへ)
恭譲王(瑤)
〈神宗七代の孫〉
㊳1389-92

(前ページより)
※

忠粛王(燾)
㉙1313-30
㉛復位(1332-39)

忠恵王(禎)
㉚1330-32
㉜復位(1339-44)

恭愍王(祺，顓)
㉟1351-74

忠穆王(昕)
㉝1344-48

忠定王(胝)
㉞1349-51

(辛禑)
〈恭愍王の庶子とも辛旽の子ともいわれる〉
㊱1374-88

(辛昌)
㊲1388-89

朝　鮮〔李氏〕

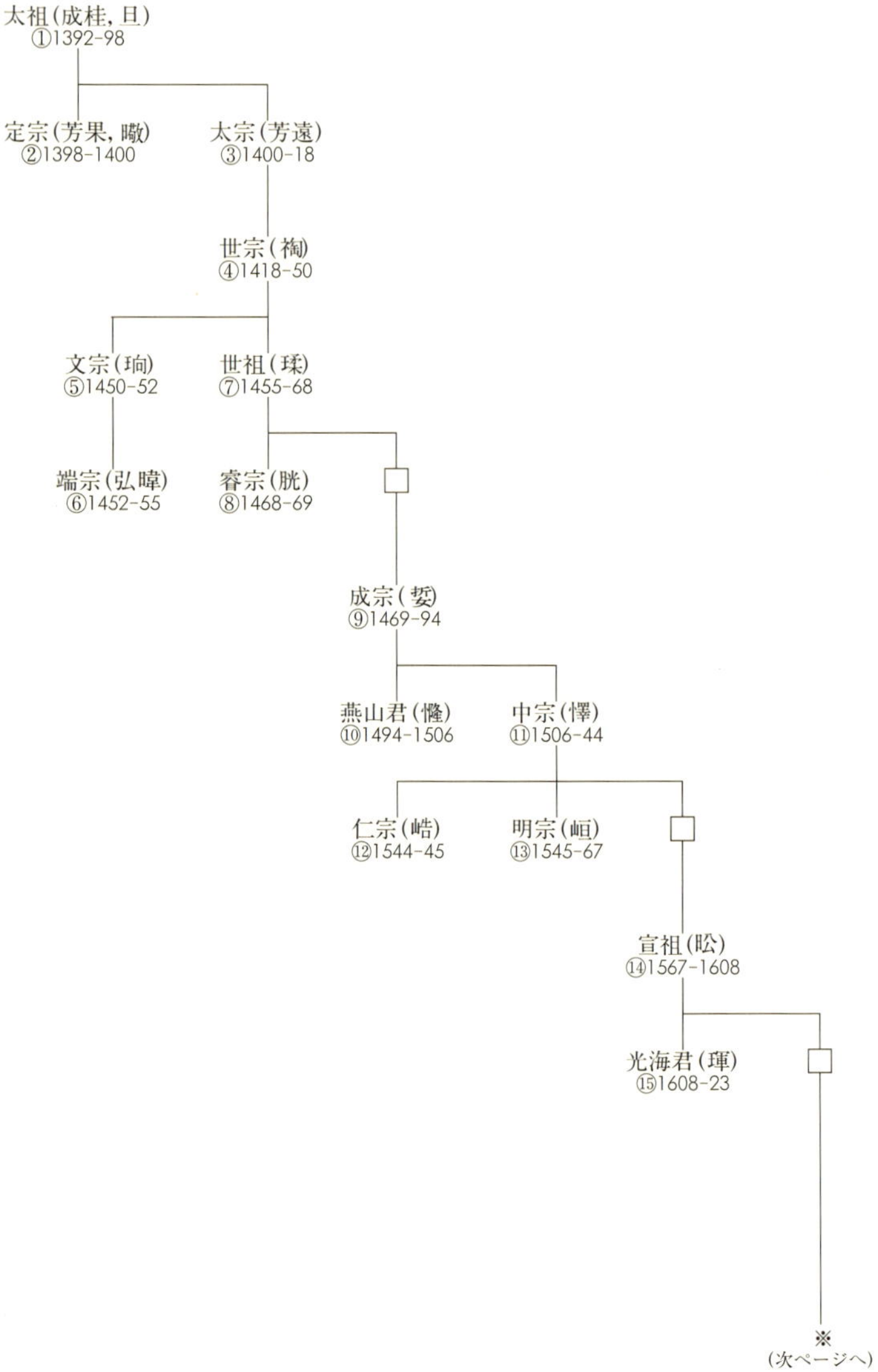
太祖(成桂, 旦)
①1392-98
定宗(芳果, 曔)
②1398-1400
太宗(芳遠)
③1400-18
世宗(祹)
④1418-50
文宗(珦)
⑤1450-52
世祖(瑈)
⑦1455-68
端宗(弘暐)
⑥1452-55
睿宗(晄)
⑧1468-69
成宗(娎)
⑨1469-94
燕山君(㦕)
⑩1494-1506
中宗(懌)
⑪1506-44
仁宗(峼)
⑫1544-45
明宗(峘)
⑬1545-67
宣祖(昖)
⑭1567-1608
光海君(琿)
⑮1608-23
※
(次ページへ)

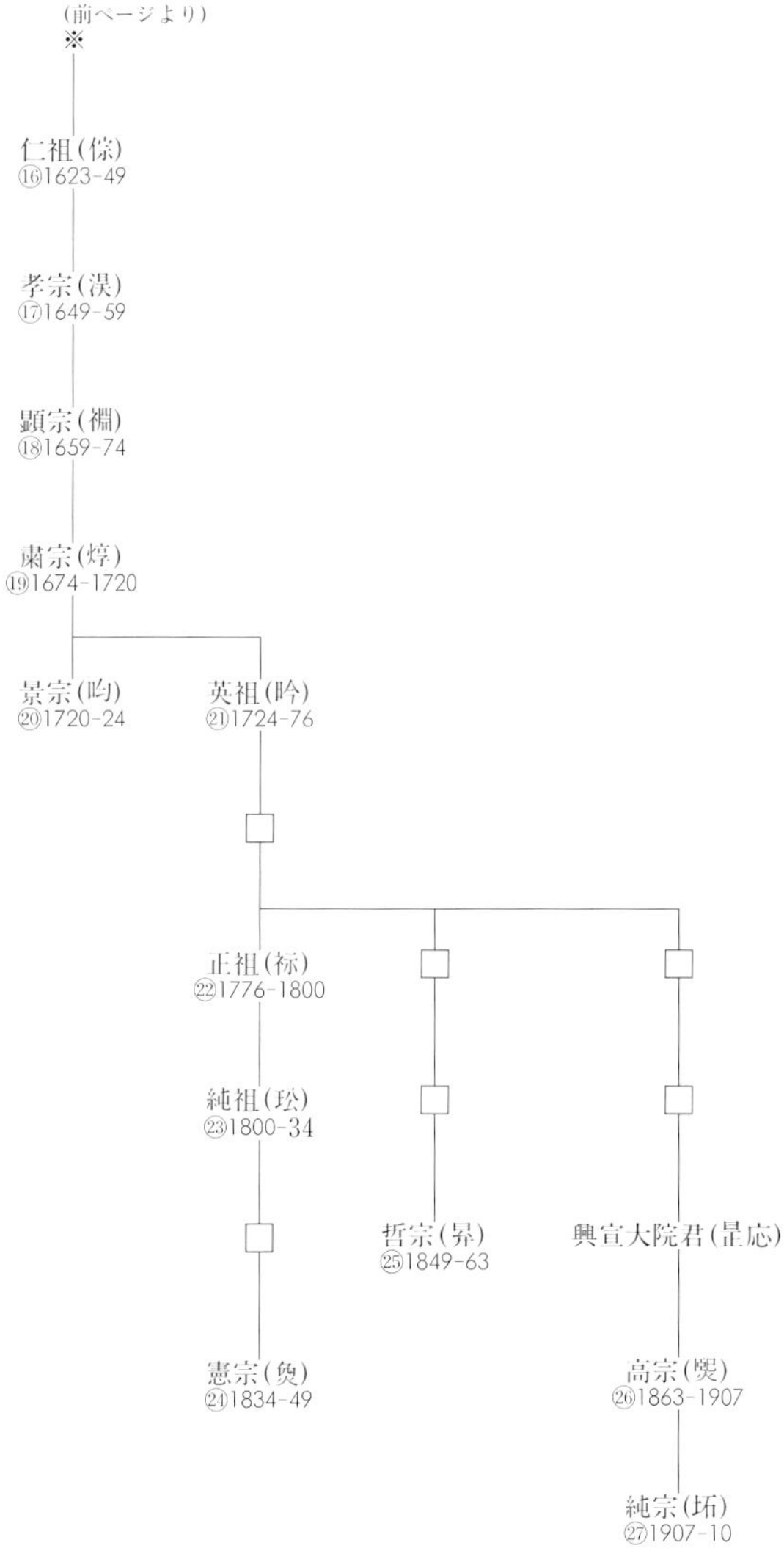
(前ページより)
※
仁祖(倧)
⑯1623-49
孝宗(淏)
⑰1649-59
顕宗(棩)
⑱1659-74
粛宗(焞)
⑲1674-1720
景宗(昀)
⑳1720-24
英祖(昑)
㉑1724-76
正祖(祘)
㉒1776-1800
純祖(玜)
㉓1800-34
憲宗(奐)
㉔1834-49
哲宗(昪)
㉕1849-63
興宣大院君(昰応)
高宗(㷩)
㉖1863-1907
純宗(坧)
㉗1907-10

■ 朝鮮総督一覧

代	総督	就任
1	寺内　正毅	1910.10. 1
2	長谷川好道	1916.10.16
3	斉藤　　実	1919. 8.12
4	山梨　半造	1927.12.10
5	斉藤　　実	1929. 8.17
6	宇垣　一成	1931. 6.17
7	南　　次郎	1936. 8. 5
8	小磯　国昭	1942. 5.29
9	阿部　信行	1944. 7.24

■ 朝鮮軍司令官一覧

	司令官	就任
少将	原口　兼済	1904. 3
大将	長谷川好道	1904. 9
大将	大久保春野	1908.12
中将	上田　有沢	1911. 8
中将	安東　貞美	1912. 2
中将	井口　省吾	1915. 1
中将	秋山　好古	1916. 8
中将	松川　敏胤	1917. 8
中将	宇都宮太郎	1918. 7
中将	大庭　二郎	1920. 8
中将	菊地慎之助	1922.12
大将	鈴木　荘六	1924. 8
大将	森岡　守成	1926. 3
中将	金谷　範三	1927. 3
中将	南　　次郎	1929. 8
中将	林　銑十郎	1930.12
中将	川島　義之	1931. 5
中将	小磯　国昭	1935.12
中将	中村孝太郎	1938. 7
大将	板垣征四郎	1941. 7
中将	上月　良夫	1945. 4

＊ 1904 年 3 月より 1910 年 8 月の「韓国併合」までは韓国駐箚軍司令官,「併合」とともに朝鮮駐箚軍司令官と改称。1918 年 6 月に朝鮮軍の設置により朝鮮軍司令官となり，1945 年 2 月には方面軍および軍管区の新設により第 17 方面軍司令官兼朝鮮軍管区司令官となった。

■ 歴代国家元首一覧

大韓民国

〔第一共和制〕

代	大統領	就任期間
1	李承晩	1948. 8～52. 8
2	〃	1952. 8～56. 8
3	〃	1956. 8～60. 4

〔第二共和制〕

代	大統領	就任期間
4	尹潽善	1960. 8～62. 3

〔第三共和制〕

代	大統領	就任期間
5	朴正熙	1963.12～67. 6
6	〃	1967. 7～71. 7
7	〃	1971. 7～72.12
8	〃	1972.12～78. 7
9	〃	1978. 7～79.10

〔第四共和制〕

代	大統領	就任期間
10	崔圭夏	1979.12～80. 8

〔第五共和制〕

代	大統領	就任期間
11	全斗煥	1980. 9～81. 3
12	〃	1981. 3～88. 2

〔第六共和制〕

代	大統領	就任期間
13	盧泰愚	1988. 2～93. 2
14	金泳三	1993. 2～98. 2
15	金大中	1998. 2～03. 2
16	盧武鉉	2003. 2～08. 2
17	李明博	2008. 2～

朝鮮民主主義人民共和国

金日成	首相	1948. 9～72.12
〃	国家主席	1972.12～94. 7
金正日	国防委員長	1998. 5～
金永南	最高人民会議常任委員長	1998. 5～

■ 写真引用一覧

1 ……ソウル大学校博物館特別展図録『韓国先史文化展』ソウル大学校博物館　1986
2 ……ソウル大学校博物館編『ソウル大学校博物館図録』 1997
3 ……韓国国立中央博物館編『国立中央博物館』韓国国立中央博物館　1997
4 ……朝鮮遺跡遺物図鑑編纂委員会『朝鮮遺跡遺物図鑑』 2　1989
5 ……韓国国立中央博物館編『国宝』 1　韓国国立中央博物館　1984
6 ……韓・中高句麗文化研究所編『高句麗文化大展』韓・中高句麗文化研究所
7 ……国立金海博物館編著『国立金海博物館』 通川文化社　1999
8 ……故宮博物院編集委員会編『故宮書画図録　15』国立故宮博物院　1996
9 ……湖厳美術館編『大高麗国宝展』三星文化財団　1995
10……孟仁在監修『韓国の美⑳　人物画』中央日報社　1992
11……『訓民正音』
12……申榮勲監修『韓国の美⑭　宮室・民家』中央日報社　1991
13……安輝濬監修『韓国の美⑲　風俗画』中央日報社　1993
14……許英桓『定都600年　ソウル地図』汎友社　1994
15……姜萬吉ほか編『韓国史』11　ハンギル社　1994
16……姜萬吉ほか編『韓国史』12　ハンギル社　1994
17……姜萬吉ほか編『韓国史』15　ハンギル社　1994
18……姜萬吉ほか編『韓国史』14　ハンギル社　1994
19……姜萬吉ほか編『韓国史』13　ハンギル社　1994
20……『解放20年』記録篇　世文社　1965
21……『東亜原色世界大百科事典』東亜出版社　1982
22……韓国産業銀行編『外資導入30年史』韓国産業銀行　1993

口絵 p. 1 上——著者(田中)提供
p. 1 下——著者(田中)提供
p. 2 上——C.P.C.提供
p. 2 下——国立扶余博物館編『博物館のはなし』通川文化社　1998　p20
p. 3 上——韓国文化院提供
p. 3 中——**12**, p.142
p. 3 下——著者(武田)提供
p. 4 上——C.P.C.提供
p. 4 下——共同通信社提供

p. 8 ——共同通信社提供
p. 9 ——共同通信社提供
p.20①——**1**, p.10
p.20②——**2**, p.27
p.20③——**3**, p.
p.20④——**4**, p.35
p.20⑤——**2**, p.62
p.20⑥——**5**, p.120
p.20⑦——**5**, p.124
p.20⑧——**5**, p.123
p.20⑨——**5**, p.128
p.20⑩——**4**, p.109
p.25——著者(田中)提供
p.27——共同通信社提供
p.42——著者(田中)提供
p.51——**6**, p.7
p.83——**7**, p.58
p.86——**8**
p.120——著者(武田)提供
p.135——**9**, p.129
p.141——**9**, p.137

p.150——宮内庁三の丸尚蔵館提供
p.163——著者(武田)提供
p.164——著者(武田)提供
p.169——**10**, p.90
p.171——**11**
p.190——**12**, p.141
p.195——**13**, p.33
p.199——**10**, p.110
p.211——**12**, p.109
p.219——**14**, p.61
p.224——**15**, p.14
p.234——**15**, p.17
p.252——**16**, p.35
p.262——**15**, p.26
p.266——**16**, pp.28-29
p.270——**16**, p.41
p.284——**17**, p.13
p.288——**18**, p.38
p.296——**17**, p.36
p.306——**17**, p.43
p.310——**19**, p.21
p.317——**19**, p.28
p.321——**17**, p.46
p.326——**20**, p.1844
p.351——UPI・サン・毎日提供
p.363——**21**, p.361
p.381——**22**, 口絵
p.396——共同通信社提供
p.415——共同通信社提供